# 明清中琉交往中的
# 中國傳統涉外制度研究

謝必震　著

本成果受「開明慈善基金會」資助

# 第六輯
# 總序

　　庚子之歲，正值「露從今夜白」的秋季，福建師範大學文學院又邁出兩岸學術交流的堅執步伐，與臺北萬卷樓圖書公司繼續聯手，刊印了本院「百年學術論叢」第六輯。

　　學科隊伍的內外組合、旁通互聯，是高校學術發展的良好趨勢。我發現，本輯十部專書的十位作者，有八位屬於文學院的外聘博士生導師及特聘教授。他們或聘自本校其他學院，或來自省內外各高教、出版、科研部門，或是海峽彼岸遠孚眾望的學術名家。儘管他們履踐各殊，而齊心協力，切磋商量，共為本學院「百年學術」增光添彩的目標則無不一致。這種大學科團隊建設的新形態，充滿生機，令人欣悅。

　　泛觀本輯十種著作，其儻論之謹嚴，新見之卓犖，蓋與前五輯無異。茲就此十書，依次稱列如下：其一，劉登翰《中華文化與閩臺社會》，採用文化地理學和文化史學交叉的研究方法，提出閩臺文化是從內陸走向海洋的多元交匯的「海口型」文化重要觀點；其二，林玉山《漢語語法教程》，系統性地引證綜論漢語之語法學，以拓展語法研究者的學術窺探視野；其三，林繼中《王維——生命在寂靜裡躍動》，勾畫出唐代文藝天才王維的深廣藝術影響，揭示其詩藝風格之奧秘；其四，顏純鈞《中斷與連續——電影美學的一對基本範疇》，研討電影美學的核心理論問題，提出「中斷與連續」這一對新的美學範疇，稽論此新範疇與其他傳統範疇之間的關係；其五，林慶彰《圖書考辨與文獻整理》，辨析臺灣「戒嚴時期」出版大陸「違禁」著述的情實，兼涉經史研究、日本漢學、圖書文獻學之多方評議，用力廣

博周詳；其六，汪毅夫《閩臺區域社會研究》，從社會、文化和文學三個部分，分析閩臺文化的同一性和差異性，並及中華文化由中心向閩臺的潺動情狀；其七，謝必震《明清中琉交往中的中國傳統涉外制度研究》，結合中琉交往中相關的中國涉外制度作多方梳理，揭明中國封建王朝的對外思想、對外政策的本質特徵，以及對世界格局的影響作用；其八，管寧《文藝創新與文化視域》，把脈世紀之交文學與消費社會及大眾傳播之間的關係，分析獨具視角，識見精審；其九，謝海林《清人宋詩選與清代文化論稿》，全面梳理有清一代宋詩選本，對於深化宋詩研究乃至清代詩學研究有一定的參考價值；其十，周雲龍《別處另有世界在──邁向開放的比較文學形象學》，在不同類型的文本中擷取有關異域形象的素材，以跨文化、跨學科的視角，對其中的話語構型進行解析，探究中西、歐亞在現代性話語中的遭遇。從學科領域觀之，這十種著作已廣泛涉及文學、歷史、語言、區域文化、電影美學等不同學科，其抒論角度、方法、觀點之新穎特出，尤使人於心往神馳的學術享受中獲得諸多啟迪。

　　晚清黃遵憲詩云：「大千世界共此月，今夕只照人兩三」（《人境廬詩草》卷一），句中透露著無奈的孤獨感。藉此比照今日兩岸學術文化溝通交流的情景，我們無疑已經遠離了孤獨，迎來了眾所共享的光風霽月。我校文學院「百年學術論叢」在臺灣印行到第六輯，持續受到歡迎稱道，兩岸學者相與研磨，便是切實的印證。我感受到，在清朗的月色下，海峽兩岸的學術合作之路，將散發出更加迷人的炫彩。

福建師範大學汪文頂

西元二○二○年歲在庚子仲夏序於福州

# 目次

# 緒論

　　五百年來的中國與琉球關係（1372-1879），在中外關係發展歷史中具有典型的意義。中國冊封琉球的制度、中國與琉球的朝貢貿易制度、中國使臣出訪琉球的制度、中國向琉球國派遣移民的制度、中國對來華琉球留學生的培養制度、中國對琉球飄風難民的撫卹制度等等，都集中體現了明清時期中國傳統涉外制度的發展與變遷。

　　客觀地說，學術界論及這一時期的中國涉外制度以冊封體制、朝貢關係為多。二十世紀三十年代，美國學者費正清與華裔學者鄧嗣禹合作發表了「論清代的朝貢制度」，對清代的朝貢制度作了系統的論述。其後，各國學者對此也給予更多的關注和重視。

　　中國學者最初論及「朝貢體制」或「朝貢貿易」這些問題，是在中西交通史、中外關係史和中外貿易史研究中順帶的。譬如方豪的《中西交通史》、張維華的《中國古代對外關係史》、沈光耀的《中國古代對外貿易史》等學術專著在某些章節提到這些問題。二〇〇四年出版的李雲泉《朝貢制度史論──中國古代對外關係體制研究》一書，系統全面地探討了中外之間的朝貢體制，探討了朝貢所涉及的禮儀、文書、貢物、回賜、冊封、主管機構等特徵和功能，同時也探討了朝貢體制向近代外交制度的轉變過程。

　　日本學者濱下武志一九九七年出版了《朝貢體制與近代亞細亞》一書，提出：中國的朝貢體制，不僅形成了東亞國際秩序的核心，而且促成了東亞經濟圈的形成。相關的研究有安部健夫的《元代史研究》、夫馬進的《中國東亞外交交流史研究》、西島定生的《冊封體制與東亞世界》等。

　　誠如許多學者所言：在中國古代對外關係史的具體研究中，學術界通常所關注的是歷代對外關係中的重大事件，極大地忽略了中國封建王朝的對外思想、政策和行為模式之間的關係，忽略了中國古代對外體制、制度形成的環境因素的探究。迄今為止的相關課題的研究，難免有落入窠臼之嫌。在中國傳統涉外思想、制度方面的探究較少，通常的研究是圍繞著中國與外國之間的政治、經濟、文化展開的。冊封體制就是政治方面的關係，朝貢貿易就是經濟方面的往來，政治經濟的交往產生了中外文化方面的交流，因此中國歷代封建王朝涉外諸制度的形成、發展和變化的研究被這種研究視域的偏向性所淹沒，支離破碎，不成體系。正是這種研究傾向的影響，反映在中國與琉球關係上的研究也是如此。儘管這一研究成果頗多，如吳壯達的《琉球與中國》、陳大端的《雍乾嘉時代的中琉關係》、徐玉虎的《明代與琉球國關係之研究》、楊仲揆的《琉球古今談》、何慈毅的《明清時期琉球日本關係史》、米慶余的《琉球歷史研究》、徐恭生的《琉球中國交流史》、富田俊彥的《琉明‧琉清交涉史》、西里喜行的《清末中日琉關係史研究》等等，但在中琉交往中所形成的中國涉外制度研究方面僅局限在冊封制度和朝貢制度上，這種研究的片面性是顯而易見的。

　　所幸的是二○○六年十月，山東大學歷史文化學院舉辦了「中國傳統對外關係思想、制度與政策」的學術研討會議，會後出版了《中國傳統對外關係思想、制度與政策》一書，對中國傳統的涉外制度的形成、發展與變化諸方面做了可喜的探討，反映了學術界開始重新審視中外關係史的研究，尤其是中國傳統涉外思想、制度的研究。

　　明清時期的琉球國與中國交往的歷史具有典型性。這一時期，中國對琉球國冊封二十三次，在派遣使者、組建使團都有一整套的規章制度。中國封建王朝第一次向琉球、向海外派遣移民，這一行為的由來及過程都是值得探討的。在中琉交往中，中國對琉球國派遣的各類來華留學生的培養制度，中國封建王朝對琉球國各種優惠制度等，都

是中國傳統涉外制度的具體內容。研究這些問題，無疑將拓展中外關係史研究的領域，將豐富中國國際關係理論建設的資源。

中琉關係歷史研究具備豐富的資料，在中外交往的歷史上，還沒有哪個國家能像琉球國那樣——中國使者出使琉球後，留下了二十多種關於琉球國的歷史記述。因此選擇中琉交往中相關的中國涉外制度的研究，在資料上就占有優勢，梳理這些制度，進行縱橫的比較，無疑對中國封建王朝的對外思想、對外政策和對外體制模式的形成，以及對世界格局的影響諸方面的研究，大有裨益。

# 第一章
# 中國冊封琉球制度

　　中國冊封琉球制度，源於中國對外傳統思想中的「天下觀」。中國位於世界的中心，周邊即四夷，從而構成了以中國為中心的世界秩序。支撐這一秩序的精髓就是中國傳統文化特別強調的「德」，「以理服人」、「懷柔遠人」成為「德」的基本準則，再強調「禮」來體現華夷之關係，通過「冊封」與「朝貢」的禮儀，建立起中國與周邊國家的宗藩關係。

## 一　中琉宗藩關係的建立

　　中國對鄰邦弱小國家的冊封由來已久，秦漢遠古，有關中國與海外諸國關係的文獻記載就有諸國「來獻」、「來貢」。隋唐時期的史書記載更加明確，中國封建王朝或征伐，或分封來確立鄰國對其的臣屬關係。宋元時期，一些依附中國的弱小國家，如高麗、安南、占城、蒲甘等國的國王即位，必須獲得中國政府的認可，都以中國政府的冊封為榮。到了明代，請求中國冊封的藩屬國更多。洪武二年（1369），「中書省管勾甘桓，會同館副使路景賢，齎詔封阿答阿者為占城國王」[1]；洪武九年（1376），三佛齊國入明請封，明朝命使臣齎印、敕封三佛齊國王[2]；永樂三年（1405），給事中畢進，中官王琮，齎詔封參烈昭平王為真臘國王[3]。爪哇、渤泥、暹羅、滿剌加、蘇門答剌、蘇

---

1　張廷玉：《明史》卷324，〈外國〉5（北京市：中華書局，1974年）。
2　張廷玉：《明史》卷324，〈外國〉5（北京市：中華書局，1974年）。
3　張廷玉：《明史》卷324，〈外國〉5（北京市：中華書局，1974年）。

祿、安南、朝鮮等國，都先後得到明王朝的冊封，這種對鄰國藩屬的冊封制度一直延續到清代。冊封不僅鞏固了諸國對中國的臣服關係，而且在穩定遠東及東南亞地區的政治秩序上也起了很大的作用。各國進貢中國時多言，一些恃強凌弱的國家知道被臣服的小國「乃聲教所被，輸貢之地，庶不敢欺凌」[4]。顯然，各國請求中國的冊封，是把中國當作它們的政治保護傘，同時在穩定各國自身的政局中也起到重要的作用。尤其是王位更替，權力爭奪戰中，中國的冊封具有至高無上的權威，對於被冊封者的王位起到了確立的作用。不僅冊封，由中國政府封立鎮國之山和齎賜王印都讓諸國引以為榮。如婆羅國得到永樂朝所賜的王印，「民間嫁娶，必以此印印背上以為榮」[5]。諸如此類，不一一而述。據史籍記載，琉球國受中國的冊封，當從明代開始。

　　洪武五年（1372）正月，明太祖遣行人楊載詔諭琉球，此為明代第一次遣使琉球。詔曰：「昔帝王之治天下，凡日月所臨，無有遠邇，一視同仁。故中國奠安，四夷得所，非有意於臣服之也。自元政不綱，天下爭兵者十有七年。朕起布衣，開基江左，將兵四征不庭，平西漢主陳友諒，東縛吳王張士誠，南平閩越，勘定巴蜀，北清幽燕，奠安華夷，復我中國之舊疆。朕為臣民推戴，即位皇帝，定有天下之號，曰大明，建元洪武，是用遣使外夷，播告朕意，使者所至，蠻夷酋長稱臣入貢。惟爾琉球在中國東南，遠據海外，未及報知，茲特遣使往，諭爾其知之。[6]」同年十二月，琉球中山王察度遣弟泰期等奉表入貢。明太祖「詔賜察度《大統曆》及織金文綺紗羅各五匹，泰期等文綺紗羅、裘衣有差。[7]」自此，琉球與明政府建立正式的外交關係。繼中山王之後，山南王承察度於洪武十六年（1383）「進

---

4　張廷玉：《明史》卷324，〈外國〉5（北京市：中華書局，1974年）。
5　張廷玉：《明史》卷324，〈外國〉5（北京市：中華書局，1974年）。
6　嚴從簡：《殊域周咨錄》卷4（故宮博物院圖書館據萬曆刊本排印，1930年），頁1。
7　《太祖實錄》卷77，洪武五年十二壬寅，臺灣影印本。

表、貢馬及方物」[8]，山北王帕尼芝「遣其臣摸結習貢方物」[9]。明朝賜給琉球國中山王及山南王鍍金銀印各一枚。洪武十八年（1385）明朝又相繼賜印給琉球的山南王和山北王，這些都標誌著中琉之間關係更為密切。

　　洪武二十八年（1395），琉球國中山王察度薨，永樂元年（1403），世子武寧遣姪三吾良疊訃告中國。永樂二年（1404），明成祖遣行人時中赴琉球弔祭察度，「賻以布帛，遂詔武寧襲爵」。詔曰：「聖王之治，協和萬邦，繼承之道，率由常典。故琉球國中山王察度受命皇考太祖高皇帝，作屏東藩，克修臣節。暨朕即位，率先歸誠。今既亡歿，所宜有後爾。武寧爾乃其世子，特封爾為琉球國中山王，以承厥世。惟儉以修身，敬以養德，忠以事上，仁以撫下，克循茲道，作鎮海邦，永延世祚，欽哉！」[10]《中山世譜》記稱：「察度王始通中朝……天使數次來臨，至於武寧始授冊封之大典，著為例」[11]。永樂二年，詔封汪應祖為琉球國山南王。山南王遣使「貢方物，且奏乞如山北王例，賜冠帶衣服。」上諭曰：「國必有統，眾必有屬，既能事大，又能撫眾，且舊王所屬意也。宜從所言，以安遠人」[12]。

　　永樂十三年（1415），琉球國山南王汪應祖世子他魯每，因其父為父兄「達勃期所弒，各寨官舍兵誅達勃期，推他魯每攝國事」[13]，後遣使入明請襲爵。同年五月，明成祖「遣行人陳季芳等齎詔往琉球國封故山南王汪應祖世子他魯每為琉球國山南王，賜誥命冠服及鈔萬五千錠」[14]。自此，每位琉球「國王嗣立，皆請命冊封」[15]，而明政

---

8　《太祖實錄》卷151，洪武十六年春正月乙巳朔。

9　《太祖實錄》卷158，洪武十六年十二月甲申。

10　《太宗實錄》卷28，永樂二年二月壬辰。

11　《琉球史料叢書》第4，井上書房，1962年，頁46。

12　《太宗實錄》卷30，永樂二年夏四月壬午。

13　《明太宗實錄》卷162，永樂十三年三月甲寅。

14　《明太宗實錄》卷164，永樂十三年五月乙酉。

府也多應其所請，派遣官員前去主持冊封大禮，從而形成了中琉之間長達數百年的朝貢和冊封制度。

　　中琉間的冊封關係自始便有政治上的含義。如成化十五年（1479）憲宗皇帝派遣正使董旻、副使張祥往封尚真為中山王，尚真王於同年遣使謝恩的奏摺中便稱：「臣祖宗所以殷勤效貢者，實欲依中華眷顧之恩，杜他國窺伺之患」[16]。

　　對於中國而言，冊封琉球國王同樣也具有多重意義。如嘉靖三十九年（1560），琉球貢使至福建，「稱受其世子命，以海中風濤叵測，倭夷不時出沒，恐天使有他虞，獲罪上國。謂如正德中封占城國故事，遣人代進表文、方物，而身自同本國長史梁炫等齎回詔冊，不煩遣使」。對此，禮部稱：「琉球在海中諸國頗稱守禮，故累朝以來待之優異。每國王嗣立，必遣侍從之臣奉表服節冊以往。今使者未至，乃欲遙授冊命，則是委君睨於草莽，其不可一也。廷會奉表入貢，乃求遣官代進，昧小國事大之禮而棄世子專造之命，其不可二也。昔正德中，流賊為梗，使臣至淮安，撫按暫為留住管辦事，俟寧即遣曲闕下。占城國王為安南所侵，竄居地所，故令使者齎回敕命，乃一時權宜。且此失國之君也，造無稽之辭，以欺天朝，復失國之君，以疑其君主，其不可三也。梯杭通通柔服之，常彼所藉口者，特倭夷之警，風濤之險爾，不知琛賮之輸納，夷使之往來，果何由而得無患也，其不可四也。曩占城雖領回詔敕，然其王沙古卜洛猶懇請遣使⋯⋯今（琉球）使者非世子面命，又無印信文移。若遽輕信其言，倘世子以遣使為至榮，謂遙拜為非禮，不肯受封，復上書請使，將誰任其咎哉，不可五也。乞令福建守臣仍以前詔從事便，至於未受封而先謝恩非故典，宜正聽其入貢方物，其謝恩表文，候世子受封後遣使上進，

---

15　高岐：《福建市舶提舉司志》，〈考異〉（1939年），頁28。

16　《中山世譜》卷6，見《琉球史料叢書》第4（東京：井上書房，1962年），頁85。

庶中國大禮以全，而四夷觀望可肅。」上從部議[17]。

自明代洪武五年以後，琉球王國一直使用中國年號，奉行中國正朔。琉球國「歷世凜奉正朔，貢使至京，必候賜時憲書齎回，而國中特設通事官，豫依萬年書推算應用」。其書面上云：「琉球國司憲書官，謹奉敕令，印造選日通書，權行國中，以候天朝頒賜憲書。頒到日，通國皆用憲書，共得凜遵一王之正朔，是千億年尊王向化之義也」[18]。

宣德五年（1430），明宣宗遣內官柴山為正使，阮鼎為副使，齎詔至琉球，「賜王尚姓」。這也是所謂琉球「第一尚氏」王統的由來。及至成化五年（1469），本名金丸的御鎖側官被群臣推舉為君，並於成化七年以世子「尚圓」之名「來告父喪」，「兼請襲封」[19]。明憲宗遣正使官榮，副使韓文前往琉球，封尚圓為琉球王，是為後世所稱「第二尚氏」王統的開始。

明崇禎十五年及崇禎十七年，琉球國世子尚賢兩次遣使赴明朝貢，但因明末時局動盪，朝貢活動未能順利進行。崇禎十七年五月，明福王朱由崧在南京稱帝，年號弘光。琉球正議大夫金應元行抵南京，向弘光帝入貢請封。弘光帝遣使齎詔赴琉球國，曉諭崇禎帝「駕崩」及福王稱帝之事。琉球王國繼續與弘光、隆武政權保持朝貢關係，但冊封世子尚賢之事未能進行。

清朝入主中原後，順治四年（1647）禮部頒發敕書一道，曰：「朕撫定中原，視天下為一家。念爾琉球自古以來，世世臣事中國，遣使朝貢，業有往例。今故遣人敕諭爾國，若能順天循理，可將故明所給封誥印勅，遣使齎送來京，朕照舊例封錫」[20]。禮部命通事謝必

---

17　《世宗實錄》卷482，嘉靖三十九年三月甲戌。

18　周煌：《琉球國志略》，《臺灣文獻叢刊》第293種（臺北市：臺灣銀行經濟研究室編印，1971年），頁120。

19　《琉球史料叢書》第4（東京：井上書房，1962年），頁80。

20　《清世宗實錄》卷32（崇謨閣影印本，1936年），頁18。

振為招撫使者，往諭琉球國。謝必振及其隨員於順治六年（1649）五月駕船開洋，駛往琉球，於順治六年九月十三日抵達琉球。

此時琉球國世子尚賢已於順治四年（1647）薨逝，尚賢成為唯一一位已向中國請封卻未完成冊封手續的世子。尚賢之弟尚質作為世子率文武百官迎接謝必振及皇帝勅書後，於順治六年（1649）十一月遣都通事梁廷翰、通事周國盛護送謝必振歸國，並齎表投誠，但並未送繳故明勅印。

順治七年（1650）十月，琉球國世子遣王舅阿榜琨、正議大夫蔡錦赴華，不幸海上遇難未達。此次仍未攜帶故明敕印。

順治八年（1651）順治帝再遣謝必振往諭琉球，攜帶勅諭一道，同行的還有琉球通事周國盛等。勅諭曰：「皇帝勅諭琉球國王，爾國承命向化，奉表投誠，朕甚嘉焉。奏內有云，獻琛稍寬於來祀，以故館留周國盛等三人在京，隨於七年五月內，遣梁廷翰等十九人回諭爾國。迄今故明敕印未繳，並去使無有消息，意者海道迂遠，風波險阻，抑有別故未達爾國耶？來使留京日久，朕甚憫念，今賞賜表裡、銀兩，遣歸，沿途給與腳力、口糧，添人駕船，同通官謝必振回報爾國，聽爾國便宜覆命，用示朕懷柔至意，故諭」[21]。

順治九年七月，謝必振抵達琉球催繳故明勅印。順治十年（1653）二月底，由王舅馬宗毅率領的慶賀使團攜帶厚禮、表文、奏書及故明勅印同謝必振及琉球護送都通事毛世顯前往清廷。同時，琉球世子尚質在給順治皇帝的奏疏中懇請賜發新勅印：「琉球國中山王世子臣尚質謹奏為懇乞賜發勅印以勵歸順，……茲遣重臣齎繳明朝勅書二道，印信一顆。竊照本國有三十六島，一切行事必需印信，難以久曠，伏乞發勅鑄印，賜臣王舅馬宗毅帶回，令異邦臣庶知有天朝之

---

21 《歷代寶案》（校訂本）第1冊，卷3（那霸市：沖繩縣立圖書館史料編集室，1992年），頁110。

尊，而頌戴無窮矣」[22]。

順治十一年（1654）初，王舅馬宗毅等十三人抵達京城，按例舉行了上表、納貢、朝覲及筵宴等活動。四月十八日，禮部議奏：「查得齎捧敕印前往封王事例，明朝封琉球國王，遣科臣為正使，行人司官為副使，齎敕印前往冊封。本朝例，凡賜冊印封在外諸王及奉特旨差遣，有差內院官、禮部官之例，亦有酌量差遣各衙門官之例。該臣等議得，世子尚質疏內雖稱敕印伏乞賜臣王舅馬宗毅帶回，但琉球係初歸遠國，相應特遣官員齎捧敕印前往冊封，以示皇上柔遠之意」。四月二十日，順治皇帝即下旨：「琉球遠國歸化，忠誠可嘉，著照例特遣官員齎捧敕印前往冊封，昭朕柔遠之意，餘依議行」。在頒給襲王詔印、遣使冊封問題上，清政府基本沿襲了明朝做法。

順治帝頒發冊封世子尚質為琉球中山王詔書和敕諭各一道，賜鍍金駝紐銀印一顆，「印文六字，『琉球國王之印』，左滿右篆，不稱『中山』」[23]。順治帝決定派遣兵科副理官張學禮為正使，行人司行人王垓為副使，齎捧詔書、敕諭和印信前往琉球。順治十二年（1655）三月，張學禮等抵達福建，當時鄭成功等反清勢力在福建沿海一帶活動，海道嚴重受阻，張學禮因此留閩四載。順治十五年（1658），順治帝下旨：「海氛未靖，欽差官暫行撤回；俟平定之日，另行差遣」[24]。

康熙元年（1662）十月，康熙下旨：「張學禮、王垓仍差冊封琉球；事峻之月，以原官用」。十一月初，張學禮等一行人攜帶詔書、敕諭、印信和賞賜物啟程，次年四月抵達福建[25]。此前曾兩次出使琉

---

22 《歷代寶案》（校訂本）第1冊，卷14（那霸市：沖繩縣立圖書館史料編集室，1992年），頁454-455。

23 徐葆光：《中山傳信錄》，《臺灣文獻叢刊》第306種（臺北市：臺灣銀行經濟研究室編印，1972年），頁59。

24 張學禮：《使琉球記》，《臺灣文獻叢刊》第292種（臺北市：臺灣銀行經濟研究室編印，1971年），頁3。

25 張學禮：《使琉球記》，《臺灣文獻叢刊》第292種（臺北市：臺灣銀行經濟研究室編印，1971年），頁3。

球的謝必振也以通事身分隨行。康熙二年（1663）六月，張學禮等抵琉球，十一月事竣返回。琉球國王尚質特遣法司王舅吳國用等隨來謝封。這樣，經過十餘年的波折，清代首次冊封琉球國王的典禮方告完成，中琉之間再次確立了宗藩關係。

## 二　中國冊封琉球的程序

千百年來源於先秦儒家理論的「天下觀」，將中國置於中心的地位，四方則為「四夷」，中國的文明至高無上，「用夏變夷」成了歷史賦予中國歷代封建統治者的使命。宗藩制度就是這一觀念衍生出來的產物，是古代中國主要的外交手段，藩屬國必須對中國皇帝稱臣納貢，必須絕對服從中國政治模式的影響和管理。當然，中國政府擔負起保護藩屬國的責任與義務，使其不受外敵的入侵，保持領土完整，社會安定。冊封屬國的國王就成為這一外交制度最典型的、最具體的體現。

然而冊封有一系列的具體規定和表現儀式，中國冊封琉球是從琉球國報喪請封開始的。

### （一）琉球國的報喪與請封

「琉球國凡王嗣位，先請朝命，欽命正副使封敕往封，賜以駝鈕鍍金銀印，乃稱王。未封以前稱世子，權國事」[26]。琉球國王謝世後，照例遣使訃告中國，報喪使隨進貢船或接貢船抵閩，將報喪咨文交福建布政使司，再由福建當局通知禮部。其繼承人則以「世子」或「世孫」的名義繼續向中國進貢。如康熙八年（1669），琉球世子尚

---

26 趙爾巽：《清史稿》卷526，〈列傳〉313，〈屬國〉1（北京市：中華書局，1977年），頁14618。

貞遣正議大夫林茂盛等前來接貢及報其父尚質王之喪，尚貞世子在給福建布政使司的咨文中寫道：「照得康熙七年十一月十七日痛我父王先君棄群臣以長逝，捐孤子而不歸，憫予小子遭家不造凴在疾，啜其泣矣，尚何云哉，擬國僉言，海國維藩，不可一日無君，黎民無首，難得崇朝虛位，聊繩就嗣，權為執政，確遵侯度，未敢稱王矣，為此差遣先報明，請冊封王爵事照例容後貢差官赴京奏題」[27]。

　　訃告與請封按理是同時進行的，但琉球國王的嗣位和請封往往要相隔好幾年。尚質王於嗣位後五年、尚貞王於嗣位後十三年、尚敬王於嗣位後四年才分別向清廷請求冊封。其原因正如明人謝肇淛《五雜俎》中所言：「琉球小而貧，雖受中國冊封為榮，然使者一至，其國誅求供億，為之一空，甚至后妃簪珥，皆以充數。聞其國將請封，必儲蓄十餘年，而後敢請」[28]。待一切準備工作就緒後，琉球世子才派遣請封使，隨進貢船抵達中國，「請封之例，必當貢期，兼能請封在案」[29]。琉球的請封奏摺一般附在進貢表文之後。如康熙五十六年（1717），尚敬「遣耳目官夏執中、正議大夫蔡溫入貢，且告曾祖父尚貞與其父尚益之喪，請襲；疏云：『琉球國中山王世曾孫尚敬謹奏：為請封襲爵，以效愚忠，以昭盛典事。臣曾祖尚貞，於康熙四十八年七月十三日薨逝。臣祖尚純為世子，時早已棄世；臣父尚益未及請封，已於康熙五十一年七月十五日薨逝。念臣小子，曾孫承祧；然侯服有度，不敢僭稱。王業永存，循例請封。俾臣拜綸音於海島，砥柱中流；膺誥命於波區，雄藩外甸。謹遣陪臣耳目官夏執中、正議大夫蔡溫等虔齎奏請，伏望聖恩體循臣曾祖事例，乞差天使封襲王爵；上光寵渥之盛典，下效恭順之微忱；庶藩業得以代代相傳，預祝皇恩

27 《歷代寶案》（校訂本）第1冊，卷21（那霸市：沖繩縣立圖書館史料編集室，1992年），頁716-717。

28 謝肇淛：《五雜俎》卷4，〈地部〉2（襟霞閣主人重刊，1935年），頁179。

29 球陽研究會：《球陽》卷10（東京：角川書店，1978年），頁268。

世世不朽矣』」[30]。

康熙五十五年（1716）尚敬給禮部的正式請封咨文：

> 琉球國中山王世曾孫尚，為請封襲爵以效愚忠以昭盛典事，竊
> 照敝國蕞爾邊陲，世守藩職，代供進貢，荷蒙天眷之隆，頂踵
> 難報。痛我先曾祖貞於康熙四十八年七月十三日薨逝。先祖純
> 為世子時早已棄世；先父益未及請封已於康熙五十一年七月十
> 五日薨逝。念予小子曾孫承祧；然候服有度，不敢僭稱。王業
> 永存，宜當循例請襲。為此謹遣耳目官夏執中、正議大夫蔡
> 溫、都通事阮璸等虔齎奏章赴闕陳請，伏乞貴部轉題天聽，體
> 循曾祖事例封襲王爵。上光寵渥盛典，下效恭順微忱，所有通
> 國甘結理合一併備移咨貴部知會，煩為察照施行，須至咨者。
> 　　右咨
> 　　禮部
> 　　　　　　　　　　　　　　　　　康熙五十五年十月十一日[31]

乾隆十九年（1754），世子尚穆「守喪服滿，循例請封」[32]。他派遣使
臣毛元翼、蔡宏謨攜帶請封奏本和通國結狀前往北京，正式提出冊封
申請。請封奏本全文如下：

> 琉球國王中山王世子臣尚穆謹奏為瀝懇循例封爵，以光世土、
> 以效忠勤事，切以敝國蕞爾彈丸渺茲尺土，世沐天朝深仁厚澤

---

30 徐葆光：《中山傳信錄》，《臺灣文獻叢刊》第306種（臺北市：臺灣銀行經濟研究室
　　編印，1972年），頁125-126。

31 《歷代寶案》（校訂本）第3冊，卷8（那霸市：沖繩縣立圖書館史料編集室，1992
　　年），頁353-361。

32 中國第一歷史檔案館編：《清代中琉關係檔案續編》（北京市：中華書局，1994
　　年），頁316。

有加無已，臣元祖尚質於順治十一年荷蒙天恩頒給王爵印篆為
中山王，永奠海邦。臣高祖尚貞於康熙二十一年恭沐詔敕冊
封。臣曾祖純、祖益未及請封，早已辭世。臣父敬於康熙五十
七年叨蒙冊封為中山王。臣父嗣爵以來，夙夜惟寅、矢勤矢
慎、虔輸忠誠、恪恭匪懈，一旦嬰病，醫藥無效，於乾隆十六
年正月二十九日易簀薨逝，念臣小子穆恭循典例以嫡繼統，謹
遣陪臣耳目官毛元翼、正議大夫蔡宏謨、都通事蔡功熙等趨叩
丹墀，虔齋奏請，伏乞聖恩體循臣元高祖臣父事例，差選天使
按臨蛟島，俾臣穆拜綸音於海邦，永守藩疆，膺詔命於波區代
供貢職，則預祝皇恩浩蕩、世世不朽矣。伏祈睿鑑，敕部施
行。臣穆不勝惶悚待命之至，謹具奏以聞。

自為字起至字止，共計二百七十七字，紙一張。

　　　　　　　　　　　　　　　乾隆十九年十月二十二日
　　　　　　　　　　琉球國中山王世子臣尚穆謹奏[33]


　　從明代起，政府就規定琉球世子提出冊封申請時，必須同時出具
證明世子身分的結狀。結狀須與請封奏本一同呈遞，「照例取具琉球
合國王舅、法司等官印信結狀與世子奏本齊到，以便查照題復」[34]。
其目的在於「若不查勘明白，恐倫序不明，情偽莫辨」[35]。如明嘉靖
五年（1526），琉球國王尚真去世，世子尚清遣使來華進貢請封，皇
帝將請封要求交由禮部審議。禮部「恐其以奚齊奪甲生也，又恐其以

---

33 《歷代寶案》（校訂本）第5冊，第2集，卷36（那霸市：日本沖繩縣教育委員會，
　　1996年），頁182-183。

34 《歷代寶案》（校訂本）第1冊，第1集，卷4（那霸市：日本沖繩縣教育委員會，
　　1996年），頁131。

35 《歷代寶案》（校訂本）第1冊，第1集，卷4（那霸市：日本沖繩縣教育委員會，
　　1996年），頁130。

牛易馬也」[36]，禮部遂「令琉球長史司覆核其實，戒毋誑」[37]。接到任務後，琉球長史蔡瀚核對於廣大民眾、達官貴族，他們眾口一詞地認定世子「尚清乃先王真之冢嗣，立為世子有年。昔先王辱徼福於天朝，願終惠於義嗣者」[38]，他們具文申報到禮部。在接到琉球國查勘世子無誤的通國結狀後，中國方才頒發冊封詔書，任命冊封使前往琉球冊封尚清為新國王。

　　清沿明制，每當琉球世子提出冊封申請時必須同時出具通國結狀。結狀必須與請封奏本一同呈遞。

　　康熙五十五年（1716）尚敬給禮部的正式請封咨文後附「通國甘結」：

> 具結狀琉球國中山王府法司官翁自道、馬獻圖、毛應鳳，長史陳其湘、鄭廷極等為請襲王爵以重封典永固海疆事，該自道等遵照舊例結得先國王於康熙四十八年七月十三日以疾薨逝，因王世子先於康熙四十五年十二月三十日卒，顧命嫡系承祧王世孫未及請封，於康熙五十一年七月十五日棄世，今嗣君王世孫曾孫委系嫡長，端重謹厚，純孝篤實，臣庶歸心，宜嗣王位，以光藩服，相應連僉，確具甘結，親畫花押，呈繳查考，伏乞大部老爺府鑑輿情，照例奏請，勅賜榮封，永固海疆。自道等遵將繼統緣由，稟明所結是實，不敢冒結致干虛誑之咎，須至結狀者。
>
> 　　　　　　　　　　　康熙五十五年十月十一日[39]

---

36　陳侃：《使琉球錄》，《臺灣文獻叢刊》第287種（臺北市：臺灣銀行經濟研究室編印，1970年），頁7。

37　陳侃：《使琉球錄》，《臺灣文獻叢刊》第287種（臺北市：臺灣銀行經濟研究室編印，1970年），頁7。

38　陳侃：《使琉球錄》，《臺灣文獻叢刊》第287種（臺北市：臺灣銀行經濟研究室編印，1970年），頁7。

39　《歷代寶案》（校訂本）第3冊，卷8（那霸市：日本沖繩縣教育委員會，1996年），頁353-361。

　　在「通國甘結」後有法司官、長史、王叔、王舅、紫金大夫、紫金官、耳目官、正議大夫、中議大夫、那霸官、遏闥理官、毗那官、鄉耆老等六十八名官員的畫押。

　　乾隆十九年（1754）十月二十二日琉球國通國結狀：

> 具結狀琉球國中山王府法司官向俊德、馬元烈、向傑，長史鄭秉和、毛如苞等為請襲王爵以重封典、永固海疆事，該俊德等遵照舊例，結得先國王於乾隆十六年正月二十九日嬰疾薨逝，今嗣君王世子穆誠系嫡長，端重謹厚、純孝篤實，臣贖歸心，宜嗣王位，以光藩服，相應連僉確具甘結，親畫花押、呈繳查考。伏乞大部大人俯鑑輿情，照例奏請敕賜榮封、永固海疆，俊德等遵將繼統緣由稟明，所結是實，不敢冒結，致干虛誑之咎，須至結狀者。
>
> 乾隆十九年十月二十二日具結狀[40]

　　勘驗無誤後，中國政府即遴選冊封使、組建冊封使團、建造冊封舟並向琉球國發出派遣冊封使臣的咨文以備冊封琉球。

　　《清會典》載：凡封外國必錫之詔敕。朝鮮奏請襲封，敕下部議應封世子或世弟世孫某為國王。妻某氏為王妃。題請頒詔敕各一道，遣使持節往封。琉球奏請襲封，由閩浙總督、福建巡撫具題。敕下部議應封某為琉球國中山王。題請頒詔敕遣使與朝鮮同。奉旨後，移內閣典籍廳撰詔敕。冊封正副使起行前期，行工部取盛敕書筒，行戶部取包裹布疋[41]。

---

40 《歷代寶案》（校訂本）第5冊，第2集，卷36（那霸市：日本沖繩縣教育委員會，1996年），頁191。

41 《清會典》（北京市：中華書局，1991年），頁353。

## （二）冊封琉球使團的構成

　　據史籍記載，琉球國受到中國的冊封當從明代開始的。明洪武五年（1372）正月，明太祖遣楊載持詔諭琉球。詔曰：太祖即位建元，遣使外夷，使者所至，蠻夷酋長稱臣入貢。琉球遠在海外，未及報知，特遣使諭之[42]。同年十二月，琉球國中山王察度遣弟泰期奉表入貢，從而中琉兩國建立了朝貢貿易的關係。

　　眾所周知，從明朝冊封琉球開始，使臣的推舉是很隨意的。如永樂二年（1404）第一任冊封琉球使時中，竟然是一位戴罪立功的失職官員。洪武二十八年（1395），中山王察度薨，永樂元年（1403），世子武寧遣使訃告中國。永樂二年（1404），明成祖遣行人時中赴琉球弔祭察度，「賻以布帛，遂詔武寧襲」[43]，冊封為中山王，此為冊封琉球之始。時中原為四川布政司右參議，那年因罪本當謫官戍邊。由於當時航海條件較差，遠渡重洋被視為畏途，並不比戍邊好到哪裡去，所以時中上書朝廷，陳請願為朝廷出使琉球，使事畢，官復原職。[44] 由於使者的遴選並不嚴格，在品行、學識方面並無刻意的要求，故犯事者常常出現。如正統年間，出使琉球的俞忭和劉遜，因私下收受琉球國王的贈金而遭杖刑。[45]陳傅隱瞞自己的籍貫，路過其家遷延不行，被謫戍大同威遠衛。[46]嘉靖年間的吳時來應選出使琉球時，抱病不前，亦遭謫官戍邊的懲處。由此可見，早期朝廷對出使琉球使者個人的品行等方面的審查並不嚴格。

　　其後，琉球國一直得到明清兩朝政府的隆重冊封。明初冊封琉球由行人任冊封使，不設副使。「宣德間遣內監，其遣正使給事中，副

---

42　《明太祖實錄》卷71，洪武五年正月甲子（臺北市：中央研究院，1982年）。

43　《明太宗實錄》卷28，永樂二年三月壬辰（臺北市：中央研究院，1982年）。

44　《明太宗實錄》卷47，永樂三年十月辛卯（中央研究院歷史語言所影印本）。

45　《明英宗實錄》卷117，正統六年六月己卯（中央研究院歷史語言所影印本）。

46　《明英宗實錄》卷178，正統十四年六月戊申（中央研究院歷史語言所影印本）。

使行人定於正統之年」[47]。清朝冊封琉球使除給事中、行人擔任外，翰林院屬官，內閣中書舍人也出任該職。

康熙時期，一改歷朝選派冊封使的制度，首先決定由翰林院內閣官員擔任使臣出使琉球。過去的使臣多由行政官員擔任，有刑科、吏科、兵科、戶科等官員。康熙之後，即以輔佐皇帝辦理國家政事的內閣機構官員（內閣舍人）和翰林院官員（編修、檢討、侍講、修撰）擔任使臣，以這些文化素質和修養出類拔萃的人為代表出使琉球，無疑加強了中國文化對琉球社會的傳播和影響。

康熙親政之後，對遴選使者別出心裁，要求禮部推薦使者人選。以康熙二十一年（1682）汪楫、林麟焻入選琉球冊封使臣為例，當時禮部提出人選名單共八十人，題本如下：

> 禮部尚書加五級臣顏保等謹題：為懇查封典成例，以彰皇恩，以全使臣歸國事，該臣等議得，賜恤琉球國故王，並封世子尚真為王，將內閣翰林院、臣部六科行人司應選漢官職銜開送，已經行文咨復前來，今准內閣開送漢典籍一員，撰文中書舍人四員、辦事中書舍人二十員、翰林院漢編修二十三員、檢討二十四員、修撰一員、臣部漢主事一員、吏科等六科漢給事中三員、行人司行人三員、咨送前來，其內應遣正副使二員，臣等未敢擅便，謹題請旨（具體名單略）……康熙二十年二月十九日題。[48]

最終在上述得官員中挑選出汪楫和林麟焻分別為正副使。四月初七日，康熙詢問汪楫和林麟焻的情況，「曰：此二人何如？明珠奏

---

47 〈乞罷使琉球疏〉，《李文節公文集》，《明經世文編》卷460（北京市：中華書局，1962年）。

48 《明清史料》，庚編，上冊（北京市：中華書局，1987年），頁639-640。

曰：汪楫係薦舉博學弘詞，揚州人，家貧，人優。林麟焻係臣衙門中書，其人亦優。上顧學士庫勒納問曰：汪楫學問如何？庫勒納奏曰：文學頗通。上又問與曰：其人如何？庫勒納奏曰：其人亦優。上頷之。」[49]

從確立翰林院、內閣官員為出使琉球使臣，到詳細調查使臣的出身、品行、學識，這都反映了康熙皇帝對冊封琉球的高度重視，反映了他對中外交往的積極態度，這也是康熙時期中國政府對外政策的一個重要表現。

康熙對冊封琉球的重視還表現在認真對待使臣陛辭時所提的各種問題，如：康熙二十一年八月二十五日，「奉使琉球正使翰林院檢討汪楫、副使內閣中樞舍人林麟焻陛辭，奏曰：臣等奉命遠使海外，萬里宣揚威德，不敢不竭厥報稱，恭請皇上諭旨。上曰：琉球海外小國，爾等前往，務持大體，待以寬和，以副朕懷柔遠人之意。上又問曰：爾等更有請旨事宜否？汪楫曰：臣等因奉使具有條奏，已蒙皇上准行四事，允頒御筆，天藻輝煌，聲教遠被於海國，臣等不甚欣幸。聞海外日本諸國與琉球往來，今皆瞻仰德化。如有通貢之事，允行與否？非臣等所敢擅便，恭請皇上指授，以便凜遵聖諭，臨時應對。上曰：若有通貢等事，爾等報部，聽部議可也。」[50]從中我們可以看到，康熙要求使臣要以寬和的態度出使琉球，充分表現出中國人民與世界各國人民和睦相處的友好對外政策。同時他也對其他各國要求來華通貢的事持歡迎態度。

明清兩朝歷次冊封琉球使臣如下表：

---

49 《康熙起居注》第2冊（北京市：中華書局，1984年），頁833-8634。

50 《康熙起居注》第2冊（北京市：中華書局，1984年），頁887。

## 明清冊封琉球使一覽表

| 年代 | 使者 | | 琉球國王 |
|---|---|---|---|
| | 正使（官職） | 副使（官職） | |
| 永樂二年（1404） | 時中（行人） | | 武寧 |
| 永樂十三年（1415） | 陳秀芳（行人） | | 他魯梅 |
| 洪熙元年（1425） | 柴山（中官） | | 尚巴志 |
| 正統八年（1443） | 俞忭（給事中） | 劉遜（行人） | 尚忠 |
| 正統十三年（1448） | 陳傅（刑科給事中） | 萬祥（行人） | 尚達思 |
| 景泰三年（1452） | 陳謨（給事中） | 董守宏（行人） | 尚金福 |
| 景泰七年（1404） | 李秉彝（給事中） | 劉儉（行人） | 尚泰久 |
| 天順七年（1463） | 潘榮（吏科給事中） | 蔡哲（行人） | 尚德 |
| 成化八年（1472） | 官榮（兵科給事中） | 韓文（行人） | 尚圓 |
| 成化十三年（1477） | 董旻（兵科給事中） | 張祥（行人司司副） | 尚真 |
| 嘉靖十三年（1534） | 陳侃（吏科給事中） | 高澄（行人） | 尚清 |
| 嘉靖四十年（1561） | 郭汝霖（刑科給事中） | 李際春（行人） | 尚元 |
| 萬曆七年（1579） | 蕭崇業（戶科給事中） | 謝杰（行人） | 尚永 |
| 萬曆三十四年（1606） | 夏子陽（兵科給事中） | 王士禎（行人） | 尚寧 |
| 崇禎六年（1633） | 杜三策（戶科給事中） | 揚掄（行人） | 尚豐 |
| 康熙二年（1663） | 張學禮（兵科副理官） | 王垓（行人） | 尚質 |
| 康熙二十二年（1683） | 汪楫（翰林院檢討） | 林麟焻（內閣舍人） | 尚貞 |
| 康熙五十八年（1719） | 海寶（翰林院檢討） | 徐葆光（翰林院編修） | 尚敬 |
| 乾隆二十一年（1756） | 全魁（翰林院侍講） | 周煌（翰林院編修） | 尚穆 |
| 嘉慶五年（1800） | 趙文楷（翰林院修撰） | 李鼎元（內閣舍人） | 尚溫 |
| 嘉慶十三年（1808） | 齊鯤（翰林院編集） | 費錫章（工科給事中） | 尚灝 |
| 道光十八年（1838） | 林鴻年（翰林院修撰） | 高人鑑（翰林院編修） | 尚育 |
| 同治五年（1866） | 趙新（翰林院編修） | 于光甲（翰林院編修） | 尚泰 |

本表資料來源於《球陽》、《明實錄》，以及歷代冊封琉球使的著述。

　　上表所列明清兩朝冊封琉球使者共計四十三人，他們將生死置之度外，飄洋過海，以實際行動為中琉友好關係做出了重要的貢獻。他們將中國的優秀文化傳播到琉球，促進了琉球的社會進步和經濟繁榮。他們在冊封琉球的過程中，總結了中國的造船和航海的經驗，不僅身體力行，而且為中國的航海造船留下了豐富的資料。他們撰寫的《使琉球錄》，使中國人民更加了解當時的琉球社會，從而促進了兩國人民之間的相互交往。

　　古代中琉的航路十分險阻。因此早期使琉球的封舟上「設浮翼，造水帶至載棺，而亟銀牌於棺首，書云某使臣棺，令見者收而瘞之」[51]。時人都把出使琉球視為畏途。如永樂二年第一任冊封琉球的使臣卻以囚犯充任。《明實錄》載：四川布政司右參議時中，「初坐罪當謫戍邊，上書書陳情願一改右參命為行人，至是出使琉球還，故復其職」[52]。相反，有的使臣因害怕渡海使琉球，被削官戍邊。明嘉靖三十七年（1558），詔命吏科官員吳時來為冊封琉球使臣，但吳時來卻畏避不前，終被削官戍邊[53]。無論是囚犯充任使臣，還是使臣淪為囚犯，都充分反映了當時中琉航路的險惡，從而使我們認識了歷代使琉球者的壯舉是值得我們歌頌的。據載，歷次冊封琉球都十分驚險。有的被風浪捲走了船舵，有的被颶風颺走了蓬桅，有的觸礁漏水危在旦夕，有的隨風漂流迷失了方向……。所以，冊封使臣出使琉球都做好了犧牲的準備。他們「隨帶耕種工具」，以防「漂流別島不能復回」。

　　通常使團人數在三百至七百之間。明代嘉靖年間使琉球的郭汝霖在其《重編使琉球錄》中，對使團人員的配置、分工及酬勞做了介紹，雖不完整，但對我們了解當時渡海冊封的組織狀況很有幫助。現

51　〈乞罷使琉球疏〉，《李文節公文集》，《明經世文編》卷460（北京市：中華書局，1962年）。

52　《明太宗實錄》卷47，永樂三年十月辛卯（臺北市：中央研究院，1982年）。

53　郭汝霖：《重編使琉球錄》卷上（明嘉靖辛酉十月刊本）。

將郭汝霖使琉球之組織狀況列表簡述如下：

## 郭汝霖冊封琉球使團人員配置簡表

| 姓名 | 職務與職能 | 人數 |
|---|---|---|
| 嚴繼先 | 軍士百戶 | |
| | 軍伴 | 1 |
| 馬魁道 | 提調夥長、舵工、水梢 | |
| | 家人 | 1 |
| 陳弘成 | 提調軍器 | |
| | 家人、提調蓬纜工匠及過海油鐵 | 1 |
| 施中卯 | 省祭、提調收支公用器物及各役行李 | |
| 張應魁 | 省祭、提調管水火巡視及火藥 | |
| 李伯齡 | 省祭、分職修船、至岸時充引禮官 | |
| | 省祭、分職修船、至岸時充引禮官 | 3 |
| 林墨 | 提調夷舶通事 | |
| 曾宏 | 譯語通事 | |
| 陳佩 | 書辦 | 4 |
| 陳大韶 | 夥長 | |
| 許嚴 | 夥長 | |
| | 夥長 | 4 |
| 吳宗達 | 舵工 | |
| | 舵工 | 15 |
| | 大桅班手 | |
| | 二桅班手 | 4 |
| | 頭碇 | |
| | 二碇 | |
| | 護針 | |

| 姓名 | 職務與職能 | 人數 |
|---|---|---|
|  | 總甲 | 計五〇〇人 |
|  | 水稍 |  |
|  | 行匠 |  |
|  | 道士 |  |
|  | 戲子 |  |
|  | 二衙門門書 |  |
|  | 皂隸 |  |
|  | 防馬夫 |  |
|  | 廚館夫 |  |

　　萬曆三十四年（1606）夏子陽使琉球的人員配置與郭汝霖使團相仿，只因夏子陽記述頗簡，難做進一步的比較，夏子陽《使琉球錄》關於使團構成記述如下：

　　夥長六名（李美、柯鎮）

　　舵工十六名（潘沂、陳誠、黃安、賴友）

　　省祭三名（林有源、林一淇、金廷楷）讀贊官

　　引禮通事、鄭璽

　　譯語通事三名、鄭仲和、陳仕順、馮應隆

　　民梢總甲哨官四名

　　班手十四名

　　水梢總甲八名

　　護針總甲並管水火旗幔總甲共九名

　　碇手共八名

　　絞手共十四名

　　櫓頭共十六名

車手共三十二名

管小艕四名

聽用水梢共四十七名

其貼駕軍梢並總小甲四十七名

醫、畫、書辦、門皂、行匠亦俱照舊

　　清代冊封使團的構成，一循明例，只是在配置名稱上有變化。康熙五十八年（1719）使琉球的徐葆光在其著述中對使團人員的配置記載頗詳，今從徐葆光《中山傳信錄》中摘之，並參照歷次冊封使團的配置，將明顯區別的有關職稱在方括號中說明。

　　冊封使團一般由四類人組成：官員、船員、從役和軍士。

　　清康熙五十八年冊封琉球使團組織：

官員：除正副冊封使外，一般配有千總、守備各一人。（嘉靖年陳侃使錄載千戶一人，百戶二人。萬曆年蕭崇業使琉球用省祭三人，造船時各督管不同的材料，渡海冊封時，掌管生活用品和軍用品，以及充任讀贊官。）

船員：正夥長（主針盤羅經事）

副夥長（經理針房兼主水鉤長繩三條，侯水深淺）亦設有「護針」一職正、副舵工（主柁兼管勒肚二條）

正、副碇（主碇四門，行船時主緝布篷）一稱頭碇、二碇

正、副鴉班（主頭巾頂帆，大桅上一條龍旗及大旗，登檣瞭望）

正、副杉板工（主杉板小船，行船時主清風大旗及頭帆）亦稱管小舟

正、副繚手（主大帆及尾送布帆，繚母棕，繚木索等物）除繚手外，亦有車手

正、副值庫（主大帆插花，天妃大神旗，又主裝載）

押工（主修理檣及行船時大桅千斤墜一條）

香工（主天妃、諸水神座前油燈、早晚洋中獻紙及大帆尾繚）

頭阡（主大桅，率索大碇索，盤絞索，大櫓車繩）亦稱大桅

二阡（主大桅率索副碇索、盤絞索、大櫓車繩）亦稱二桅

三阡（諸大桅率索三碇索，盤絞索車子數根）

正、副總鋪（主鍋飯柴米事）

從役：家人（其中正使二十名，副使十五名）

| | |
|---|---|
| 書辦二名 | 老排一名 |
| 巡捕二名 | 吹鼓手八名 |
| 長班四名 | 廚子四名 |
| 門子二名 | 艦匠二名 |
| 皂隸八名 | 艙匠四名 |
| 健步四名 | 風帆匠二名 |
| 轎傘夫二十名 | 索匠二名 |
| 引禮通事二員 | 鐵匠二名 |
| 內科醫生一人 | 裁縫二名 |
| 外科醫生一人 | 糊紙匠二名 |
| 道士三名 | 裱褙匠一名 |
| 糕餅匠一名 | 侍詔一名 |

軍士：除前述官員的千總、守備外，乃從福建沿海梅花、定海、萬安駐軍中挑選一百至二百士兵不等。

　　此外，「封舟過海，例有從客偕行」。朝廷還規定，歷次冊封琉球，正副使臣可隨帶從客若干人同行，這些從客多是使臣的知心朋友，不外是文人墨客，有的還是高僧、琴師或名醫。如康熙二年使琉球的張學禮，其隨行從客有「姑蘇陳翼，字友石，多才多藝。……西

湖吳燕時，字羽嘉，業岐黃，切脈知生死」[54]。又如清嘉慶年間使琉球的李鼎元，其相邀赴琉球的從客就有寄塵和尚。寄塵「衡山人，名衡麓，別號八九山人，寄塵其字也，姓范氏。五歲度為僧。略窺內典，好吟詠，工書尚畫；有奇術，人莫測也」[55]。

　　經過冊封琉球的渡海後，冊封使們根據自己的經驗常在「使錄」中以「用人」一節加以概括其使團用人之道，尤其對航海人員的選擇議論最多，如陳侃就曾對此感慨一番，其曰「漳州人以海為生，童而習之，至老不休，風濤之警見慣渾閒事耳，其次如福清，如長樂，如鎮東，如定海，如梅花所者，亦皆可用。人各有能有不能，唯用人者擇之，累得其人，猶可少省一、二，此貴精不貴多之意也」[56]。歷次冊封使的用人經驗，都為下次的使臣提供了殷鑑。

## （三）琉球的迎封

　　琉球國王接到中國禮部有關冊封使臣派遣的咨文後，立即派遣接封使臣到中國，迎接冊封使前往琉球。如康熙二十一年（1682）和康熙五十七年（1718）琉球國王為接封事分別給福建布政使司送上咨文，內容如下：

> 琉球國中山王世子尚貞為恭接綸恩事，竊照敝國遠屬南裔，惟籍皇朝錫典鎮撫海邦，日前具疏請封，榮荷天恩量允下惜膚嗣藩暇，凡在節屋窮簷悉已歡騰域外。謹遣正議大夫鄭永安前來恭接，合咨貴司伏乞轉咨禮部具題，庶萬里之波，臣如親舞蹈

---

54 張學禮：《使琉球記》，《臺灣文獻叢刊》第292種（臺北市：臺灣銀行經濟研究室編印，1971年），頁15。

55 李鼎元：《使琉球記》，《小方壺齋輿地叢鈔》第10帙1（臺北市：學生書局，1975年）。

56 陳侃：《使琉球錄》，《臺灣文獻叢刊》第287種（臺北市：臺灣銀行經濟研究室編印，1970年）。

千秋之海若恭效前驅矣，煩乞貴司查照施行須至咨者。

右咨

福建等處承宣布政使司

康熙二十一年十月十二日[57]


琉球國中山王世曾孫尚為恭接綸恩事，竊照敝國遠屬南裔，惟籍皇朝錫典，鎮撫海邦，□□於康熙五十五年十月十一日具疏請封，荷蒙天恩浩蕩，奉旨允准遣天使襲封，□外雀躍，理合遣官恭接，茲特遣正議大夫陳其湘前來迎接天使按臨敝國，為此備由移咨貴司知會，煩為查照施行須至咨者。

右咨

福建等處承宣布政使司

康熙五十七年九月十七日[58]


　　除上述咨文布政司外，為表現恭敬和重視，琉球國王還特咨文冊封正副使，並告之接封事宜。以下是康熙二十一年（1682）琉球國王給冊封正副使臣的咨文：


琉球國中山王世子尚貞為恭迎欽差事，照得敝國於康熙十九年九月三十日敬修表文遣耳目官正議大夫毛見龍、梁邦翰等齎捧進京請乞襲封王爵，荷蒙旨准，天使臨閩，海邦雀躍歡呼難伸補報。茲特遣正議大夫鄭永安護迎欽差寶船按臨敝國，理合移咨天使煩為察照施行，為此移咨須至咨者。

---

57　《歷代寶案》（校訂本）第1冊，卷22（那霸市：沖繩縣立圖書館史料編集室，1992年），頁739。

58　《歷代寶案》（校訂本）第3冊，卷9（那霸市：沖繩縣立圖書館史料編集室，1992年），頁398。

　　右咨

　　欽差正使翰林院檢討汪

　　　　　　　　　　康熙二十一年十月十二日

　　琉球國中山王世子尚貞為恭迎欽差事，照得敝國於康熙十九年九月三十日敬修表文，遣耳目官、正議大夫毛見龍、梁邦翰等齎捧進京，請乞襲封王爵，荷蒙旨准，天使臨閩，海邦雀躍歡呼難伸補報，茲特遣正議大夫鄭永安護送欽差寶船按臨敝國，理合移咨天使煩為察照施行，為此移咨須至咨者。

　　右咨

　　欽差副使內閣中書林

　　　　　　　　　　康熙二十一年十月十二日[59]

康熙五十七年（1718）琉球國王給冊封正副使臣的咨文：

　　琉球國中山王世曾孫尚為恭迎欽差事，照得敝國業於康熙五十五年十月十一日謹修表文，特遣耳目官夏執中、正議大夫蔡溫等齎捧進京，請乞襲封王爵，荷蒙皇恩浩蕩，旨允准襲封，擬今天使臨閩，海邦雀躍，茲特遣正議大夫陳其湘護迎欽差寶船按臨敝國，理合移咨天使煩為察照施行須至咨者。

　　右咨

　　欽差正使副使

　　　　　　　　　　康熙五十七年九月十七日[60]

59 《歷代寶案》（校訂本）第1冊，卷22（那霸市：沖繩縣立圖書館史料編集室，1992年），頁740。

60 《歷代寶案》（校訂本）第3冊，卷9（那霸市：沖繩縣立圖書館史料編集室，1992年），頁397。

## （四）冊封大典的準備工作

　　《清會典》載：使臣奉詔敕入該國境，國王遣陪臣恭迎詔敕龍亭，行三跪九叩禮。見正副使，行一跪三叩禮。詔敕及頒賜器幣，奉設於使館，屆宣讀詔敕之期，國王率陪臣等至館，肅迎詔敕升殿。國王率陪臣行三跪九叩禮。乃跪受詔敕。宣讀畢，行禮如初。若冊封王妃，以國王受命。封世子，國王率以受命，禮亦如之。凡詔敕宣讀後，例應帶回繳還內閣。惟琉球歷次請留。使臣得允其請，仍令該國王於謝恩表內聲明[61]。

　　琉球國王對冊封使團赴琉球異常重視，事先做了大量的接待準備工作。冊封舟一入那霸港，「島民艤船數百，或在船、或入水施百綆引舟至迎恩亭下，亭建自永樂中，尚巴志時修葺如新」[62]。琉球國王「先遣法司以下諸陪臣來迎詔，致牲禮迎勞如儀」。封舟到港後，在迎恩亭旁，「陪臣班列，儀仗金鼓皆集亭左右，迎請龍亭」[63]。龍亭是專門準備用來放置冊封詔書的。冊封使捧詔敕安於龍亭，眾官行三叩頭禮，「行禮訖，以次入謁。法司王舅、紫金大夫、紫巾官為一班三叩頭，天使立受，揖答之。耳目官、正議大夫、中議大夫為一班，三叩頭，天使立受，拱手答之。那霸官、長史、察侍紀官、遏闥理官、都通事為一班，三叩頭，天使坐受，抗手答之」[64]。禮畢，即有許多琉球人查詢在華親人。琉球國人先年請封，到閩後多有人死葬在福州，故有家屬來詢問，得知人在者，喜逾重生；已故者，哀慟欲絕。

---

61 《清會典》（北京市：中華書局，1991年），頁354。

62 徐葆光：《中山傳信錄》卷2，《國家圖書館藏琉球資料彙編》（北京市：北京圖書館出版社，2000年），頁91。

63 徐葆光：《中山傳信錄》卷2，《國家圖書館藏琉球資料彙編》（北京市：北京圖書館出版社，2000年），頁91。

64 徐葆光：《中山傳信錄》卷2，《國家圖書館藏琉球資料彙編》（北京市：北京圖書館出版社，2000年），頁91。

爾後冊封使團一行人員在琉球眾官的陪伴下，前往天使館，冊封使團還要到琉球天妃宮行香。

事實上，冊封琉球大典是一件極其慎重的事，琉球國不僅做了長期的準備，有時為了冊封，準備了多年。就是大典一個儀式，也是反覆討論再三。冊封的整個方案要在冊封大典舉行的前幾天與中國的冊封使臣商量。通常琉球方面要將冊封方案，即《冊封儀注》呈給冊封使審閱，如果沒有異議，整個冊封儀式就是根據《冊封儀注》進行的。例如，嘉慶元年（1800），趙文楷、李鼎元使琉球，李鼎元在他的《使琉球記》中是這樣記述的：

> 十九日（己亥），晴。法司等官送《冊封儀注》來，隨與介山酌定云：「先一日，所司張幃、結彩於館前，備龍亭三、彩亭二；凡經過處，皆結彩。造版閣一楹為闕庭，設殿庭中；中置殿陛，左右列層階。設御案五於闕庭中，中案奉節、左案奉詔敕、右案奉御書、邊左置賜王幣、邊右置賜王妃幣。設香案，設司香二人於香案左右。設世孫受賜予位於香案前。設宣讀臺於殿前滴水左。設世孫拜位於露臺中；設眾官拜位於世孫後，左右列。世孫左右立引禮官二員，眾官左右立贊禮官二員。陳儀衛於殿左右。設奏樂位於眾官拜位後，設而不作。至期黎明，法司等官吉服候館外，金鼓儀衛畢備。俟啟門參見畢，請龍、彩亭入館，置中堂。正使捧節、副使捧詔敕御書，各安奉龍亭中；捧幣官捧幣，置左右彩亭中。排班，眾官行三跪九叩首禮；畢，前導。世孫率眾官伏迎於守禮坊外，龍亭暫駐，世孫率眾官平身，天使趨立龍亭左右。引禮官唱「排班」，世孫率眾官行三跪九叩首禮。畢，世孫前導入國門，立殿下。龍亭進至奉神門，執事者脫節衣，奉節授正使，奉詔敕、御書授副使，捧幣官分捧緞幣隨行；升闕庭，各安奉於御案。天使分立

左右，捧詔敕官立陛下，宣讀官立開讀臺下。司香者添香畢，引禮官引世孫由東階升，眾官各就拜位。世孫詣香案前，引禮官唱「跪」，世孫、眾官皆跪。引禮官唱「上香」，案右司香者捧香跪進於世孫；三上訖，平身。引禮官引世孫出就拜位，率眾官行三跪九叩首禮；畢，平身。副使詣前，正中立；捧詔敕官由東階升，副使取詔敕授捧詔敕官高舉下殿，同宣讀官上宣讀臺，奉安詔敕於案。引禮官唱「跪」，世孫、眾官皆跪；引禮官唱「開讀」，捧詔敕官以次對展，宣讀畢。引禮官唱「平身」，世孫、眾官皆平身。捧詔敕官仍捧詔敕升殿，授副使，如前安奉；捧詔敕官下東階，國王率眾官行三跪九叩首禮。畢，天使宣制曰：「皇帝敕使賜爾國王、王妃緞幣」！引禮官引國王由東階升——法司官隨行，至受賜予位，跪。正使取國王緞幣、副使取王妃緞幣，一一傳授國王；國王高舉，法司官跪接，傳至案上。畢，平身。引禮官引國王出就拜位，率眾官行三跪、九叩首禮。畢，天使宣制曰：「皇帝敕使賜爾國王御書匾額」！引禮官引國王由東階升，至受賜予位，跪。副使取御書親授國王，國王高舉平身，仍安奉案上。引禮官引國王就拜位，率眾官行三跪、九叩首禮。畢，平身。引禮官引國王詣香案前，跪；請留詔敕為傳國之寶。法司官捧前代詔敕，一一呈驗；天使驗明，允所請。副使捧詔敕親授國王，國王高舉平身，仍安奉案上。引禮官引國王就拜位，率眾官行三跪、九叩首禮。畢，平身。正使取節，執事者加節衣，仍置案上。法司等官捧詔敕、御書、緞幣入內殿，派官守護節案。國王請天使拜御書，引上殿閣；天使瞻拜畢，國王請天使更衣，同往北宮行對拜一跪、三叩首禮。畢，茶三獻，天使告辭。國王前導，仍至御案前，正使奉節安奉龍亭內。天使隨出奉神門，與國王揖別，各乘輿；國王先行率眾官出，俟歡會門外龍亭回過，國

王以下跪送。天使至，出輿，國王揖別，眾官皆跪送。是日，國王遣官詣館謝，天使次日遣官入王城答謝。觀其儀率遵舊典，亦守禮之明驗也。[65]

從上述的記載我們看到，冊封大典的所有程序都準備得十分具體，一切準備就緒後，諭祭先王，冊封新王的儀式就一一擇日進行了。

## （五）諭祭已故的琉球國王

中國封建統治者認為，「封其生者而又祭其薨者，厚也，所以勸天下忠也。祭先於封者，尊也，所以勸天下之孝也。忠孝之道行於四夷，胡越其一家矣」[66]。故中國冊封使團在琉球要先舉行祭祀後再舉行冊封。祭禮一般在寢廟中舉行，而不在遠葬的王墓前舉行。

《清會典》載：凡遣使冊封，所有該國恤典即交使臣齎往。先於該國先王廟中諭祭。正副使入朝，奉諭祭文安於正中。使臣左右立，世子率陪臣行三跪九叩禮。乃宣諭祭文，世子等皆俯伏[67]。

據徐葆光記載，「諭祭禮先期，灑掃王廟中堂，屏蔽神主，以便迎請龍亭。設香案於廟中，設司香二人，設開讀臺於滴水西首，設開讀位東南向，設中山先王神主位於露臺東首西向，設世子俯伏位於先王神主位之下，北向設世子拜位於露臺中，北向設眾官拜位於世子拜位後。左右層列設奏樂位於眾官拜位之下北向」[68]。祭日黎明，法司官率眾官及金鼓、儀仗畢集天使館前，迎請龍亭。世子則率眾官在安

65　李鼎元：《使琉球記》，《臺灣文獻叢刊》第292種（臺北市：臺灣銀行經濟研究室編印，1971年）。

66　陳侃：《使琉球錄》，《臺灣文獻叢刊》第287種（臺北市：臺灣銀行經濟研究室編印，1970年），頁14-15。

67　《清會典》（北京市：中華書局，1991年），頁354。

68　徐葆光：《中山傳信錄》卷2，《國家圖書館藏琉球資料彙編》（北京市：北京圖書館出版社2000年），頁116。

里橋迎，行三跪九叩頭禮。禮畢，世子率眾官前導致廟門外，龍亭由中門入，至寢廟內中堂。天使、世子率眾官進入先王寢廟中堂後，世子率眾官行三跪九叩頭禮畢，「天使隨入左右立，捧軸官由東角門入，至廟東邊門外西向立，宣讀官、展軸官由西角門入，至開讀臺下東向立，司香二人舉香案置龍亭前添香。世子率眾官由東角門入，上露臺，各就拜位，行三跪九叩頭禮畢，退立於先王神位之下西向，捧軸官由廟東邊門入廟中堂，天使先取諭祭文授捧軸官，高舉出廟中。上開讀臺，宣讀官次之，展軸官又次之，捧軸官上臺，立案右。宣讀官就開讀位，展軸官立案左，與捧軸官對展。通事官唱開讀，世子眾官皆俯伏於先王神位之下北向。候宣讀官從容讀畢，通事官唱焚帛。世子率眾官皆平身，至焚帛所候焚畢，回露臺同眾官謝恩，三跪九叩頭禮畢，退班。世子捧先王神主，由廟東邊門入廟內，安於東偏神座。諭祭文皆另謄錄焚黃，原勑俱請留供廟中。諭祭禮畢，天使易服，世子揖至東廳行相見禮。世子未受封，猶守幕次，至此始與使臣相見[69]。

　　歷屆冊封使所攜諭祭文是由內閣撰寫後由禮部轉交使臣帶往琉球，主要內容為表彰先王臣服之誠，要後世效法，並重申明清政府對琉球王的體恤之恩。

　　康熙五十八年（1719），海寶、徐葆光諭祭尚貞王與尚益王的諭祭文如下：

> 維康熙五十八年（歲次己亥）六月，壬寅朔；越祭日丁卯，皇帝遣冊封琉球國正使翰林院檢討海寶、副使翰林院編修徐葆光諭祭於故琉球國中山王尚質之靈曰：「朕撫綏萬邦，中外一體；越在荒服，咸畀湛恩。矧效忠既篤於生前，斯賜恤彌隆於

69　徐葆光：《中山傳信錄》卷2，《國家圖書館藏琉球資料彙編》（北京市：北京圖書館出版社，2000年），頁117-121。

身後；眷言鴻伐，宜賁龍光。爾琉球國中山王尚貞肅凜朝章，
丕揚世緒。秉聲靈於天府，水靜鯨波；奉正朔於大庭，風清島
服。靖共匪懈，恩早錫於九重；貞順彌加，時將歷乎三紀。方
謂期頤未艾，何圖徂謝遙聞！深用愴懷，特頒祭恤。嗚呼！作
屏翰於遐方，始終臣節；被優崇於幽穸，炳煥綸褒。用薦苾
芳，尚其歆格！

維康熙五十八年（歲次己亥）六月，壬寅朔；越祭日丁卯，皇
帝遣冊封琉球國正使翰林院檢討海寶、副使翰林院編修徐葆光
諭祭於故琉球國王尚益之靈曰：朕承天庥，撫馭區宇；罔有內
外，並予輯綏。幾所賓貢，不忘存恤；有庸必報，雖遠弗遺，
所以示懷柔，昭鉅典也。爾琉球國王嗣尚益承先受祚，繼志輸
忠；世著勳勞，奉共球而內鄉；代修朝請，航溟渤以歸誠，乃
蒞職止於三年，嗣封闕於再世。眷言藩服，方期多服之是膺；
勉樹嘉猷，詎意修齡之難得！訃音遠告，褒恤特申。雖錫命未
逮於生前，而榮施實隆於身後。爰頒祭醊，用遣專官。嗚呼！
玉冊遙傳，庶慰來王之志；綸函覃被，聿昭撫遠之忱。載設牲
犧，庶其歆格[70]！

## （六）冊封琉球國王

祭禮行畢，又擇日舉行冊封大典，冊封典禮一般在中山王府正殿
舉行。冊封先一日，所司張幄結彩於天使館。國中經行處所皆結彩，
造板閣一楹為闕庭，前設司香二人於香案左右，設世子受賜予位於香
案之前，設宣讀臺於殿前滴水之左，設世子拜位於露臺正中，設眾官
拜位於世子後左右層列。世子左右立引禮官二員。眾官左右立贊禮官

---

70 徐葆光：《中山傳信錄》卷2，《國家圖書館藏琉球資料彙編》（北京市：北京圖書館
　　出版社，2000年），頁121-124。

二員，陳儀仗於王殿左右。設奏樂位於眾官拜位之後。

　　黎明，法司官、眾官率金鼓、儀仗畢集天使公館前，天使啟門恭
謁畢，迎請龍亭入公館中堂，捧詔官捧敕官各捧詔敕奉安龍亭中。捧
幣官捧緞疋等分置左右綵亭中。王與妃各一亭，眾官排班行三跪九叩
頭禮畢，前導世子率眾官伏迎於守禮坊外龍亭暫駐。世子、眾官平
身，天使趨前，分立龍亭左右，同事官唱排班，世子、眾官行三跪九
叩頭接詔禮畢，眾官、世子前導立殿下。

　　龍亭入至闕庭中，綵亭分列左右，天使分立龍亭左右，捧詔官、
捧敕官立殿陛下，宣讀官立開讀臺下，司香者舉香案於龍亭前，添香
奏樂，引禮官引世子由東階升詣香案前。樂止，引禮官唱跪，眾官各
就拜位皆跪。引禮官唱：「上香案。」右司香者捧香跪進於世子之
左。三上香訖，俯伏同平身、奏樂。引禮官引世子出露臺就拜位，率
眾官行三跪九叩頭拜詔。禮畢平身，樂止。

　　天使詣前正中立，捧詔官、捧敕官由東階升，天使取詔授，捧詔
官取敕授。捧敕官高舉下殿陛，同宣讀官上開讀臺，詔勅並置案上。
通事官唱：「開讀。」樂止。引禮官唱：「跪。」世子、眾官皆跪。捧
詔勅官以次對展，宣讀官次第讀畢，引禮官唱：「平身。」世子、眾
官皆平身，奏樂。捧詔勅官各捧詔勅升殿畢，天使乃奉安龍亭中。捧
詔勅官下東階，國王及眾官行三跪九叩頭謝封。禮畢，平身，樂止。
天使宣制曰：「皇帝勅使賜爾國王及妃緞疋、綵帛。」引禮官引國王
由東階升，法司官隨行，國王至受賜予位跪，奏樂。天使取賜王及賜
王妃緞疋一一親授國王。國王高舉。法司官跪接，傳置案上畢，俯伏
平身。引禮官引國王復位，率眾官行三跪九叩頭謝賜禮畢，平身，樂
止。引禮官引國王升東階至龍亭前跪問聖躬萬福。天使答曰：「聖躬
萬福，國王俯伏同平身，奏樂。引禮官引國王復位，率眾官行三跪九
叩頭問安禮畢，平身，樂止。引禮官引國王升東階至香案前跪請留詔
勅為傳國之寶。法司官捧前代詔勅呈驗，天使驗明，允所請。捧亭中

詔勅，親授國王，國王平身，仍奉安亭中，奏樂。引禮官引國王復
位，率眾官行三跪九叩頭謝恩禮畢，國王請天使更衣，俱肄北宮對拜
安坐獻茶，一如前儀[71]。冊封禮成，中山世子始稱中山王，擇吉告祖
廟，受國中各島臣民賀訖，中山王躬詣天使館謝封。《清會典》載：
世子既受封，始稱王，告於廟，受該國群臣朝。親詣使館謝封，燕勞
正副使[72]。大典既竣，各員役宿館中，候風回舟。

　　行冊封禮時所宣讀的冊封詔和冊封敕，一般也由內閣撰寫，康熙
五十八年（1719）海寶、徐葆光所攜冊封詔敕如下：

　　　奉天承運皇帝詔曰：
　　　朕恭膺天眷，統御萬邦；聲教誕敷，遐邇率俾。粵在荒服，悉
　　　溥仁恩，奕葉承祧，並加寵錫。爾琉球國地居炎徼，職列藩
　　　封；中山王世子曾孫尚敬屢使來朝，貢獻不懈。當閩疆反側、
　　　海寇陸梁之際，篤守臣節，恭順彌昭；克殫忠誠，深可嘉尚！
　　　茲以序當纘服，奏請嗣封。朕惟世繼為家國之常經，爵命乃朝
　　　廷之鉅典；特遣正使翰林院檢討海寶、副使翰林院編修徐葆光
　　　齎詔往封為琉球國中山王。爾國臣僚以暨士庶，尚其輔乃王慎
　　　修德政，益勵悃忱；翼戴天家，慶延宗祀：實惟爾海邦無疆之
　　　休！故茲詔示，咸使聞知。
　　　　　　　　　　　　　　　　　　　　康熙五十七年八月□□日

　　　皇帝勅諭琉球國中山世子曾孫尚敬：
　　　惟爾遠處海隅，虔修職貢；屬在冢嗣，序應承祧。以朝命未
　　　膺，罔敢專擅；恪遵典制，奉表請封。朕念爾世守臣節，忠誠

71 徐葆光：《中山傳信錄》卷2，《國家圖書館藏琉球資料彙編》（北京市：北京圖書館
　　出版社，2000年），頁129-135。
72 《清會典》（北京市：中華書局，1991年），頁354。

可嘉；特遣正使翰林院檢討海寶、副使翰林院編修徐葆光齎敕
封爾為琉球國中山王，並賜爾及妃文幣等物。爾祇承寵眷，懋
詔先猷；輯和臣民，慎固封守：用安宗社於苞桑，永作天家之
屏翰。欽哉！毋替朕命。故諭。

頒賜國王：蟒緞二疋、青彩緞三疋、藍彩緞三疋、藍素緞三疋、
閃緞二疋、衣素二疋、錦三疋、紗四疋、羅四疋、紬四疋。

頒賜妃：青絲緞二疋、藍彩緞二疋、妝緞一疋、藍素緞二疋、
閃緞一疋、衣素一疋、錦二疋、紗四疋、羅四疋。

康熙五十七年八月□□日[73]

　　按照慣例，冊封使除主持祭諭冊封大典外，在琉球逗留期間，必
須接受琉球國王的七宴款待，即一、諭祭宴，在行諭祭禮後於王廟舉
行，「不奏樂，不簪花；天使世子肅容堂上，各一席」。二、冊封宴：
在冊封禮行畢後於王殿舉行，「奏樂，簪花」。三、中秋宴，設於王府
庭中，演琉球戲及歌舞，放煙火。四、重陽宴，先設坐於龍潭之北，
「觀龍舟競渡」，龍舟戲畢，仍在王府開宴，演戲。五、餞別宴，
六、拜辭宴，這兩宴均在王府開宴並演戲。「拜辭宴畢，王先至世子
第中，更設小座，手奉三爵為別」。七、望舟宴，國王到天使館設
宴，「宴畢，王面致金扇一握為別」[74]。冊封使團歸國時，琉球國的歡
送儀式如迎封一樣，十分隆重。據張學禮回憶，琉球國「王率屬詣署
餞送，不忍別；至晚，方回」[75]。徐葆光記載：「封舟自琉球那霸開
洋，用小船百餘引出港口，琉球官民夾岸送者數千人，小船豎旗，夾

73 徐葆光：《中山傳信錄》，《臺灣文獻叢刊》第306種（臺北市：臺灣銀行經濟研究室
　　編印，1972年），頁56-57。
74 潘相：《琉球入學見聞錄》，《國家圖書館藏琉球資料彙編》（北京市：北京圖書館出
　　版社，2000年），頁388-389。
75 張學禮：《使琉球記》，《臺灣文獻叢刊》第292種（臺北市：臺灣銀行經濟研究室編
　　印，1971年），頁7。

船左右送者數百槳」[76]。

　　隨後，中山王遣陪臣法司王舅、紫金大夫等齎表謝恩，並貢物自附常年貢船一號隨封舟同發。中山王謝恩表如下：

> 琉球國中山王臣尚敬誠惶誠恐稽首頓首謹奉表上言，伏以聖武弘昭特重內屏之任，皇文丕振，復膺外翰之權隆體統。於藩臣安內而兼攘外，煥規模於舊制，緯武即是經文，拜命增虔，撫躬益勵。恭惟皇帝陛下道隆堯舜，德邁湯文。統六合而垂衣教仁必先教孝，開九重以典禮作，君又兼作師。臣敬世守藩疆，代供貢職。荷龍章之遠，錫鮫島生輝。沐鳳詔之追揚，丹楹增色，對天使而九叩，望象闕以三呼。謹遣陪臣向龍翼、程順則等虔齎土物，聊表芹私。伏願乾行不息，澤沛彌崇。統王會以開圖，合車書者千八百國。占天時而應律，驗禎祥於三十六風將見。文麟獻瑞，彩鳳來儀矣。臣敬無任瞻天仰聖，激切屏營之至，謹奉表稱謝以聞。
>
> 　　　康熙五十八年十一月□□日　琉球國中山王臣尚敬謹上表

又疏：

> 琉球國中山王臣尚敬謹奏
> 為恭謝天恩事，臣敬彈丸小國，僻處海隅，深沐皇恩，允臣嗣封。康熙五十八年，蒙欽差正使翰林院檢討海寶、副使翰林院編修徐葆光等齎捧詔勅幣帛，隨帶員役坐駕海船二隻，於本年六月初一日按臨敝國。臣依舊例，令通國百官臣庶奉迎詔勅，安於天使館中。揀吉於六月二十六日，先蒙諭祭臣曾祖琉球國

---

76 徐葆光：《中山傳信錄》，《臺灣文獻叢刊》第306種（臺北市：臺灣銀行經濟研究室編印，1972年），頁16。

中山王尚貞，復蒙諭祭臣父琉球國王尚益，續於七月二十六日
宣讀詔勅，封臣敬為中山王。荷蒙欽賜蟒緞等項並妃綵緞等
物。臣敬率領百官拜舞叩頭謝恩外隨，請於天使懇留詔勅為傳
國之寶。蒙天使查驗前封卷軸，依聽許留付臣一併珍藏。竊惟
聖朝加意撫柔，有同覆載。臣敬等曷勝感激，為此特遣陪臣法
司王舅向龍翼、紫金大夫程順則、使者楊天祐、通事蔡文河、
副通事鄭元良、蔡墉等齎捧表章土儀，赴京恭謝天恩，仰冀睿
慈，俯鑑下悃。臣敬無任激切屏營之至，謹上奏以聞[77]。

## 三　圍繞冊封琉球的爭議

從洪武五年的遣楊載招諭琉球，建立起以冊封朝貢為中心的中琉
歷史關係，一直持續到一八七五年。這種關係是以朱元璋的漢人華夷
思想[78]為源頭的，為了大明帝國的長治久安，明初實施大規模的「封
藩制」，冊封了大量的諸侯藩主。廣義上的冊封就是古代天子以頒布
命令的方式將土地、百姓和官爵賜給臣子之意。就中琉歷史關係而言
就是中國皇帝（或稱天子）秉承「華夷之辨」、「華夷之治」的思想予
以願意向中國稱臣納貢之琉球國世子，政治上的公開確認的一種重要
儀式，也是中華秩序中的君臣關係理念的一種外在表現形式[79]。

---

77　徐葆光：《中山傳信錄》卷2，《國家圖書館藏琉球資料彙編》（北京市：北京圖書館
　　出版社，2000年），頁171-174。

78　元末明初輔佐朱元璋奠定大明基業的士大夫文人中有一批繼承朱子理學的著名人
　　物，如金華學派的胡翰、宋濂、方孝儒等人。其中胡翰所持華夷理念代表了金華學
　　派的對外關係見解，對朱元璋的影響很大。在其著作《正紀》中說：「中國之與夷
　　狄，內外之辯也。以中國治中國，以夷狄治夷狄，勢至順也。⋯⋯以夷狄處者，以
　　夷狄與之。」這中嚴內夏外夷之名分，強調正統的觀念，深深的影響了後世之人。
　　見胡翰：《胡仲子集》卷一，〈正紀〉篇。

79　坂野正高認為冊封是指宗主國和朝貢國的關係。是前近代大一種國際關係形態之
　　一，用中國古語來說就是「上國」對「屬國」「朝貢國」的關係（《近代中國政治外

　　圍繞對琉球的冊封方式問題，明代一直存在爭議。而通過考察明代朝廷內外就如何對琉球進行冊封的論爭，我們可以從中看出中國的士大夫官員對當時的琉球持有什麼樣的認識。

## （一）領封問題的源起

　　在有關中琉歷史關係的文獻史料中第一次正式出現「領封」一詞的，是嘉靖年間的陳侃《使琉球錄》。[80]陳侃在引文中並沒有具體說明什麼是「領封」，只是假借他人之口說出天朝上國派出使臣，冒著生命危險涉海行封不是「以華馭夷之道」。可見要求實施領封最初的理由就是航海之險危及天朝使臣性命，眾臣忌諱出使，便以應該禮尊華夏為理由。而其中領封的方式之一就是「命使臣齎詔勑駐海濱以賜」。因此所謂領封是以受封國為立足點，朝廷使臣不必前往受封國，由該國使臣前來，或於海上、或於福建沿海、或直接由京城齎回皇帝頒發的諭祭文和冊封詔敕。看似一件十分簡單之事，可是對琉球、對中國雙方面都產生一系列影響。

　　以琉球來說，牽涉到該國執政階層對冊封重要性的認識問題，領封的出現將意味著在琉球國內不必舉行盛大受封禮儀，其國王即位的隆重程度大打折扣，王位繼承的權威性受到削弱。當然因為典禮的取消，舉國上下節省下一大筆開銷，減輕百姓負擔不失為一大正面效果。對中國來說，領封的實施既使得朝廷使臣少了膽顫心驚的航海之旅，又使得福建地方當局不必為造大型封舟而準備人力物力，不必為出海準備兵役水手。

　　但朝中禮部大臣卻有另一番意見，「言梯航通道，柔服之常。彼所

---

　　交史》，東京：東京大學出版社，1973年）；金城正篤先生認為冊封是一種以中國為中心形成的前近代世界秩序或國際秩序（〈冊封體制與奄美〉，《琉大史學》第12號）。

80 陳侃：《紀錄彙編‧使琉球錄》卷66，《國家圖書館藏琉球資料彙編》上冊，頁16。

藉口者，特倭夷之警、風濤之險耳，不知琛寶之輸納、夷使之往來，果何由而得無患也。……庶中國大禮以全，而四夷觀望可肅。[81]」可見在禮部大臣眼裡，出使的艱辛和航海之危險與朝廷冊封大禮之重要、天朝聲望之遠播是不可比擬。

　　冊封大典完竣後，再一次經歷九死一生的航海旅程，安全歸來的陳侃，又是如何回顧他所代表的冊封呢。

　　　　……若領封之說，則肇自前使占城者。正、副畏難，不肯航海以畢事，曠日持久，渠國不獲，巳而領自海濱，非俞旨也。嘗稽古諸侯，凡嗣立俱以士服入見天子，而後受封。今之四夷即古荒服諸侯也，雖不克入覲天王，俾於海濱領封亦無不可。蓋中國尊而當安，外夷賤而當危也。豈直省不貲之費而巳哉。經國者為之建白可也。[82]

　　陳侃還是堅持南夷琉球應該來福建「海濱領封」才是中國尊的表現。而且希望朝廷中的重臣們採納這個建議。

　　第二次出現領封論的是在嘉靖末年，嘉靖三十六年（1557）世子尚元差遣長史蔡朝器等齎奏懇請襲封[83]，翌年朝廷授命正使郭汝霖和副使李際春出使頒封[84]。二人抵閩之後正值福州倭亂，倭寇襲擊侵擾福州最為嚴重的時期正是嘉靖三十六年～嘉靖四十二年（1563）。其中三十六年八月倭寇焚燒了福州郊外，據說當時火光衝天，把福州城內都照紅了，更離奇的是福建巡撫阮鄂懼怕戰鬥，竟然臨時去百姓家中收刮錢帛，與庫品一道拱手交予倭寇，倭寇這才駕巨舟揚長而去[85]。

---

81　《明世宗實錄》卷482，嘉靖三十九年三月甲戌。
82　陳侃《紀錄彙編‧使琉球錄》卷66，《國家圖書館藏琉球資料彙編》上冊。
83　《明世宗實錄》卷457，嘉靖三十六年十二月丙申。
84　《明世宗實錄》卷458，嘉靖三十七年四月戊寅。
85　萬曆《福州府志》卷57，〈時事篇〉。

不知是否是同一撥人，倭寇於三十八年又一次襲擊福州，正好是郭汝霖、李際春一行駐紮榕城，造舟將行之際。郭汝霖是這樣描繪當時的混亂和緊張局勢：

> （封舟完工，三十八年）四月初四日出塢，伊參將令百戶嚴繼先等接至鎮（閩安鎮）駕守，十一日午刻方至鎮。未刻賊已接踵相望數里，不為所奪幸也，亦伊之力也。是年倭奴轇集福州城外，稱數萬，城門閉者三月。余等亦日日上城同有司巡守。先是戊午冬，琉球世子差來迎迓長史梁炫等，住柔遠驛，盡為所掠。六月始得脫逃。七月終各役奔命者漸復。欲召之行，而風汛過矣。聲息轉聞琉球三十九年正月蔡廷會等來修貢，傳其國有領封之請。呈文該司，該司以時事艱難，國體所繫，遂為轉奏本，下部議，以舊典難遽變，俟海警稍寧，必期渡海終事。[86]

因為倭患郭汝霖、李際春一行不得不在福州一再推遲出航時間，到了三十九年，琉球方面派遣正議大夫蔡廷會及長史梁炫等前來貢獻方物並謝恩（尚未冊封），聲稱受中山王世子之命，懇請福建代為轉奏，不勞使臣赴琉，請求實施領封。其理由是：

> 海中風濤巨測，海寇出沒不時，恐使者有他慮，獲罪上國。請如正德中封占城故事，齎回詔冊，不煩天朝遣封。[87]

這也是唯一一次由琉球方面提出的領封，而非中國使臣因懼怕航海提出的。可是郭汝霖又十分擔心朝中大臣議論他，當時他們已經因倭亂而遣散千難萬難集中起來的兵役水手。郭汝霖對福州兵備道楊君

---

86 郭汝霖：《重編使琉球錄》，《國家圖書館藏琉球資料續編》上冊。
87 《明世宗實錄》卷482，嘉靖三十九年三月甲戌。

來說：「自部中莫謂予等有畏避之嫌，今可目睹之。[88]」

　　針對琉球方面的要求禮部接到下議之命令後，答覆：

> 琉球在海中諸國，頗稱守禮，故累朝以來待之優異。每國王嗣
> 立，必遣仕從之臣奉命服節冊以往。今使者未至，乃欲遙授冊
> 命，則是委君貺於草莽，其不可一也；廷會奉表入貢，乃求遣
> 官代進，昧小國事大之禮而棄世子專遣之命，其不可二也；昔
> 正德中流賊為梗，使臣至淮安，撫按暫為留住館伴，俟事寧即
> 遣曲闕下。占城國王為安南所侵，竄居他所，故令使者齎回勅
> 命，乃一時權宜，且此失國之君也。造無稽之辭，以欺天朝，
> 援失國之君，以擬其主，其不可三也。梯航通道，柔服之常。
> 彼所藉口者，特倭夷之警、風濤之險耳，不知琛贄之輸納、夷
> 使之往來，果何由而得無患也，其不可四也。當時占城雖領回
> 詔勅，然其王沙古卜洛尤懇請遣使為蠻夷光重，且廷會非世子
> 面命，又無印信文移，若遽輕信其言，萬一世子以遣使為至
> 榮，謂遙拜為非禮，不肯受封，復上書請使如占城，將誰任其
> 咎哉。其不可五也。
>
> 乞令福建守臣，以前詔從事，便至於未受封而先謝恩，亦非故
> 典。宜止聽其入貢方物其謝恩表文，俟世子受封之後，然後遣
> 使上進，庶中國大體以全，而四夷觀望可肅。上從部議[89]。

　　禮部的上述五點意見，總結起來就是遣使冊封事關中國大體、事
關祖宗舊制。舊制就是「每國王嗣立，必遣仕從之臣奉命服節冊以
往，」即便領封是由外夷提出來的，也不可擅自更改。於是郭汝霖接
到「舊典難遂變，俟海警稍寧，必期渡海終事」的命令，從郭汝霖三

---

88 郭汝霖：《重編使琉球錄》清抄本，《國家圖書館藏琉球資料續編》上冊。

89 《明世宗實錄》卷482，嘉靖三十九年三月甲戌。

十七年九月初至閩，一直拖延到四十年五月十九日才正式登舟啟航。

## （二）領封爭論的兩次高潮

　　萬曆十七年（1589）中山王世子尚寧派遣正議大夫鄭禮、使者馬良弼奉表進貢，以尚永王訃告，聲稱由於國內多事，未及向朝廷請封[90]。此時正值萬曆二十年（文祿元年，1592）日本出兵侵略朝鮮的「前夜」，關白豐臣秀吉為滿足其吞併朝鮮和中國領土的擴張野心，早早地在國內著手調兵遣將，並通過薩摩藩主島津向琉球發出派兵繳糧的要求，最初被琉球拒絕。而積極主張出兵朝鮮並在後來的入侵朝鮮中充當主力的薩摩，為了彌補參戰所造成的直接經濟損失，不斷向鄰居琉球施加壓力。薩摩強行向琉球攤派軍糧（可供七千名士兵食用十個月的），聲稱如果琉球拒絕，將派兵占領琉球國北部七島[91]。來自日本的一連串無理要求在小小琉球國內引起極大不安和爭議，也就是尚寧王所說「國內多事，未及向朝廷請封」的真正背景，關於這一點由於琉方沒有具體通報，大明朝廷自然是不清楚的。

　　萬曆二十年（文祿元年，1592）豐臣秀吉將其在亞洲的擴張野心訴諸行動出兵朝鮮，中日關係一下子緊張起來，東亞海域到處瀰漫著戰爭的緊張氣氛。禮部對琉球所處的狀況可能有所察覺，萬曆十九（1591）年移咨尚寧，催促其盡快請封，以「鎮壓彼國，毋以地方多事為解」[92]；《明史》琉球傳萬曆十九年中亦言到「禮官以日本方侵朝境，琉球不可無王，乞令世子速請襲封，用資鎮壓。從之。」二十二年（1594）琉球使臣于瀰等為其世子尚寧請封。[93]琉球方面對拖延請封一事作如下解釋：

---

90　《中山世譜》卷7，頁106。

91　東恩納寬惇：《琉球の歷史》，《東恩納寬惇全集》卷1（東京：至文堂，1957年），頁63。

92　《明神宗實錄》卷242，萬曆十九年十一月辛卯。

93　《中山世譜》卷7，〈尚寧王紀〉，《琉球史料叢書》第4集，頁107。

比因天災流行，地之所出不足以供國之所用。又為關白擾害，
十九年差人要金進貢，二十年世子差僧天龍寺到日本送白金二
百兩，蕉布等物。關白要討琉球北山屯兵，此僧不敢違命，遂
賞銀四百塊，每塊中四兩三錢，及同倭使至琉球見世子，不
允。此僧費□前銀，遂自吊死。倭使回報，關白乃曰：「既不
肯與北山，何故受我銀兩，每年加利算口銀計四千兩」；世子
不得已賠還。二十一年又差僧建善寺到日本行禮。關白將僧留
住，即差倭使新納伊勢到琉球要萬人，三年糧食，載至朝鮮。
世子以民窮國小，錢糧無處。二十二年二月差僧回覆關白。假
以賀生子為由，觀其動靜，至今十月未回。不知音信。今中山
王世子惟修貢中朝，恥稱臣於關白，年三十歲不敢稱王，以世
子當國。位號未隆，懇乞奏請加封。[94]

　　總結起來就是，一、國小民貧，地之所產，不足以用；二、關白
（豐臣秀吉）年年逼貢，要錢要糧；三、琉球國不向日本稱臣納貢；
最後代替世子請求中國給以冊封。姑且不論琉球受到日本脅迫的幾條
內容屬實與否，僅從內容上至少可以看出琉球承認其年年向日本派遣
各種目的的使者，而且使者一般由寺僧承擔。琉球的主要交往國家一
是中國，二就是日本。而琉球王府的對外聯繫也是由於兩種人分別承
擔的，即「久米村三十六姓」後裔負責對中朝貢關係，寺僧負責對日
關係。

　　時任福建巡撫的許孚遠在看到請封奏摺之後一同上摺朝廷，率先
提出領封建議：

94 《歷代寶案》第1集抄，170號文件，福建布政使司給琉球國咨文，《那霸市史資料篇》
　　第1卷4（那霸市：那霸市企畫部市史編集室，1980年）。

以倭氛未息，議遣使臣一員齎勅至福建省城，聽其差官面領。或遣慣海武臣同彼國使臣往，尚其無虞。[95]

　　禮部表示同意，指出需等到中山王世子尚寧正式表請後，朝廷方可遣官於福建省城實施頒封，禮部的意見得到神宗認可。許孚遠在提出領封建議的奏文中，從中國「遣使之難」和琉球「請封之難」兩個方面詳細闡明了自己對冊封琉球的看法：

> 差去員役不必另造海船，動費官銀數千，止覓慣過海者數人，以商船護送，或與進貢夷使帶回，豈不便益。夫以海外遠夷，特煩朝廷近侍諸臣奉命而往，驅之萬分危險之地，本於事體有所未安，而況造船選役，煩擾百端，每一使至閩中，便增有司二、三年之累。
>
> 及其到彼也，以帝臣而臨島，服恤前王而封后王，禮遇隆渥。彼頂戴無地，於是日有廩餼之供，旬有問安之禮，月有筵宴之設，隨從四五百、淹留三四五月，糧食犒賞費尤不貲。則琉球之請亦為甚苦。此世子尚寧所以既壯而不敢請封，而使者于灞等之所以陳乞□在朝廷遣使之難既如此，在琉球請封之難又如彼。……[96]

　　許孚遠作為福建地方首腦是十分清楚因為冊封琉球給中琉雙方所帶來的巨大經濟損失。中方必須四處尋覓上好木材，勞民運輸，擇場造舟，還得選水手，挑兵役，皆給地方財政、地方百姓造成過重的負擔；琉方為操辦冊封大典和長時間盛待中國客人，使得原本就相當貧

---

95　《中山世譜》卷8，〈尚寧王紀〉，《琉球史料叢書》第4集，頁107。

96　許孚遠：《敬和堂集》卷6〈題琉球冊封疏〉，《歷代寶案》第1集，卷8，萬曆二十四年六月福建布政司給琉球國的咨文。

瘠的島國，更是雪上加霜。所以他最後說：「琉球方受日本之侵侮，正切歸戴於聖朝，恐無以堅其效順之志而資其捍禦之力。[97]」也就是說，現在的琉球正處於中日兩國展開拉鋸戰的中間點上，雖然反對實施琉球冊封，但是實施領封對維持中琉雙方關係還是很有必要的。應該承認許孚遠的奏摺的確是從實際情況出發，充分考慮了中琉兩國具體國情。他所管轄的福州是中琉友好交往的唯一窗口，也是中國交通日本的一個主要港口。在中日兩國之間正因日本謀求擴張、侵略朝鮮成為敵對勢力的時候，沿海局勢一片緊張的情況下，許孚遠為處理好琉球事務親自向先使臣郭汝霖、蕭崇業和謝杰等人求教。可以說他對琉球國情的了解和認識大大超出同期朝廷大臣，即便是專門負責處理宗藩事務的禮部官員。他的領封之建議於情於理都是值得肯定。

　　其實朝廷中早就有與許孚遠持相同想法的大臣，正統年間分別任職過刑部尚書和兵部尚書的重臣鄭曉就曾提出領封之說，他對處於中國之外的四夷持以下看法的：

> 海島之夷勤我封使往來之禮歟，夷不言往來，往來言諸侯也，四夷來王，八蠻通道，未聞有報使焉。然則領封可乎奚，為而不可也。夷官請命於京師，使臣到命於海上，非往來乎，嗚呼，均覆載者天德也。辯華夷者王道也，昔也外夷入中華，今也華人入外夷也。[98]

許孚遠對領封論做了進一步的說明：

> 發詔書一道，諭令中山王世子尚寧，即具本來奏，朝廷止遣使

---

97 許孚遠：《敬和堂集》卷6〈題琉球冊封疏〉，《歷代寶案》第1集，卷8，萬曆二十四年六月福建布政司給琉球國的咨文。

98 鄭曉：《皇明四夷考》序言，引自鄭曉：《吾學編》，第67篇。

臣一員齎敕至福建省城，聽其差官面領，或遣慣經海濤武職一員同彼差官前往致命。其頒賜儀物與受封謝恩一如舊禮。則使臣無波濤之險，而朝命己達遐方，夷邦省供億之煩，而封典得承於上國，且使諸臣免稽避之情，有司免采辯之累，其為利益非淺鮮也。[99]

　　他為歷代冊封使臣說出了心裡話，明代的諸多大臣為規避出使，想方設法，甚至不惜性命。[100]

　　萬曆二十七年（1599）十二月，琉球王世子尚寧遣長史鄭道來朝，報告豐臣秀吉死亡的消息，並請朝廷沿襲舊例派遣使臣前往琉球冊封。[101]二十八年二月禮部提出意見，認為應該尊重原任福建巡撫許孚遠和先臣鄭曉的領封建議，等到對方將眾官擁戴印結和世子奏本一起送到的時候，差官前往福建頒封，「聽陪臣面頒其諭祭前王及敕封新王皮弁冠服彩幣等件，一照成憲以寓寵渥，不必遣官越海徒滋煩擾。」[102]而神宗諭旨卻是選派一名廉勇武臣，隨請封使臣一起前往該國行冊封之禮，以張顯朝廷鄭重此事，又可不必造船累民。

　　中山王世子尚寧接到神宗將派遣武臣來封的旨意後深感惶懼，於當年秋立即派遣長史蔡奎等進貢並上奏，請求予以改派文臣。其理由是：一、武臣之遣並非聖祖以來的舊制；二、只有文臣冊封才能鎮服海邦人心，四夷凜仰；三、聽說逢吉利之事用文臣，逢凶事才用武臣，為了不讓本國百姓懷疑天朝要討伐臣之罪而遣武臣。[103]尚寧的三

99　許孚遠《敬和堂集》卷6〈題琉球冊封疏〉，《歷代寶案》第1集，卷8，萬曆二十四年六月福建布政司給琉球國的咨文。

100　徐斌：《明清士大夫與琉球》（北京市：海洋出版社，2011年10月），頁22。

101　《明神宗實錄》卷342，萬曆二十七年十二月甲申。

102　《明神宗實錄》卷344，萬曆二十八年二月丁丑。

103　《歷代寶案》第1集，卷8，179號文件，萬曆二十九年十一月二十二日禮部給琉球國的咨文。

點理由是否充足可信不得而知。禮部右侍郎尚書事朱國祚表示了自己
的意見，奏言：

> 琉球國僻處東南，世修職貢，時當承襲，屢遭倭警，延及至
> 今。……宜照例應付，遣官已奉明旨，但據其陳乞情詞，投引
> 會典，必以文臣為請，惟聖明裁定。[104]

明確指出尚寧王冊封之事已經拖延過久，不應再多方議論了，就
按照會典舊制應付了可以，以免夜長夢多，神宗表示同意。二十九年
十一月命兵部給事中洪瞻祖、行人王士禎，待海寇寧息，渡海行禮[105]。
萬曆三十一年（1603）三月正使夏子陽、副使王士禎陛辭南下，
十月抵達福州。在閩造船準備東渡的時候，福建按察使方元彥與巡撫
徐學聚一起上奏，請求朝廷再一次考慮原巡撫徐孚遠的建議，改派武
臣前往冊封。因為「濱海多事，警報頻仍……海外夷情叵測，國體攸
關」，[106]禮部侍郎李廷機接受了福建官員的建議，於三十三年
（1605）七月上〈乞罷使琉球疏〉，中稱：

> 倭奴出沒不常，薩摩、紅番叵測，而閩去琉球萬里，匝月始
> 通，以一舟而數百命之安危隨之，以二使而中國之體統繫之，
> 請遣武臣。今此暫駕成舟，或附彼舟以往，免採造之役。……
> 國體使臣關係匪輕，非萬不可已不必行，非萬無一失不宜遣。
> 萬一海若為難，有問諸水濱者；萬一或敢侮予，有委嘉職於草
> 莽者；萬一彼國將迎稍有不虔，何以處之，其為國體之傷，君

---

104　《中山世譜》卷7，〈尚寧王紀〉，頁108《琉球史料叢書》第4集。

105　《明神宗實錄》卷529，萬曆二十九年十一月己酉。

106　夏子陽：《使琉球錄》上卷，《國家圖書館藏琉球史料彙編》（北京市：北京圖書館
　　　出版社，2000年），頁15。

命之辱亦不小矣。寧獨有司採造之累，彼國供億之難也。[107]

　　疏言中強調的是琉球國與中國相去萬里之遠，而又與倭相近。不論使臣是在海上還是在彼國出事或受怠慢，都將嚴重影響兩國關係。最後他說：

> 臣竊惟琉球一封明旨三易，而頒封則初旨也。繼因其懇而武臣。繼又因其懇而仍遣文臣。……臣愚見切以為。莫若初旨之直截頒領之省便。……今請斷行初旨，一舉文武之遣而罷之。自古明王以無事治天下，計中國便否耳。[108]

　　當時同在禮部的朱賡也上了《合陳遣使琉球並令宣諭照例領封揭》，[109]與李廷機相互呼應。

　　還駐紮在福建的正使夏子陽、副使王士禎作為出使的當事人，不得不發表自己的意見，聲稱琉球請封企盼已久，海上各國也莫不爭相恐後宣傳此事，「一旦改議武臣，不但失信於屬國，無以慰其仰之心，且恐示怯於外夷，亦非堂堂中國所為尊崇之禮也。」[110]因此堅決請求完成使命，以盡使臣之義，以慰遠夷之請。[111]而朝廷中也有大臣表示支持，其中御史錢桓、給事中蕭近高各自疏言，指出領封之議「當在欽命未定之先，不當在冊使既遣之後，宜行該撫按作速成造海艘，勿誤今年渡海之期。俟竣事覆命，然復定為畫一之規，乞之以文

---

107 李廷機：《李文節集》卷1，〈乞罷使琉球疏〉，《皇明經世文編》卷460。

108 李廷機：《李文節集》卷1，〈乞罷使琉球疏〉，《皇明經世文編》卷460。

109 《皇明經世文編》卷436；參照《明史》〈列傳〉第211，外國4（北京市：中華書局），頁8369。

110 夏子陽：《使琉球錄》上卷，《國家圖書館藏琉球史料選編》上冊，頁15。

111 《明神宗實錄》卷411，萬曆三十二年正月己未。

告，令其領封海上，永遠遵守。」<sup>112</sup>

　　錢桓和蕭近高雖然贊同先行冊封，但也只是權宜之計，本質上也是傾向將領封形式作為定制。到此為止朝廷與地方的領封爭論才暫時平息下來，萬曆三十四年（1606）十一月，冊封正使夏子陽、副使王士禎終於完成在琉球的頒封大禮順利回朝。而夏子陽在琉球的所見所聞，使得他對該國的認識大為改觀，見下一節。

　　最後一次涉及領封問題的是崇禎二年，世子尚豐奉表進貢，並請襲封。禮部尚書何如寵上疏，再一次強調為了準備冊封給地方造成的多方不便，他說：

> 從福建造海船二、三年乃成，諸所需材料匠作，糜費的力不資供億，裝設一有不備不可以行，閩甚苦之。在萬曆中年廷臣即已建議謂：區區絕島，不宜輕易遣使臣泛海萬里之外，請自以後頒詔於海上，令使臣北向稽首拜詔而還。雖未奉旨而彼時合然稱便，此在物力完足之時猶然，而況今之八閩議兵議餉，公私交困，乃重以騷動之似多不便。……乞皇上俯恤民艱，酌行大典，遣官頒詔海上，諭令該國領封，永著為令，萬世之便端在於是。<sup>113</sup>

　　可惜的是崇禎皇帝沒有接受何如寵的提議，下旨命令遵照累朝典制，重新遣官前去冊封。於是有了崇禎三年（1630）的杜三策、楊掄一行。

　　綜上所述，領封論提出的主要成員集中在封疆大臣上，如福建巡撫許孚遠、徐學聚、按察使方元彥以及幾位冊封使等人，他們都是中

---

112 《明神宗實錄》卷411，萬曆三十二年正月己未。
113 《崇禎長編》卷23，崇禎二年六月甲寅條；崇禎二年六月丁卯；《歷代寶案》第1集，卷9，第3號文件；卷19，第7號文件。

琉關係的第一當事人和見證人。冊封使以華夷思想為出發點，認為不應該讓上國士大夫承擔航海之危險，而小國國王坐享其成。「中國尊而當安，外夷賤而當危」，提議實施領封；福建地方官員們則因為採料造船，抽調兵役給地方上帶來巨大經濟負擔，而主張領封一論。而朝廷大臣分成兩派，有尊重地方意見的李廷機、李贄，也有出於保守理念強調按照舊制堅持冊封的朱國祚、蕭近高等人。另一方面，受封之國琉球亦有自己的考慮，如果國內出現天災人禍，準備不足之時，便推遲請封或提出領封，當然絕大部分情況下還是積極主動要求冊封，但希望朝廷派遣的是文官而不是武官。鑒於當時中日朝三國關係，日本的動向對領封論爭所起的影響作用不可忽視。

## （三）「薩摩入侵」後的琉球觀

　　萬曆三十七年（1609）薩摩軍隊入侵琉球後，對這一小國實施了以下幾件暴行：一是強占琉球北方五島；[114]二是俘虜中山王尚寧及手下重臣鄭迥一百多人，押往薩州（今日本鹿兒島）[115]，逼迫尚寧寫下永世忠心作薩州附庸的「誓文」，兩年後被放回；三是將首里王府洗劫一空；[116]四是強行要求琉球每年向薩摩納貢糧六千石，各種布匹近一萬緞；五是暗中控制琉球進貢中國，壟斷朝貢貿易，從中牟取暴利，使琉球的朝貢貿易成為「傀儡貿易」，成為薩摩的「鷺鷥」。

---

114 《中山世譜附卷》，《琉球史料叢書》第5冊，頁5。五島分別為「鬼界島、大島、德島、永良島、與論島」。

115 《中山世鑑》記載：家久公垂仁厚禮，解吳囚爾來，琉國入貢薩州，每年也。引自《琉球史料叢書》第5冊，頁12；《中山世譜》記載：「三十七年己酉日本以大兵入國執王至薩州……三十九年辛亥王留薩州二年，王言吾事中朝義當有終，卒被放回。」引自《琉球史料叢書》第4冊，頁110。

116 《中山世鑑》記載：「琉球往古，滿是金銀，或製簪，或作祭器。又與大明、暹羅、日本等等往來商賈……數百年後傳至尚寧，失於己酉之亂。(引自《琉球史料叢書》第5冊，頁35)《中山世鑑》歷來就被以為是有親日傾向，竟然也用含蓄的語言記錄了該事，可見當時的洗劫對琉球人影響之大。

正史記載中國知道琉球為薩摩所侵之事是三年後的萬曆四十年（1612）六月，時浙江總兵楊崇業向朝廷報告倭情時聲稱：

> 探得日本以三千人入琉球，執中山王，遷其宗器，三十七、八兩年疊遣貢使實懷窺竊。近又用取對馬島之故智以愚朝鮮，……。[117]

可是針對楊崇業的最新舉報，當時的兵部提出異議，上奏言稱琉球受到侵略一事實際上是發生三十七年三月而非萬曆四十年（1612）的事。[118]也就是說兵部很早就得到薩摩出兵琉球的情報，不知道是有意還是無意，沒有將該情報公布於朝廷，而且這一情況居然連負責沿海邊防的浙江總兵都被蒙在鼓裡，為什麼兵部沒有公開所掌握的琉球情報，值得深思和作進一步考證。

同年壬子中山王尚寧遣使柏壽、陳華等攜帶國書前來報告，國王已經從薩州安然回國，希望繼續修貢。[119]福建巡撫丁繼嗣結合福州接到琉球使團一行情況，上奏指出琉球此次來朝形跡可疑，主要有三個方面：一、琉球已經亡國，丁繼嗣說：「臣等竊見琉球列在藩屬已有年，但邇來奄奄不振，被系日本，即令縱歸，其不足為國明矣。況在人股掌之上，寧保無陰陽其間？」二、此行貢舟來閩，漂浮不定，他說：「今來船隻方抵海壇突然登陸，又聞已入泉境，忽爾揚帆出海，去來攸忽，跡大可疑。今又非入貢年份，……貢之入境有常體，何以不服盤驗？不先報知而突入會城？」三、貢品嚴重超量，跟伴人數不符前制，「貢之尚書有常物，何以突增日本等物？於硫磺、馬、布之

---

117 《明神宗實錄》卷496，萬曆四十年六月庚午。

118 周煌：《琉球國志略》卷3，《國家圖書館藏琉球資料彙編》（北京市：北京圖書館出版社，2000年）。

119 《中山世譜》卷7，〈尚寧王紀〉，《琉球史料叢書》第5冊，頁111。

外，貢之齎進有常額，何以人伴多至百有餘名？此情態已非平日恭順之意，況又有倭夷為之驅哉？」[120]

因此丁繼嗣建議留下正使及跟伴數人，接受琉球常年所貢之物，其他倭貨並員役一併遣還其國。禮部表示同意，丁繼嗣的奏本在朝廷中引起了琉球問題的大討論，大臣們各抒己見，沸沸揚揚。緊接著上奏的是兵科給事中李瑾，聲稱：

> 倭之稱雄南海，狁焉啟疆已非一日，彼中山王者豈其當虔劉之餘，囚纍甫釋遽忘倭奴之威，遠慕中國之義，不待貢期增其方物以來王哉，其為倭所指授明矣。以琉球之弱不足為患也，而為倭所指授則足患也。
>
> 以倭之狁亦不足深患也，而為中國所交引則深足患。……若令其公然交通而無禁，則撫鎮監司下及防海衛所、巡檢諸司所職何事不一遏阻之乎？此杜絕釁隙之本，不可不亟講者也。至若柏壽、陳華等直當責以入貢之愆期，方物、人役之違式，嚴諭歸國。重懲通倭之人，申嚴防海之規。[121]

李瑾主張從中國內部和琉球兩個方面來杜絕日本勢力的滲透，有必要嚴厲譴責懲琉球來使違反貢期、貢品和員役規定，更要加強管理沿海防務，嚴防通倭之人。建言雖然有力，但未免過分擔憂，琉方僅僅是為貿易而來。八月兵部亦發表意見，指出：朝鮮戰爭雖然過去十多年了，但是失敗的日本從不甘心霸占中國的野心，萬曆三十七年（1609）出兵對馬島，想借朝鮮之道通商中國；今年琉球入貢又夾雜倭奴，不服盤驗，這些都是數十年來日本垂涎中國所致。所以日本「既收琉球復縱中山王歸國以為通貢之路，彼意我必不入倭之貢，而

---

120 《明神宗實錄》萬曆四十年秋七月己亥。
121 《明神宗實錄》萬曆四十年秋七月己酉。

必不逆琉球之貢，或仍如三十八年約毛鳳儀、蔡堅之事。總之，倭不可不備，備非徒設，在務得其情以制御之。」[122]

從上述奏言內容可以看出，兵部對日本在朝鮮和琉球的動向把握是清晰的，明確指明日本放歸中山王尚寧並保存琉球國體的背後目的，就是借其進貢中國達到通商中國的企圖。琉球實際上已經成為日本掌中的一個木偶，上述朝廷大臣的看法是基本一致的。

福建籍大臣葉向高於同年十一月加入大討論，他說：「臣聞琉球已為倭併，其來貢者半係倭人，所貢盔甲等亦係倭物，蓋欲假此窺伺中國，心甚叵測。」[123]

葉向高、李謹等大臣一樣，都將薩摩藩驅使琉球國前來進貢，以求通商的行為當作企圖窺視中國虛實動向的陰謀。明朝建立的朝貢體系在歷史上是規模空前的，而明朝遭遇的外擾也是史無前例的，其中倭患就持續了二百來年，再加上日本發動的兩次朝鮮侵略戰爭，出兵援朝和抗擊倭寇都使元氣大傷的明朝對「倭」患是又恨又怕，士大夫官員們對任何一點來自與倭有關的信息都產生過度的緊張和戒備。不得不說，薩摩入侵琉球進一步使得中國士大夫官僚患上了「恐倭症」。上述的引文中，大臣們議論最多的就是如何加強防倭禦倭意識，如何杜絕沿海奸民與日人相交往。同時傾向於將琉球排除在外，士大夫們早已把中國一直以來是琉球的宗主國一事拋至腦後，作為

---

122 《明神宗實錄》萬曆三十八年秋七月辛酉；《中山世譜》卷7，〈尚寧王紀〉，頁110記載：「三十七年冬，王遣王舅毛鳳儀、長史金應魁等弛報兵警，致緩貢期。」而《中山世譜》附卷中有載「萬曆己酉，安賴扈從尚寧王在薩州，家久公遣伊勢兵部少輔鐮田左京亮曰：中國若聞中山為我附庸，嗣後不可以為進貢，當遣安賴以為納款云」。這裡的安賴就是王舅毛鳳儀，毛鳳儀是其漢名。此時薩摩的軍隊還未從琉球撤兵，薩摩就急於借進貢之名，欲與中國貿易，同時又擔心入侵之事暴露於中國，使中國拒絕琉球入貢。安賴當時是琉球三司官，著名的親日派人物，積極為薩摩藩斡旋琉球朝貢之事。參見：《琉球史料叢書》第4冊，頁110；第5冊，頁5；東恩納寬惇：《歷史論考》，《東恩納寬惇全集》第4集，1909年，頁190。

123 《明神宗實錄》卷501，萬曆四十年十一壬寅。

「君」國該為遭受他國欺凌的「臣國」作些什麼，在他們憂國憂民的「堂堂正論」中沒有一點一滴。

唯一持不同意見的大臣就是兵科給事中丘懋煒，他就當前倭警頻繁的局勢，提出了包括將領、器械、船隻、練習等八條切實可行的具體建議。其中第七條「屬國」中說到：

> 琉球以二百餘年朝貢之夷橫被殘破，今雖似為倭用，想非得已，且其名正，臣謂宜厚給來使，仍好為諭遣，示以海外倉座不及救援之故，而整飭武備內為自強之策，外示可救之形，亦固之道所宜爾也。[124]

丘懋煒對琉球遭受薩摩入侵表示了極大的同情，指出朝廷應該向該國「示以海外倉座不及救援之故」，作為宗主國的中國沒能及時伸出救援之手是有責任的。這才是維護中華冊封朝貢體制所應該有的胸襟。

萬曆四十年（1612）十一月，明神宗接受福建巡撫丁繼嗣的建議，將原規定琉球的二年一貢貢期，改為十年一貢[125]。這一項措施表面上看似乎成功的打破了日本薩摩企圖通過琉球進貢壟斷對中貿易的美夢，實際上並沒能從根本上抑制住中日海上走私貿易。相反地，使得已經一時失去自主權的琉球因為不能扮演好薩摩的「鸕鶿」角色，而受到薩摩更大的壓力。該措施表面上看，是作為宗主國的中國體諒

---

124 《明神宗實錄》卷502，萬曆四十年十一月乙亥。

125 《明神宗實錄》卷501，萬曆四十年十一月乙巳條，禮部覆福建巡撫丁繼嗣奏謂：「琉球情形叵測，宜絕之便，但彼名為進貢而我遽阻回，則彼得為辭，恐非柔遠之體。請諭彼國，新經殘破當厚自繕聚，侯十年之後物力稍充，然後復修貢職未晚。……得旨。」《中山世譜》卷7，〈尚寧王紀〉，《琉球資料叢書》第4冊，頁110。還參照《歷代寶案》第1集卷8，福建布政司給琉球國的咨文，萬曆四十一年五月十三日付。

屬國的艱難困境，讓其繕聚物力，修養生息，實際上是在逃避作為宗主國應該為屬國討回公道的義務，是對一個受到蹂躪的弱國施加的懲罰手段，是對琉球的又一次打擊。

後來的歷史證明，琉球不僅沒有因為中國朝廷的「厚待」而自強，相反薩摩認定的中國「必不逆琉球之貢」成為了事實。琉球在薩摩的不斷催促下，再三向中國進貢，請求恢復舊制貢期。終於、崇禎六年（1633）中國同意恢復琉球二年一貢，而薩摩也就順理成章地成為兩國間的利益盤剝者，這一歷史一直持續到一八七五年的「琉球處分」為止。

綜觀萬曆年間士大夫官員們圍繞如何與琉球進行交往所展開的大討論，保守主義是其間一個顯著特點。同樣出於防倭立場，福建巡撫許孚遠的觀點就較為開明，他曾說：

> 使中國商貨通於暹羅、呂宋諸國，則諸國之情常聯屬於我，而日本之勢自孤。日本動靜虛實亦因吾民往來諸國，偵得其情，可謂先事之備。[126]

又如：

> 況日本素與呂宋交通，我因呂宋而得日本之情者，十有四五。[127]

目的在於「以慰夷情，以結外援」，通過積極通商東西二洋，密切與東南亞國家的友好關係，達到孤立日本和收集倭情的效果。

萬曆四十三年（1615），刑科給事中姜性從福建公幹回朝，疏陳福建事情，說：

---

126 許孚遠《敬和堂集》卷5，〈疏通海禁疏〉。
127 許孚遠《敬和堂集》卷6，〈請論處番疏〉。

> （閩）通倭者實繁，今倭又收琉球矣。琉球歸命中國，無歲不
> 來，茲欽限十年一貢，貢以十年則衣物無所資，是驅之倭也。
> 說者謂十年一貢以守明旨，其他歲宜令市易海上以示羈
> 縻……。[128]

　　姜性指出：朝廷將貢期改定為十年一貢，無疑是想和琉球劃清界
線，等於把好好的屬國推向日本。必須以更加靈活的貿易方式來吸引
琉球繼續立足於中國在亞洲建立起來的冊封朝貢體系之中。而清代的
中琉朝貢關係正是這一思路的很好表現。

　　以領封問題作為考察中琉關係史的透視點，可以發現，領封問題
主要集中於明萬曆年間，因為萬曆年間是明代中國社會的重要轉折時
期。明朝在嘉靖年間為四處平定倭亂，萬曆年間為援朝抗日付出了昂
貴的代價。不論是主張領封論，還是主張冊封論，都必須以經濟力量
為基礎，為後盾。從明初到明中葉之所以能夠相對穩定的冊封琉球，
與當時較為寬裕的經濟基礎和相對強盛的國力有著密切關係。

　　不論是領封還是冊封，都是中華朝貢體制中的必要內容和手段，
中琉歷史關係就是通過不斷重複的授封（含領封和冊封）和朝貢來維
續的。同時中國經濟狀況和國際關係的變化也必然影響朝貢體制的運
行機制。國力強盛的時候，隆重的冊封成為彰顯中國威嚴和屬國榮耀
的必不可少的手段；國力衰弱的時候，冊封也就成為中國的累贅和屬
國的負擔了。

## 四　冊封琉球的歷史影響

　　通常冊封琉球使團除正副使臣外，還由文人、醫生、高僧、道
士、天文生、書畫家、琴師等專門人才和水手、軍士、各色匠人組

---

128 《明神宗實錄》卷539，萬曆四十三年十一月己亥。

成。「使琉球與使他國不同。安南、朝鮮之使，開讀詔敕之後，使事畢矣，陸路可行，已事遄返，不過信宿。琉球在海外，候北風而可歸，非可以人力勝者」[129]。因而冊封使臣在琉球按規定完成各種典禮之後，他們有足夠的時間在琉球進行文化學術交流和經濟貿易活動。

## （一）加強了中琉之間的文化交流

如嘉慶年間使琉球的李鼎元在琉球時，「國之略曉文字者，皆得就教尊前，執經問世」。他又專心研究文字，輯有《球雅》一書，「以備一邦翻譯」[130]。張學禮使琉球時，從客吳燕時，精通醫術，「切脈知生死」，琉球國中「求治者無不立愈，亦有數人受其傳」[131]。史籍上還記載著歷次冊封使團琴師向琉球人傳授琴法的事。如張學禮使琉球時，琉球國世子、王婿及法司官之子，都隨琴師陳翼學琴，兩個月後就能演奏「落雁」、「秋鴻」、「高山」、「流水」等九首曲子[132]。又如琉球國王曾遣那霸官毛光弼從海寶、徐葆光冊封使團琴師陳利州學琴，「三月，四月習數曲，並請留琴一具」[133]。明清士大夫冊封琉球，還為琉球人帶去了中國的書法藝術，不僅題字餽贈，「案頭積紙有未書者書與之」[134]。還為琉球的廳堂建築題字留匾。如夏子陽題有「天澤門」，汪楫題有「長風閣」、「敷命堂」，林麟焻題有「停云

129 陳侃：《使琉球錄》，《臺灣文獻叢刊》第287種（臺北市：臺灣銀行經濟研究室編印，1970年），頁17。

130 李鼎元：《使琉球記》，《臺灣文獻叢刊》第292種（臺北市：臺灣銀行經濟研究室編印，1971年），頁192。

131 張學禮：《中山紀略》，《小方壺齋輿地叢鈔》第10帙1（臺北市：臺灣學生書局，1975年），頁15。

132 張學禮：《中山紀略》，《小方壺齋輿地叢鈔》第10帙1（臺北市：臺灣學生書局，1975年），頁15。

133 徐葆光：《中山傳信錄》，《小方壺齋輿地叢鈔》第10帙1（臺北市：臺灣學生書局，1975年），頁235。

134 徐葆光：《中山傳信錄》，《小方壺齋輿地叢鈔》第10帙1（臺北市：臺灣學生書局，1975年），頁235。

樓」，周煌題匾「聲教東漸」，徐葆光題匾「皇緒三錫」等。這些書法瑰寶，無疑對琉球的書法藝術的發展有一定的影響。冊封琉球使團還直接幫助琉球進行地形測量，向琉球引進了先進的測量技術，使世人得以精確地知道琉球的地理位置，已達到「輿圖幅員，瞭如指掌」的程度。中國的烹飪技藝也由冊封使團中的廚師直接傳播給琉球庖人，中國廚師直接參與宴席菜餚的製作，為琉球同行及宮中嬪妃表演了高超的技藝，使琉球人一次次領略了中國飲食文化的博大精深。除直接傳播中國文化外，冊封琉球使團的到來，從餽贈和貿易的物品上也不由自主地將中國文化傳入琉球。諸如冊封使團贈送給琉球國王、官員的禮品及攜帶的貿易品，即文化用品、古玩工藝品、食品、藥材、絲織品、經籍、字畫、日常生活用品等，都是傳播中國文化的媒介物。如文化用品、經籍字畫使琉球人習尚中國文化之風日盛。藥材的使用使中國醫學在琉球得以發展。其他的物品不僅在使用中使琉球人潛移默化地接受了中國文化，而且為琉球人研究這些物品的製作方法，仿效生產提供了方便。顯而易見，在中國文化向琉球廣泛傳播的過程中，冊封琉球的明清士大夫起了重要的作用。

　　明清士大夫冊封琉球，對中國的造船、航海所做的貢獻是多方面的。通過實踐，冊封琉球在運輸造船材料、選擇船匠、改進造船工藝、選擇配備船員，以及針路、更數、航海注意事項等方面，都留下許多寶貴的經驗。限於篇幅，我們僅略舉幾例。如謝杰督造封舟採運巨木時，一改運輸過程中幾百人自始至終專門運輸的舊例，採用「木過一鄉，即以一鄉之夫拽之。隔一程，有夫來換，前夫即遣歸，二程、三程，以後皆然，眾輕易舉」，「蓋散十萬之眾於數百里之間，借其朝旦之力也」[135]。此運輸方法多為後人仿效。陳侃使琉球時，記下了封舟安舵的教訓。其曰：舵孔應有寬容，「旁各餘寸」，若海上不測

---

135　謝杰：《琉球錄撮要補遺》，《臺灣文獻叢刊》第287種（臺北市：臺灣銀行經濟研究室編印，1970年），頁273。

換舵時，才不至於「舊者不能出，新者不能入」。同時還記有治癒航海時，因海水風裂皮膚的藥方，即「用蜜半斤，淡酒，防風、當歸等藥末半斤，煎湯浴之」，一夕可癒[136]。又如李鼎元使琉球後，記有火長航海經驗之談——「海上行舟，風小固不能駛，風大者浪大，浪大能壅船，進尺仍退二寸。惟風七分，浪五分最宜駕駛」[137]。謝杰談航海用人，其曰：「大都海為危道，嚮導各有其人。看針把舵過洋，須用漳人。由閩以北熟其道者，梅花、定海人，由閩以南熟其道者，鎮東、南安人。至夷熟其道者，又須用夷人……，擇梅花、定海者，須試其諳於閩、浙海道者。擇萬安人須試其諳於閩、廣海道，又不可徒徇其名而浪收也」[138]。它如航海針路、更數等，各使錄均有記載，以供後人航海時參照。

明清士大夫使琉球的重要貢獻還在於他們都撰有使事記述。如陳侃、郭汝霖、蕭崇業、夏子陽、胡靖、張學禮、汪楫、李鼎元撰有《使琉球錄》、《使琉球記》；柴山撰有〈大安禪寺碑記〉、〈千佛靈閣碑記〉，潘榮撰有〈中山八景記〉、高澄撰有〈操舟記〉、謝杰撰有〈琉球錄撮要補遺〉、張學禮撰有《中山紀略》、汪楫撰有《中山沿革志》、徐葆光撰有《中山傳信錄》、〈遊山南記〉、周煌撰有《琉球國志略》、趙文楷撰有《槎上存稿》、齊鯤和趙新撰有《續琉球國志略》。這些著述都是各冊封使臣利用使事之暇，孜孜採訪，其內容親聞親見，翔實豐富，全面地反映了當時的琉球社會，從政治制度到經濟貿易，從風土人情到科技文化。這為我們研究琉球的歷史，研究中琉關係提供了珍貴的資料。

---

136 蕭崇業：《使琉球錄》，《臺灣文獻叢刊》第287種（臺北市：臺灣銀行經濟研究室編印，1970年），頁92-93。

137 李鼎元：《使琉球記》，《臺灣文獻叢刊》第292種（臺北市：臺灣銀行經濟研究室編印，1971年），頁160。

138 謝杰：《琉球錄撮要補遺》，《臺灣文獻叢刊》第287種（臺北市：臺灣銀行經濟研究室編印，1970年），頁273。

## （二）促進了琉球社會經濟文化的發展

由於明清政府允許冊封使團人員攜帶一定量的貨物與琉球人貿易，這樣，冊封琉球也就成為推動中琉經濟貿易發展的動力之一。中琉雙方頻繁的貿易往來，極大地促進了琉球經濟發展及社會進步。

在諸多的「使琉球錄」中記有中國藝人在琉球傳播樂器演奏的事例。如康熙初年張學禮使琉球時，其從客陳翼應琉球國王的請求，教授世子等三人學琴。在天界寺閉門傳授一月琴藝，又移至中山府教習月餘。在短短的兩個多月的時間裡分別教會世子思賢演奏「平沙」、「落雁」、「關雎」三支曲子。教會王婿演奏「秋鴻」、「漁樵」、「高山」、三曲。教會法司之子彈奏「流水」、「洞天」、「涂山」三曲[139]。康熙五十八年（1719），隨海寶、徐葆光出使琉球的琴師陳利州，也在琉球教授那霸官毛光弼彈琴。不僅教會其演奏數曲，還留給毛光弼一琴。為表達對恩師的感激之情，毛光弼作五絕一首，題為「從天使幕從客陳君學琴成聲報謝」。詩曰「古樂入天未，七弦轉南熏。廣陵遺調在，拂軫一恩君」[140]。又有隨全魁、周煌在乾隆年間使琉球的琴師徐傅舟，在琉球也為首里四公子傳授琴藝，並與琉球國相蔡溫討論琴理，為中國音樂在琉球傳播起了很大的作用。正因為如此，我們從清宮檔案的物品清單上，每每看到樂器製作的原料運往琉球，不難得知中國音樂及其樂器製作工藝對琉球的深刻影響。它如看到物品清單上的「竹紙傘」，就使我們聯想到中國紙傘製作工藝在琉球的傳播；看到「小油紙」，就知道琉球人又學會了以此製作扇子的方法；「漆匣」、「漆器」的出現，可說明中國漆器製作工藝對琉球漆器工藝的影響。

明清時期，由於琉球國重視培養漢學人才，以適應對中國交往的

---

139　張學禮：《中山紀略》，《臺灣文獻叢刊》第292種（臺北市：臺灣銀行經濟研究室編印，1971年），頁15。

140　徐葆光：《中山傳信錄》，《臺灣文獻叢刊》第306種（臺北市：臺灣銀行經濟研究室編印，1972年），頁235。

需要，因而國中學習漢字書法和喜愛漢字書法作品的人也比較多。
康熙二十二年（1683）出使琉球的汪楫曾說：琉球「國人無貴賤老
幼，遇中國人稍相浹洽，必出紙乞書，不問其能書與否也。……乞使
臣書尤恭，謹得之輒俯身搓手，高舉加額，焚香而後展視，其見重如
此」[141]。到了嘉慶年間，李鼎元使琉球時已無法應付求字的琉球人，
「連日以紙索者甚多」，「案頭積紙有未書者書與之」，最後不得不請
隨行的高僧寄塵幫忙書寫。由此可見，隨著中國書法藝術在琉球的流
傳，琉球人對中國紙張的需求也與日俱增，琉球貢船回國何以攜帶大
量紙張的問題，在這裡找到了圓滿的答案。此外繪畫也需要紙張，尤
其是涇縣的紙、徽州的墨、辰州的砂，還有繪畫之顏料石青等，都是
繪畫需要的。琉球人喜愛中國的繪畫藝術。從清代檔案中，我們還可
以看到一個極為突出的現象，就是所有清單上各種物品可以時有時
無，唯獨藥材一樣卻是歷次琉球貢使回國必不可少的，而且數量多得
驚人。除了標有品名的如砂仁、廣木香、蜂蜜、黃蠟、紅花、速香、
沉香、安息香、雄黃、川貝母、川附子、丁香、冰片、蘆薈、檀香、
樟腦、豆蔻、洋參、當歸、硼砂等，其餘的一律冠以「粗藥材」。早
年琉球的醫學並不發達，陳侃使琉球時就說過，琉球「國無醫藥」。
康熙年間張學禮使琉球時，從客吳燕時「切脈知生死，國中求治者無
不立愈，亦有數人受其傳」[142]，這開創了在琉球傳播中國醫學的先
例。據《球陽》記載，其後琉球多次派人赴中國學習醫術。一六八八
年魏士哲往福建拜黃會友醫師學習兔唇縫合術，回國後治癒了許多兔
唇病人。他曾為王孫尚益縫合兔唇，僅「三晝夜痊癒無痕」。「從此，

---

141 李鼎元：《使琉球記》，《臺灣文獻叢刊》第292種（臺北市：臺灣銀行經濟研究室
　　編印，1971年），頁228。
142 張學禮：《中山紀略》，《臺灣文獻叢刊》第292種（臺北市：臺灣銀行經濟研究室
　　編印，1971年），頁15。

補唇之醫法國中廣焉」[143]。一七四三年，晏孟得來中國學習口腔疾病療法，「並獲妙方而歸」，琉球國人「有病口舌皆賴晏孟得療其病，故馳名國境，達於薩州」[144]。一七四九年衡達勇，一七六三年從安次嶺，一七七七年松開輝，一八二四年松景林都先後來福建學習內科、外科醫術。正因為中國醫學在琉球廣為傳播，因而琉球貢船從中國攜帶大量的藥材回國，其中的緣由也就不言而喻了。

中國冊封琉球貿易是明清中國對外貿易的一個組成部分，同時也是中國文化向琉球傳播的重要途徑。

## （三）促進了福建手工業的發展及福州港口的繁榮

中國冊封琉球對福建造船工業起到了推動作用，明清時期，福建是通往琉球的唯一口岸，並且由於自宋以後福建成為全國最主要的造船基地之一，因此明清歷次冊封琉球國王的冊封舟必定在福建建造。冊封舟的建造不同於其他的船隻，在選材、格式、工匠等方面都有特殊的要求，精益求精。此外琉球國所需的航海貿易船隻基本上也是福建提供的，這是福建造船工業大踏步前進的動力。

此外，諸多與中琉貿易物品相關的福建手工業，如冶鐵、造紙、漆器製造、榨糖業、製瓷業、竹編工藝等，都因中國冊封琉球的活動而得到發展。歷次冊封琉球使團都是在福建造船、招募使團役從，使團往琉球貿易所需運載的貨物，均在福建置辦。中琉貿易的興盛無疑對福建的商品市場是一個極大的推動。明人王世懋曾生動地描繪了活躍的福建商品市場，其曰：「凡福之綢絲，漳之紗絹，泉之藍，福延之鐵，福興之荔枝，泉漳之糖，順昌之紙，無日不走分水嶺及浦城小

---

143　李鼎元：《使琉球記》，《小方壺齋輿地叢鈔》第10帙1（臺北市：學生書局，1975年），頁182。

144　《球陽》附卷3（東京：角川書店，1972年），頁605。

關，下吳越如流水，其航大海而去者，尤不可計」[145]。毋庸置疑，這裡的「航大海」自然包括了琉球國。郭柏蒼的《閩產異錄》載，清代福州亦有牛皮行、皮箱行、紙房和靛街等商業網點，許多外地的產品也通過這一商業網絡在福建市場銷售。特別值得關注的是，清代福州還出現了一批專門從事琉球貿易的商人，稱為球商。據傅衣凌先生考證，這十家球商為卞、李、鄭、林、楊、趙、馬、丁、宋、劉十個姓氏。球商的出現無疑更是為福建商品市場的繁榮帶來了勃勃生機。中琉冊封關係的確立發展以及中琉貿易的興盛有賴於福建商品市場的活躍與繁榮，而福建商品市場的日益發展也因中琉貿易的發展而不斷發展。

當然，中國冊封琉球，不僅體現了明清兩朝的睦鄰外交，同時也具有戰略防禦的意義，誠如後來李鴻章分析的那樣，中國若不顧琉球，「恐西人踞之經營墾闢，扼我太平洋咽喉亦非中國之利」[146]。事實上，琉球臣屬中國期間，尤其是倭患時期，常派人來中國報警，提供軍事情報。在明清兩朝草創時期，國內政權未穩，海外對抗勢力不靖的情況下，加強與琉球國的聯繫，無疑有利於中國封建政權的統治，從中我們看到明清兩朝的統治者冊封琉球樂此不疲的奧秘。冊封制度是宗藩機制的基石，一旦冊封制度不存在，宗藩機制也就土崩瓦解了。

## 五　中國冊封琉球制度的終結

一八七四年日本人侵臺獲得五十萬銀兩的好處後，迅速開始了吞併琉球的罪惡計劃。面對日本侵吞與中國交往不同尋常的藩屬國，清朝政府雖然進行了干涉，還請西方各國幫助從中斡旋調解，但是由於清廷對於日本吞併琉球的歷史影響認識不足，對中國將面對的新的中

---

145 王世懋：《閩部疏》，《叢書集成初編本》，頁12。

146 《清光緒朝中日交涉史料》卷2（北平故宮博物院1932年〔民國21年〕本），頁16。

日關係認識不足，清廷自此處處被動，任人擺布。終究落了個在「球案」的處置上，陷入不「義」也不「利」的窘境。琉球王國的滅亡，使得中國冊封琉球制度的終結，導致亞洲宗藩制度的崩潰。

## （一）中日圍繞「球案」的交涉

對日本吞併琉球，中國駐日公使何如璋就極力主張對日採取強硬的態度。他分析日本國內的情形說：「日本國小而貪，自防不暇，何暇謀人。該國債逾二億，因去年薩亂，民心不靖，復議減租，國用日絀。」而且日本「陸軍常備額止三萬二千人，海軍止四千人，輪艦止十五號，多朽敗不能用者」，「此種情形，無可掩飾，其不敢開邊釁必矣」。他提出在同日本交涉中應據理力爭，即使以兵力向日本施加壓力，也不必顧及有引發中日戰爭的危險；並進一步指出，若一任日本胡作非為，其「必滅琉球，琉球既滅，行及朝鮮……又況琉球迫近臺灣。我苟棄之，日人改為郡縣，練民兵，球人因我拒絕，甘心從敵，彼皆習勞苦耐風濤之人，他時日本一強，資以船炮，擾我邊陲，臺澎之間將求一夕之安不可得。」[147]因此他提出了對日本的三種辦法：「一為選遣兵船責問琉球，征其入貢，示日本必爭；一為據理與言，明約琉球，令其夾攻，示日本以必儆；一為反覆辯論，徐為開導，若不聽命，或援萬國公法以相糾責，或約各國使臣與之評理，要於必從而止。」[148]後來編制陸廷黻等也贊成何如璋對日持強硬態度，並上《請征日本以張國威摺》，言可征理由有三：一為豈有大國甘受小邦之侵侮之理；一為不服日本難以復琉球；一為明代倭患的慘劇不能重演[149]。

一八七八年十月七日，何如璋與副使張斯桂共同署名，向日本外

---

147　《李文忠公全集》譯署函稿，卷8（光緒乙巳刊本）。

148　《清光緒朝外交史料》卷13（1932年〔民國21年〕影印本）。

149　《清光緒朝中日交涉史料》卷2（北平故宮博物館1932年〔民國21年〕本）。

務卿遞交了一份言詞激烈的抗議日本侵占琉球的照會，如下：

大清欽差大臣何、副使張：

照會事：查琉球國為中國洋面一小島，地勢狹小，物產澆薄，貪之無可貪，並之無可並。孤懸海中，從古至今，自為一國。自明朝洪武五年臣服中國，封王進貢，列為藩屬；惟國中政令許其自治，至今不改。我大清憐其弱小，優待有加；琉球事我，尤為恭順。定例二年一貢，從無間斷。所有一切典禮，載在《大清會典》、《禮部則例》及歷屆冊封琉球使所著《中山傳信錄》等書，即球人所作《中山史略》、《球陽志》，並貴國人近刻《琉球志》，皆明載之。又琉球國於我咸豐年間，曾與合眾國、法蘭西、荷蘭國立約，約中皆用我年號歷朔文字，是琉球為服屬我朝之國，歐美各國無不知之。今忽聞貴國禁止琉球進貢我國，我政府聞之以為，日本堂堂大國諒不肯背鄰交、欺弱國，為此不信不義無情無理之事。本大臣駐此數月，查問情事，竊念我兩國自立《修好條規》以來，倍敦和誼，條規中第一條即言「兩國所屬邦土，亦各以禮相待，不可互有侵越」，兩國自應遵守不渝，此貴國之所知也。今若欺凌琉球，擅改舊章，將何以對我國？且何以對與琉球有約之國？琉球雖小，其服事我朝之心上下如一，亦斷斷難以屈從。方今宇內交通，禮為先務，無端而廢棄條約，壓制小邦，則揆之情事，稽之公法，恐萬國聞之，亦不願貴國有此舉動。本大臣奉使貴邦，意在修好。前兩次晤談此事，諄諄相告。深慮言語不通，未達鄙懷，故特據實照會，務望貴國待琉球以禮，俾琉球國體政體一切率循舊章，並不准阻我貢事，庶足以全友誼，固鄰交，不致貽笑於萬國。貴大臣弁理外務，才識周通，必能詳察曲直利害之端，一以情理信義為準。　　為此，照會貴大臣，希即據實

照復可也。須至照會者。

　右照會

　大日本國外務卿寺島

　光緒四年九月拾貳日[150]


　　對此，以李鴻章為代表的另一些人持不同看法。李鴻章批評何如璋「所陳上、中、下三策，遣兵舶，責問，及約球人以必救似皆小題大做，轉涉張皇」。列出的理由是「琉球以黑子彈丸之地，孤懸海外，遠於中國而邇於日本，若春秋時衛人滅邢，莒人滅鄶，以齊晉之強大不能過問，蓋雖欲恤鄰求患，而地勢足以阻之」[151]。當時兩江總督劉坤一也支持李鴻章的意見說，「琉球之於中國雞肋可投，中國之於琉球馬腹難及」[152]李鴻章認為，「球案」的解決，「惟言之不聽時復言之，日人自知理絀，或不敢遽廢藩制改郡縣，俾球人得保其土，亦不藉寇以兵，此雖似下策，實為今日一定辦法」。「若言之不聽，再由子峨（何如璋）援公法商會各國公使，申明大義，各國雖未必助我以抑日本，而日本人必慮各國生心，不至滅球國而占其地」[153]。總理衙門在奏摺中也說，「日本自臺灣事結後，尚無別項釁端，似不宜遽思用武。再四思維，自以據理詰問為正辦」[154]。最終清政府採納了李鴻章等人的建議，命何如璋等相機籌辦。

　　實際上，清廷對日本侵占琉球並沒有引起足夠的重視，更沒有考慮到作為中國的藩屬國琉球失去後中國在整個亞洲地區的影響力削弱的問題。換言之，即對日外交策略依然沿襲過去的思路，認為只要好

---

150 張啟雄：〈何如璋的球案外交〉，《第一屆中琉歷史關係國際學術會議論文集》（臺北市：中琉文化經濟協會，1988年），頁577-578。

151 《李文忠公全集》，譯署函稿，卷8（光緒乙巳刊本）。

152 《清光緒朝中日交涉史料》卷2（北平故宮博物館1932年〔民國21年〕本）。

153 《李文忠公全集》譯署函稿，卷8（光緒乙巳刊本）。

154 《清光緒朝中日交涉史料》卷1（北平故宮博物館1932年〔民國21年〕本）。

言相勸，稟明大義，以理服人，日本人就會幡然覺悟，放棄那種無異於強盜殺人放火的醜惡行為。這樣做，清廷既不失大國的威嚴，又能收到一舉多得的效果。這些熟讀儒家經典出身的清朝官吏，習慣上用中國人傳統上慣用的思維模式，以己度人，他們根本不了解日本社會和日本國內日甚一日的海外擴張思潮作祟下的狂妄，因此他們不贊同對日採取強硬的態度，使何如璋等有點孤軍作戰的味道。中國人對日本侵占琉球的外交政策，被英國駐日公使巴夏利（Harry S. Parkes）悄悄地傳遞給日本人，當日本人得知在中國國內只有何如璋等一小部分人強烈反對日本侵占琉球，大多數官員對此漠然視之，馬上對何如璋的照會做出回應，指責何如璋的照會「如此假想暴言，豈是重鄰修好之道乎？[155]」日本人不理會中國政府指責其「背鄰交，欺弱國」的不義，而遷怒於對其照會的用詞嚴厲，完全是一副市儈無賴的嘴臉。由於失去清朝政府的支持，何如璋的抗爭顯得蒼白無力，反落得日本人譏笑。

## （二）美國前總統格蘭忒的分島方案

　　後來中國政府通過出遊日本的美國前總統格蘭忒（U. S. Grant）的調停，希望日本停止對一個弱小的國家，一個受中國保護的國家——琉球實施侵害。迫於國際輿論的壓力，日本人提出了「分島方案」。即將琉球國一分為三，日本人占據的北部五島歸日本，中部諸島仍然讓琉球立國，南部的宮古及八重山兩島歸清國。隨後，竹添進一作為日本政府的非正式代表，來華就「球案」處置的問題進行談判。竹添進一提出，日本願意把琉球最南端兩島劃歸中國，作為條件，清政府應當完全承認日本對琉球國其餘部分領土合法占有。同時，日本國還提出修改一八七一年的《中日通商條約》，允許日本商

---

155 謝必震：《中國與琉球》（廈門市：廈門大學出版社，1996年），頁309。

人進入中國內地經商貿易，跟西方貿易諸國享有同樣的優惠國待遇，這也作為中國分有琉球南部兩個荒島的條件。顯然日本企圖以貧瘠荒涼的兩個小島換取清政府對日本吞併琉球的承認，並要取得在中國與列強一樣的地位與權益[156]。

是否接受日本人的「分島主張」，還有什麼可以跟日本人較量的主張，清廷上下，一片迷茫。當時中俄關係緊張，清廷擔心與日本人形成僵局，萬一日本人倒向俄國，俄日聯合將對中國不利。因此李鴻章強調：「事已至此，在日本已算退讓，恐別無結局之法」[157]。李鴻章主張接受日本人的「分島方案」，在與竹添進一談判中，李鴻章還強調，「割南島以封琉王，並附益以首里王城，使得歸其故宮祀，其宗社。此外，日本所以並踞者一任日人為政，但須堅明約束，日後不得再占一步」[158]。李鴻章認為，即使中國割占了琉球的南部兩個小島，也是藩屬國的國土，只是要講明日本不得得寸進尺，「再占一步」。許多人贊同這一意見，均認為：「以南兩島重立琉球，俾延一線之祀，庶不負存亡繼絕初心，且可留為後圖」[159]。

在群臣的認識達到一致後，總理衙門也很快做出決定，認為「現在事勢中國若拒日本太甚，日本必結俄至深，此舉既以存球，並以防俄」。這就是清廷能夠接受日本的條件的真正用意。大家都找不到對付日本人侵占琉球的最好辦法，也一致認為「若仍照前堅執不允，球案必無從辦法」[160]。

一八八〇年十一月，清政府急於了結「球案」，草草擬定了「球案條約」，接受了日本人提出的條件。

由於清政府當時對日外交政策沒有明確的方向，主要還是對當時

---

156 謝必震：《中國與琉球》（廈門市：廈門大學出版社，1996年），頁312-313。

157 《清光緒朝外交史料》卷15（1932年影印本）。

158 《清光緒朝中日交涉史料》卷2（北平故宮博物館1932年〔民國21年〕本）。

159 《清光緒朝中日交涉史料》卷2（北平故宮博物館1932年〔民國21年〕本）。

160 《清光緒朝中日交涉史料》卷2（北平故宮博物館1932年〔民國21年〕本）。

時局沒有深入的分析，陷入矛盾和迷茫之中。這種矛盾很快在清廷剛剛接受日本人提出的「分島方案」，準備了結「球案」，旋即又拋出「延宕之法」不同意日本人的「分島方案」中表現出來。

由於中俄之間的局勢很快和緩，以李鴻章為代表的一些清朝命官果斷否定了分島方案，他們提出了「延宕之法」。李鴻章認為，「今則俄事方殷，中國之力暫難兼顧，且日人多所要求，允之則大受其損，拒之則多樹一敵，惟有用延宕之一法最大相宜」[161]。

李鴻章還是用傳統的思維來考慮對日外交，考慮「球案」的解決。他以為日本人還在乎大清帝國，只有中國人不置可否，日本人對琉球國的占領就不被承認，無法實現。此外，中國傳統的觀念也體現在他的對日外交思想中。李鴻章分析了中國接受「分島方案」，管理琉球南部兩島的利弊。他說：「今得南島以封球，而球不願，勢不能不派員管理。既蹈義始利終之嫌，不免為日人分謗。」[162]

中國人陷入他們自己的儒家理念之中。保護琉球屬國，與琉球交往是以「義」開始的，講仁義，講義氣，講肝膽相照，講境界的崇高。然而接受了日本人的「分島方案」，無疑成了無恥的小人，背信棄義，唯利是圖了，這是中國社會傳統觀念上最為不齒的。清朝官員們無奈地選擇「義」，迫使自己遵守自己成天宣揚的「義」，當然他們在內心深處也認為占有琉球南邊兩小島是無利益可言的。

接受「分島方案」，對琉球國有利，國祚至少延續，中國與琉球的宗藩關係受點損害，但還能維繫，有待今後再圖。但是不利的是，中國占據琉球國兩小島，一世英名都斷送掉了。什麼「仁」、「義」都成了虛假的東西，中國人將為世人恥笑，維繫五百餘年的美好的中琉關係，卻是為了謀取琉球國的兩個荒島，這是任何一個大清帝國的官

---

161 《清光緒朝中日交涉史料》卷2（北平故宮博物館1932年〔民國21年〕本）。
162 《清光緒朝中日交涉史料》卷2（北平故宮博物館1932年〔民國21年〕本）。

員都不願意接受的，歷史的罵名誰也不願承擔。這就是中國解決日本侵占琉球在外交對策上的矛盾。李鴻章的另一番表白，還突顯了中國對日外交對策上的另一個矛盾。

在討論「球案」如何了結的問題上，李鴻章曾經在分析接受日本人提出的「分島方案」時，對琉球群島的戰略地位做了深刻的闡釋，他說中國若接受「分島方案」，管轄琉球南部諸島，「且以有用之兵餉。守此甌脫不毛之土，勞費正自無窮，而道里遼遠，音問隔絕，實覺孤危可慮。若憚其勞費而棄之不守，適墮日人狡謀，且恐西人踞之經營墾闢，扼我太平洋咽喉，亦非中國之利」[163]。李鴻章的這番話，也道出了中國對外政策出現矛盾的地方。接受日本人的建議，中國不僅在傳統的對琉球政策和道義上承受不名譽的影響，同時還要派兵駐守，花費軍餉，就當時的情景而言，確實沒有什麼利益可言。但棄之不守，「太平洋咽喉」的重要地位也極為重要。

李鴻章怎麼辦？中國的外交怎麼辦？這確實給大清帝國的臣子們出了一道難題。

大清帝國陷入對日外交的矛盾還表現在如何對待琉球國的求援上。琉球與中國遠隔重洋。日本侵占琉球的消息從海上傳來，傳到清朝達官顯貴的耳朵裡，人們都將信將疑，事實究竟怎樣。所有官員要做的一件事就是層層稟報，除了做了這件事後，似乎官員們也沒有什麼更好的辦法，去解救深陷亡國的琉球藩民，去阻止侵略成性的日寇。

## （三）琉球人希望的破滅與冊封制度的終結

琉球人可不是這樣看待中國人，他們把救國的希望全都寄託在庇護了他們五百多年的中國上。琉球人開始了救亡圖存運動，下表就琉球國被日本吞併即日起開始的圖存救亡的活動做一簡單介紹：

---

163 《清光緒朝中日交涉史料》卷2（北平故宮博物館1932年〔民國21年〕本）。

## 表七之一　琉球救亡圖存請願書一覽表[164]

| 序號 | 時間 | 請願者 | 請願書呈遞去向 | 請願書要旨 |
|---|---|---|---|---|
| 1 | 一八七六年十一月三十日 | 琉球國王尚泰 | 福建等處布政司 | 日本阻貢，求援 |
| 2 | 一八七八年十月 | 琉球法司官毛鳳來 | 清朝駐日公使 | 請勸日本取消阻貢 |
| 3 | 一八七九年七月三日 | 琉球紫巾官向德宏 | 北洋大臣李鴻章 | 述說被滅乞師救援 |
| 4 | 一八七九年七月二十三日 | 琉球紫巾官向德宏 | 北洋大臣李鴻章 | 乞師救援 |
| 5 | 一八七九年十月二十三日 | 毛精長、蔡大鼎、林世功 | 總理衙門恭親王奕訢 | 述經過請出兵救援 |
| 6 | 一八七九年十月二十四日 | 毛精長、蔡大鼎、林世功 | 禮部 | 述經過請出兵救援 |
| 7 | 一八七九年十月二十九日 | 毛精長、蔡大鼎、林世功 | 總理衙門恭親王奕訢 | 請暫留北京緩回福州 |
| 8 | 一八七九年十一月十日 | 毛精長、蔡大鼎、林世功 | 總理衙門恭親王奕訢 | 再次請緩回福州 |
| 9 | 一八八〇年一月二日 | 毛精長、蔡大鼎、林世功 | 總理衙門恭親王奕訢 | 請憐憫琉球出兵相救 |
| 10 | 一八八〇年八月十三日 | 毛精長、蔡大鼎、林世功 | 總理衙門恭親王奕訢 | 請憐憫琉球出兵相救 |
| 11 | 一八八〇年九月八日 | 毛精長、蔡大鼎、林世功 | 總理衙門恭親王奕訢 | 求援琉球與日使交涉 |
| 12 | 一八八〇年九月二十八日 | 毛精長、蔡大鼎、林世功 | 總理衙門恭親王奕訢 | 反對分島方案 |

164 謝必震：《中國與琉球》（廈門市：廈門大學出版社，1996年），頁304-305。

| 序號 | 時間 | 請願者 | 請願書呈遞去向 | 請願書要旨 |
|---|---|---|---|---|
| 13 | 一八八〇年十一月十八日 | 毛精長、蔡大鼎、林世功 | 總理衙門恭親王奕訢 | 請與日駐華公使交涉 |
| 14 | 一八八〇年十一月二十日 | 林世功 | 總理衙門恭親王奕訢 | 已死乞救琉球 |
| 15 | 一八八〇年十一月二十日 | 蔡大鼎 | 總理衙門恭親王奕訢 | 報林世功自刃 |
| 16 | 一八八一年二月二十二日 | 毛精長、蔡大鼎 | 駐日清國公使許景澄 | 請與日本交涉復琉球 |
| 17 | 一八八一年三月十五日 | 毛精長、蔡大鼎 | 左宗棠、禮部等 | 反對分島，請求出兵 |
| 18 | 一八八一年四月十六日 | 毛精長、蔡大鼎 | 禮部、總理衙門 | 請允准向東太后致哀 |
| 19 | 一八八一年十一月十七日 | 毛精長、蔡大鼎 | 總理衙門恭親王奕訢 | 請助琉球復國征日本 |
| 20 | 一八八二年五月一日 | 毛精長、蔡大鼎 | 總理衙門恭親王奕訢 | 反對分島助琉征日本 |
| 21 | 一八八三年七月三十日 | 向德宏、蔡德昌、蔡錫書 | 福建布政使 | 請代奏八重山情願書 |
| 22 | 一八八三年十二月三日 | 向文光、魏元才 | 禮部 | 傳琉球國王復國密咨 |
| 23 | 一八八四年十二月 | 向德宏、向有德、蔡德昌 | 督弁福建事務左宗棠 | 乞征討日本 |
| 24 | 一八八五年四月九日 | 向德宏、向有德、蔡德昌 | 督弁福建事務左宗棠 | 援引朝鮮等例救琉球 |
| 25 | 一八八五年四月九日 | 向德宏、向有德 | 督弁福建事務左宗棠 | 琉球重要性請救琉球 |
| 26 | 一八八五年三 | 向德宏、向有德、 | 閩浙總督楊昌浚 | 援引朝鮮等例救琉球 |

| 序號 | 時間 | 請願者 | 請願書呈遞去向 | 請願書要旨 |
|---|---|---|---|---|
| | 月 | 蔡德昌 | | |
| 27 | 一八八五年四月 | 向德宏、向有德、蔡德昌 | 督弁福建事務左宗棠 | 琉球慘狀請求救援 |
| 28 | 一八八五年五月六日 | 向德宏、向文光、魏元才 | 清國全權大臣李鴻章 | 琉球慘狀請求救援 |
| 29 | 一八八五年六月 | 毛鳳來、蔡大鼎、王大業 | 總理衙門 | 清法戰爭結束救琉球 |
| 30 | 一八八五年七月十日 | 向德宏、魏元才 | 北洋大臣李鴻章 | 琉球慘狀請征討日本 |
| 31 | 一八八五年七月十日 | 向德宏 | 北洋大臣李鴻章 | 琉球戰略重要，乞救 |

　　從上表可以看到十餘年來，琉球人堅持乞求清朝出兵拯救琉球，其圖存救國之心實為世人感嘆敬佩。然而清朝官員對此的反應卻是十分冷漠的。李鴻章等認為：「琉球地處偏隅，尚屬可有可無」，「即使從此不貢不封，亦無關於國家之輕重」[165]。面對琉球的求援，無論是琉球人長期跪拜在東華門外伺清朝大臣入朝乞救的行為，還是琉球請願代表林世功以死乞師的壯舉，都沒能打動清朝官員的心。十年來，是否出兵救援琉球？清政府似乎總在籌議之中，優柔寡斷，一直沒有下文。

　　也許受「延宕之法」的影響，清朝在對待琉球人的求援、乞求出兵方面也是能拖即拖，能敷衍即敷衍。重要的是，清朝就日本侵占琉球一事的根本就沒有明確的策略與辦法。僅僅出於宗主國的角度，對日本交涉一番，顯得蒼白無力。中國人並不知道，這種模稜兩可的做法恰恰鼓舞了日本人，使它們自那以後與清政府打交道，就像技藝嫻

---

165　《李文忠公全集》，譯署函稿，卷8（光緒乙巳刊本）。

熟的拳師，專打中國人的軟肋，而且是屢屢得手，盡占便宜。中國人陷入另一個怪圈，抑或另一個矛盾。從宗藩關係上而言，中國是有義務要為琉球國做主的。要主持公道，譴責日本，甚至派出軍隊給予干涉。然而從中國當時面臨的局勢而言，經過太平軍的起義，經過兩次的鴉片戰爭，內憂外患，處於焦頭爛額的困境。一八七四年，日本侵臺事件剛剛平息，整飭船政，自強富國的洋務運動剛剛起步。中國人沒有為了琉球的存亡與日本人大動干戈的信念與勇氣。清朝政府遇到救不救琉球國的矛盾，實際上就是中國對日外交上的矛盾，中國的決策者們沒有找到解決此問題的良方妙藥。

從臺灣事件到「球案」，清朝對日本的外交一誤再誤，明明是中國在理的事也不乘勢而發，以張國威，卻是長日本人的志氣，滅了中國人自己的威風。此後，中國人在與日本人打交道時，總是處於不利的地位。日本侵臺二十年後，清政府就拱手將臺灣讓給了日本人，其中的歷史教訓不能不說是刻骨銘心的。在中日圍繞琉球的問題上，中國人講究「義」，講究面子、名聲，於「利」不顧，於中國國家戰略的「利」不顧。或許那時的中國人還沒有明確的國土、海疆概念，對琉球群島戰略地位的重要性還缺乏足夠的認識，在中國國家的大利面前，他們選擇了聊以自慰的「義」，做了無奈的抉擇，遺患至今。

中國冊封琉球王國延續五百餘年的制度，就此劃上一個句號。

# 第二章
# 使臣出訪琉球制度

　　明太祖朱元璋立國之後，認為和平穩定的內外環境是明王朝得以存在和發展的重要保證，從而制定了睦鄰友好和「厚往薄來」的外交政策。不僅加強涉外機構的建設，而且與海外諸國交往頻頻。中國使臣出訪琉球制度，就是在這一歷史背景下不斷演繹，日臻完善的。

## 一　明代涉外政策、機構與交往

　　明朝對外政策的基本格調是德威兼濟，它汲取了漢唐以來封建王朝對外政策好的一面，制定了和平友好的對外政策。

### （一）明朝睦鄰修好的對外政策

　　洪武四年（1371），明太祖朱元璋在奉天門召集群臣，鄭重闡述了對外不施用武力的政策，反對窮兵黷武。他叮囑群臣：「海外蠻夷之國，有為患於中國者，不可不討：不為中國患者，不可輒自興兵。古人有，地廣非久安之計，民勞乃易亂之源。如隋煬帝妄興師旅，征討琉球，殺害夷人，焚其宮室，得其地不足以供給，得其民不足以使令，徒慕虛名，自弊中土，為後世譏。朕以諸蠻夷小國，阻山越海，辟在一隅。彼不以中國患者，朕決不伐之。」[1]
　　明代和平友好外交思想的主要體現是朱元璋把朝鮮、日本、琉球、真臘、安南、占城、暹羅、三佛齊、爪哇、百花、彭亨、蘇門答

---

[1]　《明太祖實錄》卷68（臺北市：中央研究院歷史語言研究所，1962年）。

刺、渤泥……等東南亞十五個國家，列為不征之國。並鄭重告誡其子
孫：四方諸夷，皆限山隔海，僻在一隅。得其地不足以供給，得其民
不足以使令。若其自不揣量，來擾我邊，則彼為不祥。彼既不以中國
患，而我興兵輕伐，亦不祥也。吾恐後世子孫，倚中國富強，貪一時
戰功，無故興兵，殺傷人命，切記不可[2]。

　　對待海外各國，明太祖要求世世代代不要輕動干戈。一個以「天
朝上國」自居的泱泱大國，理應用「德」的氣魄感化天下萬民。明代
大規模遣使四出的外交活動是此外交思想的印證。

　　從洪武政權建立時起，朱元璋對周邊大小國家就逐建立起睦鄰友
好關係，樹立了明王朝一視同仁的對外形象。洪武元年，朱元璋在給
安南的詔書中，就表明洪武新朝「方與遠邇相安無事，以共享太平之
福。」次年（1369），又派遣使臣赴高麗、日本、安南、占城、爪哇等
國，宣告遣使的目的：「朕仿前代帝王治理天下，惟欲中外人民各安其
所。又慮諸番僻在遠方，未悉朕意，故遣使者往渝，咸使周知」[3]。洪
武三年（1370），又派呂宗俊等赴暹羅，派趙述赴三佛齊，派張敬之
往渤泥，派郭徵到真臘等國，傳達的是同樣的諭告。

　　明朝不僅要與鄰國友好相處，對鄰國之間的矛盾和武裝衝突，也
希望能以和平方式得到解決。安南與占城兩國經常發生糾紛，明朝總
是派遣專門的使臣前去勸說，盡力化解其中的矛盾。洪武四年
（1371），安南與占城發生衝突，占城王要求明朝給予武器上的支
持，明廷答覆說：占城與安南都是明朝的友好鄰邦，希望雙方和平相
處，即日罷兵，「講信修睦，各保疆」[4]。明朝不肯援助的主要理由

---

2　《皇明祖訓》〈箴戒章〉，《四庫全書存目叢書》史部第264冊（濟南市：齊魯書社，
　　1996年）。

3　《明史》卷324，〈外國〉5（北京市：中華書局，1974年）。

4　《明史》卷324，〈外國〉5（北京市：中華書局，1974年）。

是：正當「兩國互構，而賜占城，是助爾相攻，甚非安撫之義」[5]。
出發點是希望雙方早日停止衝突。

　　至洪武末年，朱元璋回憶即位後派遣使臣前往周邊國家，親臨其
境的有三十六國，傳達信息的有三十一國，風俗各異的國家大國十八
個，小國一四九個[6]。洪武二十八年（1395）《諭祭暹羅國王敕》云：
「朕自即位以來，命使出疆，周於四維，歷邦國，足履其境者三十有
六，……大國十有八。」雖然限於當時的條件和情況，這裡所說的國
家，有的實際只是一個地方而已，但卻足以說明了明初使臣的足跡遍
及周鄰各國的狀況。這是明初對外友好關係的光輝成就。

　　明朝的對外政策，在當時歷史條件下是積極的。當時東南亞各國，
名義上要接受大明帝國的冊封，建立宗藩關係。明朝政府尊重各國的
領土和主權，互不侵犯。正如《明史》禮志「遣使之番國儀」中所記
載的，「明祖既定天下，分遣使者奉詔書往諭諸國，或降香幣以祀其
國之山川，撫柔之意甚厚，而不傷國體，視前代為得」。而且，明代
最具規模的派遣使團鄭和船隊下西洋是為了「宣德化而柔遠人」[7]，這
也將中國傳統的「德治」觀念遠播海外，使中國成為當時維護東方國
際秩序和諧的象徵。

　　終明一代，歷朝統治者都不曾背離明初所制定的和平外交政策，
正是在這樣的基礎上，明朝的對外關係達到了萬國來朝的繁榮局面，
超越以往的各個歷史時期，進入了一個新的階段。

## （二）明中央外交機構的設置及職能

　　明朝對外關係的成就離不開完善的管理制度和機構。一個國家的

---

5　《明史》卷324，〈外國〉5（北京市：中華書局，1974年）。

6　張顯清：《明代政治史》（桂林市：廣西師範大學出版社，2003年）。

7　〈長樂南山寺天妃之神靈應記〉，見《西洋番國志》（北京市：中華書局，1982年），
　　頁53。

強大是體現在外交上的繁榮，但更基於內政各種方針的具體實施。隨
著明政權的穩定和社會經濟的逐步恢復和發展，外交活動也越來越頻
繁，明政府在與諸蕃國以及周邊少數民族政權交往的過程中，逐漸形
成了有鮮明特色的外交制度和完善的相關管理機構。中央外交機構中
各部門分工明確，配合密切，現摘其主要者分述如下：

## 1 禮部主客司

　　禮部是「掌天下禮儀、祭祀、宴饗、貢舉之政令」的國家官署，
管理全國學校事務、科舉考試、藩屬和外國之往來事宜。南北朝北周
始設，隋唐為六部之一，歷代相沿。明代禮部始置於洪武元年
（1368），設尚書一人，左、右侍郎各一人。六年（1373）下設四部：
總部、祠部、膳部、主客部，並增設尚書一人。二十二年（1389）改
總部為儀部，二十九年（1396），又改儀部為儀制，掌嘉禮、軍禮及管
理學務、科舉考試事務：祠部為祠祭，掌吉禮、凶禮事務：膳部為精
膳，掌宴饗廩餼牲牢事務：主客部為主客司，掌賓禮及接待外賓事
務，總名為四清吏司。此外，禮部屬衙還有鑄印局、僧道錄司、教坊
司。自洪武十五年（1382）朱元璋罷丞相權歸六部之後，禮部權力
日重，史載：

> 周宗伯之職雖掌邦禮，而司徒既掌邦教，所謂禮者，僅鬼神祠
> 祀而已。至合典樂典教，內而宗藩，外而諸蕃，上自天官，下
> 逮醫師、膳夫、伶人之屬，靡不兼綜，則自明始也。成、弘以
> 後，率以翰林儒臣為之。其由此登公孤任輔導者，蓋冠於諸部
> 焉[8]。

---

8　《續文獻通考》卷53，〈職官考〉3，禮部；《明史》卷72，〈職官禮部〉，頁1750。

　　明代的禮部是外交事務的主管機構，掌管外事政令的制定與實施。凡遇外事活動，禮部或依例行事，或奏請帝定奪。而主客司主要是負責朝貢事務的具體事宜，其屬官有郎中一人，員外郎一人，主事一人，「分掌諸蕃朝貢接待給賜之事。諸蕃朝貢，辨其貢道、貢使、貢物遠近多寡豐約之數，以定王若使迎送、宴勞、廬帳、食料之等，賞齎之差。凡貢必省閱之，然後登內府，有附載物貨，則給值。若蕃國請嗣封，則遣頒冊於其國。使還，上其風土、方物之宜，贈遺禮文之節。諸蕃有保寨功，則授敕印封之。各國使人往來，有誥敕則驗誥敕，有勘籍則驗勘籍，毋令闌人。土官朝貢，亦驗勘籍。其返，則以鏤金敕諭行之，必於銅符相比。凡審言語，譯文字，迎送館伴，考稽四夷館譯字生、通事之能否，而禁飭其交通漏洩。凡朝廷賜賚之典，各省土物之貢。咸掌之」[9]。

　　而在實際的情況中，主客司的執掌範圍有一定的出入。一是明朝所派冊封蕃國的使臣，有專門的官員擔任，並非是主客司官員擔當此職；二是朝貢表文的翻譯，由四夷館專司其職，而四夷館並非主客司的下屬部門，所以翻譯事宜也不是主客司的執掌範圍，但表文翻譯後，須經主客司審核，以查驗是否符合禮儀規範。

## 2 會同館

　　會同館之建，並不始於明，遼、金、元時已有。《日下舊聞考》引《石湖集》曰：「會同館，燕山客館也，遼已有之」[10]。元京城大都（今北京）也建有會同館，據《元史》〈百官志〉一載：「會同館，秩從四品，掌接伴引見諸蕃蠻夷峒官之來朝貢者」[11]。

---

9　《明史》卷72，〈職官志〉1，〈禮部〉（北京市：中華書局，1974年），頁1749。

10　于敏中等編：《日下舊聞考》卷37，〈京城總紀〉（北京市：北京古籍出版社，1981年），頁594。

11　《元史》卷85，百官志1（北京市：中華書局，1976年）。

　　明承前代之制，在京師設有大規模的驛館——會同館，是明朝中央政府「專以止宿各處夷使及王府公差、內外官員」[12]的中央外交接待機構。洪武時，「改南京公館為會同館，永樂初設會同館於北京，三年併烏蠻驛入本館」[13]。遷都北京後，南京作為陪都，會同館繼續保留。自正統六年（1441）起，會同館分南北二館，北館六所，南館三所。其具體分工是：北館用以接待各王府公差人員，西域諸國及西南、東北少數民族的首領、土官及其使臣；南館則用以安頓瓦剌、朝鮮、日本、安南等國進貢陪臣及隨行人員[14]。

　　明會同館之設，通過細密的制度化的接待和管理，對中央政府與周邊四夷的關係起著約束與規範的作用，也使得周邊四夷在這種即定化的模式中與中央政府保持了綿延不斷的聯繫，為促進明與周邊各族的關係起到了一定的積極作用。

## 3　四夷館

　　由於語言的相異性，在中外交往中，翻譯顯得尤為重要，史書中遠方之國「重譯來朝」的例子不勝枚舉。但直到明朝設立四夷館，中國才有了真正意義上的專職翻譯機構。《歷代職官表》載：前代客館、典客諸令丞，皆以接待人使為重。而譯官之職，則自西漢以後，概未之見，至明始重其事。

　　永樂五年（1407），鑒於四夷外屬國日眾，明成祖下令設立四夷館，「置館於（南京）長安右門之外處之，內分八館，曰韃靼〈蒙古〉、女直、西番、西天、回回，百夷、高昌、緬甸」[15]。各館置譯字

---

12　《明孝宗實錄》卷35，弘治三年二月己亥（臺北市：中央研究院歷史語研究所，1962年）。

13　《明會典》卷145，〈兵部〉，〈驛傳〉，〈會同館〉（北京市：中華書局，1974年）。

14　《明會典》卷145，〈兵部〉，〈驛傳〉，〈會同館〉（北京市：中華書局，1974年）。

15　徐學聚：《國朝典匯》卷60（北京市：北京大學出版社，1993年）。

生、通事，通譯語言文字。後於「正德六年（1511）增設八百館，萬曆七年（1579）增設暹羅館，取本國人為教師，選世業子弟習學」[16]。其中，西番，明代亦稱土番，即唐代吐蕃；西天指天竺；百夷指雲南西南區的傣族、高昌，元代稱畏兀兒，明代也稱火州；回回所指地域廣泛，包括撒馬兒罕、天方、吐魯番等。據明人記載，占城、日本、真臘、爪哇、滿剌加諸國，「遇有進貢番文，亦屬本館（回回館）代譯」[17]。

## 4 鴻臚寺

鴻臚，本為大聲傳贊，引導儀節之意，漢改秦代典客為大行令，武帝時又改名大鴻臚，大鴻臚主外賓之事。至北齊，置鴻臚寺，後代沿置，南宋、金、元不設。明初設侍儀司，洪武九年（1376）改設殿庭儀禮司，三十年（1397）定設鴻臚寺。正四品衙門。設卿一人，左、右少卿各一人，左、右寺丞各一人。下設主簿廳，主簿一人，司儀、司賓二署，各署丞一人，鳴贊四人，序班五十人。建文時革罷司儀、司賓二署，而以行人隸鴻臚寺。永樂初，悉復舊制。《明史》〈職官志〉載：「鴻臚寺掌朝會、賓客、吉因儀禮之事。凡國家大典禮、郊廟、祭祀、朝會、宴饗、經筵、冊封、進歷、迸春、傳制、奏捷、各供其事。外吏朝覲，諸蕃入貢，與夫百官使臣之覆命、謝恩，若見若辭者，並鴻臚引奏。歲旦、上元、重午、重九……皆贊百官行禮」[18]。

明代鴻臚寺的執掌，與前代相比更加單一。《歷代職官表》記載：「鴻臚寺本出周官大行人，主領蕃國封貢。自明代始專掌殿庭禮儀之事，遂與歷代建置不同。名雖相襲，實則漢以後謁者臺，唐以後

---

16 《明會典》，卷221，〈翰林〉；《明會要》，卷38，〈職官〉1。

17 《四夷館考》卷上（東方學會印本）。

18 《明史》，卷74，〈職官〉3，〈鴻臚寺〉（北京市：中華書局，1974年），頁1802。

通事舍人、閤門使之任也。其職在導引賓贊」[19]。在明代中外交往中，鴻臚寺主要的職責就是導引蕃國使臣履行禮儀。

## 5 行人司

行人之名最早見於《周禮》〈秋官司寇〉，在當時有大行人、小行人之分。大行人掌接待諸侯及諸侯的上卿之禮，小行人「掌邦國賓客之禮籍，以待四方之使者」[20]。漢代行人為大鴻臚屬官，武帝時改稱大行令。自三國至元代，皆無行人之職。

明設行人，復有行人之官。但與周、漢時期負責禮賓事務的行人不同，明代的行人「職專捧節奉使之事。凡頒行詔赦，冊封宗室，撫諭諸蕃，徵聘賢才，與夫賞賜、慰問、賑濟、軍旅、祭祀、咸敘差焉」[21]。明代行人之職先於其官署行人司而設，如洪武二年（1369）奉太祖之命以即位詔告諭日本的楊載，其身分即為行人。但當時行人只是禮部屬下的臨時奉使人員，且無品級。洪武十三年（1380），因胡惟庸案，使朱元璋改舊制，廢丞相，由此行人司亦應運而生，於同年設立。行人司之所以設立，乃因為「明初以設官分職，各有攸司，其在京各衙門郎中，主事等官俱有官守，不宜一時曠廢，所以特設行人以通使命往來」[22]。行人司設立之初，屬官有行人，九品；左、右行人，從九品。後改行人為司正，左右行人為司副，更設行人三四五人，職位頗低。洪武二十七年（1394）將其提為七品衙門，因所任行人多孝廉出身，奉使往往難稱朝廷旨意，遂定設行人司官四十員，司正一人，七品；左、右司副各一人，從七品，行人三十七人，正八

---

19 黃本驥：《歷代職官表》卷33，〈鴻臚寺〉「明代條按語」（上海市：上海古籍出版社，1980年）。
20 《周禮註疏》卷37，《十三經註疏本》（北京市：北京大學出版社，1999年）。
21 《明史》卷74，〈職官〉3（北京市：中華書局，1974年），頁1809-1810。
22 孫承澤：《天府廣記》卷3（揚州市：江蘇廣陵古籍刻印社，1990年）。

品，皆以進士為之，非奉旨不得擅遣，行人之職始重。建文年間，曾罷行人司，而以行人隸鴻臚寺，永樂時則復其舊。萬曆九年（1582），裁行人五人，剩三十二人[23]。

行人的職責是奉命對所屬藩國國王進行招諭、冊封、賞賜等外交事務。行人能嚴格履行自己的職責，圓滿完成朝廷賦予的使命，事關內政外交的成敗得失。為此，明太祖朱元璋於洪武十四年（1381）詔諭諸行人曰：「凡為使臣，受命而出，四方之所瞻視，不可不謹。孔子曰：行己有恥，使於四方，不辱君命，可謂士矣。爾等當服膺是言。若縱情肆欲，假使命而作威作福，虐害下人，為朝廷之辱矣。自今或捧制書，或奉命出使，或崔督庶務，所在官吏淑慝，軍民休戚，一一諮詢，還日以聞，庶不負爾職也」[24]。洪武末年至永樂前期，行人雖只為八品官員，但因「非甲科不選，非王命不行」[25]，其外交重要作用逐漸顯露。

## （三）明代對外交往的主要國家

在古代中國，當一個新王朝建立或新皇帝登位，為了做使「天下咸服」，「咸來賓從」的聖德之君，在其登位之初，總是積極地向外派遣使者，宣告自己已繼承正統，以此招徠貢使，使這些國家經常來貢，以證明他們的恩威遠颺。

朱元璋滅元定明後，自覺已經主宰中華，繼承正統。為把這一消息宣告海內外，他一方面在國內「頒即位詔於天下」，另一方面，恐四夷未知其已主中國，故遣使以報諸國。因此，洪武初年，明朝大力向海外派遣使者，一方面是以即位頒詔各國，一方面是提醒這些國家

---

23　《明會典》卷117，〈行人司〉（北京市：中華書局，1974年）。

24　《明太祖實錄》卷138，洪武14年8月壬戌（臺北市：中央研究院歷史語言研究所，1962年）。

25　沈德符：《萬曆野獲編》卷20，〈中書行人〉（臺北市：偉文圖書出版社，1976年）。

來貢或對中國的向化。

　　今根據《明實錄》、《明會典》記載，就洪武建朝登極所派遣使臣
到達的主要國家和地區，以及這些國家向明王朝的起始來貢和向化的
時間做一統計表。

### 明朝建元派遣使臣出訪的主要國家及其回貢的時間表

| 明使出使時間 | 使臣 | | 國名 | 始貢時間 |
| --- | --- | --- | --- | --- |
| | 官職 | 姓名 | | |
| 洪武元年十二月壬辰（1368） | 符寶郎 | 偰斯 | 高麗 | 洪武二年（1369） |
| 洪武元年十二月壬辰（1368） | 漢陽知府 | 易濟 | 安南 | 洪武二年（1369） |
| 洪武二年二月辛未（1369） | | 吳用 | 占城 | 洪武二年（1369） |
| 洪武二年二月丙寅溯（1369） | | 阿思蘭 楊完者不花 | 日本 | 洪武七年（1374） |
| 洪武三年八月辛酉（1370） | | 呂宗俊 | 暹羅 | 洪武四年（1371） |
| 洪武三年八月戊寅（1370） | | 郭徵 | 真臘 | 洪武四年（1371） |
| 洪武三年八月戊寅（1370） | 監察御史 福建行省都事 | 張敬之 沈秩 | 渤泥 | 洪武四年（1371） |
| 洪武五年春正月甲子（1372） | 行人 | 楊載 | 琉球 | 洪武六年（1372） |

　　明代有關中外交往的著述，無論是官修史書還是私人著作，對於
周邊諸國的記載和描述無一例外是以華夏正統為中心的，把一切對外
關係一概視為具有君臣主從關係的聯結，以明朝為「主」，四夷為
「賓」。在這種意識的支配下，明朝與之交往有來貢關係的國家究竟
有多少呢？在萬曆年間修訂的《明會典》中列舉了與明朝有朝貢關係

的國家大概有一百一十一個，其中包括東南夷、北狄、東北夷、西戎等地方少數民族，從今天的疆域劃分來看，這些屬於民族關係範圍。且萬曆《明會典》所記載的只是萬曆十五年（1587）以前的史實，相比之下，《明史》的記載更為全面。《明史》卷三二〇至卷三二六外國傳記載的國家有八十六個，其中也包括了明末與中國發生聯繫的葡萄牙、西班牙、荷蘭、義大利等歐洲四國。《明史》卷三三二〈西域傳〉，除記載今西亞、中亞等地的三十三個國家外，還附有哈三等二十九部嘗奉貢通名天朝者的名單。如此算來，明一代交往的國家和地區總數多達一四八個，可謂盛況空前，外交的繁榮可見一斑。

但是，在這數量眾多的國家中，稍加分辨，我們不難發現些許問題，其實與明朝的交往偶有一二次的國家不在少數，永樂年間鄭和下西洋招徠而入貢的海外三十餘國正屬此類。隨著航行活動的結束，這些國家也就斷絕了與中國的往來。況且，由於受地理位置的限制，明朝向外遣使的對象國，主要是與中國地理相近的國家，比如朝鮮、安南、琉球、占城、暹羅、真臘等。這樣看來，綜合《明實錄》、《明史》的記載，以諸國交往次數的多少、週期的長短及其與明王朝關係的疏密而論，明代與之交往的主要國家以及明派遣使臣到達的主要國家有：朝鮮（原稱高麗，洪武二十五年，應高麗國王所請，明太祖更其國號為朝鮮）、琉球（今日本沖繩縣）、安南（今越南北部）、占城（今越南南部）、暹羅（今泰國）、日本、爪哇（今印度尼西亞爪哇島）、滿剌加（今馬來西亞馬六甲）、蘇門答剌（今印度尼西亞蘇門答臘島北部）、真臘（今柬埔寨和越南南部部分地區）、渤泥（亦作淳泥，今加里曼丹島北部和汶萊一帶）、撒馬兒罕（今烏茲別克撒馬爾罕）等十幾個國家。

在這十幾個國家中，與明廷存在政治隸屬性、有封述君臣主從關係的宗藩國家主要是朝鮮、琉球、安南、占城等。雖然明王朝曾對朝鮮、安南在王位繼承過程中出現的篡逆現象及其不守華夏禮節等問題

上，多次以發布諭令、遣使責問、「卻貢」等方式進行勸戒或懲罰，但卻沒有做出粗暴干涉其內政的舉動。而對於琉球，則從未有干涉內政的現象發生。明王朝和它們的關係在特徵上表現為：朝鮮、琉球、安南、占城等向明政府稱臣，定期遣使朝貢，採用明朝年號、年曆等。明政府則對其國王予以冊封、賞賜等。而且雙方交往密切，使臣往來頻繁，他們奉「華夏禮儀」為朔，深受漢文化的薰染。

對於日本、暹羅、爪哇、滿刺加、蘇門答刺、真臘、渤泥、三佛齊等只是在一定程度上認同中國文化，並接受明朝皇帝授予的封號，定期或不定期來華朝貢，它們與明政府不具有君臣主從關係，交往的隨意性很強，明政府派遣的使臣相對較少，其交往的經濟意義更為明顯。

而相對大多數明代典籍所記載的一百多個國家，更多意義上的屬於名義交往，許多海外國家不過是借朝貢之名，行貿易之實。相對於明王朝而言，更鮮於派使臣出訪這些國家了。

## 二　明清出使琉球使臣的選派制度

明清使臣出使琉球，經歷了無數的曲折，先是犯錯的官員毛遂自薦，要求戴罪立功出使琉球。也有朝廷指派，亦有官員藉故推諉，形形色色，沒有一個規矩。隨著中琉關係不斷深入地發展，出使琉球的使臣選派，逐漸形成制度。

### （一）使臣出使的各種緣由

國家之間的對外交往，主要體現是雙方互派使臣出訪，以進行不同的外交活動和完成不同的外交任務。那麼明清使臣出使活動的形成，總的說有兩個緣由，一方面是因朝廷對外事務而派遣使臣，另一方面則是蕃國就種種問題而發出的邀請。

　　由中國政府主動派出的使臣，主要是登極即位、更改年號、頒布詔諭、例行賞賜、重大節日等時出使。作為「華夏正統」的君主國，洪武初年就「以即位詔諭」與各國主動建立外交，開通了中國與外國的官方交往。就東南亞地區而言，洪武元年（1368），明政府就遣漢陽知府易濟詔示安南。洪武二年（1369）又遣使詔示占城、爪哇、西洋諸國。

　　洪武三年（1370年，則遣使往詔暹羅、三佛齊、渤泥、真臘等國[26]。爾後，但凡遇到年號更替、冊立皇太子等重要時期，中國王朝都會遣使四方，告諭各國，這是亞洲宗藩制度的具體表現。如景泰三年（1452）以冊立皇太子，遣吏部稽勳郎中陳鈍、刑部湖廣司郎中陳金為正使、行人司司正李寬、行人郭仲南為副使，齎詔往諭朝鮮、安南二國。成化二十三年（1487）以即位遣右春坊右庶子兼翰林院侍講董越、工科右給事中王敞充正、副使，頒詔於朝鮮國[27]。

　　蕃國邀請明王朝派遣使臣出使，則是包括請封、告哀、求助等方面。由於「奉華夏為朔」，蕃國王的稱號只有在中國政府的認可下才得以繼承，所以中國的冊封歷來為各藩屬國所重視。

　　永樂二年（1404），琉球國王武寧首次接受了中國的冊封。此後，每逢新王嗣立，皆向中國請封，中國政府則按例派遣官員攜詔書至其國，致祭故王，冊立新王，並賜以冠服、金銀、錦緞諸物。

　　景泰五年（1454），琉球國王弟尚泰久，上奏明朝說：「長兄國王金福薨，次兄布里與侄志魯爭立，焚燒府庫，兩傷俱絕，將原賜鍍金銀印熔壞無存。今本國臣庶推臣權國事，乞賜鑄換，用鎮邦民」[28]。英宗如其所請，命鑄新印賜之。

---

26　《明太祖實錄》卷36（臺北市：中央研究院歷史語言研究所，1962年）。

27　《明孝宗實錄》卷8（臺北市：中央研究院歷史語言研究所，1962年）。

28　《明英宗實錄》卷238，景泰五年二月己亥（臺北市：中央研究院歷史語言研究所，1962年）。

此外，對於一些國家來說，中國是強大的，在受到外來威脅或鄰國發生衝突時，他們希望獲得明朝的援助。而明朝對各國間的矛盾和衝突，都是盡力加以調解，派遣外交使節宣諭和平使命。

## （二）使臣選拔體制

由於朝廷對使臣選任格外重視，使臣的選派除了嚴格按照制度進行選任外，還根據外交工作的特殊性，在實行過程中，形成了一些不成文的慣例和選任標準，總結起來，明王朝對外交使臣的選派還尤其注意以下幾條標準。

### 其一，甄選學識之士

明清兩朝在當時的歷史環境中是以「天朝」自居的，其派遣出使的官員自然大都受過良好的教育，文化素質和修養較高，一般都「以器士遠大、學問賅博、文章優瞻者充之」[29]。因此使臣具有一定才學是必備的條件，這也是他們能順利完成使命的原因之一。

明初的使臣，自洪武十三年（1381）建立行人司後，多由行人承擔，而此前派外使臣則多由給事中、通政使主事、翰林編修等擔任。而位居這些官位者，往往都是進士出身。明初規定凡會試、廷試合格者「狀元授修撰，榜眼、探花授編修，二、三甲考選庶吉士者，皆為翰林官，其他或授給事、御史、主事、中書、行人、評事、太常、國子監博士，或授推官、知州、知縣等官」[30]。因此可以說使臣們大多具備較高的學識。

### 其二，甄選相貌端莊者

作為天朝的外交使臣，出使他國代表的是王朝的尊嚴和氣度，不

---

29 陸容：《菽園雜記》卷7（北京市：中華書局，1985年）。

30 《明史》卷71，〈選舉制〉（北京市：中華書局，1974年）。

必說談吐學識自在人之上，其外型相貌也要相當才行。明朝在挑選使臣時，也會考慮容貌之因素。如永樂時期的鄭和就是「豐軀偉貌」，「姿貌才智，內侍中無與比者」，自然深受成祖朱棣的賞識和信任。如此可見，在選擇使臣時對相貌也是有一定要求的。再如明英宗時期的陳嘉猷，景泰辛未進士，授禮科給事中，改刑科。史書載：嘉猷儀觀豐偉，善於敷奏，因宣彈文，音吐洪亮，嘗為英宗屬意云[31]。正因為如此，陳嘉猷常被派遣出使，天順三年（1459）齎詔往朝鮮國王私授建州董山官，後又出使滿剌加冊封其國王。陳嘉猷不僅高大英俊，而且才華橫溢，是個標準的外交官，難怪得到英宗的賞識。

當然，使臣的挑選除了上述總結的這些標準之外，還有很多不同的要求。比如在年齡上，由於出使路途的遙遠艱辛，大多挑選的是年輕力壯的官員，對於年老體弱者是不會考慮的。還有的就是地域性的因素，不同的國家地區會針對情況派遣相應的使臣出訪。

### 其三，使臣人選之範圍

從洪武到永樂年間，明王朝的中央外交管理機構逐步建立和完善。總的來說，禮部是明代選派出使使臣的專職機構，但事實上，明代管理和參與外事的機構還有很多。如永樂五年（1407）創立四夷館，「賈譯字生，通事，通譯語言文字」。至於各國送來的貢品，在審閱登記後則送交內務府掌管，若有攜帶貨物出售的要論價收買。所以，在使臣選派問題上，除禮部外，如兵部之會同館、鴻臚寺、四夷館等這些外事機構就具有了一定的參與性。這樣以來，明代在選派使臣上就出現了多樣化現象，由此使臣類別也表現出複雜化的特徵。此外，由於財物最終交內務府掌管，這也給宦官參預出使提供了可能。

儘管禮部主客司總管外事，但其他機構也會涉及外事事務，它們

---

31 《明憲宗實錄》卷47（臺北市：中央研究院歷史語言研究所，1962年）。

之間關係是平行的。直到洪武十三年（1380）設立行人司，職專捧節奉使之事。似乎派遣使臣有了專職的選派部門，而且也會有即定的選派標準和範圍，正如明人嚴從簡在《殊域周咨錄》中寫道：「凡我行人轍跡曾至者，皆因事備書，一昭國家一統之盛，其間有他官奉使，因為一時之選，亦多原任行人者」[32]。在他看來，只有行人才算是明代唯一的使臣。但事實上，明代使臣仍然較為複雜，除專職的行人外，還有翰林官、給事中以及宦官等也常常出使。

　　明代的翰林官，主要包括學士、侍讀、侍講學士、侍詔、編修、檢討等官。洪武初年，明太祖勵精圖治致力於樹立明王朝睦鄰友好的形象，派遣了大量的使者紛紛四出，於是「使者相望，交趾、占城萬里修貢，高麗稱藩，航海來庭」[33]。但當時中央外交管理機構中並無專職的使臣，而翰林官多為進士出身的儒雅之士，博學多聞，作為使臣出使可以給諸國樹立一種華夏禮儀的風範，不失天朝天使的儀度，有利於使命的完成。所以「國初將命外國多翰林充之」[34]。如洪武二年即命侍讀學士張以寧、典鈜牛諒往安南，冊封陳日熞為安南王，後又遣編修羅復仁、兵部主事張復往諭安南。而且在行人司設立之後，翰林官員依然經常作為使臣奉命出使。據《明會典》載：「凡朝鮮等國，頒詔等差，學士等官充正使，從禮部奏請欽點」[35]。由此可見，除了專職的行人，翰林官是明王朝選派使臣時最先考慮的人選。

　　明代選派使臣的一大特色就是宦官外交。明初，朱元璋認為「閹寺便習，職在掃除，供給使令，不假以兵柄則無宦寺之禍」[36]。如此

---

32 嚴從簡：《殊域周咨錄》卷1，〈朝鮮〉（北京市：中華書局，1993年）。

33 《明太祖實錄》卷252，洪武3年5月丁巳（臺北市：中央研究院歷史語研究所，1962年）。

34 《舊京詞林志》卷4，《玄覽堂叢書》第67冊。

35 《明會典》卷221（萬曆申時行重修本，北京市：中華書局，1974年）。

36 《明太祖實錄》卷110，洪武9年11月辛巳（臺北市：中央研究院歷史語言研究所，1962年）。

以來，明代宦官一開始就有給使令之權。而永樂年間，是宦官出使的鼎盛時期，正如談遷所言：「永樂時星槎四出，輪航不輟，大都貂擋歇弁也。雖特遣庶曹，仍冠以內侍，其沿習而未變」[37]。

最為矚目的是鄭和下西洋，其正、副使臣無一不是宦官，鄭和、侯顯、王景弘皆是其中最傑出的代表。

給事中常被委派為出訪使臣。六科給事中為中央管理機構中侍從和監察官員的獨立機構。洪武六年（1373）分吏、戶、禮、兵、刑、工六科，各設都給事中一人，正七品，左右給事中與給事中，均從七品，掌侍從、規諫、補闕、拾遺，輔助皇帝處理奏章，稽察六部事務。

但在明代外交事務中，他們亦常作為使臣出訪，有時御史也在被遣之列。比如，若衙門大小官員、公差，患病，開注門籍，文職屬吏、戶、禮三科輪掌，武職兵、刑、工三科輪掌。這樣，給事中不但可以直接出使，若使臣有缺，他們亦可外代行其事。如洪武二十四年（1391）九月，遣禮部主事寬徹、御史韓敬、評事唐政使西域。洪武二十八年（1395）二月命給事中傅安、郭驥使西域。

明人沈德符曾言，「本朝入貢諸國，唯琉球、朝鮮最恭順，朝廷禮之亦迥異他夷。朝鮮以翰林及給事中往，琉球則給事中為正，行人副之」[38]。正統年間規定：奉使琉球行冊封之命，以給事中為正使，行人為副使。以琉球為例，從正統八年（1443）到崇禎六年（1633），在十二次冊封琉球國王的使事中，全部是以給事中為正使，而以行人為副使。請參見下表：

---

37 談遷：《國榷》卷15（北京市：中華書局，1958年）。
38 《明會典》卷213（萬曆申時行重修本，北京市：中華書局，1974年）。

## 明代正統年至崇禎年冊封琉球使者身分一覽表

| 時間 | 正使 | 副使 | 琉球王 |
|---|---|---|---|
| 正統八年（1443） | 俞忭（給事中） | 劉遜（行人） | 尚忠 |
| 正統十三年（1448） | 陳傅（刑科給事中） | 萬祥（行人） | 尚達思 |
| 景泰三年（1452） | 陳謨（給事中） | 董守宏（行人） | 尚金福 |
| 景泰七年（1404） | 李秉彝（給事中） | 劉儉（行人） | 尚泰久 |
| 天順七年（1463） | 潘榮（吏科給事中） | 蔡哲（行人） | 尚德 |
| 成化八年（1472） | 官榮（兵科給事中） | 韓文（行人） | 尚圓 |
| 成化十三年（1477） | 董旻（兵科給事中） | 張祥（行人司司副） | 尚真 |
| 嘉靖十三年（1534） | 陳侃（吏科給事中） | 高澄（行人） | 尚清 |
| 嘉靖四十年（1561） | 郭汝霖（刑科給事中） | 李際春（行人） | 尚元 |
| 萬曆七年（1579） | 蕭崇業（戶科給事中） | 謝杰（行人） | 尚永 |
| 萬曆三十四年（1606） | 夏子陽（兵科給事中） | 王士禎（行人） | 尚寧 |
| 崇禎六年（1633） | 杜三策（戶科給事中） | 揚掄（行人） | 尚豐 |

　　由此可見，明代派遣出使的使臣中，六科給事中也占有很大的比例。副使多為行人。行人是明代外交機構中專職從事外交出使的官員。洪武十三年（1380），因胡惟庸案使朱元璋決心改革舊制，廢丞相，權散六部，行人司也在這時應運而生，特設行人以通使命往來。行人便成為專職使者。

　　「行人」之名，最早源自《周禮》〈秋官〉，有大行人，掌大賓客之禮儀，後有小行人，其職稍次，其意以接待遠方賓客為主。明代的行人，雖取其名，然職掌卻異，它非接待遠方賓客，而是職掌捧節奉使之事，由接待賓客變為出使了。設立之初，行人職掌極廣，《明會典》所載「凡開讀詔敕、奉使四夷、諭勞、賞賜、賑濟、徵聘賢才、

整點大軍及軍務、祭祀等事」[39]，皆差行人。可見，奉使四夷只是其職掌之一，但越到後期，行人的職掌越有所專。嘉靖、萬曆時期，一改明初那種內差亦遣行人的做法，規定諸司公務差本衙門官出辦。行人最後變成了「非州封親王，使外國齎捧詔書之類不差」[40]。奉使出訪外國，成了行人最重要的職掌事務。

　　當然，由於出使之事的複雜不易，再加上一個地域性不同的緣故，除了上述的四大類別外，明代使臣的任選範圍相當廣，其他的官吏有時偶爾亦在被遣之列。洪武二十八年（1395），太祖欲兵討龍州土司趙宗壽，派禮部尚書任亨泰，監察御史嚴震直使安南。在明代中外關係史上，派遣尚書為使出訪，僅次一例。永樂元年（1403）八月，成祖繼統，極欲樹立正統形象，曾派出一大批使臣出使外國，其中有按察副使聞良輔使瓜葉，左通政趙居任、僧錄司左闡教道成使日本。由此可見，僧侶亦常在被遣之列，尤其以遣往日本和烏斯藏者為多，如永樂元年（1403），遣司禮監少監侯顯、僧智光齎捧詔書往烏斯藏徵高僧哈立麻。

　　此外，某些時候地方官被派遣出使。如成化二十一年（1485）八月，前往滿剌加的使臣吏科右給事中張晟死於贛州，上命行人左輔在廣東選一名七品官代行。永樂初年出兵安南時，規定「凡是有才能足任者次第遣行」。所以派遣福建參政王平等隨成國公朱能赴安南辦事。而出使西域歷經十七國的陳誠出使時的官職為員外郎，出使完成回朝轉為禮部郎中，後又轉為廣東布政司右參議，且其兩任官上，仍被派遣出使西域。

　　所以，明代雖然出現了專職奉使的行人，但在實際的外交事務中，則會根據相應的情況派遣其他的官員出任使臣。這也正說明了外交事務的重要性和複雜性。

---

39 《明會典》卷117（萬曆申時行重修本，北京市：中華書局，1974年）。

40 陸容：《菽園雜記》卷6（北京市：中華書局，1997年）。

　　清代一改派遣出使琉球的使者身分，多從翰林院甄選使者出使琉球。所選使者多是翰林院的侍講、編修、檢討。亦有內閣舍人。

　　翰林院自唐朝開始設立，創設之初純為供職具有藝能人士的機構。從唐玄宗之後，翰林分為兩種：一種是翰林學士，供職於翰林學士院；一種是翰林供奉，供職於翰林院。唐後期，翰林學士院演變成了專門起草機密詔制的重要機構，有「天子私人」之稱。在院任職與曾經任職者，被稱為翰林官，簡稱翰林。宋朝後成為正式官職，與科舉接軌。明清被內閣等代替，成為養才儲望之所。地位清貴，是閣老重臣以至地方官員擢升的必由之路。

　　通常翰林院侍講官階從五品，編修正七品，檢討從七品。另有內閣舍人，明清時於內閣中的中書科，亦設有中書舍人，掌書寫誥敕、制詔、銀冊、鐵券等，從七品。清代冊封琉球使者身分請參看下表：

### 清代中國冊封琉球使者身分一覽表

| 時間 | 正使 | 副使 | 琉球王 |
|---|---|---|---|
| 康熙二年（1663） | 張學禮（兵科副理官） | 王垓（行人） | 尚質 |
| 康熙二十二年（1683） | 汪楫（翰林院檢討） | 林麟焻（內閣舍人） | 尚貞 |
| 康熙五十八年（1719） | 海寶（翰林院檢討） | 徐葆光（翰林院編修） | 尚敬 |
| 乾隆二十一年（1756） | 全魁（翰林院侍講） | 周煌（翰林院編修） | 尚穆 |
| 嘉慶五年（1800） | 趙文楷（翰林院修撰） | 李鼎元（內閣舍人） | 尚溫 |
| 嘉慶十三年（1808） | 齊鯤（翰林院編集） | 費錫章（工科給事中） | 尚灝 |
| 道光十八年（1828） | 林鴻年（翰林院修撰） | 高人鑑（翰林院編修） | 尚育 |
| 同治五年（1866） | 趙新（翰林院編修） | 于光甲（翰林院編修） | 尚泰 |

## 其四，中國冊封琉球使臣選任之方式

　　明朝中央涉外管理事務，主要由禮部掌管。禮部是負責國家禮

儀、教化等事務的機構，而其中的主客清吏司，是掌管對外事務及國內少數民族的專設機構。若蕃國請嗣封，禮部主客清吏司則頒冊於其國，也就是說禮部主領封之議，商議派遣使臣事宜。明政府對外交使臣的選任是非常慎重的，畢竟出訪活動代表著一個國家的威嚴，況且是以四夷賓服，萬國來朝為衡量標準的王朝強盛標誌，明代的外交活動及派遣使臣出訪始終是按照嚴格的銓選程序進行的。使臣的人選問題上足相當的慎重。在程序上，一般是先由主管外交事務部門──禮部，按照儀制或慣例向上提出奏議，並推薦人選，通過朝臣的商議，最終由皇上裁定合適的人選，擇日出使。

　　我們按照史籍所載，發現禮部在商議出使人選方面，有著幾種方式可循，略述如下：

　　行人按序出使。自洪武十三年（1381）設立行人司後，出使之事有了專職機構，那麼在挑選使臣之時，行人自是首當其衝，成為最初選擇的對象。洪武年間即按此行事，差遣不得隨意，他官不得擅自越權。永樂年間，由於廣使宦官，行人差使少些，正統八年（1443），再次申明行人司照洪武年間事例，「凡遇遣使，先盡行人，如行人不足，方遣進士」[41]。景泰元年（1450）行人司司正李寬以禮部遣違亂舊制，多使他官，不差行人，進行彈劾。給事中張寧言：「寬所言誠太祖高皇帝舊例，今禮部但欲多差地官，巧於支吾，朦朧開奏，宜置之法」。景泰帝判決：「禮部堂上官姑恕不問，該司官令都察院鞠問」[42]。如此，就說明了兩個問題：一是使臣出使之人選由禮部商議；另一個就是行人是使臣的最直接的人選。

　　行人司設立之初，設行人三百四十五員，之後到了萬曆年間陸容所記「今存三十六員」[43]。而清人孫承澤在其《春明夢餘錄》中載：

41 《明英宗實錄》卷140（臺北市：中央研究院歷史語言研究所，1962年）。

42 孫承澤：《天府廣記》卷3（揚州市：江蘇廣陵古籍刻印社，1990年）。

43 陸容：《菽園雜記》卷6（北京市：中華書局，1997年）。

「行人二十人。」由此可見，行人的數量逐漸地減少。而明自建元以來，遣使四出日盛，「永樂時星槎四出，輪航不輟」[44]，此後歷朝也是遣使不斷。至此，我們提出一個問題，行人作為使臣出使有什麼樣的制度規定呢。萬曆年行人王士楨之所以出使琉球，正是因為「大行王君士楨序當行，已報部矣」，規定「一遇差遣，率以該衙門輪定資次為準」[45]。這樣，我們不難看出行人出使是按順序來派遣的，他們出使的記錄由禮部掌管，出使哪裡？什麼時候出使？都是按照事因而定的，行人沒有自主權和選擇權，只有聽從禮部的安排和皇帝的派遣。

　　朝臣推薦人選。明代使臣的構成是相當複雜的，除了專職奉使出訪的行人外，大多各種官階的朝臣有時也充當外交官的職責。由此，我們從一些典籍中不難發現，在選派外交使臣出使的過程中，對於較為重要，關係到王朝實質利益的出使之事，則是由朝臣共同商議，推薦人選給皇帝定奪的。

　　　　永樂十一年（1413）秋，上遣中使勞來之，擇庭臣之能者以佐
　　　　其行。眾推吏部驗封司員外郎陳誠子魯才可當之。子魯在洪武
　　　　間以名進士為行人，轍跡遍四方，嘗使於沙里畏吾兒，立安
　　　　定、曲先、阿端五衛；又使塔灘里，提攜胡虜；最後使安南
　　　　取侵地，以書反覆曉其王，厥聲甚彰。然則是行也，舍子魯其
　　　　誰欲[46]？

　　當時的翰林編修周孟簡也為陳誠出使西域賦詩送行〈送陳員外使西域詩〉，此詩有序云：「司封員外郎陳公子魯……列官於朝，屢使蕃

---

44 談遷：《國榷》卷15（北京市：中華書局，1958年）。

45 夏子陽：《使琉球錄》，《臺灣文獻叢刊》第287種（臺北市：臺灣銀行經濟研究室編印，1970年），頁217。

46 陳誠：《西域行程記西域番國志》（北京市：中華書局，1991年），頁164。

夷,克舉厥職。永樂初,拜擢今官。今年秋,皇上欲遣儒臣有文武才者遠使西域,大臣以子魯薦」[47]。

當然,陳誠出使西域相當成功,是古代傑出的外交家,為中國與西域的交往做出了很大的貢獻,這也難怪當時大臣們竟一致推薦他擔當外交官出使。

由此也說明了明代外交官的隨意性和應對性。凡遇出使之事,任何朝臣都有出使的可能,當然這樣說是針對那些能勝任外交事務、有一定能力的官員而言的。再者,畢竟國與國的不同,無論文化或者習性存在著很大的差異,派往出使的使者本身就多了很多相對的要求,一般的行人或官員就難以勝任了,這就要朝臣推薦專對之人來完成了。

明太祖朱元璋時期,出使朝鮮的使臣偰斯就是一例。歷來朝鮮與中國一衣帶水,源遠流長。朱明王朝建立後,最先派遣使者往朝鮮告之,足以說明朝鮮不同於其他國家的親密關係。此次出使使臣即為偰斯,當時的偰斯是以符寶郎的身分出使的,那麼他又是如何被選為使臣的呢。當朝人雷禮在《國朝列卿紀》中記載:

> 偰斯,應天府溧陽人,故元嘉定州知州,來附王師。吳元年,授兵部員外郎,本年擢尚寶符寶郎。洪武元年,遣齎書賜高麗[48]。

偰斯當時是張士誠部屬,所謂故元,當因張士誠降元,致使偰斯有故元官吏之名。而且嘉定地處元代江南海運的起點劉家港,張士誠與高麗在海上往來密切,定以此地為出海口岸,偰斯為當時嘉定州知州,熟知高麗事務。如此背景,大臣在挑選出使高麗第一人時,極力向朱元璋推薦偰斯就理所當然了。

---

47 《明詩紀事》卷8(上海市:上海古籍出版社,1993年)。

48 雷禮:《國朝列卿紀》卷93(明末徐鑑校刻本)。

　　自薦或帶罪出使。作為天朝使臣出使固然是件相當榮耀之事，但風光的背後是巨大的付出。我們理應知道千里迢迢涉足茫茫大海、漫漫大漠，其過程充滿著艱辛苦難，甚至付出生命的代價，使臣隨時要做好殉職的思想準備。儘管榮耀，在當時很多人也是避之不及的。

　　可是也有一些官員犯罪之後，為了免遭革職、解官、戍邊流放之苦，就冒死請命，以出使之事來抵消他們所犯的罪過。

　　如永樂年間，原任四川布政司右參議時中犯罪，罪當謫戍邊。其即上書陳請，願改作行人出使琉球，竟然獲准。故在出使琉球冊封完命後，於永樂三年（1405）十月官復原職[49]。再如同是永樂時期的事例，張邦達初任四會縣知縣，坐事謫戍邊，後以薦出使榜葛剌（孟加拉國），還奏稱旨，出使之事完成，永樂帝念及此擢升張邦達為河南道監察御史，不僅恢復官命，而且還陞官登高。如此看來，當時出使海外有時並不都是一種殊譽之事，也可能是一種懲處，但如出色完成使命，背運之命又有很大的轉機，算是一種將功補過吧。

　　如此，不論是專職出使的行人，還是朝臣商議推選的應對某事出使的官員，或是一些罪臣自薦帶罪出使以躲避謫戍之苦或是將功補過，這些官員一旦選為欽定使臣，就代表了國家和皇帝。也許出使之事對明朝而言，不過是蕃國事務之一，但對於這些蕃屬國來說，卻是重大國政，非常重要和神聖。

## 三　明清出訪使臣的類別

　　明清時期，使臣出訪根據其出訪的目的不同，亦有各種不同的類型。如下所述：

---

49 《明太宗實錄》卷47，洪武三年十月辛卯（臺北市：中央研究院歷史語言研究所，1962年）。

## （一）詔諭使

顧名思義就是出使他國宣諭明皇帝詔令的使臣，在《明實錄》記載中，有關這類事務的比比皆是。

《太祖實錄》卷五十五載：「遣使持詔往諭……真臘等國……郭徵等使真臘」。

《太祖實錄》卷五十五載：「遣呂宗俊等詔諭暹羅國」。

《太宗實錄》卷十九載：「永樂元年夏四月，行人揚勃出使安南詔諭。……」

《太宗實錄》卷二十四載：「遣中官尹慶等齎詔往諭滿剌加……」

《宣宗實錄》卷一○五載：「宣德八年閏八月，兵部侍郎徐琦、行人郭濟出使安南詔諭黎利。蓋申諭利，令上順天道，下造民福，以保令終」。

《太祖實錄》卷七十六載：「上以高麗貢獻使者往來煩數，故遣故元樞密使延安答裡使高麗諭意，宣令遵三年一聘之禮或比年一來，毋令過多……」。

《英宗實錄》卷一一二載：「迤北瓦剌可汗並太師也先使臣二百八十三人朝貢還，上命賜可汗貯絲……。敕諭也先曰：」……茲因奄特該等回，仍遣正使指揮火吉、副使指揮僉事魯珍等齎敕往渝，太師其體朕至意。

《世宗實錄》卷五載：「以登極詔諭朝鮮、安南二國，命翰林院修撰唐皋、編修孫承恩充使，兵科給事中史道、禮科給事中李錫充副使以往」。

《神宗實錄》卷四載：「遣翰林院編修韓世能、吏科左給事中陳三謨頒登極詔於朝鮮國。」

## （二）冊封使

　　這是中國作為宗主國及皇權代表性的標誌，即是明朝派遣的冊封使臣，攜詔書及象徵權力的印璽往他國，致祭故王，冊立新王，並賜以冠服、金銀、錦緞諸物。

　　冊封歷來受到明統治者和蕃國國王的重視，每逢新王嗣立，蕃國皆要向明朝請封，明廷派出使臣去冊封。明朝對於蕃國在王位承襲的問題上，不以干預，所以明朝的「冊封」實質上是對一種既成事實的承認。但在蕃國國王眼中，能得到明王朝的冊封，自己的權力才可以公眾於天下，難怪蕃國國王對於冊封之事視為國之大事。

　　因此，《明實錄》中也不乏有關記載明王朝派遣使臣往他國冊封國王的史實。

《太祖實錄》卷一一五載：「遣使齎詔印，立三佛國王嗣子麻那者巫裡為三佛齊國王。印用駝紐銀質，鍍以金」。

《太宗實錄》卷一六四載：「遣行人陳秀芳等齎詔往琉球國，封故山南王汪應祖世子他魯梅為琉球國山南王，賜誥命、冠服及鈔萬五千錠」。

《太宗實錄》卷一四一載：「封韃靼太師阿魯臺為和寧王，遣指揮徐晟等持節往封之，仍賜金印、金盔、鞍馬、織金文綺二十端、絨錦二十端」。

《武宗實錄》卷三十二載：「封朝鮮晉城君李懌為朝鮮國王。遣太監李珍齎詔敕、冠服、丈綺往封」。

《憲宗實錄》卷三○六載：「遣給事中陳嘉默為正使、行人彭盛為副使，持節封故滿剌加國王子蘇丹茫速沙為國王為滿剌加國王」。

《孝宗實錄》卷一四五載：「命司經局洗馬梁儲兼翰林院侍講充正使、兵科給事中王縝副使往安南，封其世子黎暉為安南國王」。

## （三）弔唁使

當蕃國國王故去後會派使臣告之明朝，隨即明朝派遣使臣前往弔唁故王，這正是「生有封，死有祭，此聖朝柔遠人之盛典也。」弔唁與冊封經常合併為一，使臣既為冊封使，又為弔唁使。

《太祖實錄》卷十七載：「安南使臣杜舜欽以其王陳日煃卒來告哀請命。上素服御西華門見舜欽等，遣翰林編修王廉往祭之。」

《太宗實錄》卷八十六載：「日本國世子源義持以父源道義卒，遣使告訃。命中官周全往祭，賜謚恭獻，賻絹布各五百匹」。

《英宗實錄》卷三三九載：「命吏科右給事中潘榮、行人司行人蔡哲充正、副使，往琉球國祭故王尚泰久，並封其世子尚德為王。……」

《英宗實錄》卷二一八載：「命給事中潘本愚、行人邊永為正、副使，往弔祭占城國王摩訶貴來」。

《憲宗實錄》卷七十六載：「翊鮮國王李晄薨，……乃命內官金興、行人姜浩弔祭，賜晄謚『襃仲』」。

## （四）行賞使

明朝政府在回賜、賞賜方面，一貫遵循『厚往薄來』的原則，尤以永樂朝為最。

例如，明成祖登基後，前來朝賀的只有朝鮮等少數國家的使臣，明成祖除對朝鮮使臣厚加賞賜外，還派宦官黃儼往朝鮮行賞。朝鮮國王受寵若驚，問黃儼：「皇帝何以厚我至此極也？黃儼答曰：「新登寶位，天下諸侯未有朝者。獨朝鮮遣上相進賀，帝嘉其忠誠，是以厚之」。

所以，終明一代派遣使臣往他國進行賞賜的也不在少數，我們從《明實錄》上記載的明朝對蕃國的賞賜情況，可以看到明朝行賞使臣

出使之頻繁以及行賞地域性上的差別，更深刻地理解明派遣使臣行賞的目的性和地域性。

### （五）採購使

這類使臣多由宦官擔當。這是因為宦官掌管內府各庫，宮廷財物皆藏於此，而「夷中百貨，皆中國不可缺者，夷必欲售，中國必欲得之」。這些財物，除各國進貢外，多派宦官出使採購。

《太祖實錄》卷一五六載：「洪武十六年九月己未，內官梁珉以貨幣往琉球易馬還，徇馬九百八十三匹」。

《太祖實錄》卷九十五載：「洪武七年十二月乙卯，……仍令浩（刑部侍郎李浩）以文綺二十匹、紗羅各五十匹、陶器六萬九千五百事、鐵釜九百九十口，就其國（琉球）市馬」。

《太祖實錄》卷一七九載：「洪武十九年十二月戊子，詔遣指揮金事高家奴等以綺緞、布匹市馬於高麗，每馬一匹給文綺二匹、布八匹」。

《宣宗實錄》卷八十八載：「遼東都司言：諸衛屯種牛，初皆買於朝鮮，今牛多死缺用。遂遣內官呂盛等齎敕諭朝鮮國王李祹，賜以紵絲紗羅錦帛，令如永樂故事，選牛一萬送遠東東都司給軍，仍遣員外郎李顯運絹布五萬匹償其直」。

### （六）和解使

明朝建立後，由於採取睦鄰友好的外交政策，逐漸贏得了周邊各國的信任。對於一些國家之間的衝突矛盾，明朝都是盡力調解，有時也會派出使臣對推行霸權的國家和地區的統治者加以警告，維護和平、化解矛盾的使命就落在了和解使的身上。

《太祖實錄》卷四十七載：「遣翰林院編修羅復仁、兵部主事張福齎詔諭安南、占城國王。詔曰：『……近占城遣平章蒲旦麻都

來貢，言安南以兵侵擾。朕觀之，以有不安。念爾兩
國，自古及今，封疆有定分，不可強而為一，此關意
也。……』詔至，兩國皆聽命罷兵」。

《太祖實錄》卷二四八載：「遣行人陳誠、呂讓使安南。先是，思明
府土官知府黃廣成奏言：『乞令安南以前五縣還臣舊
封，仍止銅柱為界，庶使疆域復，歲賦不虛』。上令戶
部具其所奏，遣誠等往安南諭還之」。

《太宗實錄》卷一四九載：「遣奉御祝原等使真臘國。初，真臘遣人
貢方物，且言數被占城侵擾，其使久留京師。至是，上
遣原等送歸，並賜真臘國王參烈昭平牙彩幣，別以敕戒
占城王占巴的賴，令安分循理，保境睦鄰」。

　　通過對明代使臣類別的歸納，我們從中可以看出，明王朝作為當
時東亞外交圈的「宗主國」，在國家交往中充當了維護秩序和建立和
諧外交氛圍的主導角色。弔唁與冊封使命正是體現了明代與諸國之間
的「宗藩關係」；行賞與和解使務則是明廷行使「宗主國」職責的主
要表現。

## 四　使臣出訪琉球的各項規制

　　使臣選定後，一般不會馬上確定行程出發，而是在京停留數月，
做一些出訪前的準備活動。其間按照慣例，出訪使臣會得到皇帝的召
見，向皇帝條陳奉使事宜以請。然後根據出訪目的的不同去禮部領取
相應的物品，包括詔敕、諭祭文、新王印、銀幣、冕服、瓷器等物，
這其中還有一些針對出訪使臣個人額外的賞賜，以物質的獎勵期望他
們更好地完成使命。最後，按照出訪慣例，使臣對使團人員組織的配
置進行一定的調整，畢竟出訪活動的過程是個龐大而複雜的工程。比
如船隻的建造，有時甚至會耗費幾年的時間，使得出訪之日與出訪之

始在時間上相差很大。

## （一）皇帝召見之慣例

　　使臣作為「天朝」使者出使，不管是位居高職的重臣，還是地位卑微的行人，一旦被定為出使使臣，自身的身分就發生了變化。他們是代表國家的「天使」，是皇帝宣諭詔敕的代言人，依例在出訪前要得到皇帝的召見，向皇帝辭行。使臣向皇帝上疏出使事項，一些具體的事務由皇帝定奪，而皇帝照例囑託一番，使之不辱使命。

　　對於這一慣例，文獻中雖然鮮有詳盡的記載，但出使琉球使臣所撰寫的《使琉球錄》中則有提及。萬曆年間出使琉球的戶科左給事中蕭崇業在使錄中寫到「隨即陛辭，赴福建督造封舟」[50]。兵科右給事中夏子陽也在使錄中提到「癸卯三月，陛辭，入閩，治舟以行」。[51]

　　《明史》中對使臣出發前的儀禮是這樣規定的：凡遣使，翰林院官草詔。至期，陳設如常儀。百官入侍，皇帝御奉天殿。禮部官捧詔書，尚寶司奏用寶，以黃銷金袱裹置盤中，置於案，使者就拜位四拜，樂作止如儀。承制官至丹陛稱有制，使者跪。宣制曰：「皇帝敕使爾某詔諭某國，爾宣恭承朕命」。宣訖，使者俯伏，興，四拜。禮部官奉詔降自中陛，以授使者。使者拜出午門，置龍亭內。駕輿，百官出[52]。

　　從中我們看出，明朝對於出使是相當的重視的，首先要翰林官草擬詔書，賦以被選官員使臣的身分，往帝詔諭國開讀。按規定，使臣出使要攜帶朝廷特製的牌文，以說明其身分、官職、籍貫以及此次出使的目的，類似當今的護照，這些在中國的史籍中難以覓尋，但在其

---

50　蕭崇業：《使琉球錄》，《臺灣文獻叢刊》第287種（臺北市：臺灣銀行經濟研究室編印，1970年），頁129。

51　夏子陽：《使琉球錄》，《臺灣文獻叢刊》第287種（臺北市：臺灣銀行經濟研究室編印，1970年），頁171。

52　《明史》，〈志〉32，〈禮〉10（北京市：中華書局，1974年）。

他國家的記載中卻有一二。朝鮮迎接和接待明朝使臣所設的都監都廳的檔案文書就有關於明朝天啟年間朝鮮的迎使活動，其中對於正、副使是這樣描述的：「登極天使、賜進士出身、翰林院編修、起居注編纂、奉奏管理誥、欽差使一品服、濟南劉鴻訓，山東人；天使、欽差副使、賜一品服、禮科都給事中、翰林院庶吉士、溫陵楊道寅，福建人」。而且使牌中有出使的目的：「登極改元，奉命寶詔敕、禮物等件，往朝鮮開讀」[53]。由此可見，明朝在派遣使臣出使時都會特製這樣的牌文以正其身分。

　　皇帝召見使臣，一方面認可使臣的特殊身分，賦予其相應的特權，另一方面，也是給使臣特別的恩典。主要是給使臣們升職，這種做法，使遠赴海外的使臣得到極大的鼓舞，從而能不辱使命，順利地完成冊封一事。萬曆年間出使琉球的兵科右給事中夏子陽曾寫道：「臣等猥以一芥草茅，荷蒙皇上任使，遣臣等奉詔敕往封琉球國中山王世子尚寧。臣子陽荷蒙上擢臣轉左，又蒙擢臣升工科都給事中：臣感激天恩，俱已焚香望闕叩謝訖」[54]。

　　此例在派遣使臣時，並非少數。對於一些職位較低的官員，上在召見時會賜給他們，有時只是一個名號，不具有實質的職權。《萬曆野獲編》中有一則「借官出使」的記載：

　　　我朝景泰初，以英宗北狩，遣使候問，亦有超等借官，然國初已有之，洪熙元年，宣宗即位，遣行在鴻臚寺丞焦循攝禮部侍郎、鳴贊盧進攝鴻臚少卿，領登極詔於朝鮮。……今使高麗者，例以翰林或給事中為正、行人為副，不復借官，但賜一品

---

53　《朝鮮迎接天使都監都廳儀軌》，遼寧檔案館編：《中國明朝檔案總編》第77冊，頁453-455。

54　夏子陽：《使琉球錄》，《臺灣文獻叢刊》第287種（臺北市：臺灣銀行經濟研究室編印，1970年），頁208。

服以往，覆命繳還，最為得體。其後琉球國亦然[55]。

作為使臣出使，能得到皇帝的召見，又賜一品服或提陞官職，虎節龍旌，馳驛前往，兵丁護航，出使國則以天使接待，榮耀非常，也令人羨慕。這些對於品位不高的行人（正八品）、給事中（正七品）、一般的翰林（六、七品）而言，不能不說是格外的恩典，因而，即使路途如何艱辛也是欣然以往的。

## （二）領取物品之規定

每一次出使，從選派使臣到確定出使日期及行程，再到整個出使的完成，大多都要經歷幾年的耗時，甚至會有十幾年的歷程。使臣風光的背後需要堅強的意志支撐，可能隨時面臨生死的考驗，所以出發前的準備是不能有一絲馬虎的。

使臣出訪攜帶的物品也有規制。據宣德五年（1430）皇帝朱瞻基為鄭和下西洋所下的一道敕書中說：「今命太監鄭和等往西洋忽魯謨斯等國公幹，大小舡六十一隻，該關領原交南京入庫各衙門一應正錢糧並賞賜蕃王頭目等彩幣等物，及原阿丹等六國進貢方物給賜價鈔買到紵絲等件，併原下西洋官員買到磁器鐵國人情物價，及隨舡合用軍火器、紙札、油燭、柴炭，併內官內使年例酒油燭等物。敕至，爾等即照數放支與太監鄭和……等，關領去應用，不許稽緩」[56]。這些貨物可分作四類，一是從明王朝與諸番國之間的藩屬關係出發，贈送給各國國王、頭目的物品；二是對各國進貢的特產，以優惠價收購，再將所得款項按各國的需求買成中國特產付給。這是鄭和團隊進行官方貿易的主要方式之一；三是下西洋官員在海外從事貿易活動所需貨

55 沈德符：《萬曆野獲編》卷11（臺北市：傳文圖書出版社，1976年）。
56 鞏珍：《西洋番國志》卷首（北京市：中華書局，2000年）。

物：四是船隊本身所需物品，包括船員日常生活用品等。而且，出使目的的不同決定使臣類型的不同，這樣分就有冊封使、弔唁使、賞賜使及其他，他們所帶的物品有相應的規定，例如冊封及弔唁使臣接受委任後，即往禮部查照出使禮儀，祇領節、詔敕、諭祭文、新王印、銀幣、冕服等物。而且所領物品又根據國別也是不一樣的。

　　據《萬曆重修大明會典》所載，明頒給四夷的印章分金印與鍍金銀印兩種，金印只給日本、朝鮮兩國，而琉球、安南、占城、爪哇等國，則均給鍍金銀印。日本典籍中有關於明廷賜給國王源道義的印章，據說此金印「光輝照人，斤兩尤重，以兩手難提持，實國家之遺寶，上面鑄有『日本國王之金印』字樣」[57]。

　　另外，印章除了成色上不同外，在形制上也存在差異。朝鮮、日本所賜為龜紐金印，而安南、琉球等國則以駝紐鍍金銀印賜之。有越南文獻記載：「辟邪，神獸名，其行如馬。中朝自明以後，所封外國之鈕印，南方用辟邪，西方用駱駝。故本國黎朝安南國王之印，及南掌暹羅諸國印，其紐皆肖馬形，蓋辟邪紐也」[58]。

　　明廷的印章在四夷國家中具有舉足輕重的分量，象徵著等級和權力，所以圍繞印章的等級蕃國國王是相當重視的。永樂元年，由於明頒給朝鮮國王的印章有所變化，朝鮮使臣力爭言：「洪武中賜金印龜紐，建文時更之，請復舊制」[59]。於是，太宗皇帝從舊制，即恢復朝鮮優待，遣使以金印誥命賜朝鮮國王李芳遠。

　　除了印章，中國賜給蕃國國王的冕服照例是九章冕服，國王世子冠服為六梁冠一。宣德三年（1428），朝鮮國王李裪奏：「洪武中蒙賜國王冕服九章，陪臣冠服比朝廷遞降二等。蓋陪臣一等比朝臣第三

---

57 鄭樑生：《明代中日關係研究》，《蔭涼軒日錄》，寬正六年六月十三日條（臺北市：文史哲出版社，1985年）。

58 范廷琥：《參考雜記》（越南漢喃院藏手抄本），頁43。

59 《明太宗實錄》卷17（臺北市：中央研究院歷史語言研究所，1962年）。

等，得五梁冠服。永樂初，先臣芳遠遣世子禔入朝，蒙賜五梁冠服。臣切惟世子冠服乃同陪臣一等，乞為定制」[60]。於是，賜朝鮮國世子六梁冠一。

又統三年（1438），朝鮮國王李掏遣第祉奏請，初太宗皇帝賜本國王九章冕服，惟遠遊冠、降紗袍未賜。上命行在禮部製為烏紗遠遊冠、玄圭降紗袍、王佩、赤口及常時視時事冠服予之。

明代中國向各蕃國的外交賜書，便是一項相沿不變的成規。使臣出使外國，通常賜《大統曆》，《大統曆》是明代奉行的曆書，最能體現的是明朝的宗主地位。因而蕃國對《大統曆》的奉行與否，就意味著其對明朝的臣服與否。《明實錄》載：「洪武二年，頒去（印度尼西亞）《大統曆》一本，王其知正朔所在，必能奉若天道」[61]。

《明史》〈日本傳〉載：「班示《大統曆》，俾奉正朔」[62]。《大統曆》都是無償頒賜的，通常是一年一次，所以明代出使使臣攜帶物品中大多包括有《大統曆》。除《大統曆》之外，賜書多為儒家經典、倫理等方面。如《通鑑》、《通鑑綱目》、《孝經》、《六經》、《四書》等，此外還有一些前代或當代修的史書，如《漢書》、《宋史》、《明會典》等，這在一定程度上促進了這些國家對中國的了解。

當然，明王朝對蕃國的賞賜還有很多，一般通過「賜賚」禮品的方式進行的。

中國使者出國，攜帶皇帝詔書及文綺、金銀珠寶、瓷器等珍貴手工藝品，奉贈各國國王，並祀其國之山川。明朝對外國的「賜賚」是極其優厚的，如洪武十六年（1383）給占城、暹羅、真臘等國，每個國家都送同樣的一份厚禮——織金文綺三十二匹，瓷器一萬九千件。洪武十九年（1386），占城來朝貢，太祖「嘉其誠，賜賚優渥」。總

60　《明宣宗實錄》卷47（臺北市：中央研究院歷史語言研究所，1962年）。

61　《明實錄類纂》涉外史料卷（太原市：武漢出版社，1991年6月），頁973。

62　汪向榮：《明史——日本傳箋證》（成都市：巴蜀書社，1988年），頁194。

之，為了建立和平友好的關係，明朝政府採取「厚往薄來」的原則，體現了明王朝天朝天國的優勢地位和心理。

實際上，作為外交官出使縱然榮耀異常，但千里之外，生死茫茫，明統治者曉之以理，對使臣備加恩寵，最大限度地賦予他們特殊的待遇，作為一種獎勵和慰藉。

首先，朝臣出使時，「各給以麒麟白澤公，候、伯、駙馬之服，恩榮極矣，故感激圖報之下，往往有人」。萬曆四年（1576）封琉球國世子尚永為中山王，以戶科左給事中蕭崇業為冊封使、行人謝杰為副使，齎皮弁冠服玉珪往，仍賜崇業等各大紅織金冑背、麒麟白渾羅圖領各一件，綠羅搭護冑羅帖裡各一件，例也[63]。所以賜使臣品服成為例制，每逢出使使臣得到皇帝召見後，照例去禮部領得。又陳侃、高澄在出使琉球時，雖然有朝臣勸阻曰：「海外之行，險可知也。」然蒙帝召見，「各賜一品服一襲，侃以麒麟、澄以白澤，俱大紅織金羅為表絹為裡，帶以玉，則自備」[64]。並未因艱辛而退卻，反而出色地完成了使命，可見，朝廷的嘉賞還是有一定效用的。

除了賞賜使臣裘衣或絲衣外，還視品級高低或使事大小賜給他們兩年的俸薪。比如永樂元年（1403）的大規模遣使，使臣們所受的優待即人賜紵絲衣一襲、紗二十五錠。使朝鮮者加衣一裘及皮裘、狐帽。正統十四年（1449），指揮吳良為正使、千戶紀信為副使，齎金帛等物，往使瓦剌也先處。人賞鈔一百八十錠、彩緞二表裡、絹三疋，隨從官軍人鈔一百錠，彩緞並絹如之。

景泰三年（1452），以冊立太子，遣吏部稽勳郎中陳鈍、刑部湖廣司郎中陳金為正使、行人司司正李寬、行人郭仲南為副使，齎詔往諭朝鮮、安南二國。賜鈍等各金織羅衣一襲、鈔五百貫。這樣，從數

---

63 《明神宗實錄》卷52（臺北市：中央研究院歷史語言研究所，1962年）。

64 陳侃：《使琉球錄》，《臺灣文獻叢刊》第287種（臺北市：臺灣銀行經濟研究室編印，1970年），頁16。

量上相比來說，正統及景泰朝對使臣所給賞賜之物要比永樂朝豐厚的多，這說明使臣的待遇逐漸被朝廷所重視，境況有了很大改善。

## （三）使團隨行人員的酬勞

另外，明政府還允許出使使團人員攜帶貨物利市。據萬曆七年（1579）出使琉球使臣謝杰在《日東交市記》中說：「洪武間許過海五百人行李各百斤，與夷貿易，亦以五萬斤實所載也，著為挈金。故甲午之使，因之得萬金，總計五百人，人各二十金上下，多者是三四十金，少者亦得十金、八金，於時莫不洋洋得意」[65]。事實上，在古代中國，隨行航海人員的報酬就是以允許他們隨封進行私下貿易所得來體現的。當然也有非常明確的津貼標準。以嘉靖年間使琉球的郭汝霖使團的各項標準，我們看到冊封琉球使團的具體酬勞。

### 郭汝霖冊封琉球使團人員俸銀統計表

| 姓名 | 職務與職能 | 人數 | 俸銀 |
| --- | --- | --- | --- |
| 嚴繼先 | 軍士百戶 | | 十兩 |
| | 軍伴 | 一 | 五兩三錢二分 |
| 馬魁道 | 提調夥長、舵工、水梢 | 一 | 八兩 |
| | 家人 | | 五兩三錢五分 |
| 陳弘成 | 提調軍器 | | 八兩 |
| | 家人、提調蓬纜工匠過海油鐵 | 一 | 六兩三錢五分 |
| 施中卯 | 省祭、提調收支公用器物及各役行李 | | 六兩三錢五分 |
| 張應魁 | 省祭、提調管水火巡視及火藥 | | 六兩三錢五分 |
| 李伯齡 | 省祭、分職修船、至岸時充引禮官 | | 六兩三錢五分 |
| | 省祭、分職修船、至岸時充引禮官 | 三 | 六兩三錢五分 |
| 林墨 | 提調夷梢通事 | | 六兩三錢五分 |

---

65 謝杰：《日東交市記》，《臺灣文獻叢刊》第287種（臺北市：臺灣銀行經濟研究室編印，1970年），頁283。

| 姓名 | 職務與職能 | 人數 | 俸銀 |
|---|---|---|---|
| 曾宏 | 譯語通事 | | 五兩三錢五分 |
| 陳佩 | 書辦 | 四 | 五兩三錢五分 |
| 陳大韶 | 夥長 | | 六兩三錢五分 |
| 許嚴 | 夥長 | | 六兩三錢五分 |
| | 夥長 | 四 | 六兩三錢五分 |
| 吳宗達 | 舵工 | | 六兩五分 |
| | 舵工 | 十五 | 六兩五分 |
| | 大桅班手 | | 五兩六錢 |
| | 二桅班手 | 四 | |
| | 頭碇 | | |
| | 二碇 | | |
| | 護針（以下共計500人） | 總 | |
| 計五百人 | 五兩三錢五分 | | |
| | 總甲 | | 五兩三錢五分 |
| | 水梢 | | 五兩三錢五分 |
| | 行匠 | | 五兩三錢五分 |
| | 道士 | | 五兩三錢五分 |
| | 戲子 | | 五兩三錢五分 |
| | 二衙門門書 | | 五兩三錢五分 |
| | 皂隸 | | 五兩三錢五分 |
| | 防馬夫 | | 五兩三錢五分 |
| | 廚館夫 | | 五兩三錢五分 |

資料來源：郭汝霖《重編使琉球錄》

　　由上表可知，中國出使琉球，對於各類勤雜人員的酬金標準都是有案可稽的。

## （四）冊封琉球之造船規制

　　古語有「要想工欲善必先利其器」之說。對於出使，造船即利器也。「千里之行，始於足下」，使臣所到之處路途遙遠，準備好代步的工具是必然的重中之重。按地理方位，明使出海頗多，所以國家造船事務未有停息，《明實錄》中記載了大量的督造船隻的史實。「永樂元年，命福建都司造海船百三十七艘」[66]。永樂五年，命都指揮王浩改造海運船二百四十九艘，備使西洋諸國。鄭和船隊中的巨型船，主要建造於南京寶船廠。寶船廠集結了全國的優秀造船工匠，洪武、永樂時，起取浙江、江西、湖廣、福建、南直隸（今江蘇）濱江府縣居民四百餘戶，來京（指南京）造船，隸籍提舉司，編為四廂。一廂出船木梭櫓索匠，二廂出船木鐵纜匠，三廂出捻匠，四廂出棕蓬匠。寶船廠不僅分工細密明確，造船的生產設備也比較先進。此外，當時福建也是建造寶船的重要基地。以至在鄭和下西洋結束幾年後，福建長樂、泉州等地仍存放有若干供下西洋用的剩餘海船。

　　明代派遣使臣出洋，都乘坐國家配備的巨型海船，稱「封舟」。一般「封舟」的督造要由出使使臣親自指揮，「洪武永樂間使海外諸國者，二使預於瀕海之處，經年造二巨舟」[67]。比如出使琉球者即要入閩，督造封舟。在此之前，「封事皆有相沿成規俱在，地方自宜率循而行」[68]，所以明政府已行文福建地方政府為使臣提供一切的方便。由於造舟的重要性，使臣事事必躬親，不僅在造船材料的選擇上，殫精竭慮，而且在船匠的選擇上也是費盡心思。「封舟所用木，桅以杉，取其理直而輕也。舵以鐵力，取其堅勁也。其他桅座、鹿

---

66　《明太宗實錄》卷19（臺北市：中央研究院歷史語言研究所，1962年）。

67　嚴從簡：《殊域周咨錄》卷4（北京市：中華書局，1993年）。

68　夏子陽：《使琉球錄》，《臺灣文獻叢刊》第287種（臺北市：臺灣銀行經濟研究室編印，1970年），頁205。

耳、馬口、通梁之類，皆須樟木為之，取其禽釘而實也。諸木皆取之閩，惟鐵力木取之廣東」[69]。造舟用「釘必須務擇精鐵。其鐵須買之尤溪，價必多給，方得上好」[70]。

　　不僅對造船材料十分講究，對造船的管理人員和工匠的挑選也極為認真。因為「浮海以舟，駕舟以人，二者濟險之要務也。今官府造作什器，官之尊者視為末務而不屑於查理；官之卑者視為奇貨而惟巧於侵欺。以故種種皆不如法，不久即壞。房舍器用之物壞則可修，猶未甚害，惟舟之壞即有覆溺之患，雖有舟師在舟亦無及矣。……先擇有司賢者二員，委其造船，舟完令其同行，彼軀命所關，督造必不苟」[71]。造船的工匠也選自各地。「匠人有二：其在河口者，經造封舟，頗存尺寸；出塢浮水，俱有成規。然篤於守舊，而不能斟酌時宜，又苟且用料，而不必求其當，此其失也。漳、泉之匠，善擇木料，雖舵牙，槽棍之類，必務強壯厚實。然粗枝大葉，自信必勝，而不能委曲細膩，以求精，此其失也」[72]。故使臣在選擇船匠時，棄短取長，兩相參較，「漳匠善製造，凡船之堅致賴之：福匠善守成，凡船之格式賴之」[73]。使臣在督造封舟的過程中積累了相當的經驗，為後來出使使臣提供了參考，也促進了造船業的發展。

　　嘉靖年間曾在福建作官的張瀚，在他的《松窗夢語》卷三〈南夷紀〉中對使臣出使的「封船」有過評述，這對我們了解當時的封船情

69 夏子陽：《使琉球錄》，《臺灣文獻叢刊》第287種（臺北市：臺灣銀行經濟研究室編印，1970年），頁237。

70 謝杰：《琉球錄撮要補遺》，《臺灣文獻叢刊》第287種（臺北市：臺灣銀行經濟研究室編印，1970年），頁272。

71 陳侃：《使琉球錄》，《臺灣文獻叢刊》第287種（臺北市：臺灣銀行經濟研究室編印，1970年），頁21-22。

72 蕭崇業：《使琉球錄》，《臺灣文獻叢刊》第287種（臺北市：臺灣銀行經濟研究室編印，1970年），頁98。

73 謝杰：《琉球錄撮要補遺》，《臺灣文獻叢刊》第287種（臺北市：臺灣銀行經濟研究室編印，1970年），頁274。

況不無幫助。雖然記載的是出使琉球的封船，但卻能使我們對明出使
海船的規制設備，有一個比較明確的了解。今摘抄如下，以作參考：

> 余參藩閩中，二天使至，一郭給事汝霖，一李行人際春，奉命
> 出使琉球，由福建長樂縣之石澳出海洋。余與俞憲副日德供護
> 送之役，登其封船。船長一十六丈，闊三丈六尺，桅高與船
> 等。桅上斗中坐四人，四面各占風色，日夜寢處其上，而上下
> 如履平地，船內凡四級，下覓泉水，以海水苦鹹不可食；次置
> 糧食、器具，最上舟人處之，而天使與隨行人處其中。⋯⋯行
> 從約五百人，百工之事感備[74]。

　　按慣例，封舟造成之後，一般依舊置「金銀九十餘器，金厢帶四
條，備二使過海之用」。另「凡可以資戎事者，靡不周具」，「刀槍、
弓箭之數多多益辦」，其目的在於防備海盜海寇的侵擾，又可以「壯
國威而寒外醜之膽」[75]。

## （五）冊封琉球的祭神

　　明清時期中國冊封琉球使團有一整套的祭祀海神的活動，大凡祭
祀海神活動有如下幾個方面：準備諭祭祈報海神文、拜祭所經之地的
天妃寺廟、造舟登舟啟航的迎神送神儀式、航海途中向海神祈禱、使
事過程中的許願與還願、使事完成後為海神奏請封號、題寫廟記、廟
額、撰寫海神靈應記、捐資修建天妃廟宇等等。

　　明前期的出使琉球活動由於禁海的關係，使事紀略未能公布於
世，因而祭祀海神的活動也難究其竟。到了後期，海禁漸弛，明嘉靖

---

74 張瀚：《松窗夢語》卷3，〈南夷紀〉（北京市：中華書局，1985年）。
75 陳侃：《使琉球錄》，《臺灣文獻叢刊》第287種（臺北市：臺灣銀行經濟研究室編印，
　　1970年），頁10。

十三年陳侃《使琉球錄》問世，才使世人得知出使琉球中祭祀海神活動之全貌。

　　據載，通常在冊封琉球出發之前必須準備好二道諭祭祈報海神文，這一先例是由嘉靖十三年出使琉球的陳侃開創的。陳侃出使琉球飽嘗了海上風濤之驚恐，愈感海神庇佑之威德，故向朝廷題奏「為乞祠典以報神功事」，其在奏疏中寫道：「臣等感其功，不敢不厚其報，……伏望聖慈憫念，下之禮部詳議可否。萬一其功當報，令福建布政司與祭一壇，庶天恩浩蕩而幽冥有光矣」[76]。後禮部議復：「看得給事中陳侃等奉使海外，屢遭風濤之險，幸獲保全。海神效職，不可謂無，賜之以祭禮亦有據。隨移翰林院撰祭文一道，行令福建布政司備辦祭物、香帛，仍委本司堂上官致祭，以答神庥」[77]。從此，冊封琉球事先需準備祈報海神文，「行令福建布政司於廣石海神廟備祭二壇：一舉於啟行之時而為之祈；一舉於回還之日而為之報。使後來繼今者，永著為例。免致臨時惑亂，事後張皇。而神之聽之，亦必有和平之慶矣」[78]。

　　諭祭祈報海神文通常在確定冊封琉球使人選後，即由禮部移文翰林院撰文。明清兩代的諭祭祈報海神文內容大致相同。以下是康熙年間出使琉球的諭祭海神文祈、報二道：

　　　　維康熙五十八年歲次己亥五月癸酉朔，越祭日癸巳，皇帝遣冊封琉球國正使翰林院檢討海寶、副使翰林院編修徐葆光致祭於神曰：惟神顯異風濤，效靈瀛海。扶危脫險，每著神功，捍惡御災，允符祀典。茲因冊封殊域，取道重溟。爰命使臣潔將

76　陳侃：《使琉球錄》，《那霸市史資料篇》第1卷3（那霸市：那霸市企畫部市史編集室，1977年），頁17。

77　蕭崇業：《使琉球錄》（臺北市：臺灣學生書局，1969年），頁199。

78　蕭崇業：《使琉球錄》（臺北市：臺灣學生書局，1969年），頁200。

祀，尚其默佑津途，安流利涉，克將成命，惟神之休。謹告。
維康熙五十九年歲次庚子二月戊戌朔，越祭日丁卯，皇帝遣冊
封琉球國正使翰林院檢討海寶、副使翰林院編修徐葆光致祭於
海神曰：惟神誕昭靈貺，陰翊昌圖，引使節以遄征，越洪波而
利濟。殊邦往復，成事無愆；克暢國威，實惟神祐。聿申昭
報，重薦苾芬；神其鑑歆，永有光烈。謹告[79]。

　　出使琉球的另一重要活動是在天妃等海神廟中進香。明清出使琉
球，路途遙遠，無論是從北京赴福建的途中，還是在琉球國等待季候
風回返的日子裡，使者們凡所經之天妃等廟，都要上前行香。

　　明嘉靖年間高澄與陳侃出使琉球時，「凡修祀行香，必誠必敬，
罔敢怠忽」[80]。清康熙年間汪楫出使琉球時，「星馳赴閩，於二十二年
六月二十日諭祭海神天妃於怡山院」[81]，怡山院亦稱天妃宮。其他使
臣諭祭天妃，一應如此。冊封琉球必經之路長樂廣石亦有「廣石廟，
廟海神天妃者也。……廟之宜，舊傳自永樂內監下西洋創焉」[82]，歷
朝出使琉球者經此必前往行香。

　　嘉慶年間出使琉球的李鼎元等人，當冊封琉球皇旨下達後，即前
往京城東四牌樓馬大人胡同天后宮進香，以祈佑平安[83]。

　　使臣們到達琉球後，亦循舊例，到琉球的天妃宮行香。琉球國有
三處天妃宮，在那霸天使館東者為下天妃宮，在久米村者為上天妃

---

79 徐葆光：《中山傳信錄》，《那霸市史資料篇》第1卷3（那霸市：那霸市企畫部市史編
　　集室，1977年），頁200。

80 蕭崇業：《使琉球錄》（臺北市：臺灣學生書局，1969年），頁145。

81 汪楫：《使琉球雜錄》卷5，蔣維錟《媽祖文獻資料》（福州市：福建人民出版社，
　　1990年）。

82 郭汝霖：《重編使琉球錄》卷下（明嘉靖辛酉10月刊本）。

83 李鼎元：《使琉球記》，《那霸市史資料篇》第1卷3（那霸市：那霸市企畫部市史編集
　　室，1977年），頁226。

宮。還有一處在姑米山。從文獻資料來看，歷朝出使琉球者都前往天
妃宮行香。據徐葆光《中山傳信錄》載：使臣至琉球的第二日「先詣
孔廟行香，次至天妃宮」[84]。勿庸贅言，當使臣們冊封琉球經歷過海
上的風險之後，其對天妃等海神的信仰更加重視。例如李鼎元出使琉
球歸來後，剛入閩江口之五虎門即徑往怡山院「特購羊一、豕一，致
祭於天后海神」[85]。

　　出使琉球祭祀海神活動尤重於航海行船之中。冊封舟上必設天妃
堂供奉海神。「使臣登舟，必先迎請天妃，奉舵樓上，而以拿公從
祀」[86]。「恭請天后行像并拿公神像登舟，祭用三跪九叩首禮」[87]。嘉
慶十三年使琉球正使齊鯤亦說：「國朝冊封琉球，向例請天后、拿公
神像供奉頭號船，請尚書神像供奉二號船」[88]。當封舟抵達琉球後，
又「涓吉鼓樂，儀從奉迎船上天妃及拿公諸海神之位供於上天妃宮
內，朔、望日行香」[89]。當冊封使們完成使命回到福建後，還需「奉
安天后行像，拿公於故所」[90]，才敢各自安歇。由上可見，明清出使
琉球諸使者對供奉海神之事的敬重。

　　史籍記載，歷次出使琉球航海都遇到風險。當數百人性命繫一葉
扁舟在狂風巨浪中掙扎時，束手無策的人們只能乞求海神的保佑。他

84 徐葆光：《中山傳信錄》，《那霸市史資料篇》第1卷3（那霸市：那霸市企畫部市史編
　　集室，1977年），頁92。

85 李鼎元：《使琉球記》，《那霸市史資料篇》第1卷3（那霸市：那霸市企畫部市史編集
　　室，1977年），頁226。

86 汪楫：《使琉球雜錄》卷5，引自蔣維錟《媽祖文獻資料》（福州市：福建人民出版
　　社，1990年）。

87 李鼎元：《使琉球記》，《那霸市史資料篇》第1卷3（那霸市：那霸市企畫部市史編集
　　室，1977年），頁235。

88 齊鯤：《續琉球國志略》（日本沖繩縣立圖書館昭和53年影印本）。

89 徐葆光：《中山傳信錄》，《那霸市史資料篇》第1卷3（那霸市：那霸市企畫部市史編
　　集室，1977年），頁92。

90 李鼎元：《使琉球記》，《那霸市史資料篇》第1卷3（那霸市：那霸市企畫部市史編集
　　室，1977年），頁268。

們或焚香設拜，或發誓許願，或扶箕卜珓，或出檄發牌，儀式種種，五花八門。

通常，人們在航海危難之時，不外是焚香設拜，「大呼神明求救」，「叩首無已」，「虔心求禱，合船誦佛號不絕」，或「朝服正冠坐」向神明許願：神若顯靈，「當為之立碑」，「當為之奏聞於上」[91]。有時人們還「剪髮設誓，求救於神」[92]。崇禎年間杜三策使琉球時遇到風浪，恰值舟中有人購有奇楠，價值千金，即許以奇楠「捐刻神像」[93]，祈保平安。張學禮等出使琉球危急之中，「各許願，設簿登記」[94]。每當平安回返後，所許之願需「一一修還，所謂無所負神明」[95]。如張學禮記：「二十五日進城，至天妃廟行香。余與副使王公各出貲酬謝，如所許數，員役亦然」[96]。有時使臣還口授檄文令書吏撰寫「以檄天妃」[97]，乞求保佑。人們也常常降箕卜珓，希冀得到神的啟示。如陳侃、高澄出使琉球時，有「管軍葉千戶，平日喜扶鸞，眾人促其為之。符咒方事，天妃降箕，乃題詩於灰上曰：香風驚動海中仙，鑑爾陳、高意思專。誰遣異神撓海舶，我施陰騭救官船。鵬程遠大方馳步，麟閣勳名待汝還。四百人中多善類，好將忠孝答皇天。詩畢，復判曰：「吾已遣臨水夫人為君管舟矣，勿懼！勿懼！」[98]郭汝霖出使琉球時亦有

91 陳侃：《使琉球錄》，《那霸市史資料篇》第1卷3（那霸市：那霸市企畫部市史編集室，1977〔昭和52年〕），頁7。

92 陳侃：《使琉球錄》，《那霸市史資料篇》第1卷3（那霸市：那霸市企畫部市史編集室，1977〔昭和52年〕），頁7。

93 胡靖：《杜天使冊封琉球真記奇觀》，《那霸市史資料篇》第1卷3（那霸市：那霸市企畫部市史編集室，1977年），頁43。

94 張學禮：《使琉球記》，《臺灣文獻叢刊》第292種（臺北市：臺灣銀行經濟研究室編印，1971年），頁8。

95 郭汝霖：《重編使琉球錄》卷下（明嘉靖辛酉10月刊本）。

96 張學禮：《使琉球記》，《臺灣文獻叢刊》第292種（臺北市：臺灣銀行經濟研究室編印，1971年），頁9。

97 郭汝霖：《重編使琉球錄》卷上（明嘉靖辛酉10月刊本）。

98 蕭崇業：《使琉球錄》（臺北市：臺灣學生書局，1969年），頁142。

「舵工陳興珙又善降箕，乃用李君一家僅並不能字者扶之。字皆倒書曰：有命之人可施拯救，欽差心好，娘媽船都平安也」[99]。通過這種神與人的對話，起到了穩定人心，戰勝風浪的作用。此外，若遇到無風或風向不對時，也祭拜海神，祈求神助。如汪楫出使琉球，「是時東風正猛，群言夏已過，未易開洋，」祭祀天妃後，「風聲忽轉，舵樓旌旗，盡皆北向」。原本需要十餘天的航程，僅三晝夜就完成了。故汪楫在《使琉球雜錄》中載：「彼國臣民，莫不相看咋舌。群言，自古迄今，未有神速如此者！共稱聖人在上，海不揚波，則聖人在上，海可飛渡」[100]。

　　經歷過出使琉球的海上風浪後，使臣們對天妃等海神更加崇敬。他們除了向朝廷上奏為海神報功外，還捐資修建天妃廟，撰寫天妃靈應記。郭汝霖所撰〈廣石廟碑記〉，就歷述了前幾次出使琉球者維修廣石天妃廟一事。其曰「成化七年，給事中董旻、行人張祥使琉球新之。嘉靖十三年，給事中陳侃、行人高澄感墜板異，復新之。……余檄署篆孫通判大慶考其遺址，並材料工價，值百金，往陳、高捐俸二十四金助；余與李君如之」[101]。迄今仍存於福州怡山院的石碑，上刻：「新建天后三氏祠，冊封琉球副使內閣中書舍人于宮篆光甲捐銀五百兩。時大清同治五年歲次丙寅仲夏勒石」。由此可見，使臣們不惜重金修建天妃神廟，反映了海神信仰在出使琉球航海中具有極其重要的影響。

　　綜上所述，中國對鄰邦弱小國家的冊封由來已久，而中國冊封琉球具有十分典型的意義。「使琉球與他國不同。安南、朝鮮之使，開讀詔敕之後，使事畢矣。陸路可行，已事遄返，不過信宿。琉球在海

---

99　郭汝霖：《重編使琉球錄》卷上（明嘉靖辛酉十月刊本）。

100　汪楫：《使琉球雜錄》卷5，蔣維錟《媽祖文獻資料》（福州市：福建人民出版社，1990年）。

101　郭汝霖：《重編使琉球錄》卷下（明嘉靖辛酉十月刊本）。

外，候北風而可歸，非可以人力勝者」[102]。易言之，在中國冊封藩屬國的歷史上，惟琉球需渡海。由於中琉航路險惡，海難時有發生，敬奉海神成為歷次冊封琉球出使渡海活動的頭等大事。為了保證航行萬無一失，敬奉的海神逐漸增多，祭祀海神的活動極其虔誠，儀式也相當隆重，貫穿於冊封使事的始終，構成明清時期出使琉球航海活動的重要內容。

## 五　使臣的述職與獎懲

使臣完成使命回國後，照例要向皇上述職，匯報出使的情況及到達出使國的經歷，最重要的是此次出使有沒有傳達到大明皇帝的旨意。皇上則根據使臣的表現給予相應的獎賞，對於不能夠完成使命的使臣將得到嚴厲的懲罰。

### （一）使臣的述職規定

明政府規定，使臣出使國外，須「稽道里之遐邇、識其緩急，驗其辭色，進退節度、規矩弗移，斯聖謨也。夫豈為我中邦之使告哉，凡以訓承異外域者耳」[103]。「使職所資者大略有三：曰道里，曰風俗，曰物產」[104]。也就是說，使臣出使時所至國家的地理環境、歷史沿革、風土人情、物產盈缺等等，均須作較細緻深入的調查與考察，並寫成述職報告。歸國後呈送禮部，以備查考。

使臣出使琉球留下的述職報告最多，這就是我們今天還能看到的《使琉球記》、《使琉球錄》、《中山紀略》、《琉球國志略》、《中山傳信

---

102 陳侃：《使琉球錄》，《那霸市史資料篇》第1卷3（那霸市：那霸市企畫部市史編集室，1977年），頁6。

103 嚴從簡：《殊域周咨錄》題詞（北京市：中華書局，1993年）。

104 嚴從簡：《殊域周咨錄》卷1（北京市：中華書局，1993年）。

錄》、《中山沿革志》等。自嘉靖十三年（1534）年陳侃出使琉球始，
歷次的出使都有完整「使錄」或關於琉球記載各方面成書的出現，以
呈送給皇帝御覽。這些專門報告其內容大致包括有關冊封的檔案，皇
帝的詔書、諭祭文、使事紀略等。

　　陳侃的《使琉球錄》是最早記錄出使琉球情況的述職報告。其書
記載了出使見聞，對航海情形、抵達琉球後迎接盛況及琉球風情名
勝。最後附琉球語，分天文、地理、時令、花木、鳥獸、宮室、器
用、人物、人事、衣服、飲食、身體、珍寶、數目、通用等十五門
類，用漢文共記錄琉球語四〇五個，為後世留下了一份珍貴的琉球語
史料。

　　此後，但凡出使琉球，使臣歸後定制撰寫出使過程和琉球的情況
的報告。如高澄的《操舟記》、郭汝霖的《重編使琉球錄》、蕭崇業的
《使琉球錄》、謝杰的《琉球錄撮要補遺》、夏子陽的《使琉球錄》、
王士禎的《琉球入太學始末》、柴山的〈大安禪寺碑記〉、潘榮《中山
八景記》、胡靖的《琉球記》、張學禮《使琉球記》、《中山紀略》、汪
楫的《中山沿革志》、《使琉球雜錄》、徐葆光的《中山傳信錄》、周煌
的《琉球國志略》、李鼎元的《使琉球記》、趙文楷的《槎上存稿》、
齊鯤的《續琉球國志略》、趙新的《續琉球國志略》等，這些著作不
僅記載了出使琉球使事，還對琉球王國的自然地理、社會狀況、民情
民俗諸方面作了詳盡的描述，對於中國人認識琉球社會提供了較為完
備的資料。

　　從使臣們的述職報告的體例來看，大致有三方面的內容：

## 其一，以述說使事為主要內容

　　如嘉靖十三年（1534）年出使琉球給事中陳侃《使琉球錄》，陳
侃的《使琉球錄》是出使琉球成書最早的。其後的郭汝霖、蕭崇業、
夏子陽等人所撰的使錄多援引陳侃使錄之體例。先是使事記述，包括

皇帝的詔敕、造冊封舟航海之過程、在琉球的冊封活動，以及用人、敬神之經驗。爾後，在對各類史籍的點評中以按的方式逐一描述了琉球社會的各個方面，最後還附有夷語，有的使錄還繪有琉球過海圖。

## 其二，以描述琉球國的歷史地理、風俗人情及交通等為主要內容

如張學禮的《中山紀略》、汪楫的《中山沿革志》、徐葆光的《中山傳信錄》、周煌的《琉球國志略》、齊鯤的《續琉球國志略》、趙新的《續琉球國志略》等，都屬於這一類。這些著述乃是冊封琉球使者們「使事之暇，孜孜採訪」，「披殘碑於荒草，問故壘於空山」[105]，質疑削妄而成，其內容親聞親見，翔實豐富，全面反映了當時的琉球社會，從政治制度到經濟貿易，從風土人情到科技文化，「一一備其形狀」[106]。這為我們研究琉球的歷史，研究中琉關係的歷史提供了珍貴的資料。

## 其三，冊封琉球使事過程中留下的詩文

諸如柴山的〈大安禪寺碑記〉、〈千佛靈閣碑記〉，潘榮的〈中山八景記〉、趙文楷的〈槎上存稿〉、齊鯤的〈東瀛百詠〉、林熙的〈中山紀游吟〉等。

這些著述或歌或詠，抒發了使臣的豪邁情懷。其落筆如行云流水，自由奔放，能從另一方面揭示琉球社會的歷史風貌和中琉兩國的密切關係。

---

105 徐葆光：《中山傳信錄》，《臺灣文獻叢刊》第306種（臺北市：臺灣銀行經濟研究室編印，1972年），頁276。

106 徐葆光：《中山傳信錄》，《臺灣文獻叢刊》第306種（臺北市：臺灣銀行經濟研究室編印，1972年），頁275。

## （二）冊封歸來的獎懲制度

冊封琉球使臣歸來覆命後，通常根據使臣的表現，予以物質上的獎賞或職位上的陞遷，以嘉其功績。但對於違背出使制度或未完成使命的官員則受到相應的懲罰。

如嘉靖十四年（1535），光祿寺少卿陳侃、尚寶司司丞高澄奉使琉球，其國以黃金四十兩為贈，侃等卻不受。至是，國王尚清遣使謝恩，以金奏進。上命侃受之，不必辭[107]。

對於出色完成使命的使臣，明廷除了例賞之外，還會給他們陞官加爵，以示獎勵。按照明代官員的考送制度，三年一考，三考為滿，考滿者可陞遷。但對於出使使臣而言，不再以在任時間的長短作為陞遷標準，而是以出使的次數。以行人為例，「今制，使琉球者每報命，正使給事轉四品京堂，副使行人轉六品京堂」。且「行人以三差為滿，又有兩差即轉者，俸止四年，更無久任者矣」[108]。陸容在《菽園雜記》中亦載：「今九年得升各部員外郎，三年得升御史，行人頓為增重」[109]。如此看來，出使成了一條陞官的捷徑。

相對來說，一些使臣在出使期間為了私利中飽私囊、收受賄賂者，將得到朝廷嚴厲的懲罰，其形式大致有降職、坐監、戍邊、死罪等幾種。

一般而言，如果使臣出訪期間收取賄賂隱而不報，或私自攜帶物品進行貿易，或隱瞞自己的籍貫多領出使之物品，或拖延出使日期，一旦查清，既而關押獄中審問，有的施以鞭刑，有的削官為民，都要受到不同的懲處。

如「正統九年（1444），禮科給事中余忭、行人劉遜，奉使琉

---

107 《明英宗實錄》卷353（臺北市：中央研究院歷史語言研究所，1962年）。
108 沈德符：《萬曆野獲編》卷30，中書行人（臺北市：偉文圖書出版社，1976年）。
109 陸容：《菽園雜記》卷6（北京市：中華書局，1997年）。

球。還，以船順帶琉球使臣梁回等三十名來京，並受黃金、沉香、倭扇之惠。校尉廉其事以聞，下錦衣衛獄鞫實。上命杖而宥之」[110]。

又如「正統十三年（1448），出使琉球使臣陳傅，奉命使琉球國，道過其家，遷延不行。禮科都給事中章瑾劾奏：『傅，福建人。福建地鄰琉球當避嫌，卻匿其籍貫，朦朧給內府金織衣一襲，鈔百錠往使。』上命待使回治之。至是還，下錦衣衛獄，鞫驗，法司奏比盜內府財物者律，當贖斬黜為民。上命謫戍大同威遠衛」[111]。

再如嘉靖三十七年（1558），琉球國世子尚元請封，原定派遣刑科給事中吳時來為使和行人司行人李際春前往。結果「命下二月十六日矣，部咨翰林院撰文各衙門，造該用儀物，延之三月，終未行，而吳君有戎事，汝霖乃同李際春承之焉」[112]。郭汝霖所著《石泉山房集》中道出了其中的原因，吳時來在接到出使命令後，畏懼海上風險，數日悶悶不樂，不久便病倒，二月份已經下達出使命令了，卻拖至三月底還不見出發，而後不惜彈劾時任宰相嚴嵩而被杖刑和發配[113]。

事實上，吳時來是與嚴嵩持不同政見，為嚴嵩誣陷，指責吳時來畏懼渡海冊封琉球，以此翦除異己，為其掃平政治鬥爭的障礙。

---

110 《明英宗實錄》卷117（臺北市：中央研究院歷史語言研究所，1962年）。

111 《明英宗實錄》卷178（臺北市：中央研究院歷史語言研究所，1962年）。

112 郭汝霖、李際春：《重編使琉球錄》卷上，《國家圖書館藏琉球資料彙編》（北京市：北京圖書館出版社，2000年），頁38。

113 郭汝霖：《石泉山房集》卷9，〈使事小紀序言〉（濟南市：齊魯書社，1997年）。

# 第三章
# 琉球對華朝貢制度

　　明代以降，明太祖建立了高度集中的中央集權後，即遣使外夷，詔諭四海，「使者所至，蠻夷酋長稱臣入貢」[1]。在對待海外貿易的問題上，明太祖做出了明確的規定：一是民間海上的私人貿易一律禁止，他認為「盡力求利，商賈之所為，開邊啟釁，帝王之深戒，今珍奇異鄉，中國豈無。朕悉閉絕之，恐此途一開，小人規利，勞民傷財，為害甚大」[2]。二是有限制地進行朝貢貿易，史載：「帝以海外諸國多詐，絕其往來，惟琉球、真臘、暹羅許入貢。而緣海之人往往私下諸番貿易香貨，因誘蠻夷為盜，命禮部嚴禁絕之，違者必寘之重法」。

　　從此，琉球國的對華朝貢貿易，就在這一框架下展開。

## 一　貢期、貢道與進貢使團人數的規定

　　琉球國歸順中國，向中國政府承諾永做藩籬，永遠對中國稱臣納貢，從而得到中國政府的優渥對待。事實上，中國對於琉球國來華朝貢不同時期有過不同的限制，兩年一貢、五年一貢、十年一貢都曾有過明文限制。但從琉球國利益考慮，琉球國根本不遵守對它朝貢的貢期限制。明清兩朝，琉球國不僅對華進行朝貢貿易，還利用各種藉口來華進行變相的朝貢，譬如慶賀天壽聖節、慶賀中國皇帝登基、慶賀

---

1　《明太祖實錄》卷71，洪武五年春正月甲子（臺北市：中央研究院歷史語言研究所，1962年）。

2　《明太祖實錄》卷114，洪武十五年四月辛巳（臺北市：中央研究院歷史語言研究所，1962年）。

元旦、請封、迎封、謝恩、進香、接貢、報喪、護送官生、護送飄風難民、報倭警、護送中國冊封琉球使臣回國、上書請求中國出兵等，都是琉球國藉故來中國進行貿易的主要渠道。

## （一）琉球來華朝貢之貢期

據《明會典》記載：琉球國「永樂以來，國王嗣立皆請命冊封，自後惟中山王來每二年朝貢一次，每船一百人，多不過一百五十人」[3]。事實上琉球國入貢並不定期，基本上是一年一貢，有時甚至是一歲再貢、三貢。成化十年（1474），因琉球使臣在福建鬧事，中國政府遂定琉球國入貢兩年一次，並嚴格執行。成化十一年（1475）「琉球國使臣程鵬奏：乞如常例，歲一朝貢。下禮部，覆奏：去年福建守臣言：琉球國守臣登岸殺死懷安縣民陳二觀夫妻，焚其房屋，劫其財物，訪察不獲。今鵬等將還，宜令齎敕省諭，並定以貢期。上從之，敕其王尚圓曰：王遣使赴京朝貢，已如例賞賜遣還。近福建鎮守、巡按等官奏通事蔡璋等，還次福州、殺人劫財、非法殊甚。今因使臣還，特將敕省諭。敕至，王宜責問璋等故縱其下之罪，並追究肆惡之徒，依法懲治。自後定為例；二年一貢，止許百人，多不過更加五人；除國王正貢外，不得私附貨物並途次騷亂，有累國王忠順之意。王甚省之」[4]。

由上述史料我們得知，琉球來華朝貢使團，由於私下貿易與當地百姓發生衝突，還殺人劫貨，這自然引起中國政府的不滿，從而對琉球自由來華貿易進行限制。從一歲數貢到兩年一貢，這無疑對琉球來華朝貢貿易予以嚴厲地打擊。因此琉球國王不得不再次向中國朝廷申請放寬朝貢貿易的限制。成化十三年（1477），「琉球國王尚圓復請歲

---

3　《明會典》卷97，〈禮部〉56，〈朝貢〉2，琉球國。

4　《明憲宗實錄》卷202，成化十六年四月辛酉（臺北市：中央研究院歷史語言研究所，1962年）。

一遣使朝貢，不許」[5]。儘管一再遭到中國政府的嚴厲拒絕，為了琉球社會經濟的發展，為了能與中國政府加強貿易往來獲得更大的經濟利益和政治上的緊密關係，成化十四年（1478），新坐上寶座的琉球國王尚真又派遣使者向中國奏請，允准恢復一年一貢的朝貢貿易。禮部奏議：「琉球國已准二年一貢，今其國王尚圓既故，而其世子尚真乃奏欲一年一貢，輒引先朝之事，妄以控制諸夷為言。原其實情，不過欲圖市易而已。況近年都御使奏，其使臣多係福建逋逃之徒，狡詐百端，殺人放火。亦欲貿中國之貨，以專外夷之利，難以其請，命止依前敕，二年一貢」[6]。顯然，中國政府一眼就看穿了琉球國的良苦用心，認為琉球國的主要目的是圖市易之利而已，更因為琉球使團中夾雜著許多移居琉球的閩人，這些閩人品行不端，都有犯上作亂的前科，更是引起中國方面的反感和防備，以此，琉球國企圖恢復一年一貢，一年數貢的朝貢關係，如墜雲霧，沒有結果。

　　成化十六年（1480），琉球國中山王尚真又奏：「臣伏讀祖訓條章，許臣國不時朝貢。故自臣祖父以來，皆一年一貢。邇年巡撫福建大臣以臣國使有違法規利者，令臣二年一貢，此誠臣之罪也。然臣祖宗所以懇懇效貢者，實欲以中華眷顧之恩，杜他國窺伺之患，乞仍舊例。」明皇帝不允，及其使臣馬怡世陛辭，乃賜尚真敕曰：「曩因爾國使入貢，往往假以饋送為名，污我中國臣工其實，以為己利；又不能箝束傔從，以致殺人縱火，強劫民財；又私造違禁衣服等物，俱有顯跡，故定為二年一貢為例。朝廷富有萬方，豈為爾一小國而裁省冗費哉。此例既定，難再紛更。特茲省諭王其審之。」兩年之後，「琉球國中山王尚真復乞不時進貢，不許。尚真屢上書，至是復請，稱以小

5　《明憲宗實錄》卷164，成化十三年三月壬申（臺北市：中央研究院歷史語言研究所，1962年）。

6　《明憲宗實錄》卷177，成化十四年四月己酉（臺北市：中央研究院歷史語言研究所，1962年）。

事大，如子事父。禮部言其意，實假進貢以規市販之利，宜不聽其所
請。上賜敕諭之曰：朝廷定爾國二年一貢之例，事已具前敕，茲不再
言。但臣之事君，遵君之敕可也，屢違敕奏擾可乎？子之事父，奉父
之命可也，屢方命陳瀆，可乎？所以固拒者，非為惜，蓋二年一貢，
正和中制。朕所以恤小之意，實在此。王其欽遵之，勿事紛更」[7]。從
憲宗皇帝的回覆來看，中國政府似乎鐵了心，就是不允許琉球國恢復
一年數貢的請求。此後二十多年來，琉球國不敢再提改變貢期一事。
直到正德二年（1507），明武宗即位，琉球國中山王尚真才重新遣使
奏乞每歲一貢。儘管時隔多年，但禮部仍堅持成化、弘治年間的規
定，認為「琉球其初朝貢不時，至成化十一年，因使臣回至福州殺掠
為患，始敕令二年一貢。彼以入貢過違期限，乃為此奏，以飾其非。
今宜如成化間敕，庶不失馭夷之正法」。鑒於時過境遷，鑒於琉球國
的一再堅持，明武宗改變了想法，他認為「琉球外夷也，令如舊，歲
一入貢」[8]。但好景不長，明世宗即位後，「敕琉球國王尚真，遵先朝
舊例，二年一次朝貢，每船不過一百五十人。仍命福建巡按御史查勘
驗放」[9]。

　　萬曆三十七年（1609），日本薩摩藩島津氏入侵琉球，擄其中山
王。不久即又遣返。中國更因薩摩藩的介入對琉球國反應敏感，認
為，「數十年來倭所垂涎者貢耳，故既收琉球復縱中山王歸國以為通
貢之路，彼意我必不入倭之貢，而必不逆琉球之貢」[10]。客觀地說，

---

7　《明憲宗實錄》卷226，成化十八年四月辛亥（臺北市：中央研究院歷史語言研究
　　所，1962年）。

8　《明武宗實錄》卷24，正德二年三月丙辰（臺北市：中央研究院歷史語言研究所，
　　1962年）。

9　《明世宗實錄》卷14，嘉靖元年五月戊午（臺北市：中央研究院歷史語言研究所，
　　1962年）。

10　《明神宗實錄》卷498，萬曆四十年八月丁卯（臺北市：中央研究院歷史語言研究
　　所，1962年）。

當時中國的當政者的判斷應該是很準確的。可惜的是，中國政府對此事沒有提出應對之策，既能扶植琉球，又能抑制日本。從而養虎遺患，造成最後琉球落入日本人囊中的結局。

萬曆四十年（1612），有福建巡撫丁繼嗣急報：「琉球已為倭併，其來貢者半係倭人，所貢盔甲等亦係倭物，蓋欲假此窺伺中國，心甚叵測……何以應之」[11]？禮部復曰：「琉球情形叵測，宜絕之便，但彼名為進貢而我遽阻回，則彼得為辭，恐非柔遠之體。請諭彼國，新經殘破當厚自繕聚，候十年之後物力稍充，然後復修貢職未晚」[12]。這實際上是對琉球的入貢時間又做了一次調整，定其十年一貢。但是琉球國仍於萬曆四十一年（1613）遣使入貢，因此有福建巡撫袁一驥的奏報：「琉球國違四十年題准十年一貢之限，所以四十一年修貢，復於去冬十一月遣貢使蔡堅等來，其所進硫磺、馬匹已經多官驗詳無弊，且云航海波濤情甚可憫，但臣敬遵成命，勒令歸國，又行司道，量為周恤，以仰體朝廷柔遠之仁」[13]。從上述的史料我們不難看出，由於薩摩藩的介入，中琉貿易受到嚴重的阻礙。迫使中國政府對琉球來華朝貢的時間反覆調整，以應對薩摩藩從中漁利。作為朝貢方，琉球國一而再，再而三地要求回覆一歲一貢的朝貢貿易，終因中國政府的堅持而屢屢落空。琉球王國也只能遵守對華朝貢十年一貢的約束了。

天啟三年（1623），琉球國遵十年一貢之規定要求進貢，同時由於國王更替也要求冊封，禮部決定：「本國休養未久，暫擬五年一貢，待冊封國王後另議」[14]。由此可知，在明末與清初之際，琉球入

---

11　《明神宗實錄》卷501，萬曆四十年十一月壬寅（臺北市：中央研究院歷史語言研究所，1962年）。

12　《明神宗實錄》卷501，萬曆四十年十一月乙巳（臺北市：中央研究院歷史語言研究所，1962年）。

13　《明神宗實錄》卷530，萬曆四十三年三月乙卯（臺北市：中央研究院歷史語言研究所，1962年）。

14　《明熹宗實錄》卷32，天啟三年三月丁巳（臺北市：中央研究院歷史語言研究所，1962年）。

華朝貢的規定又從十年一貢改為五年一貢。直到雍正九年（1731），
清廷依照琉球國的請求，仍定琉球為二年一貢。有清實錄記載為證，
禮部議復：「琉球國中山王尚敬奏請遵依舊典，嗣後仍二年一貢，應
如所請」[15]。此例一直沿用至道光十九年（1839）方改為四年一貢。

　　道光皇帝主政期間，念各朝貢國遠道馳驅，二年一貢時間過於倉
促，貢獻頻繁，不足以昭示清廷懷柔遠人，體恤藩國的誠心，故「改
為四年遣使朝貢一次，用示朕綏懷藩服之至意」[16]。然而琉球國隨即
籲請照舊「間年進貢」，道光皇帝為琉球「情辭極為真摯」所感動，
遂下諭「著如所請行」[17]。我們從《清會典》中的記載也可以看到
「琉球間歲一貢」[18]的記載，由此可見，清代琉球來華朝貢的貢期，
基本上是二年一貢。

　　綜上所述我們可以得知，早年琉球國對華朝貢是不受時間的限
制，琉球國為了獲得更多的貿易利益，常常不按「兩年一貢」的貢期
規定執行，都是採用先斬後奏的方式，將貢物直接運抵福建口岸或浙
江口岸，謊稱遭風或迷失航向等，要求上岸入貢，若遭到拒絕就要求
貨物充當下次入貢的貢品，請求中國地方政府予以放行。往往地方政
府在上報朝廷後，中國皇帝都以體恤遠人，予以放行，同意充當貢
品。這在明清的史料中屢見不鮮。

## （二）琉球來華朝貢之貢道

　　明代的琉球使團進京路線，由於資料的限制並不可考。有臺灣學
者鄭樑生教授撰文〈明廷對琉球貢使的處置〉認為，從一五三九年日
本貢使策彥周良所書《初渡集》（驛程錄）中描述的自杭州到北京的

---

15　《清世宗實錄》卷11，雍正九年十一月己丑（崇謨閣影印本，1936年）。

16　《清宣宗實錄》卷320，道光二十年十一月庚申（崇謨閣影印本，1936年）。

17　《清宣宗實錄》卷341，道光二十年十一月戊申（崇謨閣影印本，1936年）。

18　《清會典》（北京市：中華書局，1991年），頁355。

路線與清代琉球貢使所記大致相同，由此推論，明代琉球使團入京的路線基本上跟清代路線相同，兩者差別不大。

　　清代琉球使團進京的路線是嚴格規定的，不得隨意更改，這從清宮檔案中的許多文件記載可以得到證明。琉球使團常因客觀原因要求改道，但都得事先得到清政府的批准。例如，道光四年（1824）十二月初三日，江蘇巡撫張師誠為琉球貢使行抵丹徒，因淮揚阻水改道前進而上奏朝廷。折曰：

　　……茲據揚州府知府黃在厚暨江都甘泉二縣稟稱，因高堰堤工掣遍湖水下注運河纖道多被淹沒且上游閘壩齊開，節節阻斷，旱路不通，水路船隻逆流難上，請即改道進京等情。臣查淮揚一帶因高堰缺口湖水下注，現在邵伯高郵等處水湧溜急，十分危險。運河纖道多已淹沒，水陸均甚難行，所有琉球國貢使已抵丹徒，既不便久持遲延，又未便令其冒險前進，自當即在丹徒改道，起旱由浦口而至徐州宿遷，仍歸山東郯城原路，以免阻滯而臻穩妥。並令蘇省委員劉埏等直送郯城與山東委員當面交替。查浦口至京所增程站尚不甚多。惟在丹徒地方將貢物行李收拾一兩日，即令起程。已於十一月二十六日改道前進，其經由各處自句容以至銅山一切夫馬等項，臣已先用傳牌飛飭，趕緊預備，並諄囑閩省委員等加緊趲行，務於年內到京。一面飛咨安徽、山東、直隸各督撫一體轉飭應付，委員迎護，催趲，不敢遲誤。所有改道緣由，請會同大學士兩江督臣孫玉庭恭折具奏，伏乞皇上聖鑑。謹奏。（朱批：知道了）

　　　　　　　　　　　　　　　　　道光四年十二月初三日[19]

　　又如道光十九年（1839）三月二十九日，禮部為琉球國使臣懇請

19 《清代中琉關係檔案選編》（北京市：中華書局，1993年），頁617-618。

由水路回閩事移咨內務府，理由是時值夏令，琉球使臣等人「素性畏熱，不敢由旱路行走。懇請由通州張家灣上船，水路回閩」[20]。

　　由此可見，琉球使團往返福州與北京之間的路線是固定的。需要變動得報最高統治者批准。

　　對琉球使團進京路線記載最為詳細的是道光十八年（1838）隨謝封特使法司王舅翁寬等進京的琉球都通事魏學源，他根據自己的親身經歷，詳細記下了「福建進京水陸路程」。今對其所記路程稍做整理，抄錄如下：

> 1 福州閩縣三山驛七十里至竹崎所
>
> 　（所經地名：鳳凰亭、鳳山橋、洪塘、芊原、懷安、白石頭、甘蔗州）
>
> 2 竹崎所一二〇里至水口驛
>
> 　（所經地名：茶洋、白沙、元峰閣、大麥溪、湯院、梅埔、閩清口、瓜園塘、小箬、大箬、安仁溪、謝灣、牛頭塘、大盈瀨、小盈瀨）
>
> 3 水口驛起旱一百里至清風嶺
>
> 　（所經地名：溪口渡、秀嶺塘、峨洋塘、谷口、黃田、雲頂、三都口、嶮峽驛、武步）
>
> 4 清風嶺九十里至延平府
>
> 　（所經地名：龍源塘、白沙塘、岳溪橋、茶洋驛、金沙塘、吉溪、安濟塘、七里亭、倪坑、十里庵、延平府南平縣劍浦驛）
>
> 5 延平府九十里至太平驛
>
> 　（所經地名：鰲頭橋、上京塘、高桐、大橫驛、房村口、呂口、八仙橋、南雅口）

---

20　《清代中琉關係檔案選編》（北京市：中華書局，1993年），頁534-535。

6 太平驛八十里至葉坊驛

（所經地名：謝坑、報恩塘、劉坑塘、建寧府城西驛、北平塘、北津塘、交溪塘）

7 葉坊驛八十里至建陽縣建溪驛

（所經地名：南嶺、樂豐塘、巾橫塘、黃口塘、白槎塘）

8 建陽縣七十五里至營頭驛

（所經地名：七里橋、白塔、油源塘、麻源、安口塘、仁山塘）

9 營頭驛一百里至石陂塘

（所經地名：均墩塘、回龍、滸州、陳鋪、馬嵐、坪州、蔣溪口、塔嶺、葛墩、象口）

10 石陂塘八十里至浦城縣

（所經地名：蔡家塘、大湖嶺、石嶺塘、臨江塘、西洋嶺、余迴、十里山、九湫塘、西溪塘）

11 浦城縣西關四十五里至漁梁

（所經地名：五里亭、七里塘、十三里橋、十八里橋、仙陽塘、畫牆頭）

12 漁梁六十五里至念八都

（所經地名：漁梁嶺亭、三坊塘、吳墩、九牧、五顯嶺、廟灣、柳家墩、楓嶺、大竿嶺、溪口）

13 念八都六十里至峽口

（所經地名：小竿嶺、龍溪、羊牯嶺、仙霞嶺、頭關塘、保安口、窯頭、三鄉口、埂頭塘）

14 峽口五十里至清湖

（所經地名：蘇嶺、楓樹嶺、江郎街、長三里、界牌、石門街、照明橋、花園岡、觀音堂）

15 清湖一一五里至衢州府

（所經地名：獅石山、江山縣廣溪驛、烏墨灘、雙塔山、西湖山、大溪灘、渡船頭、塔溪、雞頭山、塘村、三聖廟、百靈街、湖頭塘、相公墳、杭西隅、雲尖、雙溪口、西安縣上杭埠驛）

16 衢州八十里至龍游縣

（所經地名：蘇木灘、池洋灘、雞鳴山、樟村塘、平湖灘、章臺港、陽莊、安仁鋪、汪家村、北方人家、羅漢松、史家埠、金扁桃、停步驛）

17 龍游縣八十五里至蘭溪縣

（所經地名：張家埠、七都、湖鎮、貓子潭、裘家堰、羅埠、伍家宇、上橫內、鷺鷥灘、馬鞍池、蘭溪驛、轂水驛）

18 蘭溪縣九十里至嚴州府

（所經地名：許埠、李埠、香頭、金家梁、白岸插、三河鋪、麻車埠、大洋、小洋、洞溪、建德縣富春驛）

19 嚴州府一百里至桐盧縣

（所經地名：十里烏石灘、胥口、長旗、扁百、冷水鋪、釣臺、鸕鷀原、清紫港、黃程鋪、桐江驛）

20 桐盧縣一百里至富陽縣

（所經地名：紫埠、新城縣港口、橫山、包家集、新店、陳墳、長山壟、湯家埠、洛山鋪、曾江驛）

21 富陽縣一百里至杭州江口馬頭

（所經地名：大嶺頭、梭山、平安橋、渡舡鋪、虎瓜山、爛泥乂、聞家堰、灘頭、清風亭、進龍鋪、錢塘縣江口）

22 江口三十里至北新關

（所經地名：鳳山門、武林門、北新關）

23 北新關五十里至塘西鎮

（所經地名：謝莊、大墳頭、橫裡）

24 塘西鎮九十里至石門鎮

　　（所經地名：七星橋、落瓜橋、五王橋、北陸橋、戴帽橋、松老橋、石門縣皂林驛、高陽橋）

25 石門鎮一三七里至平望驛

　　（所經地名：皂林、永新鋪、趙牆鋪、斗門鋪、分香鋪、嘉興府西水驛、杉青閘、金橋鋪、長虹橋、吉渡泛、積慶橋）

26 平望驛八十二里至蘇州府胥門馬頭

　　（所經地名：敵標泛、八尺湖、包龍橋、吳江縣、腳步橋、尹山橋、大湖寶帶橋、覓渡橋、蘇州府姑蘇驛）

27 江蘇省蘇州府一百里至無錫縣錫山驛

　　（所經地名：楓橋、財漬鋪、滸墅關、張家鋪、太平德勝橋、望亭、新安鎮汛、十里亭汛、關王廟汛）

28 無錫縣九十五里至常州府

　　（所經地名：藩蔚鋪、洛杜鋪、五牧鋪、蘇林鋪、橫林鋪、漆氏堰、丁家堰、白家橋、常州府武進縣昆陵驛）

29 常州府一百里至丹陽縣

　　（所經地名：埠汛、新閘、連江橋、三里庵、奔牛鎮、錫口、大王廟、陵口、青陽鋪、尹公橋、丹陽縣雲陽驛）

30 丹陽縣一百里至鎮江府

　　（所經地名：七里廟、張官渡、黃泥壩、大新豐、獨山、小新豐、丹徒舊縣、松林灣、南門閘、鎮江府丹徒京口驛）

31 鎮江府京口驛二十里至瓜州

　　（所經地名：揚子江）

32 瓜州四十一里至揚州府鈔關

　　（所經地名：八里鋪、江防汛、揚州府江都縣廣陵驛）

33 揚州府鈔關五十五里至邵伯驛

　　（所經地名：臺山汛、黃金壩、灣頭、高廟、鳳凰橋）

34 邵伯驛一二〇里至界首驛

　　（所經地名：三溝閘、腰鋪、邵伯湖口、露筋烈女廟、南車路、北車路、高郵州孟城驛、清水塘、張家溝、六安溝閘）

35 界首驛一百里至平河橋

　　（所經地名：江橋、范水、瓦鋪口、魏闕樓、龍王廟、寶應縣安平驛、黃浦口）

36 平河橋七十五里至王家營

　　（所經地名：二十里鋪、十里鋪、淮安府山陰縣淮陰驛、西湖嘴、版閘、清江浦）

37 王家營七十里至重興集

　　（所經地名：郎市、魚溝、來安集、陳大埠）

38 重興集一百里至宿遷縣

　　（所經地名：崔鎮、里仰化集、宿遷縣鏈古驛）

39 宿遷縣一二〇里至紅花埠驛

　　（所經地名：小店、章山鋪、小湖、峒嵉站、殷家林、龍泉溝、湯店、馬兒莊、劉家莊）

40 紅花埠一二〇里至山東省李家莊驛

　　（所經地名：重興集、曹村店、郯城縣、十里鋪、大埠、馬站、碩橋、沙埠、朱果店）

41 李家莊九十里至伴城

　　（所經地名：車綱店、沂州府沂水驛、南曲坊、北曲坊、鵝莊、棗溝）

42 伴城九十里至垛莊驛

　　（所經地名：大谷山、徐公店驛蘭山縣、大陀寺、上店、雙堠莊）

43 垛莊驛一百里至鰲陽

　　（所經地名：界牌、蔣溝橋、桃墟集、青沙鋪、保德店、蒙陰縣、東住佛、西住佛、常路）

44 驁陽八十里至羊流店驛

（所經地名：新泰縣新泰驛、翟家莊、邱溪）

45 羊流店九十五里至泰安縣

（所經地名：關橋、官莊、花馬灣、時官莊、半邊店、崔家莊、逮家村、李家莊）

46 泰安府一百里至張夏

（所經地名：大爐店、新莊、界首、墊臺、長城驛、萬德店、靳莊、十里鋪）

47 張夏一〇三里至晏城驛

（所經地名：崗山驛、炒米店、潘村、杜家廟、濟河縣、孟家鋪）

48 晏城驛一百里至平源縣

（所經地名：黃家鋪、二十里鋪、禹城縣劉普驛、十里房、劉北站、黎吉寨、二十里鋪、十里鋪、平源驛）

49 平源縣一〇五里至南普智

（所經地名：曲路、窯高鋪、黃河涯、潭家鋪、德州安德驛、霸興墩）

50 南普智八十五里至直隸阜城縣

（所經地名：北普智、景州東光驛、細柳營、香河屯、漫河、阜城驛）

51 阜城縣一一〇里至商家林

（所經地名：劉林店、新店、富莊驛、馬家鋪、單家橋、獻縣樂城驛、臧家橋、馬家莊）

52 商家林一百里至任邱縣

（所經地名：邵洪鋪、龍花店、進頭店、河間府河間縣瀛海驛、十里鋪、二十里鋪、三十里鋪、新中鋪、石門、劉關張村）

53 任邱縣一一〇里至白溝河

　　（所經地名：韓家鋪、香城鋪、帶河、鄭州、棗林莊、趙北
　　口、十里鋪、雄縣歸義驛、王家橋、趙村口、新蓋房）

54 白溝河一二〇里至玻璃河

　　（所經地名：高橋、十里鋪、新城縣分水驛、衣錦店、方口、
　　三家店、南皋店、涿州涿鹿驛、胡良、先鋒坡、挾河村）

55 玻璃河一二〇里至京城橫街四譯館

　　（所經地名：豆腐店、大十三里、良鄉縣同節驛、長揚店、
　　長新店、蘆溝橋、大井、小井、彰義門）

（自福州三山驛至京水陸共計四千九百一十二里，按照路程自
福州三山驛起至良鄉縣同節驛共計七十二站）。

　　魏學源所記福建進京水陸路程，還詳細地記述了所經各地之間的
里數、居住環境、當地的史蹟、廟宇、風土人情、物產、以及接待琉
球使臣的情況。當然，這只是一條大致的路線，由於歷史上的客觀原
因或水漲阻路，或戰亂都使得琉球使臣進京的路線略有變化。琉球使
臣從北京回福建「由德州分路往濟寧，至清江浦合路」。魏學源也詳
細地記述了沿途的地名和里數。

　　另外由清江浦（俗稱王家營）直至北京又有水路的路線，主要是
沿運河行走，也是琉球使臣自京回返的主要路線，其詳細路線如下：

　　自北京皇華驛起，
　　1 四十里至通州潞河驛
　　2 八十五里至通州和合驛
　　3 七十里至武清縣河西驛站
　　4 六十里至武清縣楊屯驛
　　5 六十里至天津縣楊青驛

6 七十五里至靜海縣奉新驛

7 九十里至青流河驛

8 七十里至青縣乾寧驛

9 七十里至滄州縣磚河驛

10 七十里至南皮縣新橋驛

11 七十里至吳橋縣連窩驛

12 七十里至德州縣良店驛

13 七十里至德州縣安德驛

14 七十里至德州梁家莊驛

15 九十里至武城縣甲馬營驛

16 七十里至臨清州渡口驛

17 七十里至臨清州崔清源驛

18 六十里至清平縣清陽驛

19 六十里至聊城縣崇武驛

20 九十里至陽谷縣荊門驛

21 六十里至東平州安山驛

22 六十里至汶上縣開河驛

23 九十里至濟寧縣南城驛

24 八十里至魚臺縣河橋驛

25 一百二十里至沛縣泗亭驛

26 一百二十里至嶧縣萬家驛

27 九十里至邳州趙屯驛

28 一百二十里至宿遷縣鍾吾驛[21]

　　明初規定，凡外商入貢皆設有市舶司以領之，「在廣東者專為占城、暹羅諸藩而設；在福建者專為琉球而設；在浙江者專為日本而

---

21 水路路線摘自徐恭生〈清代的琉球朝京使節的研究〉一文（未刊稿）。

設。其來也許帶方物，官設牙行與民貿易」[22]。清代亦遵循這一規定，福建成為中琉關係演繹的大舞臺。此外，福建往京城的貢道，實際上不僅僅是琉球使團的專門貢道，東南亞各國使節，包括近代的歐洲各國的使節也常常出現在這一貢道上。

## （三）琉球來華朝貢之人數

先初，中國政府對琉球貢使團的人數無明確規定，正統年間，就有「番梢人從二百餘人」[23]的記載。成化六年（1470），由長史蔡璟率領的琉球謝恩使團，其隨行攜帶的執照，對使團人員的名單開列如下：

> 琉球國中山王世子尚圓（現）為謝恩等事；差官員人役等，坐駕智字型大小；今給地字壹百參拾柒號海船壹艘，姓名開後。
> 赴京長史壹員：蔡璟；使者參員：吳司馬、益周間、宋壁；通事壹員：梁應；人伴貳拾壹名；存留在船通事壹員：蔡璋；火長：陳浩。
> 管船直庫：質周。梢水共參百陸拾陸名
> 右執照付存留在船通事蔡璋等。准此。
> 成化六年九月初七日執照[24]。

實際上，琉球國通常並不遵守明朝的規定，在貢期和人數上都有所突破。明廷雖應其所請准其每歲一貢，但所在口岸有司只給口糧一五〇名，其餘不問。嘉靖元年（1522），明廷又敕諭琉球王尚真，要求他遵先朝舊例，兩年一貢，船不過百五十人，命福建巡撫御史查勘

---

22 胡宗憲：《籌海圖編》卷12，〈經略〉（明天啟年刻本）。
23 《明英宗實錄》卷58，正統四年八月庚寅（臺北市：中央研究院歷史語言研究所，1962年）。
24 《歷代寶案》第1集，卷28（臺灣大學影印本，1972年），頁927。

驗放[25]。

　　清康熙年間，琉球國中山王尚貞上疏清廷，「疏言；舊例外國進貢船定數三隻，船中貨物免收其稅，今琉球進貢船止二隻，尚有接貢船一隻，未蒙免稅，請照例免收，以足三隻之數。又人數許帶一百五十人，萬里汪洋，駕船人少，不能遠涉，乞准加增」。康熙皇帝認為「琉球國誠心進貢年久，該王具疏懇請增添人數，准加增至二百人」[26]。自此，琉球入貢使團人數增至二〇〇人，遂成定例，其人員構成大致如下：

| | |
|---|---|
| 正使（耳目官）一人 | 人伴十二人 |
| 副使（正議大夫）一人 | 人伴十二人 |
| 都通事一人 | 人伴七人 |
| （以上三十人去北京） | |
| 在船都通事二人 | 人伴八人 |
| 在船使者四人 | 伴十六人 |
| 存留通事一人 | 伴六人 |
| 在船通事一人 | 人伴四人 |
| 答船火長直庫四人 | |

　　上述官伴計有八十餘人，餘約一二〇人均為水梢。除了進貢使團外，琉球派遣赴華使團還有接貢、謝恩、慶賀等使團，其使團組織也有變化。在琉球來華使團中，謝恩使團的等級最高，往往由法司王舅出任正使。康熙五十八年（1719），由琉球國王尚敬派遣的謝恩使團，其配置如下：

正使法司王舅一人　　　　人伴二十五人

副使紫金大夫一人　　　　人伴十七人

使者一人　　　　　　　　人伴七人

都通事一人　　　　　　　人伴六人

護送都通事一人　　　　　人伴四人

在船使者二人　　　　　　人伴八人

存留通事一人　　　　　　人伴六人

王舅大夫隨伴通事二人　　人伴二人

管船火長直庫三人

水梢六十九人

　　這次謝恩使團的人數有一五六人之多。下面，我們就赤嶺誠紀所編寫的《大航海時代的琉球》一書，將其中有關來華琉球使團成員的構成資料，明清兩朝分不同類型各摘數例，以供參照。

1　明成化元年（1465），進貢使團（253人）

正議大夫　　　程鵬

都通事　　　　金鏘

存留通事　　　李萊

官役　　　　　八人

人伴　　　　　二十二人

水梢　　　　　二二〇人

2　明嘉靖十四年（1535），謝恩使團（123人）

王舅　　　　　毛實

長史　　　　　蔡瀚

使者　　　　　沈布理

都通事　　　　梁梓

在船使者　　　賈滿度

官生　　　　　梁炫等四人

火長　　　　　紅芝

直庫　　　　　志羅勃是

官役　　　　　七人

人伴　　　　　三十人

水梢　　　　　七十五人

3　清康熙十一年（1672），進貢使團（214人）

耳目官　　　　吳美德

正議大夫　　　蔡彬

朝京都通事　　程泰祚

都通事　　　　孫自昌

在船使者　　　昌威、李切銘、胡士彥、馬立功

存留通事　　　王可法

在船通事　　　紅自彩

火長　　　　　林茂豐、王可就

直庫　　　　　長可喜、內穆

官役　　　　　十四人

人伴　　　　　五十六人

水梢　　　　　一三〇人

4　清嘉慶元年（1796），慶賀使團（143人）

王舅　　　　　東邦鼎

王舅通事　　　王以文

正議大夫　　　毛廷柱

使者　　　　　毛思義

朝京通事　　　梁煥

都通事　　　　林日新

在船使者　　　向緝光、翁廷柱

存留通事　　　王成達

| 火長 | 毛慎威 |
|---|---|
| 直庫 | 馮景福 |
| 官役 | 十一人 |
| 人伴 | 六十三人 |
| 水梢 | 五十八人 |

5　清道光十七年（1837），迎封使團（112人）

| 正議大夫 | 鄭良弼 |
|---|---|
| 都通事 | 林興泰 |
| 在船使者 | 何秉中、毛士英 |
| 存留通事 | 魏國香 |
| 火長 | 梁定章 |
| 直庫 | 吳肇業 |
| 官役 | 九人 |
| 人伴 | 三十人 |
| 水梢 | 六十六人 |

　　從以上所列舉的幾例明清琉球入華使團的配置來看，歷次來華使團人員的派遣組織，是根據不同的任務，調遣不同身分和官階的人充任使者，而使團其餘所需人員則基本不變。

## 二　琉球朝貢物品的會盤制度

　　明初，福建市舶司設於泉州城南水仙門內宋市舶務之舊址，來遠驛設在城南車橋村[27]。福建市舶司設提舉一員，從五品。副提舉一員，從六品。吏目一員，從九品。還設通曉番文，精通禮法的土通事

---

27　懷蔭布：《泉州府志》卷12，〈公署〉（1927年刊本）。

及門子、弓兵等。最初琉球船泊於泉州港，由設在泉州的市舶司接待。由於琉球船來華直駛福州遠比到泉州便利，又因琉球貢使到泉州後赴京貢道要入閩江北上，而在福州駐泊可直入閩江。加上從事琉球朝貢貿易的人員相當部分是明洪武、永樂年間移居琉球的福州河口人，所以琉球船多停泊在福州河口一帶。這樣迫使中央政府為了加強對中琉貿易的管理和控制，在成化年間，將福建市舶司從泉州移到福建的政治、軍事中心——福州，置市舶司於布政司西南，都指揮僉事王勝故宅，其所屬機構設施有提舉司、進貢廠和柔遠驛。

提舉司：正廳三間、穿堂二間、中堂二間、東房三間、西房三間。吏戶禮書房三間、兵刑工書房三間、儀門三間、屏門一座，大門三間、土地祠三間、荔枝樹一株，龍眼樹四株；提舉宅：客廳三間、中房三間、兩耳房八間、廚房一間、宅門三間；副提舉宅：客廳三間、中房三間、耳房三間、廚房一間、宅門二座；吏目宅：客廳三間、中房三間、耳房八間、宅門一座，東公廨房六間、西園房三間。

進貢廠設於城南河口，為貯存貢品方物之用。進貢廠的規模很大，據進貢廠房屋有錫貢堂三間（含盤方物之場所），承恩堂三間、控海樓一座三間，廚房一所，尚公橋一座，碑亭一座、儀門三間、運府提舉司會宴堂三間，待夷使宴堂三間，更樓一間，守宿房五間、庫內香料庫三間、椒錫庫一間、蘇木庫三間、硫磺庫一間，揀篩煎銷硫磺兩廊房共二十間，庫亭一座三間，庫門三間、外參門一座，貳門一座，大門一座，門外坊牌一座、各小角門三座、天妃宮一所、前殿三間、後殿三間、兩廊十間、大門一間、真武祠一間、土地祠一間、魚池蓮池前後共六口、荔枝樹共四十一株、龍眼樹共十二株、桃樹共四株、棗樹一株、扇柏樹三株、松樹一株、竹墩浦一所，多灣曲新開荒箭路平地一所約長二十餘丈橫約方丈餘。

柔遠驛設於水部門外，為貢使團安歇之所。有前廳三間，兩邊臥房共六間，後廳五間，兩邊夷梢臥房共二十七間，貳門三間，兩邊夷

梢臥房共六間，守把千戶房兩邊共十間，軍士房二間，大門一間[28]。

　　每當琉球船到閩江口一帶，閩安鎮等處巡檢司即申報各衙門，把總指揮便差使千百戶一員率領軍士防範琉球貢船進港。同時都司還委派指揮一員督同地方沿江巡邏防範。爾後，都、市、按三司各派一官員會同市舶司掌印官員，帶領土通事及一應工作人員前去琉球船停泊處查驗符文執照，並將船艙貨物封釘固密，令其駕往進貢廠河下，聽候會盤。

　　會盤根據貢使的申請，經察院批行布政司擇日，札行提舉司組織各衙門到廠會盤。會盤之日，驗封開艙後，按慣例由閩、侯、懷三縣備辦籮桶杠索，差撥役夫將貢物依次搬運到廠，由行匠驗報明白，再由民夫搬扛貯庫。會盤完畢，琉球貢使一行到柔遠驛安歇。都司行左右中三衛取撥百戶三員，軍士一百名，提舉司撥吏一名，每夜提鈴巡邏，防守方物。仍撥千戶三員，軍士三十名把守柔遠驛門，防止琉球人「擅自出入，交通貿易違禁貨物」[29]。

　　當琉球貢使一行二十餘人赴京進貢後，留下的琉球人在地方官員的監督下將琉球貢船附載的貨物，除部分隨貢物運至北京外，餘下皆在福州交易。由官設牙行作為媒介，從中經紀。福建市舶司設有官牙二十四名[30]，這些牙人均選有抵業人戶充任，官給印信文簿，附寫官船戶住貫姓名，路引字型大小，貨物數目，每月赴官查點。在地方官員的監督下，會同行匠驗看貨物成色，評估貨價，介紹與中國商人交易，從中提取佣金。而琉球人回國需要購置的貨物也需通過官牙代為採辦。這種承辦琉球商務的商人，當時被稱為球商。

　　自隆、萬開海禁後，朝貢貿易也退居海外貿易的次要地位，掌管朝貢貿易的機構福建市舶司日趨衰落，經費拮据。原來「市舶司提舉

---

28　高岐：《福建市舶提舉司志》〈署舍〉（北平故宮博物院1939年排印本）。

29　高岐：《福建市舶提舉司志》〈賓貢〉（北平故宮博物院1939年排印本）。

30　高岐：《福建市舶提舉司志》〈屬役〉（北平故宮博物院1939年排印本）。

司衙門建於福，支候款，兵額派於興、泉、漳三府。征解多逃逋，不惟官無以資用，顧役屢虛，無怪其嘖嘖也。雖有年例銀，不敷歲用，然署僻、官貧、俸薄、役稀，恆稱貸以應之」[31]，已到了無法維持的地步，遂於萬曆八年（1580）裁撤。據《閩大記》載：「市舶提舉司提舉一人，副提舉一人，吏目一人，萬曆八年俱裁去，舶司以福州府同知兼領」。這種狀況一直延續到康熙年間閩海關的建立。

乾隆《福州府志》載：督理閩海關署，在府城外南臺中洲，國朝康熙二十三年設。雍正二年歸併巡撫管理；雍正七年復設。今（乾隆年間）並歸鎮閩將軍兼理，衙署仍在舊址」[32]。閩海關建立後，琉球的入貢貿易即由閩海關督理。事實上琉球入貢船隻無論是進關還是出關，均需向閩海關申報攜帶的貨物，並將攜帶貨物的品名、數量造具清冊，一一稟明，閩海關南臺稅務都司據實報明所有貨物的稅款，並奏報朝廷，給予免稅。下面是乾隆二十三年和二十四年兩折有關閩海關奏報琉球貢船免稅的奏摺。

其一：

福州將軍兼管閩海關事革職留任臣新柱謹奏：

為奏聞事，本年五月初八日，據委管南臺稅務都司顧邊機稟稱：琉球國迎接謝恩使臣船隻，擬即開駕回國。據該通事鄭允迪將梢伴人等兌回布帛藥材等物，造具清冊，繳報到關，核稅五十二兩七錢零。應否體照貢船免其征輸等情等到臣。據此，臣查琉球貢船帶回貨物歷屆俱免徵輸。茲謝恩使臣船隻事同一例，應仰體皇上柔懷遠人之德意，並免徵收批行。遵照去後，復據該委員顧廷機稟報：使臣馬宣哲等感戴皇仁，歡欣忭躍，赴關叩謝。現於六月初四日開駕出口，並附載上年遭風飄收浙

---

31 高岐：《福建市舶提舉司志》〈公養〉（北平故宮博物院1939年排印本）。

32 乾隆《福州府志》卷18，〈公署〉。

江寧海縣難番山城等五名一同回國等因，前來相應恭摺奏聞，
伏乞皇上聖鑑。再該國接貢船隻俯俟使臣開駕回國之日，另行
奏報，合併陳明，謹奏。

乾隆二十三年六月二十五日。

其二：

福州將軍兼管閩海關事革職留任臣新柱謹奏：

為奏聞事，據委管南臺稅務都司顧廷機稟稱：本年三月初二
日，有琉球國貢船二艘進口。旋據該國通事蔡熙開送恭進貢
物，並二船官伴水梢花名人數及攜帶土產雜物清冊，前來理合
轉報等情到臣。伏查琉球為天朝屬國最稱恭順，歷屆貢船到
閩，凡有攜帶貨物概免徵輸，以示優恤。茲查核冊開二船所帶
鮑魚、海帶菜並零星貨物，共應徵稅銀一百四十一兩七錢零，
除批行該委員循例免徵，以仰副我皇上柔懷遠人之德意，其恭
進貢物應聽撫臣衙門照例據題外，所有免過稅數緣由，合謹恭
摺奏聞，伏祈聖鑑，謹奏。

乾隆二十三四年三月二十二日[33]。

　　除了通過閩海關對琉球入貢船隻的貨物進出，嚴格管理外，實際
上福建地方政府還密切注意琉球進貢使團的活動，注意琉球人在華的
公開交易，以防他們受到欺詐，而敗壞了中國柔遠深仁之美名。如乾
隆十二年（1747），閩浙總督喀爾吉善等人給朝廷的奏報中，有一段
關於琉球使團的話，其曰：琉球貢船到閩「查進口冊內，據夷官報
稱，兩船共帶銀一萬兩，置買貨物。臣等遵即安插館第，委員照看，
飭給薪水養膳之資，復行細加察訪其所帶銀兩，竟十倍於所報之數。

---

33 中國第一歷史檔案館：《清代中琉關係檔案選編》（北京市：中華書局，1993年），
　　頁61-63。

臣等隨行司確查議稟冊報銀兩不過萬數，其官伴水梢人等所帶之銀聞有十餘萬，即就上屆乾隆八年貢船來閩每船亦止報銀五千兩，而查其返棹貨冊約計不下十萬兩，今次情形大約相同……」[34]。當然清廷對琉球國來華貿易並不限制，無論其攜帶銀兩的多寡和進出口額的數量，一律免稅優惠，只是對琉球貢使團瞞報銀兩有所不悅。上述資料表明，福建地方官員負有管理琉球來華使團的責任，不僅有閩海關官員負責琉球進貢使團的貿易活動，即便是琉球使團安歇館驛後，也委員明查暗訪，以防止琉球使團駐地附近軍民與之溝通，私下販賣違禁物品。

## 三　琉球貢使的護送制度

在琉球貢使千里迢迢赴京的貢道上，為了安全起見，中國政府規定了一整套的護送制度。首先由福建地方政府挑選伴送官員，全程護送。其次琉球使團所經各省，需委員在入境處迎接護送出境。而各省所屬州縣的主要官員也必須在自己的管轄境內迎送琉球使臣。同時琉球使臣所經過的地方當局即刻將護送入境，出境情況飛報中央政府。由此可見，中國政府對琉球使團來朝予以極大的重視和幫助。

《大清會典事例》載，順治八年（1651）清廷規定：「凡外國貢使及定額從人來京，沿途口糧驛遞夫馬舟車，該督撫照例給發，差官伴送及兵丁護送來京。回日沿途口糧，驛遞夫船，兵部給予堪合」[35]。如嘉慶四年（1799）二月間有琉球貢使向國垣來朝，福建巡撫汪志伊即為琉球使臣赴京護送一事做出安排，由布政使選派邵武府同知曾中立全程護送，一切準備就緒定好出發日期後，汪志伊還將護送出發情形上奏朝廷，摺曰：

---

34　《明憲宗實錄》卷226，成化十八年四月甲子（臺北市：中央研究院歷史語言研究所，1962年。

35　《大清會典事例》卷510，頁1。

　奏

　　　　　　　　　　　　福建巡撫臣汪志伊跪

　　奏為琉球國齎

　　貢使臣自閩起程進京日期恭摺奏

閩仰祈

聖鑑事竊照琉球國王世孫尚溫遣正貢使向國垣

　　副貢使曾謨等恭進嘉慶三年例

　　貢方物并

　　表文貢儀於嘉慶四年二月十八二十三等日先後到閩經飭司委

員查驗將正

貢使通事人等安頓館驛茲該國使臣向國垣等現將

貢物敬謹裝束定於本年十月初十日自閩起程據布政使李殿圖遴

委邵武府同知曾中立護送進京除飛咨經過各省一體派員接護并

飭委員沿途加意照料俾得遄行外約計十二月下旬可以到京所有

琉球國使臣起程進京日期臣謹會同閩浙督臣書麟恭摺具

　　奏伏祈

皇上睿鑑謹

　　奏

　　　（朱批：知道了）

　　　　　　　　　　　　　　　嘉慶四年十月初七日[36]

　　當琉球使臣沿途所經省份，各省同樣要安排人員在所轄境內伴
送，並通報中央。例如嘉慶四年琉球使臣向國垣一行經過江蘇後，江
蘇巡撫岳起即將迎護伴送琉球使臣之詳情即刻飛飭清廷，其片曰：

---

36　《清代中琉關係檔案選編》（北京市：中華書局，1993年），頁308-309。

再查琉球國遣陪臣向國垣等恭進嘉慶三年

表文貢物經福建撫臣派員伴送進京咨會委員接護並准禮部咨務

令於年內到京奴才隨飭委經過之蘇糧常鎮淮揚淮徐各道親詣所

轄入境地方探明迎護並飭沿途地方官妥速應付去後茲據蘇松督

糧巡道李奕疇等先後稟報琉球國陪臣向國垣等於十一月十五日

入江蘇吳江縣境協同派出之武職一路小心照料十二月初二日護

送出宿遷縣境交替東省委員接護前進沿途地方官應付無誤陪臣

及跟役人等亦俱安靜等情查該陪臣等行走迅速計程年內即可到

京理合附片

　　奏

　聞

　　　（朱批：知道了）<sup>37</sup>


　　從上引的兩件檔案我們可了解到，清代護送琉球使臣的工作得到
從中央到地方各級官府的重視。尤其是福建官府，幾乎所有的州府縣
都有官員被選派參加護送琉球使臣進京。據清宮檔案所統計，護送琉
球使臣進京的官員來自福建省各地，有福州、崇安、莆田、汀州、松
溪、福寧、邵武、廈門、龍岩、雲霄、平潭、建寧、延建、羅源、興
化、上洋、連江、蚶江、石碼、永春、泉州、詔安、霞浦、長樂等，
還有來自臺灣的官員。各伴送官員其身分也是五花八門的。有巡檢、
縣丞（亦有試用縣丞）、知縣（亦有試用知縣）、同知（亦有海防同
知、理藩同知、理事同知、試用同知、候補同知）、歷經（亦有布政
司歷經）、通判（亦有糧捕通判、試用通判）、知州、知府（亦有補用
知府、候補知府）、參將、游擊、副將（亦有補用副將、中軍副將）、

37 《清代中琉關係檔案選編》（北京市：中華書局，1993年），頁309。

補用總兵、郡道等[38]。

　　護送琉球使臣的工作也有十分嚴格的規定，若不能按規定的期限將琉球使臣護送到京，伴送官員都將受到降職的處分。嚴重的還會受到削官革職的處罰。例如，道光十二年（1832）十二月二十四日禮部尚書耆英就為伴送官未能依限護送琉球使臣到京（僅遲緩三日）上奏朝廷，要求查處伴送官員，其奏曰：「……外藩遣使進貢入關後，即飭該使臣趕緊起程，並飭伴送官沿途照料，妥速行走，務於十二月二十日以前到京，以符定制等因，欽此欽遵，移咨前來。今琉球進貢使臣該伴送官等未能妥速照料依限到京，實屬遲延，相應請旨，飭下吏兵二部將文武伴送各員查取職名，照例議處。……」[39]又有道光二十三年（1843）二月初三日，吏部尚書恩桂等就伴送琉球使臣官員未能依限抵京而上奏朝廷，請求處置的奏摺提到，「……查定例，外國貢使抵境州縣，不為預備或不親往迎送，以致行走遲滯者降一級調用等語。此案建寧府知府嘉恆等伴送琉球貢使自應欽遵諭旨於道光二十二年十二月二十日以前到京，以符定製。今琉球國貢使於十二月二十六日到京，該伴送官等未能妥速照料，依限趕到，實屬遲延……將建寧府知府嘉恆，試用同知書智閩浙督標中軍副將徐捷均比照外國貢使抵境州縣不為預備以致行走遲滯降一級調用例降一級調用。……」[40]

　　同治三年（1864），有琉球貢使毛克述等來朝。福建長福營參將富勒恆額受委派護送琉球使臣進京。但富勒恆額不僅違例攜帶眷口同行，而且還沿途濫索供應。事發後富勒恆額被革職，與其一起伴送琉球使臣的候補知府陳恩布和霞浦縣知縣楊承恩因知情不報也受到相應的懲處。富勒恆額一事是過了半年後才被發現的，是由閩浙總督左宗

38 賴正維：清代福建委派官員護送琉球使臣赴京考，《第五屆中琉歷史關係學術會議論文集》（福州市：福建教育出版社，1996年），頁549。

39 《清代中琉關係檔案選編》（北京市：中華書局，1993年），頁716。

40 《清代中琉關係檔案選編》（北京市：中華書局，1993年），頁841。

棠奏報朝廷嚴加處置的，左宗棠在奏報中稱，「聞其（富勒恆額）上年伴送貢使進京，此次回閩，往返均攜帶眷口隨行，殊深詫異。查閩浙沿途各州縣差務殷繁，疲於奔命，而琉球貢差來往次數又為勤密，州縣供億貢使向有定章，尚屬簡省，至伴送委員索取酒席夫馬等項較之貢使尤為繁多，稍不遂意則節節逗留開銷更重。地方官惟求其安靜行走無誤，即為幸事，不敢與之計較，而委員即以此隱相挾制，需索無厭，州縣虧累之源亦由於此。此次伴送委員福建長福營參將富勒恆額往返攜帶眷口，隨行擾累驛站，任意妄為，應請旨革職，以儆傚尤。其候補知府陳恩布、霞浦縣知縣楊承恩事前互相容隱，亦有不合，應請旨交部議處。……」[41]

　　在護送琉球使臣進京的往返路途中，也曾出現伴送官員稱病告假和因病死亡的事，每當出現這一情形，清政府各機構都以護送琉球之事為重，另行遴選精明幹練官員接替伴送任務，或由沿途各省相互交替護送，轉送致之。如嘉慶十六年（1811），伴送琉球使臣進京的福州府理事同知那絃在北京病故，禮部尚書福慶即刻對琉球使臣返閩伴送人員做出安排，他在給皇帝的奏摺中提議，「該國貢使將屆事竣回國，起程赴閩，沿途需員伴送。其委員在京遇有事故如何辦理之處，臣部例無明文。臣等公同商酌，福建省原派伴送官既已病故，相應請旨，飭令直隸督臣於該省知府丞倅中即行揀派明幹者二員，迅速來京，由臣部循例行文兵部，換給勘合交該員由京伴送琉球貢使起程。臣部並速即行知山東、江蘇、浙江、福建各督撫一體遵照揀派幹員二人於各該省交界處接替護送前進到閩。庶可以專責成而臻周密，以昭我皇上柔懷遠人之至意」[42]。

　　總而言之，清代護送琉球使臣進京的制度充分展示了有清一代，中琉兩國之間友好交往的密切關係。

---

41　《清代中琉關係檔案選編》（北京市：中華書局，1993年），頁1043。

42　《清代中琉關係檔案選編》（北京市：中華書局，1993年），頁448。

## 四　琉球貢使在京活動的各項規制

　　琉球貢使團在福州稍作歇息後，正副使臣及隨行人員二十餘人在福建官員的護送下，輾轉赴京。進京人員亦有限制。如明成化十八年（1482），禮部奏：「琉球國進貢舊例，到京少則四五十人，多則六七十人，俱給賞有差。邇因各夷進貢率多奸弊，每國止許五七人，不過十五人到京，餘俱留邊以俟。今福州以例，止容正議大夫梁應等十五人赴京，既已給賞；餘六十七人俱留之布政司，宜發官帑，次次均給，庶不減削太甚，失柔遠之意」。上從之[43]。

　　明弘治三年（1490），禮部又議：「琉球國中山王尚真所奏，一謂本國來貢人員，近止許二十五人赴京，物多人少，恐致疏失。宜更增五人，以順其情。……」[44]直至清代，琉球入京進貢人數通常限制在二十人左右。琉球正副使臣一行人，水陸兼程，在福建地方官員和沿途各省的安排護送下，經過兩個多月的長途跋涉，安抵京城。

### （一）琉球貢使在京的食宿保障

　　明初「設南京公館為會同館。永樂初，設會同館於北京。三年併烏蠻驛入本館。正統六年，定南北二館。北館六所，南館二所，設大使一員，副使二員，內以副使一員分管南館，弘治中，照舊添設禮部主客司主事一員，專以提督事務」[45]。琉球使團安置停頓後，依常例由光祿寺負責廩給口糧，「五日每正一名，豬肉二斤八兩，乾魚一斤四兩，酒一瓶，麵二斤，鹽、醬各二兩，茶、油各一兩，花椒二錢五

---

43　《明孝宗實錄》卷37，弘治三年四月癸卯（臺北市：中央研究院歷史語言研究所，1962年）。

44　俞汝楫：《禮部志稿》卷36，會同館（上海市：商務印書館，1935年）。

45　《明會典》卷103，禮部62（景印文淵閣四庫全書本）。

分，燭每房五枝。」[46]並在朝貢領賞之後，在會同館開市貿易。

　　清朝依然設會同館以待琉球使臣，後因諸國來使日益增多，又撥出乾魚胡同官房一所和玉河橋官房一所，供各國使臣居住。據考，清代琉球使臣在京居住過的館舍至少五處，分別為正陽門外橫街會同館，宣武門內京畿道胡同會同館，宣武門外南橫街會同館，正陽門內公議胡同四譯館，正陽門內東城根四譯館，其中使用次數最多的是正陽門內公議胡同四譯館。史籍中對這一館址有諸多的稱法，有「會同南館」、「東江米巷」、「中玉河橋西」、「玉河橋」等[47]。

　　琉球使臣安置會同館後，禮部循例要移咨內務府，乾隆五十二年（1787）琉球進貢使翁秉儀一行到京安頓後，禮部移咨內務府曰：

> 禮部為知照事主客司案呈所有琉球國進貢正使耳目官翁秉儀、副使正議大夫阮廷寶，通事陳天龍，土通事戴輝，跟役二名，從人十七名，自福建伴送來京之委署邵武府同知試用布政司經歷樊晉，跟役二名。伊等於本月二十日到京安置宣武門內畿道胡同會同館居住，相應移咨內務府可也，須至咨者。
>
> 　　　　右咨
> 　　　　內務府
>
> 　　　　　　　　　　　　　乾隆五十二年十二月二十日[48]

　　琉球使臣一行入館居住後，禮部行文要崇文門稅務御史到琉球使臣住處查勘行李，予以免稅驗收。同時又通知光祿寺依例供給飲食和

---

46 戈斌：〈清代琉球貢使居京館舍研究〉，《第二屆琉球中國關係史論文集》（那霸市：日本沖繩縣立圖書館，1995年），頁242。

47 《清代中琉關係檔案第三編》（北京市：中華書局，1996年），頁197。

48 徐葆光：《中山傳信錄》，《臺灣文獻叢刊》第306種（臺北市：臺灣銀行經濟研究室編印，1972年），頁43。

日常生活用品，並派專門辦理外國飲食的尚膳正一員，三等侍衛一員，和委署主事一員，負責琉球使臣的飲食供應。據順治七年（1650）規定，「琉球國入貢，陪臣、王舅，日給鵝一、雞一、豬肉三斤、菽乳二斤、各種菜三斤、酒二瓶、清醬、醬各六兩、香油六錢、花椒一錢、鹽一兩、茶一兩；正議大夫，日給雞一、豬肉三斤、菽乳一斤八兩、菜二斤、酒一瓶、清醬、醬各四兩、香油四錢、花椒八分、鹽一兩、茶六錢；四節官、都通事官，各日給雞一、豬肉二斤、菽乳一斤、菜一斤、酒一瓶、清醬、醬各四兩、香油四錢、花椒五分、鹽一兩、茶五錢；王舅下通事，日給豬肉三斤、菽乳一斤、花椒五分；從役，日給豬肉一斤、菜十兩、鹽一兩；送來通事，日給豬肉二斤、鹽一兩。札行光祿寺給發。正副使各官從役均給米，移咨戶部支發」。康熙二十七年又定：「琉球國入貢，正、副使，每日供給羊一、豬肉三斤、牛乳一鏇、各鵝一、雞一、魚一、菽乳二斤、酒六瓶、清醬、醬各六兩、燈油二兩、茶一兩、鹽一兩、面二斤、菜三斤、醬瓜四兩、醋十兩、香油一兩、椒一錢、每五日蘋果、梨共五十枚、花紅七十五枚、葡萄、棗各五斤；使者、都通事，每日各雞一、豬肉二斤、麵一斤、菜一斤、酒一瓶、菽乳一斤、清醬二兩、醬四兩、香油四錢、燈油二兩、茶五錢、椒五分、鹽一兩；從人，各日給豬肉一斤八兩、菜各二兩、鹽一兩。共給酒六瓶、燈油十二兩；王舅下通事（謹案該國入貢，多以王舅充使），日給豬肉三斤、菽乳一斤、椒五分、鹽一兩；通事、護送官，各日給豬肉一斤；從役，各日給鹽五錢。札光祿寺給發。其給米與朝鮮同」[49]，即「正副使、書狀官，白米；以下人員均給好米；移咨戶部給發」[50]。

　　此外，還有許多相應的機構都與琉球進貢有關，內務府、光祿寺、各庫府等，我們就不一一贅述了。

---

49　《禮部則例》，轉引自戈斌前文。

50　《禮部則例》，轉引自戈斌前文。

## （二）琉球王府予以赴華貢使的津貼費用

古代琉球使者出使海外，理所當然地得到琉球王府的公費支出。這在琉球閩人家譜中也有表述：「康熙二年癸卯六月，蔡彬喜友名、通事周國俊國吉、通事夔（時名永泰）共三人，奉王命為學文習禮事，各給主從賦銀三拾二兩、米六斛。隨謝恩使紫金大夫金正春多嘉良親方十一月十四日那霸開船赴閩讀書。翌年上京時給公銀二十兩以助衣服之資。⋯⋯」[51]事實上，我們從其他的檔案文獻資料得知，琉球使者來到中國都得到優厚的待遇，可見琉球王府給出訪人員的費用是很有限的。

## （三）琉球貢使赴京沿途驛站費用的變化

琉球自福州往京城，沿途所需開銷都是由當地官府負擔。然沿途驛站的供給也是不斷變化的。據琉球《曾姓家譜》載：康熙二十三年，曾夔作為謝恩都通事出使中國，「十二月二十三日（從京城返）到福州，且前此驛站銀出於四十四站，往來有一百一十四兩四錢。此時夔聞福建伴送牛老爺說有六十站，故稟明王舅與前站陳圭光相議，加十四站為五十八站，往來有一百五十兩八錢銀子（此時加三十六兩四錢）。嗣後貢使上京時，驛站銀出於五十八站者自此而始矣。」[52]大凡福州至京城的貢道驛站是固定的，琉球使臣進京的路線也是相對固定的。隨著時間的推移，驛站數的變化也是情理之中的事。道光十八年（1838）隨謝封特使法司王舅翁寬等進京的琉球都通事魏學源記有《福建進京水陸路程》，其載：自福州三山驛至京，水陸共計四千九

---

51 《久米村系家譜》，《那霸市史》第1卷6（那霸市：那霸市企畫部市史編集委員會，1980年），頁391。

52 《久米村系家譜》，《那霸市史》第1卷6（那霸市：那霸市企畫部市史編集委員會，1980年），頁392。

百一十二里，按照路程自福州三山驛起至良鄉縣同節驛共計七十二站。由此可見，每個時期的驛站數都有相對固定的數目，《曾姓家譜》曾夔條記述的驛站銀的支用數目，為我們研究中外朝貢制度提供了不可多得的史料。

其實，琉球使臣在赴京途中也得到各地中國官員的眷顧。例如《鄭氏家譜》鄭永功條載：乾隆五十三年鄭永功為進貢和謝賜御書匾額事出使中國，「經過山東時，蒙山東巡撫長大人譚，遣二府官看問正副使，並以十分銀一百兩賜於跟隨人等為衣服之費。」[53]此類記述也散見在其他的譜牒之中。

## （四）琉球貢使在京城的活動

琉球閩人家譜資料記述琉球使團在京城活動的內容最多。從中我們可以看到中國政府對琉球使臣的特別禮遇。我們列舉琉球閩人孫光裕，在道光十六年作為進貢大夫到中國進貢請封時在京城活動的日程，可以清楚地看到其頻頻為道光皇帝召見，琉球使團的特殊待遇，反映了中琉之間的密切關係。

現據《孫氏家譜》上的資料整理如下：

### 清道光皇帝召見琉球貢使孫光裕一覽表[54]

| 時間 | 內容 |
| --- | --- |
| 道光十六年十二月二十三日 | 西華門外瞻仰天顏，召入瀛臺賜宴 |
| 道光十六年十二月二十四日 | 召入重華宮看戲 |
| 道光十六年十二月二十八日 | 皇帝祭太廟，午門前跪送、跪迎 |

53 《久米村系家譜》，《那霸市史》第1卷6（那霸市：那霸市企畫部市史編集委員會，1980年），頁639。
54 《久米村系家譜》，《那霸市史》第1卷6（那霸市：那霸市企畫部市史編集委員會，1980年），頁442。

| 時間 | 內容 |
|---|---|
| 道光十六年十二月二十九日 | 召入保和殿賜宴，觀看絃歌諸藝 |
| 道光十七年正月元旦 | 太和殿隨班行朝賀禮 |
| 道光十七年正月初二 | 召入紫光閣賜宴 |
| 道光十七年正月十二日 | 皇帝幸祈穀殿，午門前跪送、跪迎 |
| 道光十七年正月十五日 | 召入正大光明殿賜宴、是晚召入山高水長殿觀看相撲、跌打、絃歌諸藝 |
| 道光十七年正月十九日 | 旨山高水長殿恭請聖安、御前賞看相撲、跌打、絃歌諸藝 |

　　從上表我們看到琉球孫光裕使團從道光十六年十二月十五日到京，道光十七年二月初四日離京，在京城短短不到五十天時間，道光皇帝就召見了九次，這在其他的歷史文獻並無如此詳盡的記述。此外，家譜資料還記述了琉球使臣在京的其他活動，諸如使團居住的狀況，與各機構打交道的情況，在禮部學習各種禮節，赴國子監瞻仰文廟，在午門接受賞賜等。由此可見，琉球閩人家譜資料對於我們了解琉球使臣在華的活動很有參考價值。

## （五）關於中國皇帝賜琉球「御筆匾額」的事

　　關於中國皇帝賜琉球「御筆匾額」的事，中國第一歷史檔案館研究員胡忠良曾撰文做過考證。當時圍繞著皇帝御筆親書的匾額是製作好的賜給琉球國，還是幾個字由琉球國使帶回製作。胡文還詳細地考證了匾額製作的方法與材料。事實上查閱了琉球閩人家譜，這些問題都赫然眼前，無須爭辯。《曾姓家譜》曾信條載：雍正元年「十二月初三日，王舅翁國柱奉旨召見於乾清宮，賜國王御筆匾額『輯瑞球陽』四字。……於本日在乾清門外翁國柱拜領之（此時王舅有欽賞）。其御筆匾額又准欽天監奏擇十二月初十日卯時出宮。是日差官

五員排列龍亭，御棍龍旗鼓樂俱是，上用鑾駕迎送到球館。」[55]

　　上述的史料非常明確地告訴我們，中國皇帝賜給琉球國王的御筆匾額『輯瑞球陽』僅僅是四個字。又《陳姓家譜》陳弘樣訓條載：「乾隆四年己未九月十三日奉命為臨書欽賜御筆『永祚瀛壖』四個字，以造匾額事。隨御書院奉行向氏國頭親方朝齊、中議大夫王裕之國場里之子親雲上，同魏獻芝高嶺里之子親雲上於南御殿寫之，至於同十二月初二日其功全竣」。[56]

　　史料證明胡忠良的結論是正確的。若人們早看到這些族譜資料，也就不會對賜給琉球國王的御筆匾額，琉球貢使究竟帶回的是匾還是字產生爭論了。

## （六）福建官員接待琉球使者的事

　　關於福建官員接待琉球使者的事情，在其他的歷史文獻資料中也常見，但琉球閩人家譜資料對此類事情的記述更為詳細。例如《陳姓家譜》陳以桂條載：乾隆十五年四月二十二日，陳以桂等琉球人護送福建同安李順等一一三名的中國難人到福州閩江口的怡山院。福建官員妥善安置了琉球人，並接收了送返的福建難人。並為陳以桂等人準備了回程所需的物品：白米二斗四升、老酒一壇、豬一口、羊一口、鵝一對、雞五個、麥粉一斗二升、鴨二對。所有物品由海防官親自送到琉球館驛。

　　又有琉球閩人紅日昂，乾隆五十三年奉為總官，為接貢事渡海赴閩，途中遇風，船隻觸礁，人員棄船上岸，蒙沿海中國海防官員護送至福州安歇。由中國政府撥造船價銀一千兩及口糧等項。其時造船經

---

55 《久米村系家譜》，《那霸市史》第1卷6（那霸市：那霸市企畫部市史編集室，1980年），頁397。

56 《久米村系家譜》，《那霸市史》第1卷6（那霸市：那霸市企畫部市史編集室，1980年），頁473。

費昂貴，非一千兩銀子可以應付。在福州地方官員等幫助下，紅日昂等又籌措了六千五百兩的銀子，在福州灰爐頭設廠造船，三個月後完工，開船回國。[57]

　　這則史料，不僅記述了福建官民如何救助遇難的琉球人，還提到了福州造船的場所。據歷朝出使琉球的使臣記述，古代封舟的製造主要在南臺附近，這裡瀕臨閩江，水陸交匯，出海方便。史籍中鮮有在福州城北，群山環繞的灰爐頭造船的記載，就今天來看，我們怎麼也看不出灰爐頭這個地方與航海造船有什麼關係。不過看了琉球閩人家譜的資料，你就知道二百多年前，灰爐頭竟然是琉球人的造船場所。帶著疑惑，你就會去查閱相關的史料，你就知道這一地區的地名都是有歷史故事的。與灰爐頭相去不遠的地名有「湖前」一說，據傳，當時這裡四面環水，一山浮於水面，遠望猶如倉稟，故山名「浮倉山」。總之，這樣說來，這裡的地名與琉球人造船存在著一定的歷史關係。

## （七）關於學習和文化交流的事

　　程順則是移居琉球的閩人後裔，是琉球歷史上的偉人之一，他的事蹟散見於諸多的典籍之中。毋庸置疑，琉球閩人族譜中也記述了程順則的許多故事，其中程順則致力於中國文化典籍傳入琉球的事蹟最為突出。《程氏家譜》程順則條記載：康熙五十九年，他「在江南捐資購得皇清詩選數十部，每部三十卷。歸獻王府內書院壹部，聖廟壹部，評定所壹部，餘分送師友。是詩集首卷聖祖仁皇帝御製也。其餘皆清朝名公卿，碩彥鴻儒及朝鮮、琉球、安南國詩也」[58]。

---

57 《久米村系家譜》，《那霸市史》第1卷6（那霸市：那霸市企畫部市史編集室，1980年），頁230-231。

58 《久米村系家譜》，《那霸市史》第1卷6（那霸市：那霸市企畫部市史編集室，1980年），頁540。

　　《程氏家譜》中還收錄了程氏家族中許多人的文章和詩作。同時也收錄了他們珍藏的中國冊封琉球使臣的詩文和墨寶，譬如同治年的正使趙新、嘉慶年的正使趙文楷、道光年的副使高人鑑、康熙年的副使徐葆光、副使林麟焻等的詩文、楹聯、墨寶都收入其中。這些資料都為我們研究中國與琉球的文化交流歷史提供了彌足珍貴的史料。

　　琉球家譜資料還記載了琉球歷代閩人來華學習的情況，譬如康熙年魏士哲在閩學醫的經過[59]，嘉慶年陳有憲到閩學習貯米之法，[60]都生動地描述了中琉文化交流的歷史。這些史實可以與其他史料相參照，將極大地促進這一領域的研究。

## 五　琉球的接貢制度

　　琉球來中國以接貢為目的的接貢船在明後期就出現了。嘉靖二十七年（1548），有以馬普渡為使者，陳繼成為通事的琉球接貢船首次出現在福州港。其後偶爾又出現過許多次。嘉靖三十七年（1558）馬加泥、馬南比為使者的琉球接貢船、嘉靖四十年（1561）以馬寧久為使者的琉球接貢船、嘉靖四十五年（1566）以麻加寧為使者的琉球接貢船和以吳蒙達為使者的琉球接貢船、隆慶二年（1568）以馬南北為使者的琉球接貢船先後來到中國，迎接完成進貢中國任務後回國的琉球貢船。從當時琉球往來中國的朝貢來看，接貢無非有兩重的意義。一是更大範圍地擴大中琉之間的貿易。接貢船本身的一次往返，無形中就增加了一次中琉貿易往來，同時使每次進貢中國的琉球使團能更大數量的販運中國貨物。其次在當時海疆不靖，武裝走私、盜寇出沒

---

59　《久米村系家譜》，《那霸市史》第1卷6（那霸市：那霸市企畫部市史編集室，1980年），頁392。

60　《久米村系家譜》，《那霸市史》第1卷6（那霸市：那霸市企畫部市史編集室，1980年），頁503。

的貿易時代，增加接貢船隻無形中加強了海上的防範力量，同時在與海上風浪的對抗中，三條船運載的貨物順利返回琉球的機遇總是比兩條船的機遇來得多，就這一點而言，接貢船的出現，客觀上起到了琉球對華貿易損失相對減少的作用。

明代琉球的接貢船來華較少，偶爾為之，並未形成制度。到了清康熙六年（1667），琉球國王尚質，首次派遣蔡純為使者、蔡彬為通事率接貢船前來中國執行接貢一事。但琉球派遣接貢船隻遭到清廷的反對。康熙八年（1669）二月二十八日，禮部移咨琉球國王，「今海禁甚嚴，除進貢船外，其接貢之船不許放入」[61]。

後來康熙皇帝平定了三藩之亂並且統一了臺灣，東南沿海地區的社會政治日趨穩定，經濟貿易也迅速地發展起來。中琉之間的關係隨著汪楫冊封使團於康熙二十二年（1683）使琉球後更為密切，琉球新王尚貞不失時機地向中國提出了建立琉球對華的接貢制度，琉球王尚貞在奏疏中稱：「……蒙皇上天恩，准臣二年一次朝貢，向例兩船，員伴至閩，除赴京員伴外，其餘人數即於本年夏汛回國。迨至朝京事竣，臣恐末員在閩無事，虛糜天朝廩餼，且中間未值後次貢期，臣照例遣一船，迎接皇上敕書欽賞，同貢使一起回國，遵行已久。至二十四年五月初十日有部文，內開外國進貢定數船三隻，舡中所帶來貨物，停其收稅等因，奉旨依議，欽遵在案。但臣即於二十四年冬遣都通事金元達等駕舡一隻，來接貢使吳世俊等回國，所有本船帶來土產，末員金元達等懇照恩免三隻事例，巡撫金具題，因部覆未到，時蒙督稅部堂照例收稅。至二十五年八月二十一日伏讀禮部咨文，內開荷蘭國貢使賓憲吧芝等呈稱，天朝定例，凡是外國進貢准免三隻稅銀，今賓憲吧芝等來到福建，僅有一船免稅，懇將今年接貢舡內再免二隻稅銀，湊足三舡額數等因具題，奉旨依議，欽遵在案。臣伏思敝

61 《歷代寶案》第1集，卷5（臺灣大學影印本，1972年）。

國納款，自天朝定鼎以來，歸順最先，今荷蘭國使臣賓憲吧芝等得邀
皇上格外之恩，臣員不揣冒昧，仰體皇上萬物一體之仁，俾臣後次接
貢舡只照例恩免，臣即摩頂放踵，亦難報答皇恩萬物之一也。然臣更
有懇者，敝國入貢之舡，向例兩舡員役以不盈二百人數為準。今查二
十三年貢使吳世俊等齎回禮部文一角，內開定例，外國進貢船不過
三，人不過百，惟琉球進貢人數不過百五十人。臣思琉球至閩，萬里
汪洋，兩舡員役除官伴外，善於操舟者，每舡非五十人不能遠涉洪
濤。臣誠恐日後，或有督稅官長，執法如山，以臣人數稍多，律以百
五十人之例，或查明，或題請，此時臣之末員風汛在邇，控告無門，
勢必淹留坐食口糧，臣罪亦重，伏乞皇上鑑臣效順愚誠，敕行禮部行
文督撫，如係進貢船隻，著交與地方管轄，准依前例遵行，其接貢一
隻，懇照荷蘭國奉旨恩免……」[62]。琉球國王的這一奏疏是由貢使毛
起龍帶到北京於康熙二十八年（1689）九月初三日直接呈交禮部的。
康熙皇帝命禮部議奏，禮部最初只同意琉球國派遣接貢船隻一艘，湊
足三隻之數，而對人員嚴格控制在一五〇人之內。後經康熙皇帝堅
持，人員增至二百人。是年十月初十日，禮部尚書張玉書召見琉球使
臣，將清政府的批准意見轉告琉球國，曰：爾國王所請之事，奉旨會
戶部相議免稅事，照荷蘭國之例，該應蠲免等因啟奏，已經准
依。……嗣後以二百人為定數」[63]。從此確立了琉球國的接貢制度，
使琉球國對中國的朝貢制度增加了新的內容。

今據琉球《歷代寶案》所載嘉慶二十年（1815）八月十三日琉球
國王所出具的接貢船執照，可看出當時琉球接貢船之配備和執照具體
內容。照曰：

---

62 《歷代寶案》第1集，卷15（臺灣大學影印本，1972年）。

63 《蔡氏家譜》〈七世蔡朝用〉，《那霸市史》〈家譜資料二〉，頁301。

琉球國中山王尚，為恭迎敕書並接回使臣事。照得本爵業於嘉慶拾玖年秋，遣貢使耳目官向斌，正議大夫鄭嘉訓等齎奉表章方物入貢天朝。經本爵移咨福建等處承宣布政司起送赴京叩視聖禧在案，茲當還國之期，例應撥船接回。為此，特遣都通事鄭克新等帶領梢役共捌拾玖員名，坐駕海船壹隻，前至福建，恭迎皇上敕書、欽賞幣帛，並接京回使臣向斌、鄭嘉訓、鄭文洙與在閩存留通事梁文翼等還國。但所差員役恐無文憑，以致各處官軍阻留不便，為此給發王府禮字第貳百捌號半印勘合執照壹道，付存留通事楊德昌等收執前去，凡所遇關津及沿海巡哨官軍驗實，即便放行，毋得留難阻滯，須執照者，

計開

在船都通事一員　　鄭克新　　　人伴肆名

在船使者貳員　　　毛承順　　　人伴捌名

　　　　　　　　　向元麟

存留通事壹員　　　楊德昌　　　人伴陸名

管船夥長直庫貳名　蔡洛　維順利

水梢共

右執照付存留通事楊德昌等，准此。

嘉慶貳拾年捌月十三日[64]

　　事實上琉球接貢船的目的仍然是貿易，這從清宮檔案的免稅清單上一目了然。今從《清代中琉關係檔案選編》上抄錄兩件，以資證明。

　　一件是乾隆三十五年（1770）三月二十日署福州將軍福建巡撫溫福所奏琉球國接貢船到關照例免稅折，並附免稅清單，全文如下：

---

64 《歷代寶案》第2集，卷118（臺北市：中央研究院歷史語言研究所，1972年）。

奏

署福州將軍福建巡撫臣溫福謹奏為琉球接貢船隻到關照例免稅
事。乾隆三十五年三月十三日，據委管南臺稅務鑲藍旗協領董
海、福州府海防同知趙由傑報稱：二月二十九日，有琉球國通
事魏開功等坐駕接貢船一隻到關。據該國都通事林邦哲開送隨
帶土產什物清冊核計，應徵稅銀一百八兩四錢三分一釐等情轉
報前來，臣查琉球國久沐聖朝德化，輸誠納貢，最為恭順。凡
遇貢船來閩及事竣回國所帶貨物，向邀聖恩，概免徵稅。今該
國遣都通事林邦哲等駕船來閩接護貢使回國，所有船內貨物，
自應仰體皇上柔遠深仁，照例免其輸稅。經臣查例批行，遵照
並宣示夷使去後，復據該口委員董海等稟稱，通事魏開功率領
都通事林邦哲等赴關，望關叩謝天恩等情。據此，謹將免過貨
稅銀兩數目另繕清單恭呈，御覽伏祈，皇上宥鑑，謹奏。

　　清單
　　謹將琉球國接貢船一隻隨帶土產雜物按則核算應稅銀兩
　　數目開呈御覽
　　銅爐四個重十六斤稅銀八分
　　圍屏二架稅銀一兩
　　小銅爐七個重十七斤八兩稅銀八分八釐
　　銅罐十個重十五斤稅銀七分五釐
　　紙扇二百把稅銀一錢二分
　　銅煙吹二百把重六斤稅銀三分
　　海帶菜九萬二千三百斤稅銀七十三兩八錢四分
　　石鉅一百七十斤稅銀一錢七分
　　海鰻魚五十斤稅銀一分五釐
　　海參二千三百斤稅銀六兩九錢
　　鹽魚三百斤稅銀九份

佳蘇魚七百斤稅銀三兩一錢八分五釐

鮑魚三千六百斤稅銀十六兩三錢八分

醬油三百斤稅銀二錢四分

麥醬一百八十斤稅銀一錢四分四釐

豆醬四百六十斤稅銀三錢六分八釐

燒酒三十壇稅銀六錢

刀石六百斤稅銀二錢四分

鹽目魚一百斤稅銀三分

毛魚三百二十斤稅銀九份六釐

魚翅八百斤稅銀三兩六錢四分

皮箱五十五個稅銀一兩一錢

共稅銀一百八兩四錢三分一釐[65]

　　另一件是乾隆四十二年（1777）二月初六日，閩浙總督鍾音所奏琉球接貢船回國照例免稅折，並附屬稅單，從中可看到琉球接貢船在中琉貿易中所起得作用。該奏摺全文如下：

　　奏

　　閩浙總督暫管海關印務音謹奏，為琉球船隻回國照例免稅恭折奏聞事。竊照琉球國接貢一船於上年四月內來閩，所有進口免徵稅銀，經管關將軍臣永德陳奏在案。今貿易事竣，隨帶回國貨物共計應徵稅銀三百四十一兩零。經隨飭照例免徵以仰副聖主柔遠至意。旋據南臺委員徐元等報稱：該國通事陳宏澤率領官伴人等赴關望關叩謝天恩於乾隆四十二年正月十三日開駕出口回國。臣謹恭摺具奏，並將免過稅銀另繕清單敬呈御覽伏乞，皇上睿鑑，謹奏。

65　《清代中琉關係檔案選編》（北京市：中華書局，1993年），頁121-122。

琉球接貢回國船隻免稅清單

謹將琉球接貢船隻隨帶貨物按則科算免過稅銀數目開呈御覽

計開

中緞七十匹稅銀一兩七錢五分

土絹一百四匹稅銀一兩四分

中花綢一千二百五十六匹稅銀二十五兩一錢二分

色綾九十八匹稅銀二兩九錢四分

西機八匹稅銀一錢六分

綢紗二百八十九匹稅銀八兩六錢七分

中片錦五匹稅銀一錢四分

各色絲線四十三斤稅銀一兩一錢一分八釐

絲綿六十一斤稅銀六錢八分三釐二毫[66]

土絲二百七十六斤稅銀二兩二錢八釐

蟲絲二百三十一斤稅銀一兩三錢八分六釐

雨傘三千一百二十把稅銀三兩一錢二分

中茶葉七千三百六十稅銀二十二兩八分

粗夏布四百三十七匹稅銀一兩三錢一分一釐

斜文布一百七十二匹稅銀一兩三分二釐

粗氊一千八百斤稅銀三兩六錢

絨氊四條稅銀八分

苧麻一千一百一十斤稅銀八錢八分八釐

棉紗帶四十斤稅銀一錢二分

毛邊紙八萬四千張稅銀五兩三錢七分六釐

粗紙一萬六千三百五十五斤稅銀一十兩三錢三釐六毫五絲

紅紙七百張稅銀二錢八分

---

66 《清代中琉關係檔案選編》（北京市：中華書局，1993年），頁186-188。

大油紙一千八百張稅銀七錢二分

土墨三百四十斤稅銀八錢五分

紙畫二十張稅銀一錢二分

油紙扇七千七百五十把稅銀四兩六錢五分

皮箱九十二個稅銀一兩八錢四分

梳箱二十個稅銀二錢

土漆茶盤漆盒等共三千四百七十五個稅銀五兩五錢六分

生漆八十斤稅銀九錢六分

粗香二千九百二十五斤稅銀二兩三錢四分

粗瓷器五千四百五十斤稅銀五兩四錢五分

白糖一萬一千三百斤稅銀一十一兩三錢

蜜浸糖料一千一百斤稅銀九錢三分五釐

蜂蜜二百斤稅銀二錢四分

錫器三百二十五斤稅銀六錢五分

竹蔑箕一萬八千二百個稅銀一兩四錢五分六釐

牛筋九十三斤稅銀九分三釐

胭脂三千張稅銀六錢

壽山石器九百五十斤稅銀七兩六錢

宜興罐一百二十五斤稅銀一錢二分五釐

小鼓一百面稅銀二錢

蘇木四千八百斤稅銀七兩二錢

鐵針二萬根稅銀四錢

玳瑁一千四百九十斤稅銀四十四兩七錢

銀朱一千四百七十斤稅銀一十九兩一錢一分

胡椒八百五十斤稅銀六兩八錢

洋青一百五十斤稅銀二兩四錢

速香二十斤稅銀三錢

冰片六十五斤稅銀一十九兩五錢

香油一百斤稅銀八分

羓子四匹稅銀八分

織絨七匹稅銀一錢四分

獐皮七張稅銀三分五釐

嗶嘰二十五丈稅銀三兩七錢五分

苧麻線四十斤稅銀一錢二分

粗藥材九萬七千一百一十六斤稅銀九十七兩一錢一分六釐

以上共銀三百四十一兩二分六釐[67]

勿庸贅言，琉球接貢制度的建立是以加強琉球對中國朝貢制度為目的的，客觀上加強了中國與琉球之間的政治與貿易關係。

## 六　來華琉使的覲見制度

《清會典》卷三十九載：凡貢使在京，恭遇萬壽聖節、元旦、冬至及升殿應於朝賀。豫行鴻臚寺，傳貢使演禮。付知儀制司，於禮節本內聲明，令貢使暨從官詣丹墀西班末，行三跪九叩禮。屆期派員領入貞度門伺候。凡貢使已於朝賀，奏明停其召見，如未於朝賀，將屆回國時，將應否召見具奏請旨。若已於朝賀，而該貢使援引往例，呈請進見，仍據呈代奏請旨。如奉旨召見，行欽天監選擇日時，奏請欽定。屆期，恭進禮節，行知內閣、起居注、侍衛處、內務府及鑾儀衛、景運門、武備院、鴻臚寺、欽天監并吏部、兵部轉傳文武大臣。至日，禮部堂官一人，蟒袍補服，率貢使服其國朝服，通事補服，詣宮門外祗候，皇帝常服御便殿。御前大臣領侍衛內大臣、內大臣侍衛左右侍立如常儀。禮部堂官引貢使入。通事隨入。至丹墀西行，三跪

---

67 《清代中琉關係檔案選編》（北京市：中華書局，1993年），頁185-188。

九叩禮畢，由西階升。通事一員從升至殿門外跪，皇帝降旨慰問。禮部堂官承旨，傳知通事，轉諭貢使。貢使奏對，通事譯言，禮部堂官代奏，禮畢引出。如朝鮮貢使有稱君者，及琉球、越南使臣系該國王兄弟、世子，則待以優禮。是日入班侍立之大臣咸蟒袍補服。貢使於丹墀行禮畢，升西階入殿右門，立右翼大臣之末，賜坐，賜茶。入班之大臣暨貢使咸跪。行一叩禮，降旨慰問如儀。禮畢，禮部堂官引貢使出，至朝房，承旨賜貢使尚方飲食訖，各退。翌日貢使詣午門外謝恩，行三跪九叩禮[68]。使臣在朝見皇帝前，為了不致弄錯禮節，照例須參加鴻臚寺演禮。道光十二年（1832）十二月二十六日，朝鮮使臣與琉球使臣一同參加了鴻臚寺演禮，並詳細記載了當時情景。

> 演儀者，演習朝賀儀節……午時，與正副使及任譯具公服……至鴻臚寺……見庭中東西對立二碑而無書字，蓋表班次也。庭北又有門，扁曰龍亭門。門前周設紅柵，左右有月廊，門內有八面高閣。扁曰習禮亭，俗稱牌閣，又稱龍亭，其內蓋設御榻，奉安位牌，牌面書曰當今皇帝萬歲萬歲萬萬歲。如我國殿牌也。我使就左月廊，琉球使就右月廊少憩。本寺官員六七具朝服，喝道入來，始開龍亭門，演儀於亭中。本寺官員東西分立於庭北，我三使北面序立於庭南，諸譯又序立於三使之後……琉球三使又序立於諸譯之後，我國從人與琉球從人又立於其後，而觀光排畢，鳴贊二人分立於龍亭門左右臚唱。……於是行三拜九叩之禮。曾聞官員糾檢行禮，如或參差，則雖三四巡更令演習云，而今不然。禮畢，復入左月廊，換著平服而歸[69]。

---

68 《清會典》（北京市：中華書局，1991年），頁352。

69 金景善：《燕轅直指》，轉引自陳捷先：〈清代琉球在華行程與活動略考〉，見《第二回琉中歷史關係國際學術會議論文集》（那霸市：琉中歷史關係國際學術會議實行委員會，1989年），頁119-120。

　　《清會典》載：凡貢使至京，先於禮部進表，恭遇皇帝升殿，百官行禮畢，於丹墀西班末行禮。事竣，賜燕於部，頒賞於午門外。皆由館卿率使臣以行禮[70]。

## （一）琉球貢使參加「三大節」慶典

　　清代，凡遇皇帝生日、元旦和冬至三大節，清政府均邀請各國使臣共同出席典禮。《大清會典事例》規定：「凡貢使至京……恭遇萬壽聖節、元旦、冬至朝賀、及皇帝升殿之日，主客司官暨館卿大使等，率貢使至午門前朝房祗候，引入貞度門，皇帝御太和殿，百官行禮畢，序班引貢使暨從官詣丹墀西班末，聽贊行三跪九叩禮」[71]。

　　元旦慶典通常在太和殿前舉行，由禮部通知琉球正副使臣穿戴整齊於五更即前往集合，如鴻臚寺演習一般。道光十三年（1833）正月初一日，朝鮮使臣同琉球使臣一道參加了太和殿隨班行朝賀禮：

　　　　當天「禮部知委五鼓偕正副使及諸任譯具帽袍赴賀班，路見官人趨朝者，皆書職名於燈，懸於車股。……曉色沉沉，行之如入土窟中，至太和門前少憩於右夾貞度門下，琉球使在左夾昭德門下，兩門簷端各懸一大燈，千官分文東武西彌滿其中，然絕無喧嘩聲。時從黑暗裡但聞靴聲閣閣，少頃，忽自午門樓上鐘聲大震……時提督前導入太和殿庭，以次序立，如鴻臚寺演禮時。……天漸亮，望見殿門洞開，而殿內深遠不可見，殿門外對立曲柄黃涼傘一雙，階上對立黃蓋二雙，階下對立繡鞍馬六匹，黃屋轎二座，其次對豎紅黑蓋，其次對豎各色燈籠，其次對豎各色旗幟，或以金織成龍，或畫日月星辰，或畫熊虎龜蛇，或書門字，皆朱竿畫龍。其次對豎槍棒斧鉞之屬，儀仗軍

---

70　《清會典》（北京市：中華書局，1991年），頁355。
71　《欽定大清會典事例》卷395，〈禮部朝貢禁令〉，嘉慶戊寅修，頁1。

共數百人，而皆黃衣黃鑲，兩行排立，隊隊井井，盛儀甚整
飾……東西班趨入杖內，大臣以下階下，諸王與蒙古王階上皆
序立。……琉球使在我使之後成班，……已而皇帝從殿後門出
登殿上云。……陛樂作，其音節迫促，絕不類大國之響。然而
無闋緩哀怨以意，則亦非亂世之音。……樂止而又警鞭三聲，
鞭訖而又作樂於太和門樓上。樂止，鴻臚官立於陛上臚唱，恰
如我國之臚聲而大作且清響，滿庭中於是東西班隨唱行三拜九
叩頭禮，無一參差，亦無喧嘩聲。禮畢，殿上有讀書聲，聲亦
洪暢，聞是新正陳賀表及頒詔文云。讀訖，又作樂，樂止，皇
帝還內，亦從後門。……周覽東西月廊，乃退出太和門……歷
午門，端門而出，仰見城樓高插半天，朝日蕩射，金彩眩輝，
帝居之壯，有如是矣，還至館所，日未二竿……」[72]。

朝賀前清廷對琉球貢使的活動路線都有詳細的安排，所經之門衛
都一一行文告知。如嘉慶二十五年（1820），禮部給內務府的咨文就
報告了琉球使臣道光元年正月初一日朝賀時的將行走的路線。咨曰：

> 禮部為知照事道光元年正月初一日，琉球使臣應由西華門、熙
> 和門走貞度門赴太和殿前行朝賀禮。除行文景運門轉傳各門
> 外，相應知照可也。
> 須至咨者
> 右咨
> 內務府
>
> 　　　　　　　　　　　　廿五　十二　廿七[73]

72 金景善：《燕轅直指》轉引自陳捷先：〈清代琉球使在華行程與活動略考〉，《第二回
　琉中歷史關係國際學術會議論文集》（那霸市：琉中歷史關係國際學術會議實行委
　員會，1989年），頁122-123。

73 中國第一歷史檔案館編：《清代中琉關係檔案三編》（北京市：中華書局，1996年），
　頁422。

　　此外，據中琉關係檔案記載，康熙二十四年（1685）十一月二十七日為冬至節，琉球貢使與其他文武官員到太和門向皇帝行禮慶賀[74]。咸豐九年（1859）六月初七日，琉球使臣到京「恭進萬壽聖節，奉旨令入同樂園聽戲」[75]。嘉慶六年（1801）四月初一日，琉球進貢使臣抵達北京，皇帝在太和殿召見使臣，「十五日，皇上升太和殿，該（琉球）使臣附於百官末行禮」[76]。

## （二）應邀出席皇帝賜予的筵席

　　清帝在元旦、聖壽、元宵等節日均會設宴，邀請各國貢使一同參加。如乾隆四十九年（1784）正月十五日的元宵節，乾隆帝在保和殿筵宴外藩貢使；嘉慶二十四年（1819）正月初一日，嘉慶帝在太和殿舉行元旦宴；道光四年（1824）十二月三十日，道光帝在保和殿舉行的除夕宴。

　　琉球使臣參加的保和殿晚宴是清代皇帝與外國使臣的除夕聚會，十分隆重，行宴之日，「前期內務府庀饌，請旨命進酒大臣，屆日樂部和聲署，陳中和韶樂於殿簷下左右，陳丹陛大樂於中和殿北簷下左右，筘吹隊舞雜技百戲，俟於殿外東隅，武備院張黃幕於殿南正中，內務府管領設後坫於幕內，尊爵金卮壺勺具，尚膳總領於寶座前設御筵，殿內左右，布外藩王公暨內大臣入殿文武大臣席，寶座左右陛，布後扈大臣席，前左右，布前引大臣席，後左右，布領侍衛內大臣暨記注官席，丹陛上左右，布臺吉侍衛席，按翼按品為序，東西向，北上；理藩院堂官席殿東簷下西面，帶慶隆舞大臣。內務府大臣席黃幕

---

74　中國第一歷史檔案館編：《清代中琉關係檔案五編》（北京市：中國檔案出版社，2002年），頁29。

75　中國第一歷史檔案館編：《清代中琉關係檔案五編》（北京市：中國檔案出版社，2002年），頁696。

76　《歷代寶案》（校訂本）第8冊，第2集（那霸市：日本沖繩縣教育委員會，1996年），頁179。

左右東西面。已刻群臣朝服畢會，午刻皇帝御殿，行燕禮。凡就位進菜進爵，行酒，樂舞人佾，燕畢謝恩諸儀節，均與太和殿筵燕儀同」[77]。

此外，清帝依其個人喜好，也常常在皇宮內筵宴貢使，筵宴琉球貢使的名目多種多樣，地點、次數也不固定。如乾隆四十七年（1782），「朝鮮、琉球、南掌、暹羅等國貢使，奉旨於紫光閣、山高水長、正大光明殿賜同一體筵宴，仍在禮部及會同館筵宴二次」[78]。

一般情況下，這些宴會都是在京的貢使一同參加且只有正、副使二人才有資格參加。

## （三）安排琉球貢使道旁瞻觀

《清會典》載：凡貢使至京，恭遇聖駕至圓明園及幸南苑等處，皆令貢使於道旁瞻觀。若駕幸熱河而貢使適至，奉旨召至行在，由禮部堂官帶領該貢使前赴熱河瞻仰天顏。凡已令貢使道旁瞻仰者，俱停其召見。至國王來朝之班位，謹案乾隆五十五年安南國王阮光平親詣闕廷，慶祝萬壽，安南國王與親王以下郡王以上班次一體行禮，給其例賞。

如「嘉慶四年十二月二十一日，皇上詣雍和宮拈香，該使臣在西牌樓門外瞻觀；……二十九日，皇上祭太廟，該使臣在午門外跪迎跪送；……嘉慶五年正月初一日，皇上詣裕陵，該使臣在東華門跪送聖駕；初七日，皇上詣裕陵迴鑾，該使臣在朝陽門跪迎聖駕；十七日，皇上詣祈谷壇齋宿，該使臣在午門外跪送聖駕，是日賞該使臣克食；十八日，皇上詣祈谷壇還宮，該使臣在午門外跪迎聖駕並跪請聖安」[79]。

---

77 《欽定大清會典事例》卷518，〈禮部〉〈燕禮〉（光緒年間石印本）。

78 崑岡：《清會典事例》卷519，〈禮部〉（光緒石印本）。

79 《歷代寶案》（校訂本）第8冊，第2集（那霸市：日本沖繩縣教育委員會，1996）年，頁17-18。

## （四）琉球貢使享有觀賞煙火戲之待遇

「乾隆初定制，於上元前後五日，觀煙火於西苑西南門內之山高水長樓。樓凡五楹，不加丹堊，前平圃數頃，地甚寬敞，遠眺西山如髻，山苑牆間宛若圖畫。申刻內務府司員設御座於樓門外，宗室、外藩、王、貝勒及一品武大臣、南書房、上書房、軍機大臣，以及外國使臣等，咸分翼入座，圃前設火樹棚，外圍以藥欄，入座賜茶畢，各營角伎，及儌休兜離以戲，以次入奉畢，命放瓶花火樹。泙湃插入雲霄，詢異觀也」[80]。

據當時參加此項活動的朝鮮使臣金景善在《燕轅直指》一書中記載「周覽畢還至閣前，琉球與金川亦皆來會矣……，皇帝出坐，而無是為警蹕之聲，蓋由閣後耳聞之下層設御坐，而上樓則前垂珠簾，聞是太后及皇后、諸妃嬪所坐也。滿漢蒙古諸近臣皆侍立。戲事方始，正副使承帝命前進，亦例也……日已暮矣，皇帝還內，與正副使偕出園……歸至館所，夕飯訖，又聯出街上觀燈而還」[81]。

## 七　中國對琉球貢使的賞賜制度

宗藩制度最重要的內容就是宗主國對藩屬國的賞賜，中琉交往的五百多年來，琉球國朝貢中國的過程中，中國皇帝的賞賜已成為琉球國朝貢制度的重要部分。

---

80 《清朝野史大觀》第1輯，《清宮遺聞》頁53，引自陳捷先：〈清代琉球使在華行程與活動略考〉，《第二回琉中歷史關係國際學術會議論文集》（那霸市：琉中歷史關係國際學術會議實行委員會，1989年）。

81 引自陳捷先：〈清代琉球使在華行程與活動略考〉，《第二回琉中歷史關係國際學術會議論文集》（那霸市：琉中歷史關係國際學術會議實行委員會，1989年），頁124。

## （一）賜舟

中琉宗藩關係建立之初，由於琉球國地瘠人貧，為了加強中琉之間的聯繫，明代政府曾多次賜舟給琉球國。如洪武十八年（1385），「太祖賜（中山）王海舟一；而山南王、山北王各遣使貢，太祖賜山南王舟一」[82]。洪熙元年（1425），「時鄭義才又具呈言，海舟經年，被海風壞，臣等附內官柴山舟得達，乞賜一舟歸國，且便朝貢，宣宗命工部給之」[83]。

從海舟的賞賜來看，這是價值不菲的賞賜。海舟建造，不用說琉球王國沒有材料，也沒有技術，就是一艘海船的造價，少說也有五千兩的金銀。獲得海舟的賞賜，不僅解決了琉球國海上交通的問題，從經濟利益考慮，也是獲得賞賜的最大利益。

宣德七年（1432），「王遣漫泰來結制等入貢，漫泰來結制具呈言，來舟損壞，乞賜一舟歸，宣宗命工部給之」[84]。正統四年（1439），琉球國中山王尚巴志奏：「近使者巴魯等貢方物赴京，舟為海風所壞，緣小邦物料工力俱少，不能成舟，乞賜一海舟付等領回，以供往來朝貢……上命福建三司於見海舟內擇一以賜，如無則以其所壞者修葺與之[85]。正統九年（1444），「使臣梁回奏乞給海舟一，以便歲時朝貢，英宗給之」[86]。景泰二年（1451），「禮部奏琉球國使臣王

---

82 《中山世譜》卷3，見《琉球史料叢書》（東京：東京美術刊，1972年〔昭和47年〕），頁42。

83 《中山世譜》卷4，見《琉球史料叢書》（東京：東京美術刊，1972年〔昭和47年〕），頁57。

84 《中山世譜》卷4，見《琉球史料叢書》（東京：東京美術刊，1972年〔昭和47年〕），頁60。

85 《明英宗實錄》卷57，正統四年七月甲戌（臺北市：中央研究院歷史語言研究所，1962年）。

86 《中山世譜》卷4，見《琉球史料叢書》（東京：東京美術刊，1972年〔昭和47年〕），頁64-65。

察等朝貢至京，訴稱回程缺船，欲自備物料於福建造船……」[87]。成
化九年（1473），琉球使臣「武實復奏，國王常遣人往滿刺加國收買
貢物，被風壞舡，漂至廣東。有司轉送福建，俟臣等同還，乞自備工
料修舡回國，許之」[88]。成化二十年（1484），「琉球國中山王尚真
奏，永樂年間所賜船破壞已盡，今止存其三，乞自備物料於福建補
造。下禮部復奏，宜聽補造其一，從之」[89]。嘉靖年間，琉球國王尚
清又復移文禮部，曰：「貢舟至港，其勢滅壞，請今入貢使臣買海上
民舡駕還。詔福建守臣核狀聽買，不得過大」[90]。

　　從上述的史料我們看到，早期中國政府還是慷慨解囊，整艘船送
給琉球，逐漸過渡到琉球國自己在中國沿海修船、買船。這種賞賜的
內容變了，也是根據中國自身的財力與琉球國社會經濟的發展來決定
的。在中國政府的扶持下，尤其是善於造船航海的閩人三十六姓移居
琉球後，琉球的航海業也逐步發展起來，因此琉球朝貢中國的賞賜，
從最突出的海舟轉向其他方面，尤其是絲織品等物品。

## （二）針對琉球國王、王妃及朝貢使團成員的賞賜

　　明清政府秉承「有物則償、有貢則賞」的原則，對於琉球國王、
王妃、使臣均有多次賞賜，且名目繁多。

　　如明成化七年（1471），中國政府一次就賜給琉球中山王尚圓的
禮品有：皮弁冠服一副、玉圭一枝、青搭護一件、七旒皂縐紗皮弁冠

---

87 《明英宗實錄》卷200，景泰二年正月乙卯（臺北市：中央研究院歷史語言研究所，
　　1962年）。

88 《明憲宗實錄》卷115，成化九年四月丁卯（臺北市：中央研究院歷史語言研究所，
　　1962年）。

89 《明憲宗實錄》卷350，成化二十年三月戊申（臺北市：中央研究院歷史語言研究
　　所，1962年）。

90 《明世宗實錄》卷427，嘉靖三十四年十二月庚午（臺北市：中央研究院歷史語言
　　研究所，1962年）。

一頂、白素中單一件、棕色妝花錦綬一件。

五章絹紗皮弁服一套、紗帽一頂、大紅素皮弁服一件、棕色素蔽膝一件、綠貼裡一件、大紅素苧絲烏一雙、棕色妝花佩帶一條、常服羅一套、棕色素前後裳一件、金相犀帶一條、素柏株綠一匹、織金胸背麒麟大紅一匹、素黑綠一匹、素青一匹、母礬紅平羅銷金云包袱四條。

暗骨朵雲鷺鷥綠一匹、白毯綠一十匹、大紅織金胸背麒麟圓領一件、織金胸背白澤大紅一匹、紅白素大帶一條。織金胸背獅子大紅一匹[91]。

應該說，這些絲織品都是中國絲綢中的珍品，由皇家專門的工匠製作，從用料到工藝，集中了中國全國各地的能工巧匠，尤其是蘇州的匠人精心製作而成。五彩繽紛，品種各異，可以想見，琉球國王及其上層社會獲得中國政府如此高貴的賞賜是何等的榮耀。琉球國對中國的崇敬，以小事大的忠心，油然而生。

至清代，《清會典》記載：凡賞賜國王及貢使等物件，上駟院備馬，工部備鞍轡鞿韉，戶部備銀兩，內務府備紬緞、絹布、貂皮，各衙門俱將精良者頒給。屆期，禮部堂官驗看。頒賞之日，於午門外道左設案，陳賜物，會同四譯館卿率貢使暨從官各服其國朝服，詣端門內西朝房前序立。鴻臚寺鳴贊齊班，序班引貢使至丹墀西序立。北面東上贊進贊跪叩典。貢使行三跪九叩禮，主客司官率通事官奉頒給國王賜物授貢使，貢使跪授，轉授從人。乃以次頒貢使從人賜物，各跪受訖，贊叩典。復行三跪九叩禮[92]。

初內附，則錫之印。順治十一年，琉球國世子尚質內附，賜鍍金駝鈕銀印。頒賞琉球常貢，國王錦八疋、織金緞八疋、織金紗八疋、

---

91 《歷代寶案》第1集，卷1（臺灣大學影印本，1972年）。

92 《清會典》（北京市：中華書局，1991年），頁352。

織金羅八疋、紗十二疋、緞十八疋、羅十八疋。貢使各織金羅三疋、
緞八疋、羅五疋、絹五疋、裏紬二疋、布一疋。使者都通事各緞五
疋、羅五疋、絹三疋，從人各絹三疋、布八疋，伴送官彭緞袍一件。
其土通事及留邊通事從人賞同伴送官。其貢使係該國王舅，加賞緞五
疋。其王舅通事照都通事之例，凡遇慶賀及請封謝恩等事遣使至者，
賞賜國王及來使等並同常貢如附貢使同來者，均不另賞。凡入官生歸
國，每名例賞綵緞二疋、裏二疋、毛青布六疋。從人每名賞毛青布六
疋，並將加賞緞二疋、裏二疋。從人加賞緞各一疋之處，題本內夾單
進呈，旨下在部頒給。如值貢使在京，於午門前一體頒給。入監官生
遇有事故，國子監咨報奏明，恩賞銀三百兩。以一百兩營葬事，其二
百兩附由本家收領。從人在京者，仍照例賞給布疋。該國王於下次貢
使來京時附表謝恩[93]。

　　從史料記載可知，中國政府賞賜給琉球的物品由禮部總管，賞賜
物品來自各個部門，禮部需一一驗明，當然主要是質量上把關，數量
上控制，一點不能馬虎。賞賜各國國王及王妃物件，並特恩加賞，均
開送內閣撰入敕內，交來使齎回。敕書畫筒行工部，包裹布疋行戶部
至特賜國王。加賞貢使事隸軍機處、內務府支其供具，朝鮮貢使從人
及伴送來京之員役，口糧食物付精膳司轉行光祿寺給發，給養馬匹料
豆行戶部給發，草束行戶部給銀出買。木柴、木炭行工部給發，均用
印領。其餘各國貢使等供具均由內務府致其賙恤，各國貢使在途遇有
事故，照來京貢使之例一併賞給。留守從人亦照來京從人之例賞給。
若貢使在京身故，遣祠祭司官致祭，在途遣所在有司致祭。願攜櫬歸
國者令伴送官員沿途妥為照料，並將恩賞銀兩給予家屬。願葬內地
者，有司擇地封靈立表以識，費資於官[94]。

---

93 《清會典》（北京市：中華書局，1991年），頁353。

94 《清會典》（北京市：中華書局，1991年），頁354。

賞賜國王及王妃世子等各物，即交使臣齎往，行內務府等各衙門備賞賜諸物，並行知各該督撫及該國王。賜琉球國王蟒緞、閃緞、青緞各二疋，綵緞六疋，藍緞、錦緞各三疋，紗、羅、紬各四疋。賜王妃尺緞、閃緞各一疋、綵緞四疋、藍緞、青緞、錦緞各二疋，紗、羅各四疋。凡賞賜各物均移內閣載入敕內[95]。

清康熙二十八年（1689）十月，康熙皇帝認為賞給琉球的緞疋等物，都要取內庫的緞疋。因內庫緞疋較之戶部庫緞質量更佳。此為定例。琉球來華使團的進京人員均有賞賜，其賞賜多寡以官品大小，不同身分而定。即使是染疾病故之人，亦在賞賜之例，所賜之物由他人齎回。關於具體的頒賞數目，琉球《歷代寶案》中記載乾隆三年（1738）二月初六日禮部咨文一則：

> 禮部為頒賞事，主客清吏司案呈禮科抄出本部題前事，內開議得琉球國王中山王尚敬，差陪臣正議大夫鄭國柱等，具表進貢來京，應照加賞之例，賞賜該國王蟒緞六疋、青藍彩緞十疋、藍素緞十疋、衣素緞十疋、閃緞八疋、錦六疋、綢十疋、羅十疋、紗十疋、共八十疋。內閣將賞賜緞疋敕交付來使齎回，其副正議大夫鄭國柱，照加賞例賞綵緞二疋、裏四疋、羅四疋、紡絲二疋、絹二疋共十八疋。都通事梁鼎，賞綵緞二疋、裏一疋、絹一疋、毛青布六疋，共十疋。從人十名，賞毛青布各六疋。留邊通事陳宏訓，賞綵緞二疋、裏一疋、絹一疋、毛青布六疋、共十疋。從人十五名，賞毛青布各六疋。其福建伴送巡檢呂文發及土通事謝道武，仍照例賞綵緞袍各一件。再查康熙五十八年琉球國進貢，副使楊聯桂在通州病故，照例賞賜在案，今正使耳目官毛光潤在福建病故，應照賞綵緞六疋、裏四

疋、羅四疋、紡絲二疋、絹二疋、共十八疋，此賞賜之物，於
戶工二部移取在午門前賞給，其賞賜病故正使毛光潤緞疋，並
賞留邊員役緞布等項，一併交付鄭國柱等齎去賞給，俟倬等起
程之時，臣部照例筵宴二次，回至福建亦照例筵宴一次，遣回
可也。等因於乾隆二年十二月十七日題，本月十九日奉旨，依
議欽此欽遵，抄出到部，相應知會琉球國可也，為此，合咨前
去，遵照施行，須至咨者。

　　右咨

　　琉球國中山王

乾隆三年二月初六日[96]


　　朝鮮使臣金景善記下了道光十三年（1833）正月二十八日，各國
使臣在午門前頒賞的情景。其曰：「……食後偕正副使由東安門入至
端門內，憩於禮部朝房，已而侍郎文慶至，引各國使臣詣午門前，見
已擺列數十座紅桌，各貯賞物於上，覆以紅帕，諸使以次序立於桌
前，鴻臚官立於桌北呼唱，行三拜九叩頭禮，禮畢諸提督頒示賞單，
乃開帕。」、「琉球賞單，則國王錦八疋、蟒緞四疋、蟒斕緞四疋、羅
緞八疋、紗十二疋、緞十八疋、紡絲十八疋。正副使二員各羅緞八
疋、緞八疋、紡絲七疋、絹五疋、布一疋。都通事一員緞五疋、紡絲
五疋、絹三疋。從人十七名各絹三疋、布八疋。伴送官三員、土通事
一名、留邊通事一名、留邊從人十五名各綵緞袍一件」[97]。

　　琉球朝貢中國，賞賜是朝貢得以回報的重要內容，綜上所述，中
國的賞賜是非常豐厚的，同時賞賜的面也非常廣泛，不僅是琉球王宮

---

96　《歷代寶案》第2集，卷22（臺灣大學影印本，1972年），頁2265-2266。

97　金景善：《燕轅直指》轉引自陳捷先：〈清代琉球使在華行程與活動略考〉，《第二回
　　琉中歷史關係國際學術會議論文集》（那霸市：琉中歷史關係國際學術會議實行委
　　員會，1989年）。

的賞賜，琉球朝貢使團的賞賜，甚至從人、已故的貢使團成員都考慮到了，這樣優渥的賞賜規制，成為琉球對華朝貢的重要組成部分。

## （三）宴賞、加賞、特賞、例賞等其他名目的賞賜

中國對琉球來朝的回賜，除了物質上的賞賜外，身分上的、精神心理上的、面子上的賞賜也是十分重要的。

如嘉慶二年（1797）十二月十八日，琉球貢使團到達北京，「二十一日，在西華門外瞻仰天顏，隨赴瀛臺賞飯並賜克食，是日賞臣鰉魚一尾；二十六日，賞使臣回子葡萄一袋；二十八日，賞使臣南鮮果品二桶；二十九日，皇上祭太廟，使臣在午門前跪送跪迎；除夕日，使臣在保和殿入宴，是晚賞賜桌張。嘉慶三年元旦，使臣在太和殿隨班朝賀行禮；十五日，使臣在正大光明殿入宴，是晚在山高水長看燈戲盒子，賞果盒元宵；十九日，使臣在山高水長看燈戲盒子，賞果盒元宵」[98]。

嘉慶三年（1798）正月十一日，皇帝在山高水長加賞琉球正、副貢使，「賞正使一員，錦三匹、漳絨三匹、大卷八絲緞四匹、大卷五絲緞四匹、大荷包一對、小荷包四個。加賞副使一員，錦二匹、漳絨二匹、大卷八絲緞三匹、大卷五絲緞三匹、大荷包一對、小荷包四個」[99]。

嘉慶三年（1798）正月十五日為元宵節，琉球貢使在賞燈之後向皇帝獻觀燈詩，嘉慶帝因此加賞了兩位貢使，「賞正副使二員大緞各一匹、筆各二匣、箋紙各二卷」[100]。

---

98　《歷代寶案》（校訂本）第8冊，第2集（那霸市：日本沖繩縣教育委員會，1996年），頁77-78。

99　《歷代寶案》（校訂本）第8冊，第2集（那霸市：日本沖繩縣教育委員會，1996年），頁78-79。

100　《歷代寶案》（校訂本）第8冊，第2集（那霸市：日本沖繩縣教育委員會，1996年），頁79。

　　嘉慶二年（1797），琉球國王遣使進貢並附進慶賀方物，皇帝下令特賞有關人員，「特賞正使王舅一員，八絲緞八匹、銀一百兩。特賞通事官二員，五絲緞各四匹、銀各三十兩」[101]。

　　特賞、加賞與宴賞的賞賜對象主要是正副使，賞賜時有時無，且賞物不固定。而例賞為兩年一次的朝貢後的例行賞賜，清政府不僅賞賜來京的所有琉球使臣，而且留在福州的其他琉人也一併同賞，上至貢使下至從人，包含了進貢使團的所有成員。

　　有清一代例賞物品的種類和數量主要如下：「賞正使王舅一員，羅緞三匹，緞十三匹，羅五匹，絹五匹，裏綢二匹。布一匹。賞副使一員，羅緞三匹，緞八匹，羅五匹，絹五匹，裏綢二匹，布一匹。賞使者一員、都通事一員、王舅通事一員，緞各五匹，羅各五匹，絹各三匹。賞從人二十名，絹各三匹，布各八匹。賞留邊通事一名、留邊從人十九名，彭緞袍料各一件」[102]。

　　綜述所述，中國賞賜給琉球貢使諸人的物品種類繁多，紡織品為主，亦有食品、文化用品等。賞賜的物品從質量和數量上的區別，體現了被賞人的等級和身分。中國給正、副貢使的賜物基本相同，但通事、從人的物品從數量到質量均有很大的差異。伴隨著物質的賞賜，精神活動方面的賞賜也十分頻繁和重要。因為這最能體現高高在上的宗主國對附屬國的懷柔與恩威，體現了中華帝國以禮待人的儒家精神。

---

101　《歷代寶案》（校訂本）第8冊，第2集（那霸市：日本沖繩縣教育委員會，1996年），頁79。

102　《歷代寶案》（校訂本）第8冊，第2集（那霸市：日本沖繩縣教育委員會，1996年），頁79-80。

# 第四章
# 閩人移民琉球制度

　　古代中國移民海外的類型有許多，但絕大多數是因為生存環境所迫，鋌而走險，飄洋過海，俗稱討生活。也就是說，由於中國東南沿海，地少人多，迫使人們向海外拓殖。當然，隨著社會科技的進步，尤其是航海造船技術的發展，人們重視海外貿易的發展，因此就有相當多的海外移民，他們是因為海外貿易的豐厚利潤而移居海外，商業貿易使他們成為海外移民。不可否認，每每的朝代更替，中國人一臣不事二君的傳統氣節，也產生了大量海外移民。甚至連佛門清淨的出家人，也有不做亂子賊臣創立新王朝的和尚，逃亡海外，弘揚佛法，一六五四年移居日本的黃檗宗隱元和尚就是典型的例子。當然還有一些充分顯示骨氣的士大夫們，沒有海船出走的便利，只好躲進山林，遁入空門，當起出家之人。

　　當然，在海外移民的群體中，由於飄風落難的緣故，流落海外，成為僑民。本章所論述的移居琉球的閩人，確是中國歷史上被政府承認的合法移民，這是古代中國海外移民史上特殊的一例，琉球閩人值得關注。閩人移民海外，移民琉球所形成的一系列制度，值得我們深入地研究。

## 一　禁海與閩人移居琉球

　　明朝初創，百業待興。統治階級為了穩固其政權對內休生養息，實行一系列恢復社會經濟的措施，安置失去土地的農民，實行軍屯、民屯與大規模的邊區移民，同時打擊豪強地主，發展手工業，出現了

「宇內富庶，賦予盈羨」[1]的繁榮景象。對外，明統治者，招諭四海，「使者所至，蠻夷酋長稱臣入貢」[2]，並「以海外諸國多詐，絕其往來，惟琉球、真臘、暹羅許入貢。而緣海之人往往私下諸番貿易香貨，因誘蠻夷為盜，命禮部嚴禁絕之，違者必寘之重法」[3]。

## （一）明初實行禁海

明王朝建立後，明太祖朱元璋為了防止倭寇和反明勢力殘部在沿海一帶的騷擾破壞，遂於洪武四年（1371）和洪武十四年（1381）兩次頒令「禁瀕海民私通海外諸國」。並在福建沿海各地廣置城寨衛所，籍兵置戍。明永樂、宣德年間，明成祖仍規定：「禁民間海船，原有海船者，悉改為平頭船，所在有司，防其出入」[4]。「凡沿海去處，下海船隻，除有號票文引，許令出洋外，若奸豪勢要及軍民等，擅造二桅以上違式大船，將帶違禁貨物下海前往番國買賣」。或「大造前項船賣與夷人圖利者」，都要斬首示眾，全家發邊衛充軍[5]。尤其是嘉靖二年（1523），由於發生了日本海商的「爭貢之役」，明朝的海禁更加嚴厲。

為了確保海疆的寧靜和安全，明朝又在法律上做出嚴格的規定，將禁海的十三項規定，赫然寫入《大明律》，其曰：

1. 凡將馬牛軍需鐵、銅錢、綢緞、細絹、絲綿私出外境貨賣及下海者，杖一百，挑擔馱載之人減一等，物貨船車並入官。於內以十分為率，三分付告人充賞。若將人口軍器出境及下海者絞。因而走洩事情者斬。其拘該官司及守犯之人通同夾帶或知

---

1　張廷玉：《明史》卷78，〈食貨志〉（北京市：中華書局，1974年）。

2　《明太祖實錄》卷71，洪武五年春正月甲子。

3　《續文獻通考》卷26，〈市糴〉2（上海市：商務印書館，1955年）。

4　《明太宗實錄》卷27，永樂二年正月辛酉。

5　《大明律集解附例》卷15，〈兵津〉（光緒戊申刻本）。

而故縱者，與犯人同罪。失覺察者減三等，罪止杖一百，軍兵又減一等。

2. 凡泛海客商泊船到岸，即將物貨盡實報官抽分，若停塌沿港土商牙儈之家不報者，杖一百。雖供報而不盡者，罪亦如此，物貨併入官，停藏之人同罪，告獲者官給賞銀二十兩。

3. 守禦邊塞官軍如有假公事出境交通及私市易者，全家坐罪。

4. 凡把守海防武職官員，有犯受通番土俗哪噠報水，分利金銀貨物等項，價銀百兩以上名為買港，許令船貨四入，串通交易，貽患地方，及引惹番賊海寇出沒，戕害居民，除真犯死罪外，其餘俱問受財枉法罪名，發邊衛永遠充軍。

5. 凡私自販賣硫磺五十斤，焰硝一百斤以上者問罪，硝黃入官，賣與外夷及邊海賊寇者，不拘多寡，比照私收軍器出境，因而走洩事情律，為首者處斬，為從者俱發邊衛充軍。

6. 凡官員軍民等私得應軍器賣與進貢人圖利者，比依將軍器出境因而走洩事情律斬，從者問發邊衛充軍。

7. 凡沿海去處，下海船隻，除有號票文引，許令出洋外，若奸毫勢要及軍民人等，擅造二桅以上違式大船，將帶違禁貨物下海，前往番國買賣，潛通海賊，同謀結聚，及為嚮導劫掠良民者，正犯比照謀叛已行律處斬，仍梟首示眾，全家發邊衛充軍。其打造前項海船，賣與夷人圖利者，比照私將應禁軍器下海，因而走洩事情律，為首者處斬，為從者發邊衛充軍。若止將大船僱與下海之人，分取番貨，與探聽下海之人，番貨到來，私買販賣蘇木、胡椒至一千斤以上者，俱發邊衛充軍，番貨並入官，其小民撐使單桅小船，給有執照，於沿海邊近處捕魚打柴，巡捕官軍，不許擾害。

8. 凡奸民希圖重利，夥同私造海船，將岫絹等項貨物，擅自下海，船頭上假冒勢官牌額，前往倭國貿易者，哨守巡獲，船貨

盡行入官。為首者用一百斤枷號二個月，發煙瘴地面永遠充軍。為從者枷號一個月，俱發邊衛充軍，其造船工匠，枷號一個月，所得工錢，坐贓論罪。

9. 凡沿海軍民私往倭國貿易，將中國違制犯禁之物，獻倭王及頭目人等，為首者比照謀叛已行律斬，仍梟首，為從者俱發煙瘴地面充軍。

10. 凡福建、浙江船隻裝運貨物往來，俱著沙埕地方更換。如有違者，船貨盡行入官，比照越渡船沿邊關塞律問罪。其普陀進香人船俱要在本籍告行照身，關津驗明，方許放行。違者私渡關津論。巡哨官不嚴行盤詰者，各與問罪。

11. 凡夷人貢船到岸，未曾報官盤驗，先行接買番貨，及為夷人收買違禁貨物者，俱發邊衛充軍。

12. 凡豪勢之家出本辦貨，附奸民下海，身雖不行，坐家分利者，亦發邊衛充軍，貨盡入官。

13. 凡歇家窩頓奸商貨物，裝運下海者，比照竊盜主問罪，仍枷號二個月。鄰里知情與牙埠通同不行舉者，各問罪，枷號一個月發落[6]。

這些禁令，多是洪武年間頒布的，當然，有的內容是後來逐漸增加的。主要針對民間海外私人貿易。海禁一直持續到隆慶年才廢弛。

## （二）閩人開闢了中琉航路

實際上，閩人早就開闢了福建通往琉球的航路。據收藏在英國牛津大學鮑德林圖書館的《順風相送》針路簿記述了福建往琉球的航路。其載：「太武放洋，用甲寅針七更船取烏坵。用甲寅針並甲卯針正南東牆開洋，用乙辰取小琉球頭，又用乙辰取木山。北風東湧開

---

6　《大明律》卷15（萬曆刻本）。

洋，用甲卯取彭家山。用甲卯及單卯取釣魚嶼。南風東湧放洋，用乙辰針取小琉球頭，至彭家、花瓶嶼在內。正南風梅花開洋，用乙辰取小琉球，用單乙取釣魚嶼南邊，用卯針取赤崁嶼，用民針取枯美山。南風用單辰四更，看好風單甲十一更取古巴山，即馬齒山，是麻山赤嶼，用甲卯針取琉球國為妙。……」[7]

　　這一段珍貴的歷史記載，告訴我們福建人開闢中琉航路，福建人移居琉球的歷史事實。因此，《順風相送》抄本的成書時間就是我們判斷福建人與琉球國開展航海貿易，移民琉球的時間。

　　關於《順風相送》的成書時間，學界存在著多種不同的說法。向達先生認為《順風相送》的成書時間應為十六世紀[8]；荷蘭學者戴文達（J. L. Duyvendak）斷定《順風相送》在鄭和第七次下西洋時，即明宣宗宣德五年（1430）完成；而更多的人則認為《順風相送》成書應在永樂年間。因為該書記有：「永樂元年奉差前往西洋等國，累次校正針路」[9]等文字，所以大家都認為中國人發現釣魚島的時間比較準確的說法應該是「永樂年前後」[10]，實際上這些不同的說法反映了學者們對《順風相送》針路簿成書時間的不同解讀。

　　《順風相送》是古代中國人航海的經驗集成，一代一代人傳抄而來。現藏於鮑德林圖書館的《順風相送》編成時間應在明萬曆年間，具有充分說服力的是現存的《順風相送》一書中有多處出現「佛朗」[11]的專稱，這是明代嘉靖後期開始對進入我國海域及東南亞海域的葡萄牙人、西班牙人和荷蘭人的稱謂。另外，書中亦出現了「柬埔寨」國

---

7　佚名：《順風相送》（藏英國牛津大學鮑德林圖書館）。
8　向達：《兩種海道針經》（北京市：中華書局，1982年），頁4。
9　佚名：《順風相送》（藏英國牛津大學鮑德林圖書館）。
10　鄭海麟：《釣魚臺列嶼——歷史與法理研究》（增訂本）（香港：明報出版社，2011年），頁48。
11　向達：《兩種海道針經》，松浦往呂宋條（北京市：中華書局，1982年），頁91；同書，女澳內浦港條，頁99。

名[12]，這是明萬曆年間在我國文獻上才出現的地名，因此向達先生的說法是正確的，他指的是現存的《順風相送》成書於十六世紀。

雖然今天我們能看到的《順風相送》抄本是十六世紀成書的，但它是基於明永樂年間就有的古本編成而來，因此就出現「《順風相送》成書永樂元年」的諸種說法。而明永樂年間傳抄的本子，又是依據之前的「年深破壞」[13]的古本而來，這在現存的《順風相送》抄本上記載的清清楚楚。可見，《順風相送》最早的抄本應該早於明朝初年，極有可能是元朝時就流傳並應用於航海的福建籍船員手中。因此，我們判斷閩人在琉球的活動，應該在明代以前。這種說法可信嗎？我們從以下幾個方面來看。

其一，「年深破壞」的《順風相送》古本肯定在明永樂年前就存在。

康熙四十七年（1708），琉球國著名的學者程順則在福州編纂了一本航海指南的書《指南廣義》，與《順風相送》不同的是它只記載福建往返琉球的航路，而《順風相送》卻記載中國往海外諸國數十種的往返針路，其中包含著「福建往琉球」的針路。程順則在敘述他的資料來源時說，「洪武二十五年，遣閩人三十六姓至中山，內有善操舟者，其所傳針本緣年代久遠，多殘闕失次，今僅採其一、二，以示不忘本之意」[14]。閩人三十六姓是洪武二十五年（1392）被明朝政府派遣移居琉球的，程順則的話告訴我們，在明初就記有「福建往琉球」的針路了。《順風相送》提到的古本與移居琉球善操舟的閩人三十六姓手中早已握有的針路簿應該是一回事。「古本」清楚地記述了釣魚島及其所屬島嶼，「永樂元年奉差前往西洋等國，累次校正針路」的這位抄寫者，他就是依據「年深破壞」的古本抄寫的，使古本

---

12 向達：《兩種海道針經》，往東埔寨針路條（北京市：中華書局，1982年），頁50。

13 佚名：《順風相送》（藏英國牛津大學鮑德林圖書館）。

14 程順則：《指南廣義》，傳授航海針法本末考（琉球大學附屬圖書館仲原善忠文庫本，康熙47年鈔本）。

破壞的「年深」，至少也得有幾十年吧？「古本」的成書時間應該在明永樂前的幾十年。

其二，元代閩人移居琉球王國的史實證明「福建往琉球」的航路早已形成。

琉球《久米村系家譜》程氏家譜載：「復本中國饒州人，輔臣祖察度四十餘年，不解於職，今年八十有一，乞令致仕還饒」[15]。《明史》、《明實錄》亦有同樣的記載。史料說明：移居琉球的閩人三十六姓之一的程氏始祖程復，在琉球國輔佐其主察度四十餘年，官至國相。琉球中山王察度為王時間起於元至正十年（1350），止於明洪武二十八年（1395），可見程復赴琉球時當在元末。程復原籍江西饒州，後遷居福建[16]。程復入海赴琉球，是從福建入海的。可見福建往琉球的航路應該也是那個時期就開闢了，這也是針路古本存在的時間，也就是閩人已在琉球生活活動的時間。

其三，明朝設福建市舶司規定通琉球，說明明初福建通琉球航路早已形成。

史料記載：明初規定，凡外商入貢皆設有市舶司以領之，「在廣東者專為占城、暹羅諸藩而設；在福建者專為琉球而設；在浙江者專為日本而設。其來也許帶方物，官設牙行與民貿易」[17]。福建市舶司創立於宋天祐二年（1087），明初禁海，不允許私人海外貿易，但規定福建專門通琉球，這一規定恰恰說明規定之日前，琉球與福建應該有完備的海上交通基礎，福建往琉球的航路早已開闢，才會出現明初專為琉球設福建市舶司。《明實錄》上的記載洪武五年（1372）楊載

---

15 《程氏家譜》，《那霸市史資料篇》下冊，第1卷6（那霸市：那霸市企畫部市史編集室，1980年），頁541。

16 《程氏家譜》，《那霸市史資料篇》下冊，第1卷6（那霸市：那霸市企畫部市史編集室，1980年），頁541。

17 鄭若曾：《籌海圖編》，卷12（明天啟年刻本）。

招諭琉球的史實，也同樣證明：明初福建通琉球的航路早已形成。早已形成的航路揭示了《順風相送》古本的存在時間應該在明代以前。

其四，沖繩地區大量福建閩清義窯瓷片的出土證明：十三世紀福建與琉球曾有過頻繁的海上交通往來，閩人即是這一往來的主角。

據日本考古學界相關調查結果表明，十一世紀末十二世紀初以後，中國貿易陶瓷經由博多開始傳入琉球群島，並逐漸普及群島全域。然而，在琉球群島發現的今歸仁型和ビロースク型的兩種中國粗瓷（白瓷或青白瓷）在博多並未出土過。對於出土地區分布如此特殊的考古現象，多年從事博多陶瓷貿易研究的田中克子指出：這兩種陶瓷應是十三至十五世紀福建北部窯廠燒製之物，且這兩種瓷器在琉球群島發現而未在博多出土也說明了，在中琉之間官方進貢貿易制度確立之前，民間極有可能已有直接的貿易往來[18]。

日本熊本大學考古學家木下尚子曾組織完成了《十三～十四世紀的琉球與中國》課題，在琉球群島發現了大量的南宋時期福建閩清義窯的瓷片，出土的南宋福建閩清瓷片說明十三世紀福建與琉球就存在貿易交通的往來。因此，福建往琉球航路的開闢一直可以伸延到明代以前這一頻繁的海上交通時期。

其五，「福建往琉球」針路出現的時間，應該距福建航海開始使用指南針的時間與中國歷史上「針路」出現的時間相距不遠。

福建航海開始使用指南針的記載出現在趙汝适《諸蕃志》〈海南〉中，書云：「渺茫無際，天水一色，舟舶來往，惟以指南針為則，晝夜守視唯謹，毫釐之差，生死繫焉」[19]。趙汝适當時任福建市舶司提舉，一任就是二十餘年。他撰寫《諸蕃志》成書的時間為一二二五年，正是上述琉球群島出土福建瓷器的年代。指南針應用於福建

---

18 田中克子・森本朝子：〈沖繩出土の貿易陶器の問題點——中國粗製白磁とベトナム初期貿易陶器〉，《グスク文化を考える》（東京：新人物往來社，2004年），頁357。

19 趙汝适著，楊博文校釋：《諸蕃志校釋》（北京市：中華書局，1996年11月），頁216。

航海，才有「福建往琉球」針路的出現。據載中國最早出現針路一說，源於周達觀的《真臘風土記》。是書記載一二九五至一二九六年周達觀出使真臘的所見所聞，尤其是航海針路，是書校注者夏鼐先生指出，我國「記載航海使用羅盤針位，實始見於本書」[20]。雖然我們不知道記載「福建往琉球」針路簿出現的具體時間，但我們可以判斷福建往琉球的針路「古本」應該出現在一二九六年之後相近的年代。

其六，福建與琉球航路開闢是建立在福建歷史上的航海優勢基礎上。

福建通琉球的航路開闢應該是福建航海交通最為興盛的時期，那就是宋元時期。福建航海的優勢從遠古時期發展而來的。遠古時期閩越先民「以舟為車，以楫為馬」；東漢時期，「舊交趾七郡貢獻轉運，皆從東冶（福州）泛海而至」[21]；三國時期，孫吳政權在福建已設立典船校尉督造海船，建立溫麻船屯；五代閩國時期，閩王鑿海道，建甘棠港，大力發展福建的海外貿易；宋元時期泉州港成為世界貿易第一大港……。由此可見，「福建往琉球」的航路，就是在一個時代接一個時代，福建海上交通不斷髪展的過程中形成的。

綜上所述，一三七二年中國與琉球國建立正式邦交的這一年，也就是規定福建市舶司通琉球的這一年之前，「福建往琉球」的航路早已出現了，可以肯定，那個《順風相送》中提到的「年深破壞」的古本也流傳於世了，古本所記「福建往琉球」的航路與南宋福州瓷器大批輸送琉球群島，指南針已在福建人航海中使用，福建航海出現針路簿，元代福建人因航海而移居琉球王國等史實的相互驗證，告訴我們一個歷史事實：福建通琉球的航路在明代以前就形成了，閩人移居琉球，就是在這樣一個航海歷史背景下開始的。

---

20 周達觀著，夏鼐校註：《真臘風土記校注》（北京市：中華書局，1981年），頁23。
21 范曄：《後漢書》卷33，〈鄭弘傳〉（北京市：中華書局，1965年），頁1156。

## （三）閩人移居琉球的緣由

　　明朝伊始，海外貿易就被限定於嚴格的朝貢儀式之下。明代統治階級為了維護其政權的利益，對私人海上貿易實行海禁政策，以此杜絕一切海外私販的可乘之隙。但是在另一方面，明朝對於官方的朝貢貿易卻極為重視，甚至不惜採用厚往薄來的方針，鞏固發展朝貢貿易。其目的就在於冀望更多的國家來明稱臣納貢，不僅滿足明王朝統治者以大國自居的自尊心，而且滿足了他們對海外奢侈品日益俱增的需求，因此朝貢貿易在他們的心目中占有重要的地位。

　　但是資源貧乏的琉球，「小而貧，雖受中國冊封為榮，然使者一至，其國誅求供億，為之一空。甚至后妃簪珥，皆以充數……聞其國將請封，必儲蓄十餘年而後敢請」[22]。其國「林木樸嫩不茂密，厥田沙礫不肥饒」[23]，「地無貨殖，故商賈不通」[24]。這就需要加強對明朝的朝貢貿易以發展本國的商業經濟。這樣無論是從琉球國到中國的朝貢貿易，還是從琉球國往東南亞諸國籌集入明朝貢貢品來看，解決海上交通的問題成了首要問題。然而琉球國薄弱的航海力量又與「浪大如山，波迅如矢，風濤洶湧，極目連天」[25]的海上通途形成極為突出的矛盾。為了確保琉球國來明朝貢貿易的暢通無阻，為此明王朝派遣了善操舟能航海的閩人三十六姓移居琉球，要他們幫助琉球來明朝朝貢。

　　實際上，明朝賜琉球閩人三十六姓還有一個重要的原因，就是妥善解決因為海禁而失去生計的沿海閩人。福建沿海「素通番舶」，其人「多諳水道，操舟善鬥，皆漳泉福寧人。漳之詔安有梅嶺，龍溪海滄、月港、泉之晉江有安海，福寧有桐山，……船主、喇哈、火頭、

---

22 謝肇淛：《五雜俎》卷4，〈地部〉2（明刻本）。
23 陳侃：《使琉球錄》，《記錄彙編》影印本，商務印書館，1937年（民國26年）版。
24 嚴從簡：《殊域周咨錄》卷4，〈琉球國〉（故宮博物院圖書館鉛印本，1941年）。
25 徐孚遠等：《明經世文編》卷460，《李文節公文集》（中華書局影印本）。

舵公皆出焉」[26]。由於明初實行禁海，中國東南沿海販海為生的私人貿易商斷了生計。他們聚居為寇，不但干擾了明朝正常的朝貢貿易，而且對明朝的政權穩固也是一種潛在的威脅。如何安置這些失業的遊民，如何避免海域的動亂，成了擺在明朝統治者面前亟待解決的問題。在這一問題的決策面前，朱元璋以他非凡的政治才能，做出了順應歷史發展的決策，派遣閩人三十六姓移居琉球，幫助琉球的朝貢。這樣既將海外私人貿易力量納入官方貿易的軌道，使這些本來是海禁政策的犧牲者，反叛者，成為大明王朝的合法海外移民，又剷除了這些人因失去生計而產生滋事生非擾亂海域之弊端，不能不說以朱元璋為代表的明統治集團，在處理由於禁海而造成失業的船民出路問題上，找到了一條解決問題的最佳方法。

當然，我們看到明朝將這些走船航海的閩人納入官方派遣的海外移民之列，反映了千百年來封建帝王的天下獨尊的理念。中國是一個歷史悠久的文明古國。明代的中國與比鄰的東南亞地區的國家以及琉球、朝鮮、日本比較而言，無論是社會經濟的發展水平，還是科技文化方面都比其他國家大大前進了一步。在與各個國家的交往中，不可避免地對它們產生深遠的影響。這種本屬客觀歷史發展過程中相互影響，相互作用的結果，在中國歷代封建統治者眼裡，卻成了他們「用夏變夷」方針實施的結果。在封建統治者看來，周圍各弱小國家都處於落後愚昧的狀態，必須用一切去影響改變他們，使他們「改變番俗，而致文教同風之盛」[27]。毫無例外，明朝統治階級也積極地推行「用夏變夷」的方針，這一方針的實施在明朝與琉球的交往中尤為突出。譬如其後琉球國所使用的官服、曆法、貨幣等，都是由明朝政府賜給的。正統二年（1437），「琉球國中山王尚巴志奏，本國各官冠服

---

26 茅元儀：《武備志》卷214，〈海防〉6（明天啟元年刻清修本）。

27 《中山世譜》卷3，伊波普猷等編：《琉球史料叢書》（東京：東京美術刊，1972年〔昭和47年〕）。

皆國初所賜，年久朽弊，乞賜新者。又奏本國遵奉正朔，而海道險
阻，受歷之使或半載一載方迄，……上以冠服可令本國依原降者造
用。大統歷其命福建布政司給與之」[28]。又有天順三年（1459），「琉
球國中山王尚泰久奏稱本國王府失火，延燒倉庫銅錢貨物，欲將附搭
蘇木等貨照永樂、宣德間例給銅錢」[29]。這種中國服飾、曆法、通貨
在琉球的使用，都給明朝統治者用夏變夷方針的執行附上了實際的內
容。明朝統治者奉行「用夏變夷」的方針，無非就是想讓琉球國在政
治上更加依附明朝，「殷勤效貢」。賜閩人給琉球正是在這種思想方針
的指導下展開的。《明實錄》載有，「賜閩人三十六姓，知書者授大夫
長史，以為貢謝之司」[30]。我們知道，由於中國文化對海外諸國的影
響，不僅各國來朝的進貢表一律採用漢字，相應的交往禮儀、語言都
是中國式的。所以琉球的對外活動，不僅需要明朝政府派遣的移民在
航海商業經營方面能起作用，而且在對外活動的語言文字交流方面也
同樣起作用。這種現象反映了明朝強調臣服國「敬天事大」，強調臣
服國習染中國風氣的一個方面。閩人三十六姓移居琉球後，將優秀的
中國文化、建築風格、園林藝術、石雕技巧都傳播到琉球，因此明朝
冊封使潘榮在琉球目睹這一切後由衷地讚歎這些移居琉球的閩人說：
用夏變夷是他們的職責，移居琉球的閩人，「果能以諸夏之道而施之
蠻貊，漸染之，薰陶之」。使其「風俗淳美」，「皆易而為衣冠禮儀之
鄉」[31]。冊封琉球使蕭崇業也一語中的地說：「賜閩人三十六姓，令與
俱焉，其意遠矣，豈將所謂『用夏變夷』者耶！」[32]清人黃景福在他

---

28　《明英宗實錄》卷31，正統二年六月癸亥。

29　《明英宗實錄》卷301，天順三年三月甲申。

30　《明神宗實錄》卷438，萬曆十五年九月己亥。

31　《使琉球錄三種（諸家）》，《臺灣文獻叢刊》第287種（臺北市：臺灣銀行經濟研究
　　室編印，1970年），頁137。

32　《使琉球錄三種（諸家）》，《臺灣文獻叢刊》第287種（臺北市：臺灣銀行經濟研究
　　室編印，1970年），頁110。

的《中山見聞辨異》中也說,「前所賜姓廣文教也」[33]。從這些冊封琉球的使者思想流露來看,正是反映了「用夏變夷」傳統思想對賜閩人三十六姓的影響。儘管這種觀念受當時的歷史條件與階級屬性所制約,但在客觀上卻起了促成閩人三十六姓移居琉球的作用。

由此可見,明朝海外移民的制度,是以加強朝貢關係,讓早已移居海外閩人合法地位的形成,以及向海外諸國傳播中國文化等因素的交織下建立的。

## (四) 閩人移居琉球的歷史記載

學界對於明賜琉球閩人三十六姓史實亦有許多爭議,然而閩人移居琉球的史實是無可爭議的。大家爭議的是終究明洪武年間是否頒令賜閩人三十六姓給琉球,如果有,《明實錄》洪武年間沒有記載,雖《明實錄》在萬曆年間有提及洪武賜閩人給琉球的記述,學者們認為,由於閩人早已移居琉球,或是這些人為了抬高自己在海外的地位,自詡是明王朝賜給琉球的;或是明王朝稍後承認是官方合法派遣,而沒有正式記載,一種約定俗稱的說法而已,凡此種種,讓人莫衷一是。不過查閱相關的文獻與譜牒,賜姓的歷史還是有案可稽的。

移居琉球的閩人姓氏,史籍上並無完整的記載。周煌的《琉球國志略》言,「今所存者七姓,然毛、阮二姓又萬曆間再賜者。實僅金、梁、鄭、林、蔡五家」[34]。另有清人李鼎元在他所撰的《使琉球記》一書中也提到,「國中唯久米村梁、蔡、鄭、毛、曾、陳、阮、金等姓,乃三十六姓之裔」[35]。有關閩人三十六姓的記載太少了。我們知道,洪永間「賜閩人三十六姓,知書者授大夫長史,以為貢謝之

---

33 《小方壺齋輿地叢鈔》第10帙1(臺北市:臺灣學生書局,1975年)。

34 周煌:《琉球國志略》卷3。

35 李鼎元:《使琉球記》見《小方壺齋輿地叢鈔》第10帙1(臺北市:學生書局,1975年)。

司，習海者授通事，總管為指南之備」[36]。明人茅瑞徵言：「洪永所賜三十六姓多閩之河口人。子孫秀者讀書南雍，歸即為通事，累升長史大夫」[37]。又有明人何喬遠書載：「大夫官、長史官、通事官、司貢者也、文臣也，以通中國書及閩三十六姓之後為之」[38]。「若大夫金良、長史蔡瀚、蔡廷美，都通事鄭賦、梁梓、林盛等凡有姓者皆出自欽賜三十六者之後裔焉」[39]。

查閱《久米村系家譜》使我們得知，上述的梁、鄭、金、蔡、毛、陳、程、紅、阮、王十姓，乃是賜給琉球的三十六姓中的十姓。詳見諸氏家譜：

> 《久米村系家譜》梁氏家譜：「有始祖諱添者，於洪武來自長樂而奉遷於琉球，數傳藩衍。湘祖等四十五公，每有出駛駕海如昨。開載甚明」。
>
> 《久米村系家譜》鄭氏家譜：「鄭氏之先出於閩長樂，明洪武二十五年以太祖皇帝賜三十六姓，長史諱義才奉命始抵中山，宅於唐榮，子孫綿延」。
>
> 《久米村系家譜》金氏家譜：「始祖諱瑛，號庭光。原係浙江之人也。元末南遊閩山，竟於閩省居住，未幾正逢鼎革，至洪武二十五年壬申，瑛公膺敕選同三十六姓抵中山，子孫綿延滿於唐榮，遂為球陽之喬木也」。
>
> 《柯蔡氏大族譜》：「始祖諱崇，號升亭，行二。官爵勳庸，生卒年月，封祖等俱不傳。福建泉州府南安縣人，係宋朝鼎甲端明殿大學士忠惠公諱襄，字君謨六世孫也。大明洪武二十五年，

---

36 《明神宗實錄》卷438，萬曆三十五年九月己亥。

37 茅瑞徵：《皇明象胥錄》卷1，〈琉球〉（影印明崇禎刻本）。

38 何喬遠：《名山藏》卷103，〈王享記二〉，〈琉球〉（明崇禎刻本）。

39 陳侃：《使琉球錄》，《叢書集成初編》本，頁69。

備三十六姓之例，奉敕來鐸中山，中山之有蔡姓，自此始也」。

《久米村系家譜》毛氏家譜：「吾元祖擎臺諱國鼎，乃福建漳州龍溪之人，聚族唐榮」。

《久米村系家譜》陳氏家譜：「陳氏之先閩人也，蓋永樂年間遷中山同三十六姓唐榮，以備出使之選」。

《久米村系家譜》程氏家譜：「程氏蓋為河南夫子之後焉。國相程復公，自饒遷閩復入於海，枝分派衍非一日矣」。

《久米村系家譜》紅氏家譜：「紅氏之先閩人也，蓋洪永間遷中山同三十六姓居唐榮，以備出使之選」。

《久米村系家譜》阮氏家譜：「原是福建漳州府龍溪縣人也，明萬曆十九年辛卯奉敕始到中山蒙國王隆禮且賜宅於唐榮」。

《久米村系家譜》王氏家譜：「原是福建漳州府龍溪縣人也，萬曆十九年奉聖旨始遷中山以補三十六姓」。

由於種種原因，在琉球的三十六姓中，有的姓不能繁衍後代，「或老而返國，或留而無嗣」[40]，造成缺姓。又如有的人在航海中遇難身亡，有的「因進貢潛居內地，遂成家業年久不還本國者」[41]。所以夏子陽使琉球時，描述了三十六姓凋敝的情形，其曰：「三十六姓者，昔所居地曰『營中』，今強半邱墟，過之殊可概焉！」[42]

琉球國鑒於「歷年久遠，子姓凋謝，以故本國官裔中拔其習熟漢語，精通學文者補之，俾無缺貢使之選」[43]。從《久米村系家譜》可知先後補了周、曾、孫、魏、林等姓。以曾、林兩姓而言，周煌與李

---

40　《中山世譜》卷3，頁44。

41　《明憲宗實錄》卷103，成化八年四月丁亥。

42　夏子陽：《使琉球錄》，《臺灣文獻叢刊》第287種（臺北市：臺灣銀行經濟研究室編印，1970年），頁260。

43　《久米村系家譜》上冊，《周氏家譜》（那霸市：那霸市企畫部市史編集室，1980年）。

鼎元都明確指出，這兩姓是僅存的三十六姓之姓，可見《久米村系家譜》所記載的琉球國王賜補的姓氏，乃是照洪武來琉球的閩人三十六姓之缺少的姓氏賜補的。所以上述的周、孫、魏、林，也應是閩人的姓氏。

## 二　閩人移居琉球的歷史作用

明朝洪武年間，明太祖朱元璋頒令，令福建沿海善操舟檝的閩人三十六姓移居琉球，幫助琉球人進行朝貢貿易。閩人三十六姓移居琉球後，聚居那霸久米村，故亦稱「久米村人」。他們備受琉球國王的禮遇和重用，「知書者授大夫長史，以為貢謝之司，習海者授通事、總管為指南之備」[44]，在琉球國的對外關係中發揮著重要的作用。不僅如此，隨著閩人在琉球國內的積極活動，中國先進的科技文化也隨之在琉球國內傳播開來，促進了經濟和文化的發展，有力地推動了琉球社會的進步，充分顯示了中國海外移民政策及其制度的優越性。

### （一）閩人移居與琉球社會經濟

琉球國雖為島國，但在明初造船航海技術卻仍十分滯後，「縛竹為筏，不駕舟楫」。[45]落後的造船航海技術嚴重阻礙了琉球與外界的往來，加之琉球自然資源匱乏，「林木樸嫩不茂密，厥田沙礫不肥饒，是以五穀雖生，而不見其繁碩也」，[46]導致了「東瀛之島，如暹羅、蘇門、滿剌加、高句麗、爪哇、日本、交趾、占城等國，凡十數國而琉

---

44 《明神宗實錄》卷438，萬曆三十五年九月己亥。

45 《使琉球錄三種（諸家）》，《臺灣文獻叢刊》第287種（臺北市：臺灣銀行經濟研究室編印，1970年），頁112。

46 陳侃：《使琉球錄》，《臺灣文獻叢刊》第287種（臺北市：臺灣銀行經濟研究室編印，1970年），頁28。

球最貧」[47]的經濟落後局面。而福建造船航海技術在地理環境、歷史傳統、經濟發展、政治統治需要以及技術人員隊伍等諸多優勢的推動下，到了明代已經是登峰造極。福建人之中，「多諳水道，操舟善鬥，皆漳泉福寧人。漳之詔安有梅嶺、龍溪海滄、月港，泉之晉江有安海，福寧有桐山，……船主、喇哈、火頭、舵公皆出焉」。[48]這些善操舟的閩人三十六姓移居琉球後，直接參與琉球國的海外貿易，大大推動了琉球造船航海技術的發展。

　　而這一時期，明朝的海禁以及對琉球朝貢的優越政策，為琉球的中轉貿易提供了極其有利的條件。就是在這種歷史背景下，琉球一改「地無貨殖，故商賈不通」[49]的落後經濟狀態，以久米村人為主導，利用朝貢貿易的機會把各種綢、緞、絲、紗、羅、綾等絲織品以及各種瓷器、漆器等從中國攜往海外諸國進行貿易，然後再將胡椒、蘇木、香料以及各種珍稀物品由海外各國輸入中國，開始了「以海舶行商為業，西通南蠻、中國，東通日本」[50]的海外中轉貿易。其貿易船隻往來於暹羅、佛大泥、安南、蘇門答剌、舊港、爪哇、巡達、朝鮮以及日本等國與地區間，形成了琉球—福建、琉球—東南亞諸國、琉球—坊津—博多—對馬—朝鮮、琉球—兵庫—堺等多條貿易航線，使琉球最主要的港口——那霸港發展成了一個空前繁榮的國際性貿易港口。

　　那麼琉球從中轉貿易中究竟可以獲利多少呢？據相關史料記載，東南亞各國的物產在當地價格低廉，如龍涎香「貨於蘇門答剌之市，官稱一兩，用彼國金錢十二個，一斤該金錢一百九十二個，准中國銅錢九千個」，[51]即九貫。而龍涎香的價格據《明會典》的記載，每斤價

---

47 周煌：《琉球國志略》卷10（《叢書集成初版》本）。
48 茅元儀：《武備志》卷214，〈海防〉6（明天啟元年刻，清修本）。
49 嚴從簡：《殊域周咨錄》卷4，〈琉球國〉（故宮博物院圖書館鉛印本，1941年）。
50 安里延：《日本南方發展史》（東京：三省堂，1941年），頁380-381。
51 費信：《星槎勝覽》前集，「龍涎嶼條」（北京市：中華書局，1954年）。

四十八貫，相差五倍有餘。在嘉靖三十四（1555）年時甚至高達「每斤銀一千二百兩」，[52]即一千二百貫，兩地差價一百三十餘倍之多。且海禁時期，中國物品在海外十分走俏，僅以絲為例，「若番船不通，則無絲可織，每百斤值銀五六百兩，取去者其價十倍」。[53]琉球的中轉貿易可謂是「無本萬利」。

當時，在朝鮮、日本以及東南亞各地的主要貿易港口都有華僑團體的存在和介入，並逐步形成了以華僑為主導的通交貿易網。因此，在琉球海外中轉貿易中，久米村人發揮的重要作用不難想像。久米村人懷機是典型的人物之一。懷機位居王相，下令建造長虹堤將那霸港和王都首里連為一體，並以「王相」的名義致書「舊港管事官閣下」進行通交貿易，[54]為琉球國的經濟發展做出了巨大的貢獻。

閩人三十六姓對琉球經濟發展的推動作用還體現在生產技術方面。徐葆光《中山傳信錄》載：琉球農具「耡、犁皆仿中國」。夏子陽《使琉球錄》中亦言：琉球「波菱、山藥、冬瓜、薯、瓠之屬，皆閩中種。」閩人三十六姓大規模移居琉球後，聚落而居，依然保留著原來的生產生活方式。在他們與琉球當地民眾互動交流的過程中，一些作物栽培技術以及先進的農業生產工具也開始在琉球國內推廣應用，有力地促進了琉球農業經濟的發展。

## （二）閩人移居與琉球社會文化

《球陽》載：「賜閩人三十六姓，始節音樂制禮法，改變番俗，而致文教同風之盛」。[55]閩人三十六姓移居琉球，將宗教信仰、生活習俗、語言文字、醫學藥物、建築工藝、製陶染織、音樂繪畫、飲食烹

---

52 何喬遠：《名山藏》卷82，〈典謨記〉（明崇禎刻本）。

53 胡宗憲：《籌海圖編》卷2，〈倭國是略〉（明天啟刻本）。

54 《歷代寶案》第1集第43卷（臺灣大學本）。

55 球陽研究會編：《球陽》（東京：角川書店，1974年），頁162。

飥等各種先進文化傳入琉球，使琉球漸漸「風俗淳美」，「易而為衣冠禮儀之鄉」。[56]

## 1 宗教信仰的繁榮

被譽為「沖繩學之父」的學者伊波普猷曾在《孤島苦の琉球史》一書中提出，「沖繩道教思想濃厚，實因三十六姓移民而起」。中國道教傳入琉球，源於閩人三十六姓，其主要神祇當數天妃。

明初，天妃已經發展成為中國東南沿海一帶民眾普遍信奉的海神之一，而移居琉球的閩人三十六姓是善操舟之人，終日以船為伴，以海為生，海神天妃信仰在他們的心中根深蒂固。對他們而言，移居琉球須遠涉險洋，隨時有一不慎就觸礁傾覆的危險，而且背井離鄉，難免有意想不到的生活之憂，求助於萬能的天妃可以在精神上得到寄託和安慰。尤其是在安全抵達琉球之後，為了感謝天妃的庇護和祈禱今後的平安生活，他們在一定程度上較之以往更依賴和祈求天妃的庇佑。對於天朝所賜的三十六姓移民，琉球王府也給予禮遇，尊重他們的宗教信仰，並為其建造了天妃宮，[57]從而在很大程度上促進了天妃信仰在琉球的傳播。

《中山傳信錄》載：「琉球天妃宮有二，一在那霸，曰下天妃宮，天使館之東，門南向。前廣數十畝，有方沼池，宮門前，石神二。入門甬道，至神堂三十步許。……上天妃宮，在久米村……宮在曲巷中，門南向，神堂東向。門旁亦有石神二。進門，上甬道，左右寬數畝，繚垣周環」。[58]由此記載可知，這兩座天妃宮還是具有相當的規模。

---

56 潘榮：《中山八景記》，見《使琉球錄三種（諸家）》，頁137。

57 球陽研究會編：《球陽》（東京：角川書店，1974年），頁169。

58 徐葆光：《中山傳信錄》卷2，《臺灣文獻叢刊》第306種（臺北市：臺灣銀行經濟研究室編印，1972年），頁44-45。

誠如嘉靖年間冊封使陳侃所言,「琉球遠在海外,無路可通,往來皆由於海,海中四望惟水,茫無畔岸,深無底極。大風一來,即白浪如山,飄忽震盪,人無以用其力。斯時也,非神明為之默佑,幾何而不顛覆也耶」?[59]據日本學者赤嶺誠紀的《大航海時代之琉球》一書統計,僅一三九〇至一八七六年間,中琉航路上罹難的各類船隻,有案可稽者多達六四五起,其中死亡人數約三三〇〇餘人。[60]在長年涉履驚濤駭浪的航海過程中,琉球人也接受了海神天妃的信仰。琉球貢船內均設有專門供奉天妃的地方,船上還「設立總管職,令他朝夕焚香,以祈神庇」。[61]還有,貢船赴閩之前都要舉行隆重的儀式,以祈航海平安。其儀式的內容和順序為:貢使人員一行先行謁見國王之後,接著前往那霸的上天妃宮參拜,其後再到那霸其他的寺院、神社參拜,最後請天妃神像登舟。關於此供奉儀式,《指南廣義》中記載的祭祀天后祝文可與之相印證。其祝文曰:「請天妃登舟祝文:茲奉國命,進(接)貢入閩,請駕登舟,用保安寧;茲奉聖旨,返我王庭,請駕登舟,用保安寧。」、「請天妃入廟祝文:維茲進(接)貢舟已至閩,敬請法駕就位驛庭,茲以閩返,已抵東溟,請就原位,敬謝慈仁」。此外,在貢船出航後,從「若秀才」到「大夫」必須連續七天到上、下天妃宮燒香、誦唸《天妃經》(即《太上老君說天妃救苦靈驗經》),以祈貢船的航海平安。由此也可說明,經過閩人三十六姓的傳播,天妃信仰已經廣為琉球人所信奉,滲透到了琉球社會。

除天妃信仰外,由閩人三十六姓傳入的宗教信仰還有天尊、龍神、關帝、土地神、灶神等。《球陽》中載:「尚巴志王三年(1424)建立下天妃廟。杜公錄云:天尊廟,昔閩人移居中山者建立祠廟,為

---

59 陳侃:《使琉球錄》,《那霸市史資料篇》第1卷3(那霸市:那霸市企畫部市史編集室,1977年),頁16。

60 赤嶺誠紀:《大航海時代之琉球》(那霸市:沖繩時報社,1988年),頁52-75。

61 球陽研究會編:《球陽》(東京:角川書店,1974年),頁259。

國祈福。以此考之，上天妃廟、龍王殿亦此時建之歟」。[62]還有，據《中山傳信錄》的記載，上天妃宮的天妃神堂「右一楹為關帝神堂，右為僧寮。堦下，鐘一所，大門左有神堂，上饗供龍神」。[63]

此外，風水地理、驅鬼闢邪的石獅子、泰山石敢當的認識與應用，都與閩人三十六姓有著密切的聯繫。這些宗教信仰逐漸在琉球社會受容，上達王府，下及平民，影響深遠。

## 2 生活習俗的變化

文化的交流，其影響必定反映在生活習俗方面。划龍船可以說是受中國文化影響最為深遠的民俗活動之一，傳承至今。《球陽》之〈龍舟競渡說〉條載：「……世譜云：每年五月龍舟競渡是亦三十六姓閩人至國然後始造此舟競渡與江……」。[64]《琉球國由來記》卷九「唐榮舊記」中亦載：「今見中華江村人民，每年五月，多造龍舟，競渡為弔，而稱之曰祝太平之盛儀也，然則本國始設此舟者，蓋三十六姓既到本國，然後為祝太平儀事，而能設此舟也明矣」。琉球划龍舟的情景，據《中山傳信錄》的記載，「龍舟三，式與福州所見略同，梭長三丈餘，槳二十八。人皆一色衣，一紅、一白、一黑。每舟中央設鼓，彩衣小童擊以為節。前後二彩衣童，執五色長旗。船首一人擊鑼，與鼓相應。齊唱《龍舟太平詞》，以歌聖德及遠，永享治平，海國蒙恩，竭忠報國之意」。[65]

此外，對琉球習俗的影響還體現在歲時行事方面，據徐葆光《中山傳信錄》載，二月十二日，花朝。前二日各家具浚井，女汲取井水

---

62　球陽研究會編：《球陽》（東京：角川書店，1974年），頁169。

63　徐葆光：《中山傳信錄》卷2，《臺灣文獻叢刊》第306種（臺北市：臺灣銀行經濟研究室編印，1972年），頁44-45。

64　球陽研究會編：《球陽》（東京：角川書店，1974年），頁53。

65　徐葆光：《中山傳信錄》卷2，《臺灣文獻叢刊》第306種（臺北市：臺灣銀行經濟研究室編印，1972年），頁69。

洗額，云可免疾病。此俗亦同福建。《福建風俗志》載，「華朝，林下諸老飲酒賦詩。」三月三日為上巳節，據徐錄載，琉球人家作艾糕相餉遺。官民皆海濱禊飲，又拜節相往來。此俗亦與《福建風俗志》上所載相同。染飯，謂之青飯，親戚鄰里互相饋遺。

徐錄又載：琉球五月五日競渡龍舟三（泊一，那霸一）一日至五角黍、蒲酒同中國。福建皆同。「端陽龍舟競渡過，懸蒲艾及桃枝於門」，「端午插蒲艾，飲菖蒲酒，角黍、競渡」。

琉球七月十五日中元節，亦稱之鬼節、緣起於佛教。此乃受福建之影響。福建此日稱中元節、鬼節，「家家設楮弊冥衣，具列祖先位，號祭而燎之」[66]。

八月琉球有「家家拜月」之習俗。此俗同於福建。在古代中國，八月中秋是祭祀月神的。故月圓時節，家設香堂，供上瓜果，叩頭禮拜，俗稱拜月。

九月九日，福建習俗為「重陽，郡人率以是日登高，飲菊花酒以延年」[67]，並放紙鳶。而琉球記載則有「重九，飲菊花酒」，「九月放紙鳶」[68]。

另外琉球十二月二十四日送灶之習俗與福建同。

在喪葬習俗方面，琉球墓形同福州，亦成龜甲形，俗稱「龜甲墓」。其結構有寶頂、碑牌、供案、墓埕，外圍上面稱山牆，左右有扶臂，下面兩邊為如意擺手，遠看宛如「公座椅」。墓碑前面有一小塊長方形供案，可放香燭祭品，以供後人祭祀之用。

---

66 《福建通志》卷21，風俗志。

67 《福建通志》卷21，風俗志。

68 周煌：《琉球國志略》，《臺灣文獻叢刊》293種（臺北市：臺灣銀行經濟研究室編印，1971年），頁122。

## 3　文字語言的發展

　　三十六姓移居琉球後，「知書者授大夫長史，以為貢謝之司」，主要負責外交文書的撰寫，如進貢表文、與禮部、福建巡撫以及布政司間的咨文、同東南亞貿易國之間的往來文書等。在對外中轉貿易以及同中國封貢往來的過程中，琉球王府充分意識到漢語言文字的重要性，開始將漢字作為主要的官方文字，令「陪臣子弟與民之俊秀者則令習讀中國書，以儲他日長史通事之用」，琉球國漢語言的學習蔚然成風。此外，閩人三十六姓交流活動涉及琉球社會的各個階層，語言的交流和使用十分普遍和廣泛，以致今日的琉球方言仍有許多與福建方言發音相同的。如吃飽了、阮、阿媽、香片、龍眼、大碗、鬥雞、鬥牛、桔餅、貓、豬、南瓜、線麵、甕菜等詞彙，顯然是借用了福建方言。

## 4　醫藥衛生的完善

　　早期琉球的醫學並不發達，明嘉靖年間陳侃使琉球時就說過琉球「國無醫藥」。據《琉球國由來記》載，「當國有醫師者，察度王世代，閩人三十六姓之中有醫師哉」，三十六姓移居之後，琉球始有醫師之稱。由於醫學藥物與民眾的生命健康息息相關，因此，在三十六姓醫師的影響下，中國的醫學藥物也逐漸在琉球傳播。琉球人利用每次進貢貿易的機會，將不少的藥材從中國攜回琉球，也說明了中國的醫藥在琉球社會已經被廣為利用。

## 5　建築工藝的進步

　　閩人三十六姓在抵達琉球之後，在琉球王府的幫助和支持下，自行擇地建屋、聚落而居，形成一個特殊的村落，其獨特的建築風格也受到了關注和仿效。明清時期是中國苑囿造園藝術發展的集成時期，

也是古代建築文化的鼎盛時期。受久米村建築風格的影響，琉球也相容吸收了相關的建築風格和技術。如圓覺寺的浮雕、首里城王宮正殿的龍柱、瑞泉門下的龍頭等許多碑刻和石雕作品，都反映了當時琉球石雕工藝的最高水平。

　　琉球國人「作屋，皆不其高，以避海風，去地必三、四尺許，以避地濕」。儘管由於自然地理環境的因素，琉球形成了獨特的建築風格，但從琉球王宮和接待中國冊封使的天使館等建築群來看，閩人的建築風格對琉球建築的影響得到了很好的體現。琉球王宮與天使館的組群布局，顯然是採用了中國庭院的傳統布局，這從歷代冊封的使臣著述的圖文中可以得到證明，其曰：王宮正殿「為奉神門，左右三門並峙，西向，王殿九間，皆西向……左右兩樓，北向，右為北宮，南向」。[69]從這一描繪得知，王宮的主體部分，即中國的四合院式建築，組成了口字形的建築群。琉球這一對稱布局的形成，並不是偶然的，顯然是受到福建傳統建築風格的影響。黃漢民在《福建傳統建築》中就提到：福建傳統建築的布局偏於嚴謹，左右均齊，主軸貫穿，主次分明。這種均衡的審美習慣在福建表現得尤為突出，特別是福建傳統民居以其嚴肅方正的群體組合，與較為活潑的江浙及安徽民居相區別。可見中國古代的建築布局形成在福建得以穩固的保留。[70]正是福建建築這一穩固的保留，深深地影響到琉球的建築風格。當然，閩人三十六姓在其中起了決定性的作用。

## （三）閩人移居凝聚了琉球菁英群體

　　回顧琉球國的歷史，分析琉球社會經濟與文化迅猛發展的原因，不能不看到閩人移居凝聚了琉球菁英群體，使其人才儲備遠遠超過與

---

69　徐葆光：《中山傳信錄》卷2，《臺灣文獻叢刊》第306種（臺北市：臺灣銀行經濟研究室編印，1972年），頁54。

70　王耀華：《福建文化概覽》（福州市：福建教育出版社，1993年），頁463。

其同時期發展中的國家，從而推動了琉球社會的全面發展，實現了整個國家飛躍性地提升，迎來了琉球的亙古未有的「黃金時期」，大大地提高了琉球的國際影響。

　　由於中國合法的移民派遣，使得琉球王府對閩人三十六姓更加委以重用，其「子孫世襲通使之職，習中國之語言、文字」。[71]萬曆年間，琉球國王又以閩人三十六姓「世久代更，人湮裔盡，僅餘六姓，仍染侏離椎髻之習，天朝文字音語盡行盲昧，外島海洋針路常至舛迷，文移多至駁問，舟楫多致漂沒，甚至貢期欠誤，儀物差訛」[72]為由，向明廷請求補賜閩人三十六姓。還有，隆慶年間海禁結束之後，民間貿易頓興，漳州月港一躍而起，成為當時的對外貿易大港。其中有不少民間船隻前往琉球進行走私貿易，而參與走私貿易的主體多數是諳悉海上航路、善於貿易的漳州人。對於這群活躍於海上走私貿易的漳州人，琉球王府給予種種優遇，令其入籍久米村，並委於重任，或充當朝貢使節或參與海外中轉貿易，充實了當時因閩人三十六姓子嗣不繁造成的航海貿易人才缺失。如阮國、毛國鼎等人都在這個時期為琉球王府吸收的漳州人，他們及其後世子孫為琉球的發展也作出了傑出的貢獻。[73]

　　據《久米村系家譜》等資料統計，明代在琉球擔任與航海或朝貢有關職務的包括閩人三十六姓在內的唐榮子孫共有三十八個姓氏二九三人，其中擔任火長有六十三人，擔任副通事、通事、都通事的有一六二人，擔任正議大夫、長史、正使、副使的有一三九人，他們中不

71 張學禮：《中山紀略》，《小方壺齋輿地叢鈔》第10帙1（臺北市：臺灣學生書局，1975年），頁140。

72 《歷代寶案》第一集抄，收錄於《那霸市史資料篇》第1集第4卷（那霸市：那霸市企畫部市史編集室，1980年），頁328。

73 上里隆史：〈毛國鼎の琉球渡來とその歷史の意義〉，《第11屆琉中關係國際學術會議論文集》，2008年8月。

乏身兼二職者。[74]有的甚至官至一人之下萬人之上的法司官，如開創
了久米村人任法司官先河的鄭迥，「累官到法司，三十六姓為法司，
自迥始」。[75]再如蔡溫，任國師職，琉球「國師職自蔡始」，後亦被封
為紫金大夫及法司官。[76]琉球王府對閩人三十六姓及其後裔的重視程
度由此可見一斑。這些被委以重任的閩人三十六姓後裔也一生致力於
輔佐琉球國王，對琉球王國的經濟、外交貢獻卓著。

　　琉球王府對閩人三十六姓及其後裔的愈加重用以及重視對各種專
業技術人才的培養，使琉球的航海造船技術以及社會生產技術有了進
一步的提高，促進了琉球中轉貿易和社會生產的發展，實現了琉球經
濟的空前繁榮。

　　在航海貿易方面，繼續保持以閩人三十六姓及其後裔為主導，尤
其是隆慶年間海禁解除後，琉球王府又積極吸收諳悉航路、活躍於中
琉民間貿易的漳州人，並委以重任，進一步保證中轉貿易的順利進
行，確保琉球「萬國津樑」的地位。據琉球《歷代寶案》與《明實
錄》上所記載的資料統計，僅洪熙至嘉靖年間（1425-1566），琉球進
行中轉貿易的航船抵達中國一七三次，朝鮮三次、蘇門答剌三次、舊
港八次、巡達二次、爪哇三次、滿喇加十三次、安南一次、佛大泥八
次、暹羅五十次。[77]

　　造船業方面，洪武至正統年間，琉球進貢以及貿易所用的主要是
向中國乞賜的船隻，洪武十八年（1385）、洪熙元年（1425）、宣德七
年（1432）、正統四年（1439）、正統九年（1444）。自景泰年間始，
琉球開始改為在閩修船、買船，如景泰元年（1450）、景泰二年

74 謝必震：《中國與琉球》（廈門市：廈門大學出版社，1996年），頁317-334。
75 潘相：《琉球入學見聞錄》，《臺灣文獻叢刊》第299種（臺北市：臺灣銀行經濟研究
　室編印，1971年），頁94。
76 《久米村系家譜》上冊，見《那霸市史資料篇》1集第6卷（那霸市：那霸市企畫部市史
　編集室，1980年），頁365-377。
77 謝必震：《中國與琉球》（廈門市：廈門大學出版社，1996年），頁224-225。

（1451）、景泰六年（1455）、成化五年（1469）、成化九年（1473）、成化十二年（1484）、嘉靖三十四年（1555）、嘉靖三十六年（1557）。這些在《明實錄》和《中山世譜》等史書中均有記載。

　　到了清代，琉球的造船技術有了很大的提高。據《球陽》載：「自素進貢船無有外包之板，或為波濤被破或為蟲蛀被爛，是年（康熙四十六年，1707）其大匠長呈請外加木板而偏包之，以致鞏固。而迎風衝浪無有一虞」。[78]徐葆光《中山傳信錄》亦載：「貢船式略如福州鳥船，船掖施櫓，左右各二。船長八丈餘，寬二丈五、六尺。前明洪永中，皆賜海舟，後使臣請自備工料，於福州改造。今本國舟工，亦能自造如式」。[79]這說明在康熙年間，琉球已經掌握了修船和造船的技術。乾隆三十四年（1769），琉球西村前任接貢船戶與那嶺筑登之親雲上造接貢船，在造船場用火烘船，其船堅經，無有洩露，並且楫桿原只能用一次，經其用火烘之，用不熬之豬油塗之上，是以得用二次。尚穆王二十六年（1778）二月二十一日，琉球國王「賞賜白棉布二端」以「褒獎宮古島下地仁屋精習造船之法，以教於島人」。[80]從這兩則記載可知，琉球經過長年累月的航海實踐，到乾隆年間，不僅在造船上有了技術創新，而且造船技術也傳播到了離島地方。綜上所述，琉球從最初的向乞賜海舟，到在閩購船、修船，再到本國自行造船，最後到造船技術革新、傳至離島地方的這一過程，說明了琉球造船業大幅度的技術進步，從而為琉球的朝貢貿易以及對外交流提供了航海運輸的保證。

　　此外，由閩人三十六姓以及「勤學」留學生傳入的先進生產技術在琉球的使用和推廣，促進了農業和手工藝的發展。萬曆三十三年

---

78 球陽研究會：《球陽》卷9（東京：角川書店，1982年），頁256。

79 徐葆光：《中山傳信錄》，《臺灣文獻叢刊》第306種（臺北市：臺灣銀行經濟研究室編印，1972年），頁339。

80 球陽研究會：《球陽》卷9（東京：角川書店，1982年），頁361。

（1605），琉球進貢船總官野國採用「鉢植」法，將番薯苗從福州帶回琉球培植；一六九五年，琉球王府又遣翁自道前往福建學習不同品種的番薯栽培方法。從此，番薯種植在琉球廣為推廣，產量也得到很大地提高，成了琉球國主要的食糧。

　　手工技術方面，康熙二年（1663），為學習白糖和冰糖製作方法，琉球人陸得先奉命隨慶賀使團赴閩，即到南鼓山尋覓良師，「悉承其教而傳授熬白糖，冰糖及塗黑赤梨地乃製造金銀箔等之法而歸國，就將其漆器及金銀箔之法教授於貝摺勢頭，且白糖之法教授於浦添郡民焉」。[81]自此，白糖、冰糖、漆器以及金銀箔等製作方法在琉球推廣開來。周煌《琉球國志略》一書中亦有對琉球的製糖技術進行描述，「碾小蔗汁煮糖」，其品種有冰糖、白霜等，製糖技術已經達到相當高的程度。康熙五十三年（1714），琉球那霸蓄懿德奉命赴閩，學習鑄錢之法，歸國後為鑄錢主，「鑄出鳩目錢十一萬貫」。[82]琉球自行鑄造如此之多的流通貨幣，從某種程度上也反映了琉球國商品經濟的興盛。

　　釀酒技術也有很大的提高。夏子陽冊封琉球時見到的琉球釀酒技術已經是「惟以米春為末，置水中，仍用麴……燒酒釀與中國同」。到了乾隆年間，周煌使琉球之時，琉球的燒酒「中國自釀，味甚烈，致遠及供應，多以水滲入。紅酒，太平山出者，名太平酒，八重山出者，名密林酒」。[83]顯然，到了清代，琉球的釀酒已經發展為一種行業，並作為商品在琉球國內不同的地區進行交易，而且製造出來的酒的品種亦多元化，其技術的突飛猛進不言而喻。

　　紡織工藝技術的提高尤值一提，嘉靖年間陳侃使琉球時，見琉球「紅女織絍惟事麻縷」。一六五九年琉球人國吉到赴閩學習織緞技

---

81　球陽研究會：《球陽》卷6（東京：角川書店，1982年），頁222。

82　球陽研究會：《球陽》卷9（東京：角川書店，1982年），頁259。

83　周煌：《琉球國志略》，頁236。

術，在他的傳授和推廣下，到康熙五十八年（1719）徐葆光使琉球時，琉球的紡織手工業已發展到「家家有機，無女不能織者」[84]的程度。一七三六年向得禮又到福建學習綢緞紗縷的機織法，琉球的紡織技法又有了進一步提高，其生產的紡織品種類也由單一的芭蕉布發展到「綢有土綢，以中國絲織成；有繭綢，出姑米山。布有棉布，以土棉織布；有絲布，以絲經麻緯成，一名羅布；有蕉布，縷芭蕉皮內絲織成；有麻布，治麻織成。皆花紋相間，縶組斑斕，亦有五色染成者，皆以自服。若饋遺、交易，概用本色」。[85]紡織業的發展也帶動了印染技術的進步，並形成了琉球國獨特的印染方法。「國人善印花，花樣不一，皆剪紙為範，加範於布，塗灰焉。灰乾去範，乃著色，乾而浣之，灰去而花出。愈浣愈鮮，衣敝而色不退。此必別有製法，秘不語人，故東洋花布特重於閩」[86]。

陳侃使琉球時對琉球國製陶業的印象是「人不善陶」[87]。康熙年間，琉球人宿藍田前往福建學習製陶方法，大大地推動了琉球制陶業的發展。此外，還有造紙、食品製造等方面也取得了較大的技術進步，提高了各方面的社會生產，大大地促進了琉球社會經濟的全面發展。

## （四）閩人移居擴大了琉球的國際影響

在明朝「朝貢體制」、「海禁政策」、「賜姓賜舟」的有利歷史條件下，琉球異軍突起，在短時間內由「縛竹為筏」的落後國家一躍變為「以海舶行商為業」的中轉貿易國，其貿易足跡遍布各地，中國的泉州、福州、南京、北京和日本的坊津、博多、兵庫、堺以及東南亞的暹羅、滿剌加、安南、三佛齊、爪哇、蘇門答臘、佛太泥、巡達等

---

84　徐葆光：《中山傳信錄》卷5，頁171。

85　周煌：《琉球國志略》，《臺灣文獻叢刊》第293種（臺北市：臺灣銀行經濟研究室編印，1971年），頁236。

86　李鼎元：《使琉球記》，頁22。

87　陳侃：《使琉球錄》，頁71。

地。「無本萬利」的中轉貿易使琉球社會經濟取得了飛速的發展。尚泰久王時代（1454-1460），國王令鑄鐘懸於首里城內，鐘名「萬國津梁鐘」，其銘文曰：「琉球國者南海勝地，而鍾三韓之秀，以大明為輔車，以日域為唇齒，在此二中間湧出之蓬萊嶼也。以舟楫為萬國之津梁，異產至寶充滿十方剎」，歌頌琉球的繁榮盛況，並進一步突顯了琉球中轉貿易的重要地位。

作為中國的朝貢國，不僅許多官方史書中都有關於琉球的詳細記載，而且在《星槎勝覽》、《殊域周咨錄》等史籍中也有相關記載。隨著琉球海外中轉貿易的愈加興盛，琉球「萬國津梁」之盛名也在海外廣為流傳。這一時期，日本與琉球的外交文書往來也趨於頻繁。儘管文書的落款有年號以及「德有鄰」之引，與一般國書無異。但文書採用的格式卻是仿照一四一四年足利義持將軍給琉球國王尚思紹的文書，即「御內書樣式」，具有上傳下達的意思。日本對琉球採用這種文書格式，從某種程度上也反映了日本對中轉貿易國琉球的重視以及有意識地將琉球視為家臣之舉。十五世紀中後期以後，日本京都五山的禪僧開始廣為渡海赴琉進行傳教，博多以及堺等地財力雄厚的商人也對那霸港的中轉貿易趨之若鶩，紛紛航抵琉球，有的甚至在琉球定居。

朝鮮也是琉球通交貿易的主要對象國。一三八九年，中山王察度遣玉之向高麗朝進獻硫磺、蘇木、胡椒等物，並送還被倭寇俘掠的三十七名朝鮮人，拉開了琉球和朝鮮通交的序幕。一三九二年高麗朝亡，李成桂即位改國號朝鮮。但是，琉朝關係並未因此而受影響，反而建立了更好的邦交關係。一四七一年李朝領議政申叔舟奉命編集的《海東諸國紀》中收錄了一副古版地圖──「琉球國圖」，圖中將那霸港標識為「那波皆渡」，並注有「寶庫」、「國庫」等小字樣。此「國庫」便是王府用於收儲海外貿易品的保管倉庫，也就是之後的「御物城」。同書中的「琉球國紀」還載：「那波皆渡，中國、東南亞

以及日本的商船來航不絕」。[88]此外，在朝鮮其他的一些古地圖中也標有琉球之名。由此可見，琉球之名在朝鮮已經廣為人知。

猶值一提的是，不僅中國、日本、朝鮮以及與琉球有貿易關係的中南亞國家，甚至連葡萄牙人也對琉球有過相關的記述。時稱「東方凱撒」、「海上雄獅」、「葡萄牙戰神」的葡萄牙貴族阿方索・德・阿爾布克爾克（Afonso de Albuquerque, 1453-1515）的傳記中就記述了當時以滿刺加為貿易活動中心的琉球人的裝束、為人以及貿易的時間、航路等。葡萄牙人的著作《東方諸國記》（日譯本）也對進行中轉貿易的琉球人進行了描述。無論是阿爾布克爾克的傳記抑或《東方諸國記》的描述，都是讚揚和歌頌從事海外貿易的琉球男人不畏萬里波濤、勇敢信義的精神。[89]

此外，葡萄牙人費爾南・門德斯・平托（Fernão Mendez Pinto）所著的《東洋遍歷記》（日譯本）一書亦有關於琉球國的記載，其主要內容簡要概括如下：「琉球富產銅礦，產量高且價頗廉，為琉球主要貿易物品之一。琉球全島還盛產大量的鐵、鋼、鉛、錫、明礬、硝石、硫磺、蜂蜜、蜜蠟、砂糖以及生薑。……亦多產木材，足以建造數千艘的船隻。琉球島之西有五大島，島上有多處銀礦，亦產珍珠、琥珀、乳香、絹、黑檀木、蘇木、野生沉香、瀝青等物。其中，絹產量之高僅略次於中國。當地住民著裝與中國人無異，穿麻、木棉、絹等質地的衣服，亦有著南京舶來緞者。他們食量大，喜肉厭武，武器缺，易征服。」[90]

儘管已有相關研究指出《東洋遍歷記》的內容存在虛構之嫌，上

---

88 赤嶺守：《琉球王國》（東京：講談社，2004年11月），頁63-64。

89 赤嶺守：《琉球王國》（東京：講談社，2004年11月），頁52-54。

90 生田滋：〈《東洋遍歷記》中所載的雙嶼、琉球相關記述以及明代中琉關係變化之探析〉，《第九屆琉球中國交涉史研討會論文集》（那霸市：沖繩縣教育委員會，2011年）。

述記載的真實性和可靠性受到懷疑[91]。但無論如何，書中關於琉球的詳細記載也說明了，作為中轉貿易國的琉球不僅在貿易國中負有盛名，而且遠播西洋海外。也正是由於琉球如此之大的國際影響，以至於清末時期英國、法國、美國和荷蘭船隻紛紛來航，要求通商傳教，最終簽訂了一系列合約，使琉球國成為國際社會上不可小覷的貿易周轉國。

## 三　移民制度對琉球閩人的影響

古代中國人移居海外的範圍很廣，但較為集中的地區是東南亞地區。琉球、日本、朝鮮也相繼有中國人在那裡居住。由於種種的原因，中國移民在各居住國的地位大相逕庭，不可同日而語。相比之下，明清時期琉球的中國移民地位之特殊，冠於同時期海外中國移民之首。中國移民在琉球位居高官，有的人任權傾朝野的國相，有的人任舉足輕重的法司官，相當多的人都獲得爵位。擔任紫巾大夫、正議大夫、各級官職的人比比皆是。他們中間許多人還被尊為琉球歷史上的偉人，有一代鴻儒程順則。他在琉球歷史上提倡儒學，創辦學校，普及教育，至今為當地人們所敬仰。有集政治家、科學家一身的蔡溫，蔡溫官至三司官、國相、國師，治國三十年，對琉球社會的進步產生了極大的影響。中國移民及後裔，在琉球歷史上較有成就的還有名醫魏士哲、史學家鄭秉哲、書法家鄭周、政治家鄭迥、教育學家、文化名人蔡文溥、社會活動家蔡大鼎、林世功等，他們的業績迄今仍為世人傳頌。由此可見中國移民在琉球歷史上的地位是多麼的顯赫。相形之下，中國移民在其他國家的境遇並非如此。雖然也有華人位於

---

91　生田滋：〈《東洋遍歷記》中所載的雙嶼、琉球相關記述以及明代中琉關係變化之探析〉，《第九屆琉球中國交涉史研討會論文集》（那霸市：沖繩縣教育委員會，2011年）。

高官，但與琉球中國移民的處境相比，它不是一個持續性、普遍性的現象。因為琉球中國移民的這種狀況一直與琉球國的發展相始終。移居海外的其他地區的中國移民，他們在不同程度上都受到排斥和打擊，包括來自中國政府方面的，如西屬菲律賓的四次對華僑的大屠殺，一七四〇年的巴達維亞紅溪慘案。都反映了中國移民在居留國面臨著各種勢力的迫害；這種殖民主義的、種族的、經濟利益上的各種衝突，使中國移民處於不利的生存狀態，再加上腐朽的明清朝廷又將這些海外移民一概排斥為「賤民」、「棄民」，無疑使這些地區的中國移民雪上加霜，墜落到社會的最底層，處於孤立無援、任人擺布的境地。其政治待遇和社會地位與琉球歷史上的中國移民相比，有著天壤之別。因此明清時期中國移民移居琉球，其政治待遇和社會地位顯赫，特殊，箇中的原因值得我們探討。

　　古代中國海外移民的途徑多種多樣，經商、海難、戰爭、聯姻、拐賣生口、政治避難、求學傳道或逃避刑罰等，都使得許多中國人移居海外，然而中國古代史上，中國人移居琉球卻是史無前例的，由政府批准的合法移民。他們一踏上異國土地就受到格外的禮遇，享受其他國度的中國移民所享受不到的優厚條件，這一切都是不同的出國途徑所注定的。

## （一）所在國的差異而產生的影響

　　中國移民移居琉球後十年，正是鄭和下西洋加強中國與海外諸國交往的時期，但是當鄭和下西洋的活動停止後，「東南海上，夷以波濤難航，貢使漸稀」[92]。而琉球卻不同，依然與中國保持著密切的朝貢關係，仍至一歲再貢、三貢。十六世紀初，西方殖民者東來，東南亞諸國逐漸淪為殖民統治的國家，這一巨大的變化，必然影響到中國

---

92 何喬遠：《名山藏》卷102（明崇禎刻本）。

移民階層。早期移居東南亞地區的中國移民，大多數以經濟發展為目的。他們利用當地社會生產力水平的低下，從事商貿活動，從而具有相當雄厚的經濟實力。因此，當殖民統治開始的時候，這種經濟利益的衝突是必然的。加上西方殖民者的分而治之的殖民統治政策，煽動土著民族與華人之間的矛盾。因此在這些國家和地區，中國移民面臨著來自各方面的壓力和挑戰。而遠在太平洋上的琉球國，這一時期被史學家稱之為「沒有武器的國家」。她在明帝國和清帝國的羽翼下，倍感安逸，遠離殖民統治和各方面的紛爭，依然過著詩話般的田園生活。貿易帆船穿織在中國與海外諸國之間，豐厚的海外貿易利潤，成為琉球國經濟發展的力量源泉。恬靜的小島上，陽光和煦，男耕女織，到處是裊裊炊煙，笑語歡歌。不時就有中華帝國的使臣們在島上周遊一番，絲竹聲、鐘鼓聲，伴隨著海浪聲，四處飄逸，一派太平盛世的氣象。在這種絕對安定的國度裡，中國人及後裔，在琉球社會的各個方面發揮才幹，地位穩定，待遇優厚，生活安逸。他們的發展與在殖民統治風刀霜劍的威逼下，苦苦掙扎的中國移民相比，自然有著得天獨厚的條件。同是海外移民，兩者地位的不同，此乃是重要的因素之一。

## （二）融合程度所起的作用

移居琉球的中國移民，他們所具有的特殊地位還有賴於他們與所在國融合的程度。也就是說，漢民族在琉球逐漸地琉化，中國文化不斷為琉球國所吸收、融合，移植於琉球，當琉球人和中國移民雙向的轉化達到一致時，這種融合就達到最佳的狀態。從中國移民而言，他們與當地琉球人通婚，繁衍子孫後代，他們向琉球人傳播中國的文化，以至於從語言到文字，從生活習俗到文化教育，都在雙向的交流中融為一體，他們即向琉球社會引進了先進的中國文化，同時也使自己接受了這一融合之後的文化，而不能獨立於這一融合之後的文化社

會圈之外。同樣，從琉球社會而言，他們與中國移民相處，仿效中華文化，他們嚮慕中國的文學藝術，崇尚中國的時尚風俗，從政治體制到教育體制、從生產技術到科學文化，都受到中國文化的薰陶。以致琉球的歲時行事與中國大致相同。例如徐葆光《中山傳信錄》中記載的二月十二日，琉球的花朝，此俗亦同中國。三月三日為上巳節，仍緣於中國。五月五日龍舟競渡、七月十五中元節、八月中秋賞月、九月重陽放風箏、臘月除夕的祭灶等中國傳統的節日，在琉球都有，已成為琉球國有的節日。因此琉球人接受中國文化的程度，也使得中國移民與土著民之間的隔閡與差別的縮小、消除。從教育方式的變革、教材直接使用中國的文本，尊孔亦成時尚、孔廟的建立。宗教信仰的影響、譬如中國的風水理論、土地神、關帝爺的崇拜、驅鬼闢邪的石獅子、「泰山石敢當」的應用，都成了琉球社會宗教習俗不可分割的部分，這些都反映了雙向融合的深刻程度，同時也表明琉球的中國移民，在這一融合的過程中，完全的琉球化，這一最重要的標誌，不同於其他國家和地區中國移民的地方，就是未形成華人社團。早期移居琉球閩人居住地久米村，開始它富有中國移民的色彩，可是隨著融合的加深，它僅僅是一個地名而已。而東南亞各國的情況卻完全不一樣了。由於中國移民在居住國生存發展的需要，他們彼此相互照應，由於習俗和信仰的問題，他們組建宗親社團、同鄉會的形式最為普遍。中國海外移民宗親社團組織的出現，對於中國移民的各個方面發展有一種組織的作用，凝聚力的作用，但同時也表明了，中國移民在居住國的處境並非像琉球國的中國移民那般優越，他們還必須通過這些組織為自己謀利益，而華僑宗親社團的出現及其活動必然造成融合程度的限制。融合程度達不到一定度，矛盾、衝突、負面的影響必然影響到中國移民在居住國的發展。因此我們從中國移民在琉球國與當地人民融合的程度，驚奇的發現，兩者的融合已達到彼此不分，你中有我，我中有你的地步。中國移民與後裔，他們所為之生存奮鬥的服務

對象，不是華僑組織本身，不是母國，而就是他們自己所屬那個國家──琉球國，因此他們能獲得那樣優越的政治、經濟地位，是再自然不過的事情了。

## （三）中琉政府的政策是一個重要因素

中國移民在琉球的特殊地位形成，有賴於中國與琉球兩國政府的特殊政策。明清中國政府對琉球王國實行了最為優惠的條件。在貿易方面，賞值最高。以胡椒為例，市價每斤三貫，而琉球進貢的胡椒，每斤賞值三十貫。同是朝貢貿易國，朝鮮、暹羅等都低於此數。更為優惠的是中國對琉球國來華貿易的次數和數量，採取幾為不限的政策。雖然也有貢期等方面的限制，而當琉球不按規定執行時，中國政府都以懷柔遠人而宥之，實際上琉球國到中國朝貢逐成為一歲再貢三貢之局勢，這為兩國的交往發展，創造了良好條件。而從事這一活動的人員多由移居琉球的中國移民組成。中國政府的寬容政策，為琉球的中國移民提供了一個盡情發揮自己社會作用的廣闊空間。從琉球國實行的政策而言，它不僅充分發揮中國移民善於航海，便於與中國交往的特點，還不斷提高本國的漢文化水平，派遣一批又一批的中國移民的後裔到中國留學，學習各個方面的知識和技能，從而把中國最先進的生產科技引入琉球。琉球政府的這一政策，也為中國移民體現自身的技能，發揮聰明才智創造了條件。從琉球國派遣到中國留學生的資料統計中，我們可以明顯地看到琉球國這一特定的政策和在這一政策下，孕育出以中國移民為主體的琉球優秀人才。與琉球的中國移民相比，東南亞諸國的中國移民，他們不曾有過這麼好的待遇，他們不僅不能介入當地的上流社會，而且還不能自由地往返於中國，有時還被視為棄民、賤民遭到中國和居住國政府的雙重迫害。因此我們說，政府政策的實施對海外中國移民的境遇有著重要的影響。

概而言之，我們從各個方面對明清中國移民在琉球地位特殊做了

具體的分析，琉球中國移民現象是一個很特殊的例子，在中國海外移民史上具有典型的意義。中國海外移民制度與政策的形成，有利於海外移民的發展，應引起學術界有足夠的重視。

## 四　移民制度孕育了名聲顯赫的琉球閩人

在琉球的歷史上，有許多著名的歷史人物，他們的出現得益於閩人移居琉球的結果。這些人通常都得到琉球王府的重用，他們在傳播漢文化，治理國政和加強琉球對外貿易等方面起了極為重要的作用。

我們通過琉球閩人家譜資料，注意到琉球閩人家譜走出了一個個顯赫的歷史人物，他們在琉球王朝的社會變革中，在琉球王朝的文化教育發展中，在琉球王朝的生產科學技術的提升中，在琉球王朝對外交往的過程中，發揮他們在歷史發展的進程中應該起到的作用。

### （一）琉球王朝社會變革中的政治人物

琉球社會歷經磨難，雖然與中國建立了友好的邦交關係，在與中國的交往中獲利極豐。其從一個貧窮弱小的國家逐步發展成為一個經濟發達，文化教育不斷完善的發展中的島國。在其社會發展的過程中主要來自日本方面的衝擊，一六〇九年薩摩藩島津家族對琉球國的入侵，一八七五年日本對琉球國的吞併都激發了琉球人的反抗，在這些抵禦外侮，忠貞愛國的傑出人物中就有琉球閩人及其後裔。鄭迥、蔡大鼎、林世功就是他們中間的佼佼者。

### 1　捨生取義的鄭迥

鄭迥（1549-1611），號利山。先祖自福建長樂遷居琉球。一五六五年受琉球國王派遣，同梁炤、蔡燦、梁焌作為官生赴中國入南京國子監學習。他刻苦勤奮，飽讀詩書，七年寒窗，於一五七二年學成回

國。後來，他在天妃宮設館教書，傳播儒學，在琉球傳播中國文化中起到積極的作用。一五七四年任都通事，後擢紫金大夫，攝長史事。一五七九年任總理唐榮司。一六〇六年授謝名親方，任法司官。鄭迥曾四次奉使入明，在推動琉球與中國的友好關係中起重要作用。在對外政策上，鄭迥力主對華友好，在琉球對薩摩政策上採取強硬態度。

　　一六〇九年，薩摩藩島津家久奉德川幕府之命，實行海外擴張政策，逼迫琉球稱臣入貢日本，派遣精兵三千、戰艦百餘艘直撲琉球國，「執中山王，遷其宗器」[93]。鄭迥亦率眾抵抗，敗走山林，終為薩摩藩兵擒獲，隨同尚寧王被押至鹿兒島，囚禁於漁市附近。據《喜安日記》所載，由於鄭迥名聲顯赫，當其被押至鹿兒島時，當地民眾為一睹其風貌，爭先恐後，途為之塞。《喜安日記》為薩摩入侵琉球事件之親歷記述。喜安為日本大阪人，亦為琉球國王尚寧隨身待從，故其所記的內容是可信。

　　被囚期間，鄭迥還密寫一份薩摩藩入侵琉球的詳細材實，託人帶給福建巡撫，寄希望能得到中國政府對琉球國目前處境的了解和支持，但由於行事不密，密信並未送出。一六一二年秋，薩摩藩主召琉球國王尚寧及被捕琉球各官員，逼迫他們簽寫降書。書云：「琉球自古附屬薩摩藩島津君侯……（因為不遵制進貢等，而致遭征伐被俘，本該死……）然今君侯惟仁惟恕，憫孤流離，斯錫恩寵。匪啻縱得歸於故國，多割諸島，永為履矣。實是再造，何日忘之，何歲謝之，永隸藩侯，惟命是從，無敢貳矣……」[94]。

　　面對薩摩藩主的威脅利誘，剛直不阿的鄭迥不為所動。由於長期受中國文化之薰陶，儒家學說之灌輸，鄭迥深知一臣不事二主的原則。在這一逆境中，他把忠君愛國的民族氣節演繹的淋漓盡致。鄭迥屬聲抗辯，怒數薩摩藩主侵家入室的強盜行徑，面對沸沸而騰的油

---

93　《明神宗實錄》卷496，萬曆四十年六月庚午。

94　楊仲揆：《琉球古今談》（臺北市：臺灣商務印書館，1990年12月），頁45。

鼎，鄭迵將個人生死置之度外，神色鎮定，泰然自若，激勵琉球各官輔佐尚寧王，再興琉球國。

　　薩摩藩主為了殺一儆百，遂令手下將鄭迵投入油鼎之中，令下，兩孔武力士挾起鄭迵，投入油鼎。可嘆鄭迵一愛國忠臣，具有治理國家卓絕才華的偉人，化為一縷青煙。鄭迵以身殉國的壯舉，激勵著琉球國的後人發憤圖強，為琉球國的社會進步而奮鬥。

## 2 救亡運動的先驅蔡大鼎

　　蔡大鼎（1823-？），字汝霖。一生著述頗多。一八四八年曾同鄭良佐、蔡呈禎一道，到福州留學，專攻風水地理。是年他編纂了第一本詩集《漏刻樓集》。一八六〇年他作為進貢存留通事再次來到福州，並根據自己的遊歷寫下了《閩山遊草》，詳細記述了在福建的經歷，以及當時學習的一些感受。一八六七年，他又撰寫了《續閩山遊草》。一八七二年他作為都通事隨貢使團前往北京。又據這一次的紀行寫下了《北燕遊草》，記述了從琉球到北京的所見所聞，以及個人的思緒。以上三部著作均於一八七三年刊刻行世。

　　一八七五年日本侵犯琉球，禁止琉球向中國進貢。蔡大鼎與林世功，作為陳情官祕密潛渡中國，會同一八七四年進貢清朝滯留福州的琉球正使毛精長化裝北上，直赴北京，乞求清政府救援琉球。雖多方奔走，總未能遂願。爾後他們回到福州，想方設法，希望清政府能出面干涉日本侵吞琉球，為琉球復國立嗣而努力。雖忐忑不安地等候了三年，等來的全無下文。轉眼就到了一八七九年，這是琉球國亡國的黑暗的一年。這一年傳來了日本吞併琉球的消息，身在異國他鄉的蔡大鼎等人聞訊如五雷轟頂，萬箭穿心，痛苦萬分。他們不畏艱難，再次北上，冒死向清廷乞求救援。在萬念俱灰，無計可施的悲憤情緒中，林世功憤然自殺。蔡大鼎等人強忍失去同伴的悲痛，繼續奔走，為琉球復國做最後的努力。在此期間，他寫下了《北上雜記》一書，

一八八四年刊刻。是書雖然記述北上的日常起居，所見所聞，但當時的清廷態勢和琉球救亡運動的進展在書中也略有反映。

　　作為一個亡國的琉球知識分子，作為一個為琉球國獨立復興的戰士，貧困交加的蔡大鼎就這樣用他的生命，在森嚴冷酷的大清帝國搖唇鼓舌，不斷呼喊，為琉球的復國，殫精竭力，四處奔走，最終客死於中國。他為琉球國的存亡，流盡了他最後一滴血。他也為他自己永世不滅的人生，閃耀著最後一縷的光芒。

## 3　以身殉國的林世功

　　林世功（1841-1880），字子敘。一八六五年考取赴華留學之官生資格。在首里國學攻讀詩文、漢語四年，於一八六八年與葛兆慶、林世忠、毛啟祥一同，為琉球赴華留學的歷史上最後一批官生，往北京國子監求學。求學途中毛啟祥在江陰縣因病去世，在學期間，葛兆慶與林世忠亦相繼病逝，獨剩林世功一人，他更加刻苦學習，以完成諸同學遺願。在學期間，林世功就出版了詩集《琉球詩錄》，受到老師的好評，認為林世功的詩句均出自肺腑，乃精雕細琢之作。

　　一八七四年，林世功學成回國。一八七五年六月任國學大師，九月又擢升為世子（尚典）之講師。一八七五年「球案」爆發，日本廢琉球國為沖繩縣，琉球國內一片驚慌。情急之中，琉球政府派遣向德宏、蔡大鼎等往中國求援。林世功亦作為陳情通事渡海抵閩，日夜兼程，化裝北上，乞師於清廷。據載：林世功與蔡大鼎曾在故宮的東華門外跪乞清廷出兵拯救琉球，長達七日，其愛國忠心之精神，令人感慨萬分。東華門是王公大臣們上朝的必經之路，林世功等無法到宮裡陳情，故希望過往的朝臣能幫助他們轉達乞師救援琉球之意。他們哭聲雷動，不料，不僅沒有打動中國官員，反而使得中國官員上前來掩捂他們的嘴巴，警告他們哭聲不可太大，驚動了附近的日本使館，引起中日之間的不愉快。這使得林世功等人不由得膽寒。由於清廷自身

的腐敗，加上剛剛經歷了太平天國革命和英法聯軍的進犯，使其處於內外交困，自顧不暇的境地，因此清廷面對琉球這種行將亡國的局面也是一籌莫展，乞師無望的林世功決心以身殉國。他留下了遺稟，稟曰：

> 琉球國陳情通事林世功謹稟，為一死泣請天恩，迅賜救亡存國，以全臣節事。竊功因主辱國亡，已於客歲九月，隨同前往進貢正使耳目官毛精長等，改裝入都，疊次匍叩憲轅，號乞賜救各在案，惟是作何辦法，尚未蒙諭示。昕夕焦灼，寢饋俱廢，泣念奉王命抵閩告急，已歷三年，敝國慘遭日人益肆鴟張，一則宗社成墟，二則國王世子見執東行，繼則百姓受其暴虐。皆由功不能痛哭請救所致，已屬死有餘罪，然國主未返，世子拘留，猶期雪恥以圖存，未敢捐軀以塞責，今晉京守候，又逾一載，仍復未克濟事，何以為臣？計惟有以死泣請王爺，暨大人俯准，據情具題，傳召駐京倭使，諭之以大義，威之以聲靈，妥為籌辦，還我君王，復我國都，以全臣節。則功雖死無憾矣，謹稟[95]。

林世功自盡後，蔡大鼎將遺稟上報清朝，人們雖對林世功殉國的壯舉讚頌不已，然無力回天的趨勢早已成為定局，可憐報國無門的愛國志士林世功，終究抱恨終天，享年僅四十歲。林世功以身殉國，這種以國家民族為重，誓與國家共存亡，共命運的浩然正氣，與日月同輝，與山河共存。一直到今天，人們依然崇敬林世功的愛國情操。

---

95　楊仲揆：《琉球古今談》，頁84-85。

## 4 久米村總役阮宣詔

阮宣詔（1811-1885），是琉球久米村最後一任總役。一八三七年確定為赴華留學之官生。恰逢一八三八年中國冊封琉球使林鴻年、高人鑑使琉球，阮宣詔「每日入天使館，授受其教。因得屢謁高大人。恭撰詩稿，以請潤色。歷蒙批評，且賜對聯、扇子、筆墨等件」[96]。藉此機會，阮宣詔拜會冊封使及從客，將自己所作的詩稿請他們修改潤色，以提高自己的漢語水平。

一八四〇年，阮宣詔與鄭學楷、向克秀、東國興等一道，赴中國留學。一八四一年四月入北京國子監學習。時國子監教習「姓孫，諱衣言，字琴西。浙江瑞安縣人，丁酉科拔貢。」、「夙夜調誨」[97]。阮宣詔等如沐春風，受益匪淺。經過四年的苦讀，終於一八四五年二月，學習業滿，即隨正議大夫鄭元偉的貢使團一同回國。回國後，琉球王府即命阮宣詔任久米村總師一職，勤於職守，業績斐然。一八四八至一八四九年又升任著作總師，凡表奏、咨文一應公文均由其撰寫，名聲顯赫。爾後，阮宣詔歷任通事、正議大夫、紫金大夫等職，四度來中國從事朝貢活動，為中琉經濟貿易、文化交流活動起到不可替代的作用。鑒於阮宣詔長期以來的貢獻，一八六一年十二月，琉球王府任命阮宣詔為久米村總役一職，在這個位置上，阮宣詔一幹就是十八年，久米村的文化建設、久米村的教育發展、久米村的人才培養都在他的苦心經營下有了長足的進步。阮宣詔在久米村的任職直至一八七九年琉球亡國。

阮宣詔在任期間，殫精竭慮，為琉球社會的治理，尤其在日本吞併琉球期間的苦心經營，在琉球的歷史上占據了重要的位置。

---

96 《久米村系家譜》上冊，《那霸市史資料篇》第1卷6（那霸市：那霸市企畫部市史編集室，1980年），頁171。

97 《久米村系家譜》上冊，《那霸市史資料篇》第1卷6（那霸市：那霸市企畫部市史編集室，1980年），頁171。

## （二）琉球王朝文化教育發展中的菁英

### 1 琉球史學巨匠鄭秉哲

　　鄭秉哲（1695-1760），童名真德，號溶橋，名乘佑實。琉球久米村人，其先祖明初由福建長樂遷居琉球，秉哲可謂閩人之後裔。一七二〇年鄭秉哲以勤學身分，自費赴福州學習中國文化二年。一七二三年學成回國的鄭秉哲被任命為講解師，為宮廷眾人講授中國文化。未幾受國王派遣與蔡宏訓、鄭謙一道作為琉球官生入北京國子監留學。《清世宗實錄》卷十七記載：「（雍正）二年三月丁亥，琉球國王尚敬遣陪臣翁國柱等表賀登極，附貢方物，並遵旨遣官生鄭秉哲、鄭謙、蔡宏訓三人入國子監讀書」。鄭秉哲到國子監後，自陳願學八股文字，國子監為此專門挑選了文行兼優的拔貢生李著為教習。禮部奏稱：「據國子監祭酒宗室伊爾登等疏稱，禮部札送琉球陪臣子弟鄭秉哲、鄭謙等到監。臣等詢其聲音，粗通漢語。問其欲學何業？皆願學八股文。臣等謹遵舊例選取貢生李著，俾之朝夕講解，學習文藝。臣監現今博士員缺未補，今派學正一員，暫行董率。博士到任，仍照舊例令博士專管，臣等不時稽察……。雍正二年十二月十七日奉旨：依議。欽此。」[98]四年之後，鄭秉哲學習業滿，琉球國王對他的學識評語是「秉哲等向化敬業，沾被日深，當聖天子文教覃敷，愚蒙漸啟。從事經書，固欲窮其奧旨，傾心制義，略已學為成篇……」[99]。鄭秉哲等在國子監學習的日子是充實的。他們潛心學問，衣食無憂。常與國子監教習唱和作賦，中國文化的水平日益見長。學習之餘，鄭秉哲還偕同同窗拜謁孔廟和京城名勝，開闊視野。

　　一七二九年，鄭秉哲學成回國後，再次被任命為講解師。一七三

---

98 潘相：《琉球入學見聞錄》，頁100-101。

99 《欽定國子監志》卷18，引自秦國經：〈清代國子監的琉球官學〉，文載《歷史檔案》1993年第1期。

〇年起為琉球國王尚敬講解《近思錄輯要》，同時撰寫〈庇謝橋碑記〉，著手編修《琉球國舊記》。一七三一年開始編集《中山世譜》，其後還參加了琉球編年史《球陽》一書的編纂工作。《中山世譜》和《球陽》都是琉球王國最主要的編年體史書，為我們今日了解琉球王國的歷史提供了珍貴的資料，由此可以知道，鄭秉哲在琉球史學上的重要地位。

一七四八年，鄭秉哲作為進貢副使正議大夫隨正使向永成往中國朝貢；一七五二年作為尚穆王的謝恩使節之儀衛正出使江戶；一七五三年升為紫金大夫，封為親方，不久又任命為總理唐榮司，即琉化漢人聚居地——久米村最高的行政長官。

一七五六年清朝冊封使全魁、周煌冊封琉球時，鄭秉哲主持一應的典儀活動，榮耀一時。翌年亦作為謝恩副使隨冊封使一道到中國謝恩，事竣回國後官至三司官座敷。

鄭秉哲兩度到中國留學，多次赴中國進行政治、經貿和文化間的交流，為中琉友好關係的發展做出了卓著的貢獻。尤為令世人矚目的是他參加編纂了《球陽》、《琉球國舊記》、《中山世譜》等書，使他成為琉球歷史上著名的史書編寫專家。

## 2 琉球鴻儒程順則

程順則（1663-1734），字寵文，號念庵。琉球國久米村人。其父程泰祚曾任琉球貢使團遁事一職，在福州居住多年，一六七五年在入京朝貢的返程中因病死於蘇州，葬於吳縣。程順則自幼受其父影響，很早就接受了中國文化的薰陶。後拜琉球儒學大師鄭弘良為師，攻讀儒學。一六八三年隨謝恩使王明佐來華，以勤學自費留學的身分拜在福州鴻儒陳元輔、竺天植的門下，潛心鑽研儒家經典，達四年之久。一六八七年回國後在琉球興建孔廟明倫堂，創辦學校，發展琉球的教育事業。一六八九年程順則以接貢存留通事的身分再次來到福州，公

務之餘，他又繼續苦讀朱子學說，對詩文也頗有興趣。歷時三年使他對儒家的學說十分精通。一六九一年他出資在中國購買了大量的中國典籍，多達一五九二卷，攜帶回國全部捐贈給琉球孔廟。一六九六年他任北京大筆者來華朝貢，在福州出版了他自己的詩集《雪堂燕遊草》。這是一部記載程順則在出使中國活動的著作。作者描述了在中國的所見所聞，抒發自己的情感，談論自己的思想，為我們了解一個琉球人的中國情結有很大的幫助。一七〇七年程順則任進貢副使正議大夫再次來朝，進京事竣返回福州候船回國時，捐資刻印了《六諭衍義》一書。是書為明末浙江會稽儒者范鋐撰的一種教育民眾修身的教材。它選自明太祖頒布的教民聖諭四十一條中與民眾生活倫理道德關係密切的六條加以闡釋。這六條為孝順父母、尊敬長上、和睦鄉里、教訓子孫、各安生理、毋作非為。程順則在刊印的《六諭衍義》跋中指明：「六經四書微言奧旨，只可自喻之於心，何能日宣之於口；唯是編字字是大道理，卻字字是口頭話，男女老幼莫不聞而知之，教者省力，學者易曉，道之之術，莫有善於此者」[100]。程順則所刊印的《六諭衍義》帶回琉球後，成為琉球入學習漢語及修身養性的課本，並且傳播到日本等地，程順則為中國文化在琉球的傳播起到了積極的作用。

　　一七〇八年，程順則還根據琉球的閩人三十六姓所流傳的航海針簿，整理編撰為《指南廣義》，並在福州刊印。是書不僅詳細標明琉球與中國的往返針路，而且還記述了有關的地理、天文、氣象、海潮、禮儀、民俗等知識。成為當時中琉航海的必備之書。冊封琉球使徐葆光稱曰：「琉球針路，其大夫所主者，皆本於《指南廣義》」。

　　程順則著述頗豐，他還根據中國的典章制度、禮儀，結合琉球的實際情況，制定了中山王府官制和典祭婚喪之禮儀。他還提倡在琉球

---

100 《六諭衍義》（程氏刊本）序文。

實行中國的斗量制。深諳中國文化的程順則在中琉文化的交流方面起到了橋樑的作用。乾隆時期使琉球的翰林官員周煌在他的《琉球國志略》一書中是這樣評價程順則的——「（順則）勸學勵志，言行交修，任紫金大夫，愛民潔己，不營寵利。年七十餘，卒之日，書籍外，無餘貲，國人至今猶爭道之」。

## 3 琉球才子蔡文溥

　　蔡文溥（1671-1745），字天章，號如亭。一六八六年，蔡文溥年僅十六歲即受命赴中國留學，不過直到一六八八年，蔡文溥方入北京國子監學習，一六九七年學成回國，學習將近十年。蔡文溥最初擔任久米村的講解員和訓詁師，負責教學工作。其後還為國王尚貞、世子尚純、世孫尚益講解《四書》、《詩經》、唐詩等經典著作。一七〇三年因患肺病，辭去了教學工作。一七〇四年為琉球國王授為具志川間切祝嶺地頭職，封為祝嶺親方。

　　由於其勤奮好學，才思敏捷，詩文華美，深受國人喜愛，故被稱為「中山第一才子」。其所撰的《四本堂集》收有許多佳作，其中〈中山學校序〉一文為清代冊封琉球使周煌收入《琉球國志略》中。

　　從蔡文溥的〈中山學校序〉一文中，我們可以窺探到蔡文溥的教育思想。他把建立學校，搞好教育看作是立國之本。他說：「粵稽古帝王之撫天下也，未有不廣立學而能昌明世道、淳厚民風者也。蓋學校之設，原以養人才；人才之生，實以備國用。三代之時，自國都至於州閭以及鄉黨，皆有學校以廣教化。凡禮、樂、刑、政之事，盡出於學……」[101]，由於他將辦教育看得如此重要，在他的影響下，琉球國極力促進學校的創立，有國學、有鄉學，鼓勵辦學，培養有用人才。

---

101 周煌：《琉球國志略》，《臺灣文獻叢刊》第293種（臺北市：臺灣銀行經濟研究室編印，1971年），頁264。

今日收藏於日本沖繩縣立博物館的中國花鳥畫有好多幅，都是當年琉球留學生在福州學習時的老師們贈送給他們的。畫者名叫孫億，是福建龍岩人。這些圖畫當時是由蔡文溥帶回琉球的。《久米村系家譜》記載，「正月十六日，世子世孫親臨文溥家，賜燒酒碇一雙，御重一組。文溥進獻御膳，又以孫億花鳥一幅獻世子。卓琮蘆雁一幅獻世孫」[102]。正是由於蔡文溥將所攜帶回國的中國老師的畫作贈送給琉球的世子、世孫，才使得這些畫得以妥善的保存，一直流傳到今天。蔡文溥對中琉文化交流的貢獻，彪炳史冊，功不可沒。

## 4 琉球書法大師鄭周

鄭周，童名萬古，號恪橋，先祖為遷居琉球的福建長樂人，乃鄭迴之弟。一五七九年附搭入明謝恩進貢使王舅馬良弼和其兄長史鄭迴之貢船，與鄭迪、蔡常等一行，往中國求學，翌年十一月抵北京。一五八一年夏，鄭周等人入南京國子監深造，苦學七年，於一五八八年六月回國。其後，他作為琉球使團成員多次來華，並負責久米村等行政事務。其事蹟在琉球《歷代寶案》及《明實錄》等史籍中多處可見。

鄭周因接受了長達七年之久的中國文化教育，其最為見長的在於對中國書法藝術的造詣。由於在南京國子監學習期間，每天的功課有書法一項，即每天規定要寫一幅字，《南雍志》稱該課程為「寫仿」，即臨摹描寫，每幅十六行，每行十六字，共二五六字，要求字字端正。其所臨摹書寫的字帖為中國古代書法家王羲之、智永、歐陽詢、虞世南、顏真卿、柳公權等人的真跡範本，鄭周博採眾家之長，潛移默化，融會貫通，從而掌握了中國的書法藝術。

鄭周回國後，其書法技藝愈見精深，影響也日見廣遠。琉球國的一些佛寺都專程請他書寫匾額，題籤廟門、山門。如天界寺，該寺與

---

102 《久米村系家譜》上冊，《那霸市史資料篇》第1卷6（那霸市：那霸市企畫部市史編集室，1980年），頁304。

圓覺寺、天王寺並稱為琉球臨濟宗寺的三大名剎,其巨大寺名匾額,就是鄭周揮毫題寫的。世人稱其墨跡雄渾、豪放,「天界寺」一匾高懸山門,給人以一種玄妙之感。其他的一些著名寺廟也多以鄭周贈賜墨寶為榮。如久米村永明山之東禪寺內的「永明山」匾,據考也是鄭周的手跡。

現存沖繩縣立博物館的「龍王殿」之匾額,沖繩縣立圖書館所藏之琉球那霸港迎接中國冊封使的迎恩亭的迎恩匾額,都是鄭周的筆墨。從這些珍藏的墨寶中,我們不難看到鄭周書法那種蒼勁、挺拔、端莊、雄渾的風格,浸透著歐、顏的墨韻。更看到鄭周書法的筆墨之間浸透著中華文化深厚的內涵。

## 5 琉球公學的倡導者蔡世昌

蔡世昌(1737-?),字汝顯。一七六〇年與鄭孝德、梁允治、金型一行四人,隨琉球貢使毛世俊到京,入國子監學習。國子監選拔貢生潘相為教習,派博士張風書、助教林人魁董率。據蔡世昌的老師潘相記述,蔡世昌「早錚錚有才聲。會中山王選士入學,諸大夫僉舉生。歲庚辰,偕鄭生紹衣學於余。余不欲以古司樂之所教育教之也,作答問四條。一曰端趨向,二曰變習尚。生篤信之,與鄭生稟承指授,刻苦力學,無間旦夕者凡四年。裒其課藝若干首,將以獻於廷、師於家、模範於國。美哉!洋洋乎,其誠心於學者耶」[103]!又據《欽定國子監志》卷十八載:(蔡世昌)「在學三年頗知文藝,所作性理論並駢體文俱有可觀,書法端楷」。可見,在中國的留學期間,蔡世昌打下了深厚的漢學基礎,為他在琉球創辦教育開創了良好的條件。

蔡世昌於一七六四年回國後,大展宏圖。他在治理國家,運用所學的法學、政治學、行政學方面得心應手。一七六七年和一七七〇年

---

103 潘相:《琉球入學見聞錄》,頁177。

先後兩次作為琉球進貢使團的通事上京。一七八二年為進貢副使正議大夫再次赴華。歸國後榮升紫金大夫，封為親方。後任講解師，並參加《琉球科律》的制定編集工作。琉球國最初沒有法律可言。國中的律例，皆以約定俗成的傳統處罰辦法為準繩。有犯者，有時流放荒島上以示懲處。有的是犯錯的人自行了斷。懲處的方法質樸、簡單。自蔡世昌編《琉球科律》後，是書成為琉球最早見著文字的刑法典籍。使琉球社會的法制建設更上一層樓。一七七九年蔡世昌出任尚溫國王之國師一職，並提出了創立首里公學校的主張，總而言之，蔡世昌在治理琉球國家和促進教育學校建設、琉球社會的法制建設等方面功垂青史。

## （三）琉球王朝生產科技前進中的棟梁

### 1 懸壺濟世的魏士哲

　　魏士哲（1653-1738），字德明，號希賢。一六六三年就隨琉球朝貢使團來福州學習三年，精通華語。有琉球進貢船水手與那嶺，生來豁唇，經福州醫生手術治療後痕跡全無。此事在琉球一時傳為佳話。琉球國王即刻決定派遣有志青年前往福州學習這一高超的醫術。琉球閩人家譜──《魏氏家譜》有載：

> 康熙二十七年戊辰三月十二日，為進貢事奉命為小船副通事，隨耳目官毛起龍福地親雲上、盛命正議大夫蔡鐸志多伯親雲上，十一月十七日那霸開船赴閩。先是丙寅之貢使耳目官魏應伯（今改姓向），越來親雲上，朝盛正議大夫曾益（今改名夔）砂邊親雲上，自京回閩，亦在館驛。其時有本國水梢豐氏與那嶺者，生而缺唇，不能醫治。與那嶺妻弟荀氏大嶺詮雄者，又為五主役仝與那嶺在閩。大嶺數次往來中國，通華語。

己巳二月，偶聞補唇醫士寓福州南臺潭尾。大嶺與那嶺同尋醫士療治缺唇。越四日全癒。大嶺為妙其術，學此法，買藥品而歸。時魏、毛、蔡、曾四貢使聽之，嘉之。召面前悉問其法。而大嶺不能盡傳其道，乃四貢使召士哲曰：此醫術係王世孫至要至緊，汝須盡心學之。士哲夙稟愚昧，以不能精醫術固辭。四貢使不允。於是急往醫士寓所問之，不見醫士，有人語我云：醫士黃先生欲歸其鄉，今在舟中。急追之及河間，幸獲遇之，問其姓名，具禮請教。醫士曰：吾是福建汀州府上杭縣住人黃會友者也。有祖傳補唇奇方，周旋四方療治缺唇。然此藥方一世一傳。雖親友不敢傳之，是吾祖宗之遺令也。士哲乃發誠心，萬求不允。惟以異域之人故，固請教方，而後允之。遂與黃先生結盟，居住別館，晝夜孜孜學之。已閱二旬，悉受其傳方。又得秘書一卷。此時有缺唇童子二人請黃先生療治。其一人十四歲，先生治之。又一人十三歲士哲在先生面前試療治之，皆不數日全癒無痕。於此四貢使各出菲儀十金餘，共聚四十餘兩。士哲又以數金合作五十餘兩送之，還其鄉矣。士哲迄己巳年五月二十日歸國。具聞王世子尚諱純公世子甚懼。然中國與琉球，以地氣相異，為試藥性，己巳八月於大里間切烏袋村男壹人，同嶺江村女壹人，兩人於一座療治，數日全癒。亦具聞王世子。世子甚歡，即命士哲療治名加間親方男孫一人，豐見城間切平良村男一人。又中城御殿玉城安武志良禮之姪一人。三人不數日全調。因此王世子大悅。至十一月十七日召士哲俾視王世孫尚諱益公，本月二十日奉世子教令始療治尚益公。士哲在儲內府三晝夜全癒無痕[104]。

---

104　《久米村系家譜》上冊，《那霸市史資料篇》第1卷6（那霸市：那霸市企畫部市史編集室，1980年），頁25-26。

　　上述史料記述了一六八八年魏士哲奉命再次來到福州，拜黃會友為師，學習補唇醫術。黃會友是汀州府上杭縣人，家住福州潭尾街，醫術高明，名噪一時。起初黃會友不肯傳授，他說：「此藥方一世一傳，雖親友不敢傳之，是吾祖宗之遺令也」。由於魏士哲誠心求教，黃會友為其精神所感動，終於答應下來。於是士哲拜黃會友為師，用心學習，很快就掌握了醫術。一六八九年魏士哲學成回國後，即為人施行補唇手術，獲得成功。爾後又為國王世孫尚益補唇，僅三晝夜痊癒，深得琉球國王的賞識，破格擢升為豐見城間高嶺之地頭，人稱高嶺親方德明，顯赫至極。「從此補唇之醫法，國中廣焉」[105]。在他的帶動下，琉球醫學事業發展有了顯著的進步，一批青年人立志學醫，以魏士哲為榜樣，飄洋過海來到中國學習內科、外科、口腔科等各科醫術，使琉球的醫療水平提高到一個嶄新的階段。甚至連日本薩摩藩也派遣醫師，專程赴琉球拜魏士哲為師學習補唇醫術。由於魏士哲對琉球醫學的巨大貢獻，被後人稱為琉球醫學的奠基人。

## 2 政治與科學集於一身的蔡溫

　　蔡溫（1682-1761），字文若，號澹園。琉球久米村人，官至三司官、國相、國師，治國三十年，又以久米客卿而賜第首里。權傾朝野，顯赫一世。著述十七種之多，對琉球的歷史深有影響。

　　一七〇八年，蔡溫來福州學習地理、天文和氣象學，師從福州劉希開先生，刻苦發憤，悉受其秘書及大羅經一面。不僅在生產科學技術方面接受了許多新的認識，而且對儒家的學說思想也有了新的認識。這對他回國後在治理國家方面奠定了堅實的基礎。在傳播孔孟思想，變革琉球社會的歷史上，人們公認的有兩位偉大值得稱頌的人物，一為程順則，另一位就是蔡溫。

---

105　李鼎元：《使琉球記》，《小方壺齋輿地叢鈔》第10帙1（臺北市：臺灣學生書局，1975年），頁182。

　　康熙五十八年，適逢中國將冊封琉球，琉球王府官員「預習漢禮，溫奉命每日進城專掌演禮。但此番除冊封天使海、徐外，有測量官平、豐奉旨來臨。隨封員役兵丁凡六百數十員名，所帶貨物極多，本國所貯銀兩不過五萬兩，由是評價事情太致齟齬。……」[106]蔡溫又奉命全權處理此事。因與冊封使常打交道，徐葆光題詩一首贈給蔡溫：

> 中郎才品果無倫，兩髻青青映紫巾。
> 柳檻春風倍講席，星軺金葉請皇綸。
> 霸江碑上鴻文麗，首里坊邊賜宅新。
> 最羨塤篪聯錦帶，朝回雙奉白頭親。

即日，蔡溫就用其韻賦謝詩一首，詩曰：

> 先生德望本超倫，愧我庸才列紫巾。
> 鳴珮鳳池承帝澤，浮槎鰲島捧皇綸。
> 詞聯錦繡吳綾燦，筆掃龍蛇袞墨新。
> 最喜良緣深受誨，春風座裡得相親。[107]

　　蔡溫在治理琉球國政期間，大刀闊斧地實行改革，解決了一系列的社會問題，尤其在農政方面，蔡溫提出擴大耕地面積、提高生產力、改良生產技術、保持水土、植樹造林，並推廣與植樹造林相關的技術用書。政治思想方面，蔡溫推崇孔孟思想。一七三二年，蔡溫頒布了《御教條》，旨在推行儒教化之政策。這一政策的實施使得琉球

---

106 《久米村系家譜》上冊，《那霸市史資料篇》第1卷6（那霸市：那霸市企畫部市史編集室，1980年），頁368。

107 《久米村系家譜》上冊，《那霸市史資料篇》第1卷6（那霸市：那霸市企畫部市史編集室，1980年），頁368。

國因饑荒和瘟疫所引起的社會不安定因素得到有效的控制與轉變。

蔡溫在琉球國的歷史上被稱為偉人之一，《東汀隨筆》一書稱：「前輩宿儒，各彰後世，為人傳誦不置者，惟唐榮程公、蔡公二人而已，二人各有所長。程公以德性，蔡公以才略」[108]。

## 五　移民制度影響下的琉球閩人尋根活動

琉球閩人歷經歷史滄桑，大起大落。他們與琉球王朝的命運緊緊聯繫在一起，有著無限的快樂和悽楚的苦痛。他們嘔心瀝血，為琉球社會的進步與繁榮立下了汗馬功勞。他們已完全融入琉球社會，但是他們依然記住故土，記住自己的血管中流淌著祖先的血。一九九二年十一月，所有在琉球古國的閩人後裔，他們為久米村發祥地紀念地舉行了揭幕儀式，一艘進貢船的石雕模型赫然出現在世人面前，船弦兩側鐫刻著閩人三十六姓的所有姓氏。該紀念地題字是已故的著名書法家，廈門大學教授吳孫權生前題寫的。發祥地紀念儀式上，有一位老者拉著二胡，一曲「我的中國心」將所有的琉球閩人後裔的心牽回大洋彼岸，牽回八閩大地。在那裡，有他們先人的墓群，有香火縈繞的祖祠，有憨厚可敬的鄉親。

### （一）琉球林氏在福州林浦的祖祠

林浦，又名濂浦，位於福州南臺島的東北端，距福州市區十一公里，隸屬福州倉山區城門鎮，下轄獅山、濂江、紹岐和福濂四個自然村落。

目前，林浦村的居民除了林姓之外，還有蔡姓、趙姓、陳姓等，但人數較少，多聚族而居。這些姓氏目前均無族譜存世，故對其在林

---

108 楊仲揆：《琉球古今談》，頁100。

浦定居並發展的情況並無準確的文字記載，關於這些姓氏在林浦的繁衍、生活情況尚需進一步的田野調查。但據《藤山志》和《藤山蔡氏族譜》記載，林浦蔡氏與福州藤山蔡氏乃同一宗族，同為莆田蔡襄後裔，蔡襄次子旬的支派。蔡襄六世孫蔡伯福遷居林浦，為林浦開基祖。蔡氏在林浦雖為小宗，也曾編有族譜，但在文革中不慎毀壞。

　　據琉球國久米村《林氏家譜序》記載，「考林氏素為閩之望族，枝分派衍，蕃於閩邦久矣。我始遷祖諱喜公者，生於閩邑，至洪武二十五年（1392）壬申，奉命初抵中山，則所謂三十六姓之一姓也。自喜公遷於唐榮（營），子孫綿延，遂為中山喬木，故其子孫曾為朝貢之司，奉命拜受長史傳升大夫者有之。或為指南之職，航梯萬里，屢往中華及西南諸國者又有之，或效遠祖和靖公愛梅，遂逢梅木之靈者，又有之矣。」元祖林喜「原是福建福州府閩縣林浦之人也。明洪永間，奉命同閩人三十六姓始遷中山，以敷文教。」

　　從上可知琉球王國久米「三十六姓」之一的林姓始祖是林浦出身的林喜，其後裔現在日本沖繩已經繁衍二十多代。經過六百多年的歷史變遷，這些林姓後裔子孫基本上經歷了「琉球本土化」和「日本化」兩個階段，早已經不是一般意義上的華人或華僑了。沖繩久米「林姓會」成員曾於上個世紀九十年代二度拜訪林浦，進行尋根問祖之行。通過交流可知他們已經衍化出除大宗為名嘉山外，有儀間、金城、新垣、島袋、平安座、棟等多種姓氏，現有人口二千餘人。琉球王國時期，久米林姓子孫多數承擔王府對中外交事務，其中的通事官林茂、林英、林榮、林喬、林國用和林茂盛等人多次出使中國。

　　林浦的林氏宗祠香火依舊，琉球林氏後裔延綿不斷地來此進香，他們謁祖尋根，毋庸置疑，這種血脈之親，這種思鄉之情，將兩地的林氏族親緊緊地連在一起。歲月不能抹去歷史的記憶，可以想見，林姓的琉球閩人將世代相傳，福州林浦是他們永遠的聖地。

## （二）沖繩梁氏吳江會

沖繩「梁氏吳江會」，歷史更悠久，其先人是明朝福建省福州府長樂縣江田村人梁嵩，他於永樂年間奉命移居琉球。如今梁氏在沖繩尚存一四〇〇餘人。據《吳江梁氏總世系圖》記載，西元前七七〇年周平王時代，末子庸受封於夏陽的梁山，稱為梁伯，其後子孫冠名梁姓，並分散各地。福建福州一支，始自晉朝安帝年間前來福州長樂並定居下來。明朝永樂年間，江田村梁嵩，受明政府派遣前往琉球國，並世代居住久米村歸化為琉球人。

沖繩梁氏大宗家龜島家的祖墳在那霸市牧志一帶，墓主是琉球梁氏第四代。據說，琉球梁氏早先三代都是年老返鄉，到第四代才開始歸化琉球國。從墓碑文的內容看，墓主是久米村總役。此後，梁氏後裔亦擔任琉球王國的各種官職，諸如正議大夫、長史、都通事等，梁氏一族在琉球國有著舉足輕重的政治地位。

梁氏在琉球的繁衍，至第九代開始分家。長子梁邦基為家族繼承人，是為大宗家。次男一支為「古謝家」；三男為「當間家」和「上江洲家」；四男「長崎山家」、「瀨名波」、「國吉家」、「吉濱家」；六男為「安仁屋家」。大宗家到第十代，被委任勝連間切龜島地頭一職，大宗家此後以龜島名之。據計，沖繩梁氏後裔人口尚有一四〇〇多人。

沖繩梁氏吳江會是個歷史悠久，頗具影響力的民間社團，由十個理事組成，下設專門委員會，分別負責宗族活動中的學務、財務、土地、廣告、祭祀、規章等。梁氏吳江會的會費主要來源於宗族祖產中的土地租賃。日本相關法律規定，社團法人機構的收益可以免徵稅，但不能從事商業謀利活動。經費來源的另一渠道來自成員每戶繳納的會費。

梁氏吳江會的主要活動：管理宗族土地財產、宗族助學獎學計劃和實施、宗族祭祖和其他傳統節慶活動。

　　宗族土地收益管理，就是宗族理財，是梁氏吳江會的基本職能。閩人三十六姓移居琉球時，琉球國王曾賜予閩人三十六姓許多的土地。這些土地都是私有財產，照例是由長子繼承。星移斗轉，經過數百年的嬗變，家族內經濟狀況千變萬化，貧富分化越來越烈，家族凝聚力減弱。為了維護宗族的利益，琉球閩人後裔紛紛建立宗親會，各家各戶提供土地，作為宗族的公共財產。宗親會靠出租土地和土地的使用創造收益，這些收益僅僅用於宗族的活動，並嚴格規定不能將這種收益用於投資盈利。若宗族土地為政府徵用或土地買賣時獲得收入，都將充公作為宗族公共財產。梁氏吳江會的宗族土地亦為政府徵用租借給美軍事基地，因此每年的租用收入都劃入梁氏吳江會的公共財產之中。

　　在沖繩地區，梁氏吳江會的重要功能就是促進文化教育功能。梁氏吳江會設立「學事獎勵會」支持鼓勵族內的文化教育事業。對族內學習成績優異的子弟，都褒獎有加，並頒發獎學金助學。鼓勵他們勉學向上。尊師重教，勤奮好學是琉球閩人的優良傳統，歷史上閩人後裔人才輩出。他們擁有卓越的學問，他們憑藉精明的才幹成為琉球歷史上不可忽視的傑出人士。梁氏後人中出類拔萃的優秀人才層出不窮，這也是宗族對教育的重視和投入有著重要的關係。

　　梁氏吳江會在組織祭祖等宗族活動，加強族內的凝聚力，開拓新的社會資源方面起重要作用。由於歷史淵源的關係，琉球閩人後裔仍保持著中國傳統的文化和習俗。如正月迎新、清明祭祖、重陽敬老、孔廟祭典等習俗一直流傳至今。梁氏吳江會通過組織這些傳統活動，使宗親組織的作用顯得越來越重要，使宗親之間更加團結，更具凝聚力。

## （三）漳州琉球閩人的祖祠

　　在沖繩那霸建立有閩人三十六姓後裔組成的門中會，如「沖繩阮

氏我華會」，這是由福建漳州龍海龍溪阮氏後裔的宗族組織。根據
《那霸市史》及《阮氏家譜》記載：其先人阮國，明萬曆三十五年
（1607）奉旨為三十六姓，移居琉球久米村。如今沖繩的阮氏後裔尚
有三五〇〇多人。

　　沖繩「阮氏我華會」，是琉球閩人阮姓家族的宗親組織，其發源
地是漳州角美鎮埭頭村阮氏宗祠「世德堂」。沖繩「阮氏我華會」的
「我華」兩字，其意思就是「我是中華人」。阮氏一族如今在沖繩地
區已傳續了十幾世，影響不小。

　　阮氏我華會每年都舉行許多的活動，會員之間相互扶助有利於福
利保障，會員的子弟在中國留學，還能得到一些經費資助。

　　如今的世德堂也是沖繩的阮氏我華會捐資重建的。一九八七至一
九八八年，日本沖繩阮氏我華會曾兩次回鄉尋根謁祖。他們根據族譜
記載，幾經輾轉，終於發現漳州龍海角美埭頭村「世德堂」就是他們
的祖祠。可惜的是「世德堂」已作為糧食倉庫在使用，兩邊的護厝也
被私人占用。阮氏我華會為恢復祖祠的修建與使用，慷慨捐資三五
〇〇〇美元，用於重建阮氏宗祠。

　　漳州阮姓開基祖是阮溪淵，原籍河南陳留，唐廣明元年（西元
880年），隨福安地區的開基祖阮能自光州抵達福建。西元八八八年，
阮溪淵定居在漳州角美埭頭村，任唐朝奉政大夫。以「世德堂」為號
立家祠，至今一一三一年。開基祖阮溪淵共育有十三子，其後裔在漳
州分成四個支系。阮氏族人在漳州世居的約二萬多人，海外分布也十
分廣泛，沖繩地區、日本、美國與東南亞諸國均有阮氏宗親，有的還
遷徙在廣東、廣西、香港、臺灣地區，以及東南亞等地區。

　　沖繩「王氏槐王會」，其先祖是明朝萬曆十九年從福建漳州龍溪
前來琉球的王立思。

　　「毛氏久米國鼎會」，其先祖也是明朝萬曆年間補姓加入閩人三
十六姓的。戰後，毛氏宗親就開始了族群的活動，宗親組織清明祭活

動，土地收益歸宗親組織所有，宗親還關注同宗子弟的教育活動。宗親還關注困難家庭的救助，學業獎勵的工作，並形成制度。

到了一九六〇年五月，「毛氏久米國鼎會」已正式註冊，具備社團法人資格，這為宗親組織的發展奠定了堅實的基礎。毛氏久米國鼎會開始注重毛氏宗親的歷史，在毛氏宗親組織成立十週年的紀念冊上，宗親會出版了《久米毛氏總家譜》，並在上面刊載了毛氏宗族的沿革史。在宗親會成立之後，做了許多公益的事業。譬如捐資修建鄭迴的紀念碑，一九九一年，首里城復原工程宗親會也助一臂之力。久米村六百週年紀念活動，琉球王朝秘寶的展出，宗親會也慷慨解囊，鼎力相助。

一九八二年九月三日，毛氏久米國鼎會會館終於落成，耗資一四九八一萬日元。會館一共五層，建築面積達九九四點八七平方米。

人才培養，教育為先是毛氏久米國鼎會一項重要的事業。早在一九五六年，國鼎會就制定了《育英資金貸款之規則》。學習優秀的毛氏弟子可得到資金的贊助，完成學業。資金的使用規則也一直變化，在日本全國引起極大的反響，鼓勵毛氏後人努力奮進起到極其重要的作用。

宗親會還集資建造了毛氏祖墓。由於年代久遠，祖墓經歷風侵雨襲，久未修繕，出現許多龜裂、塌陷。經過宗親組織投入資金二七五九萬日元，使祖墓大放光彩，在族群中起到籠絡人心，增強凝聚力的作用。

宗親組織最重要的工作是家譜的編纂。一九五六年，毛氏家族渡琉三五〇年時，就編製了《毛氏家譜》。一九六九年，正式成立了家譜系圖編纂委員會。編纂委員會共有十九名委員，分別是本家方面：與世山秀八、安仁屋維垣、田里維成、阿賀嶺得助、許田世輝；與儀中祖方面：南風原孝安、奧間章成、奧間維隆、奧間秀信、奧間大成、奧間偉功；天尊中祖方面：吉川其義、桑江潤之、垣花得祿、喜

久山榮道、奧村正得、奧間邑歸、奧間朝祐、奧間邑義。

　　毛氏家譜經歷五年，花費九百萬日元編成出版。國鼎會出版的第
一冊為抄本復原本，第二冊為複印本復原本，第三冊為譜系圖表本。

　　宗親會原先有三個專門委員會：祭典委員會、教育委員會、土地
賃貸不納委員會。社團註冊法人化後，又增設有學務委員會、系圖編
纂委員會、規程審議委員會、會館建設實行委員會、會館管理規程委
員會、表彰選考委員會、圖書館開設準備委員會、企劃委員會。

　　毛氏久米國鼎會在公益事業方面貢獻最為顯著。松川兒童遊樂場
就是最好的例證。一九七九年，由於土地賃貸租約的解除，在那霸松
川有一二三平方米的土地可以恢復使用。國鼎會就建設成為最具影響
的兒童遊樂場。鑒於當時日本國內兒童遊樂場事故頻頻，許多遊樂設
置老化，加上少子化的社會問題，遊樂場逐漸不景氣，成為野狗出
沒、荒草叢生的廢棄的場所。

　　關於道路照明，治安安全需要的夜間照明，毛氏久米國鼎會也參
與建設，造福一方。同時，會館的停車場也向公眾開放，這方便了市
民，體現了國鼎會在社會公益事業中的重要作用。

　　一九八七年七月二十七日至八月三日，琉球毛氏宗親會派出代
表，偕同琉球閩人王氏、阮氏前往祖居地福建漳州龍海角美鎮滿美社
訪問。當時去的有縣立圖書館的主管、沖繩電影中心的代表，攝影旅
行社的人員，共計八人，他們來到福建漳州，尋根問祖，找到祖廟，
焚香敬拜。

　　一九八七年十月二日至九日，琉球閩人毛氏十人、阮氏十人、蔡
氏二人、陳氏一人、林氏二人、王氏一人，以及相關人員總計三十二
人一行，沿著前次訪祖的路線，前往漳州各個宗室的祖廟，頂禮膜
拜。引起轟動，當地政府還用警車開道，以壯聲勢。

　　一九九八年九月二十八日至十月五日，以毛氏後人吉川朝雄為團
長的毛氏宗親代表團一路風塵來到福建漳州龍海的滿美社祭祖。儘管

道路崎嶇，大家分乘幾輛車興致勃勃地前往祖廟，廟前廣場有百餘人，大家鼓掌歡迎來自沖繩的毛氏鄉親。彩旗招展，鞭炮聲聲。琉球毛氏鄉親得到最為隆重的歡迎。他們在祖廟將新修纂的《毛氏家譜》敬獻給福建的親人，其場面鄉情融融，血溶於水。

琉球毛氏後人對漳州祖廟的拜祭，增強了他們的鄉愁，他們永遠不會忘記，他們心目中的那塊聖地。

## （四）譜牒無法對接的困惑

改革開放後，隨著日本和中國的經貿往來日益頻繁，沖繩縣的閩人三十六姓後裔的宗族活動也出現了新的內容，就是定期組織族內成員前往中國福建尋根祭祖，修訂族譜，建立宗族新的社會聯繫。

一九八七年，由沖繩歷史學家高良倉吉教授率領的日本專家代表，攜帶琉球閩人家譜來閩尋根，在時任福建省政府副秘書長、省旅遊局長南江先生的主持下，委託福州地方志編纂辦公室的林偉功為總查證人，負責全省「閩人三十六姓」尋根工作。一九九二年是閩人三十六姓移居六百年的紀念日，在久米村遺址，舉辦了閩人三十六姓發祥地的紀念碑揭幕儀式。為此日本歷史學者與福建地方志研究人員、姓氏源流研究會的工作者根據文獻記載和家譜資料，開展日本沖繩閩人家族與福建宗族譜系考證的工作。幾年來，經過多方合作與努力，基本完成在福州地區的蔡、林、金、梁等姓，莆田的陳姓，泉州的蔡姓，漳州的毛、阮、王、陳等姓氏宗祖地的查證，但是尋找與琉球閩人家譜對接的工作卻十分迷茫，見不到一點的希望。從此以後，琉球閩人後裔各姓團體踏上了前往福建的尋根之旅。如一九八七年和一九九三年，「阮氏我華會」和「王氏槐王會」先後前來福建尋根。

二〇一〇年沖繩梁氏吳江會成員跨越六百年的歷史長河前來福建尋根祭祖，引起沖繩和福建媒體的極大關注。琉球閩人後裔，這支來自島國，散發著古老神祕氣息的族群，經歷了顛沛流離、血與火的洗

禮，經過時世變遷的蕩滌，不但沒有衰微零落，反而顯示了頑強的生命力。其宗族組織，在二十一世紀的今天，在以文化多樣性為基礎的開放社會，他們發揮了整合族群凝聚力，建立族群共同生活，在增進與福建祖居地鄉親密切聯繫中發揮了獨特作用。

多年來，沖繩與福建兩地的研究者都投入大量的時間與精力，堅持對兩地家譜對接的問題進行不懈的努力與探索，然而每次的調研都無功而返。事實上，通過對這段歷史的細緻考察，我們認為，琉球閩人的家譜記載與福建的家譜絕無對接的可能性，原因如下：

其一，在古代中國，能入譜的家族成員，通常都是有名望，有身分的人。女子是不入譜列傳的。越是有名望的的族人，越是在家譜中居於突出的地位，或入譜的文字要比一般人詳細得多，中國人就講究那個光宗耀祖，家譜就是要讓後人記住祖宗的榮耀，記住家族創業的精神。因此那些沒有身分，社會地位低下的人難得進入家譜，進入家族榮譽的殿堂。因此漂流海外的族人難得入譜。

我們知道，福建是個海外移民比較多的省份，「閩之福、興、泉、漳襟山帶海，田不足耕，非市舶無以助衣食」。沿海居民，「恬波濤而輕生死」[109]。這些素通番舶的福建沿海居民，他們為了生存就鋌而走險，在海外漂泊。琉球閩人的先人也是因為這樣走出福建，走進琉球，後來為朝廷承認，作為政府許可，政府頒令移居琉球的合法移民。儘管有合法的身分，但在家族人的眼裡，他們仍是社會地位低下，一文不名的人，絕無入譜的希望，因此琉球閩人家譜的譜系延續、傳世先人的姓與名在祖居地，在祖譜中一個也找不到。

十六世紀的葡萄牙人皮萊斯曾撰寫《東方諸國記》，書中記載了十六世紀許多琉球閩人在東南亞航海貿易的故事。他在書中稱這些琉球閩人為「高萊斯人」。一些學者，尤其是日本沖繩的學者十分感興

---

109 陳子龍等：《明經世文編》卷400，徐孚遠：〈疏通海禁疏〉（北京市：中華書局影印本，1962年）。

趣，認為「高萊斯人」提高了琉球人的社會知名度。實際上他們不知
道這是福州話的譯音，是對行船走海者的賤稱。在古代福州，實際上
一直延續到上個世紀末，人們對一些從事撐船職業人群有一種歧視，
看他們成天生活在船上，岸上沒有住房。由於長年累月在甲板上站
立，形成了羅圈腿。福州人稱他們為「曲蹄」，這就是對福州疍民的
俗稱。「曲蹄」的福州方言的發音就是「高萊」，皮萊斯筆下的「高萊
斯人」，「斯」乃西文複數「S」的讀音。顯而易見，琉球閩人在那個
時候，在中國人的眼中就是「曲蹄」，是社會所鄙視階層。這樣身分
低下的人是不會收入家譜的。

其二，流落海外的閩人，說句實話，許多人實際上是逋逃的犯
人。《明實錄》記載：「琉球國……其使臣多係福建逋逃之徒，狡詐百
端，殺人放火，亦欲貿中國之貨，以專外夷之利」[110]。因此這些人入
譜的幾率是零。

其三、老而無嗣，老而返鄉是家譜資料中斷不明的原因。古代中
國婦女是不能出海的，明初至萬曆年間移居琉球的閩人，就失去中國
傳統中的延續家族香火的基本條件。這些漂泊海外的閩人，要麼娶琉
球女子，成家立業；要麼就得告老返鄉，頤養天年。要麼獨身鰥居，
老而無嗣，這些人基本上都是被家譜遺忘的人，因此造成福建與沖繩
閩人家譜不能對接。

其四，大明律例的規定是福建家譜與琉球閩人家譜不能對接的最
根本的原因。

琉球閩人合法的地位，那是很晚時候才追認的。早期閩人移居琉
球，肯定是違法的行為。因此明代禁海以大明律例的形式固定下來，
私自出海的人要就地斬首，家產充公。因此，早年的族譜絕不會收入
這些飄洋過海的族人，即移居琉球的閩人三十六姓。

---

110 《明憲宗實錄》卷177，成化十四年四月己酉。

　　概而言之，明清時期中琉交往中的移民制度，對中琉關係的發展起到積極的促進作用，對於琉球社會的發展有著舉足輕重的歷史作用。移民制度對於琉球閩人的生存與發展，對於琉球閩人家族的興旺與發達都有著至關重要的息息相關的作用。中琉交往中的移民制度成為中國海外移民歷史的耀眼的一環，至今仍然有著重要的歷史意義與現實的社會價值。

第五章
# 中國培養琉球留學生制度

　　琉球自與中國建立友好關係以來，先後派遣了二十多批的留學生來中國學習先進的文化科技，以推動改變琉球國的落後面貌。明清政府對琉球在華留學生極為關懷，不僅為他們選派最好的教習，而且在日常生活學習等方面給予最優厚的待遇。並下文規定，所有琉球留學生在華待遇，「俱照進貢都通事之例」[1]。另外，明清時期，琉球王國還向中國派遣了無數的自費留學生，歷史上稱之為「勤學」，這些琉球留學生主要在福建福州學習。學習的內容十分廣泛，學習的形式十分靈活，中國對琉球留學生的培養制度，就是在琉球留學生學習的過程中逐步形成的。

## 一 國子監的琉球館學

　　大凡琉球學生來華留學，必須由琉球國王先向中國政府奏請。在奏疏中，琉球國王往往強調，「下國僻處彈丸，常慚鄙陋，執經無地，向學有心」[2]，以取得中國皇帝的恩准。通常得到中國政府的回覆後，琉球國即遣留學生附搭進貢船隻，千里迢迢入中國國子監就學，這裡設有琉球館學，專門為琉球來華留學生而設。在這裡學習的琉球留學生，歷史上稱之為「官生」，也就相對「勤學」而言。「官生」是琉球王府派遣，得到中國政府最高統治者的允准，在京城國子

---

1　《歷代寶案》第2集，卷44，臺灣大學影印本，頁2982。
2　潘相：《琉球入學見聞錄》，《臺灣文獻叢刊》第299種（臺北市：臺灣銀行經濟研究室編印，1972年），頁96。

監琉球館學學習，所有的費用由中國政府承擔。「勤學」是琉球王府
派遣，自費的留學生，主要在福州琉球館學習，所有的費用通常由琉
球王府承擔。

## （一）琉球館學的設置

明代琉球館學記載不詳，僅從清代文獻可知，中國政府關於琉球
來華留學生的學習環境和學習條件的配置還是非常重視的。「官生住
房，撥西廂居之。後一進五間，官生四人各往一間，中一間為講堂，
正廳三間，中一間設公座，為堂官稽查之所，東一間教習居之，西一
間貯食用之物。西耳房二間為廚房，住廚役，火夫各一名。東耳房住
各從人。下至湢浴、溷廁莫不修備。每歲四月之朔，國子監行文內務
府，府遣官役高搭前後涼棚二座。八月底，自行撤回」[3]。

除了琉球留學生的住宿安排，教習的選派亦是重要的一個環節。
在琉球學生入學之前，國子監已按慣例，「於肄業正途貢生中遴學行
之優者奏舉一人為教習，專司講解，派博士等官經理之，堂官不時加
謹稽察」[4]。

雍正二年（1724）琉球官生鄭秉哲、蔡宏訓、鄭謙入國子監讀
書。循往例，官生在國子監讀書期間，多為一名教習。但是，此次入
學的琉球官生卻有四名教習指導。他們分別是李著、余煉金、姚奮
翌、王道。入監初始，此三人即從李著讀書。李著，字闇夫，湖北公
安縣人，拔貢。雍正三年李著告病回家，五月初三余煉金署理琉球館
教習。余煉金，字鳧望，沱川人，出身貧寒，從小就天資聰穎，讀書
勤奮，曾經十次在其參加的考試中獨占鰲頭。康熙六十一年（1722）

---

3　潘相：《琉球入學見聞錄》，《臺灣文獻叢刊》第299種（臺北市：臺灣銀行經濟研究
　　室編印，1972年），頁109。

4　潘相：《琉球入學見聞錄》，《臺灣文獻叢刊》第299種（臺北市：臺灣銀行經濟研究
　　室編印，1972年），頁112。

江南婺源拔貢生，以八旗教習選拔考試第一名的身分，補正藍旗教習。後出任知縣。其教習一職由姚奮翌接任教習。姚奮翌，字扶九，陝西潼關衛拔貢。雍正五年（1727）九月十七日姚奮翌教習期滿退館，則由王道接任。王道，字直夫，漳浦人，畢生愛詩。從小即以擅長做詩而聞名，並為當時漳浦縣令所賞識。至王道遠遊京城，詩名大振，始為吳士玉推薦為金山縣令。

潘相，字潤章，號經峰。湖南安鄉東高里人。乾隆二十三年（1758），考充武英殿校書，乾隆二十五年（1760）充國子監琉球官學教習，四年教習事畢，出任山東鄒縣知縣。先後著有《春秋輯要》、《春秋比事》、《周禮撮要》、《琉球入學見聞錄》等著述面世。

潘相任教習時，琉球官生蔡世昌、鄭孝德、金型、梁允治（鄭紹言以跟伴身分）入學國子監。入學初始潘相就向學生們提出：學習必須確立明確的目標。即「以聖賢為志，不溺於俗學，異學，與夫權謀術數一切就功名之說」[5]。在教學過程中鼓勵學生不要因循守舊，要勇於革新。向古代的先賢學習要有「轉風氣而不為風氣所轉」的勇氣。具體讀書中要有所取捨，善於運用循序漸進的學習方法，鼓勵有選擇的學習，做到「博觀而約取，明辯而篤志」。

孫衣言（1814-1894），字琴西，浙江瑞安人。道光三十年（1850）進士。授翰林院編集。桐城派文學家，工古文。著有《遜學齋全集》傳世。

道光二十一年（1841）孫衣言任國子監琉球官學教習。時逢琉球官生東國興、向克秀、阮宣詔、鄭學楷入學國子監。在四年的教習生涯中，孫衣言與琉球留學生結下了深厚的師生情誼。孫衣言所著的《遜學齋詩鈔》，收有〈學生作琉球食戲述〉一文，記述了孫衣言與

---

5　潘相：《琉球入學見聞錄》，《臺灣文獻叢刊》第299種（臺北市：臺灣銀行經濟研究室編印，1972年），頁130。

學生們一起品嚐琉球佳餚的趣事。琉球的弟子們準備了充滿琉球特色的佳餚——「海鰻」、「海馬」、「家蔬」以及琉球的美酒——「美姬酒」。席間琉球弟子們則繪聲繪色地向老師介紹了諸如：鯨魚的捕捉過程、海鰻的特性、家蔬菜的製作。孫衣言也饒有興趣地聽了美姬酒故事般的製作過程。此情此景洋溢著老師對琉球弟子的關心，以及中琉兩國學人之間的友誼。詩文如下：

> 鯨魚羊豕腴，肉朵瓊玉□。此物穴溟渤，雄與蛟□徒。不能鈎餌致，乃為黃金屠。海鰻止是蛇，強名寧稍殊。獰形改郁屈，怒目猶睢盱。自非有奇疾，聚毒安敢茹。馬首身是魚，家蔬（魚名亦／曰佳蘇）最易得。紫黑撏拙枯，削末投沸水。脆美回昭蘇，其餘眾瑣碎。大略如越吳，調和酸鹹雜。美醬豆麥俱，佐之美姬酒。嚼米由彼妹，不知施邪媒。取醉咳唾餘，我生本南食。下嚥氣自如，持用饗北客。掩鼻走絕怯，彼此更誇詫。未可相賢愚，粵人羹蝦蟆。抱筋如瓊琚，北人食乳酪。乃不知純□，食焉安所甘。居焉安所娛，述此聊為笑，匪用誇庖廚。

此外《遜學齋詩鈔》中還記述了東國興、向克秀的父親向教師孫衣言贈送禮物，孫衣言為此所作的答謝詩。詩曰：東生國興父順德，以草書、小刀、花布見貽，賦此為謝：姑米三山外，春風笑語聞。寶刀森□脊，花布織魚文。滄海波搖日，燕關樹入雲。只因書札美，時覺挹輕芬。

向生克秀父某，以海馬一器及箋紙、瓷碗見貽，賦此為謝：

> 萬里來嘉惠，扁舟趁綠螺。草花描飲盞，鱗□失滄波。異物山經漏，奇緣海外多。論交憑札翰，不必舊經過。

　　所送的禮物雖然俱是小刀、花布、海馬乾、箋紙等極為平常的小東西，但是作為教習的孫衣言深知「萬里嘉惠」的情義重，而從這師生間的一贈一答之中，也深深體現了中國教師沒有絲毫的門戶國別歧視，對琉球學生的真心愛護。此外詩鈔中還有〈琉球門人阮宣昭書來知其以存留官代鄭生學楷留閩並聞東生國興消息喜簡二詩〉、〈琉球門人阮宣昭東國興以土物見寄而不得其書即簡二首並問鄭學楷（癸丑）〉、〈琉球門人阮宣昭以充入貢副使至都並得東生國興消息賦贈二首並寄東生〉等記錄與琉球弟子們交往的詩篇。琉球留學生學成歸國之後，由於遠隔重洋，一生中與授業恩師無法相見的大有人在。然而孫衣言的琉球弟子阮宣昭、東國興、鄭學楷或託人帶信或利用擔任貢使的機會，克服重重困難，千方百計與老師保持聯繫，更加體現了其師生間的深厚情誼。

　　徐幹（生卒不詳），字伯開，一字小勿，邵武人。徐幹由優貢考取琉球官學教習，後以知縣分發。徐幹生平好收集古人流傳下來的書籍並將其刻印成書，畢生收集整理了叢書十六種。並有《琉球詩課》一書傳世。

　　徐幹是琉球最後的一批官生——同治七年（1868）入監的林世功、林世忠、毛啟群、葛兆慶的教習。清朝時流行帖體詩，所謂帖體詩即試帖詩，「起源於唐代，由『帖經』，『試帖』影響而產生，為科舉考試所採用。大都為五言六韻或八韻的排律，以古人詩句或成語為題，冠以『賦得』二字，並限韻腳，清朝時上至「朝廷儒臣碩生」下至「山阪海隅鄉曲之士」無不對次種詩歌題材，大加鑽研，然而當時的琉球尚且只有四韻詩，為了把先進的文化傳播到琉球，徐幹特別側重訓練留學生作試帖詩，並把林世功和林世忠兩人的詩作刻印成集。林世功，字子敘，在琉球時曾經跟從阮宣昭、東國興學習。其所作的詩歌「尤為妥帖，詳雅有中朝館閣氣象」。徐幹極為賞識林世功的詩歌天賦，細心雕琢，使林世功的詩作每每得「新穎絕倫」、「音節壯闊格律渾成」。

　　清代琉球官生的國子監老師，來自四面八方，所擔任教習的時間
也不盡相同，現歸納如下：

## 清代琉球館學教習一覽表

| 任職時間 | 姓名 | 籍貫 | 所教學生姓名 | 備注 |
|---|---|---|---|---|
| 康熙二十七年（1688） | 鄭某 | 福建 | 梁成楫、阮維新、蔡文溥 | |
| 康熙二十八年至康熙三十年 | 徐振 | 浙江寧海 | 梁成楫、阮維新、蔡文溥 | |
| 康熙年間 | 沈維烈 | 浙江江山 | 梁成楫、阮維新、蔡文溥 | |
| 雍正元年至雍正3年 | 李著 | 湖北公安 | 鄭秉哲、蔡宏訓、鄭謙 | |
| 雍正三年（1725） | 余煉金 | 江南婺源 | 鄭秉哲、蔡宏訓、鄭謙 | |
| 雍正三年至雍正五年 | 姚奮翌 | 陝西潼關 | 鄭秉哲、蔡宏訓、鄭謙 | |
| 雍正五年（1727） | 王道 | 福建漳浦 | 鄭秉哲、蔡宏訓、鄭謙 | |
| 乾隆二十五年至乾隆二十八年 | 潘相 | 湖南安鄉 | 鄭孝德、蔡世昌、金型、梁允治 | |
| 道光二十一年至道光二十四年 | 孫衣言 | 浙江瑞安 | 東國興、向克秀、鄭學楷、梁允治 | |
| 同治七年至同治十年 | 徐幹 | 福建邵武 | 林世功、毛啟祥、葛兆慶、林世忠 | |

## （二）琉球官生的待遇

　　琉球留學生到中國後，先到禮部報到，由禮部下文送琉球留學生
到國子監。國子監祭酒、司業等官員即對琉球留學生進行面試，測其
漢語水平，並詢問其學習的目的，及所感興趣的攻讀方向。隨即琉球
留學生由「博士等官帶領謁廟，謁後殿及文公祠，入講堂拜師」[6]。

---

6　潘相：《琉球入學見聞錄》，《臺灣文獻叢刊》第299種（臺北市：臺灣銀行經濟研究
　　室編印，1972年），頁109。

　　明代安置琉球留學生的記載比較粗略。關於對琉球留學生的供給多散見《明實錄》等書中。如《明太祖實錄》洪武二十五年五月癸未條載，朱元璋賜琉球留學生「衣巾靴襪並夏衣一襲，鈔五錠。」又如《明憲宗實錄》成化十八年四月甲辰條載：「先朝已有舊制，其令蔡賓等於南監肄業，有司歲給衣服，廩饌，毋令失所，務俾通知中國禮儀，示遵王化。」到了清代，關於琉球留學生的安置較為具體。在物資供應方面「光祿寺給食物，工部給衣服、器用，戶部給口糧紙、筆。日有餼，月有賜，季有賚；下逮僕從，纖悉曲盡」。「工部應給物件，俱著交內務府辦給，由是各衙門應給等項，至豐且備」。[7] 清政府照來華琉球都通事的禮遇，供給每名留學生，每日白米二升，「雞一隻、肉二斤、茶五錢、豆腐一斤、花椒五分、清醬四兩、香油四錢、醬四兩、黃酒一瓶、菜一斤、鹽一兩、燈油二兩。」、「每年春秋賜綿緞袍褂，紡絲綢褲各一，涼帽各一，靴襪各一雙。夏賜紗袍褂，羅衫褲各一；冬緞面羊皮袍褂，綿襖褲各一，貂帽，皮靴，絨襪，被褥，席枕俱備。」、「每月硃墨紙筆銀兩五錢」[8]。

　　今從中國第一歷史檔案館所藏清代內務府檔案中仍可見到大量琉球留學生奏請內務府搭涼棚，撥冬天取暖木炭的奏文，以及琉球留學生在學時病故後善後事宜疏。對待病故的琉球留學生，中國政府也妥善安葬。如雍正二年入學的蔡宏訓，病逝後，「禮部請戶、工二部發好棺木一口，圍棺紅紬一匹，並抬夫槓繩等物，送至張家灣利禪菴塋地埋藏。又物賜白金三百兩，以一百兩修墳，以二百兩附貢使帶回交宏訓母為養贍之費」[9]。

---

7　潘相：《琉球入學見聞錄》，《臺灣文獻叢刊》第299種（臺北市：臺灣銀行經濟研究室編印，1972年），頁109。

8　潘相：《琉球入學見聞錄》，《臺灣文獻叢刊》第299種（臺北市：臺灣銀行經濟研究室編印，1972年），頁108。

9　《歷代寶案》第2集，卷44，頁2975。

　　總之，在接待琉球留學生的過程中，無論是保舉教習還是安置生活、禮部、國子監官員都盡心盡力，並及時地將情況向皇帝報告，顯見中國政府對琉球留學生的關懷和重視。

　　關於琉球留學生在中國的待遇詳情，在琉球閩人家譜資料中也有許多，從中我們可以看到來華琉球留學生的學習與生活的優渥環境，尤其是琉球留學生在華學習生病或是病故的情形，中國政府都是請太醫為琉球學生精心醫治，或對亡故的琉球學生妥善處理後事。

　　例如《蔡氏家譜》蔡文溥條就記述當時作為官生在華學習的情景。「康熙二十五年……十一月初七日入監，於是祭酒圖老爺（是滿洲人，失其名）、曹禾（禾是江南人）奉聖旨特設教習一人，朝夕訓導。又命博士陸德元（江南蘇州人）董率其事。六日一次，查每日功課（每日講四書詩經，五日一次作文章）。臨回時祭酒考一次。禮部差主客司郎中考二次[10]。當然，關於琉球留學生在華學習的歷史，乾隆時期在國子監任教習的潘相寫了一本書《琉球入學見聞錄》，其中記載的非常詳細。可惜，除了那個時期，關於琉球在華留學生的其他情況卻鮮有記述。清宮檔案雖說也有一些記載，但主要是學習用品，生活用品，以及琉球留學生覲見、賞賜、出行等事宜安排為多。至於國子監中具體的學習狀況記述頗少。幸好有琉球閩人家譜可以補充這方面的缺漏。

　　家譜資料不僅記述了蔡文溥入國子監學習的事，還記述了他與琉球館學諸位教習之間的詩文唱和的內容。


國子監博士　陸德元（江南蘇州人）
　　　　　　賢藩向化久輸忠，詔許掄才入泮宮。
　　　　　　已肅冠裳涵聖澤，還親鐘鼓被儒風。

---

10 《久米村系家譜》，《那霸市史資料篇》第1卷6（那霸市：那霸市企畫部市史編集室，1980年），頁304。

鄉心莫繫關山外，古訓須依窶寐中。

但使菁莪堪長育，天家雨露萬方同。

琉球教習　　徐　振（浙江寧海縣人）

丈夫意氣自能親，異地同堂情倍真。

從此有懷愁夢窅，知多流淚欲沾巾。

琉球教習　　沈維烈（浙江江山縣人）

橋門執卷數經春，感遇還愁羈旅身。

拜舞九重辭聖主，旋歸萬里慰慈親。

別時北塞無征雁，去後南溟望遠鱗。

行過吳山煩致語，天涯猶有未回人[11]。

　　琉球在華留學生在中國學習期間備受呵護，生活極為優渥，然天有不測風雲，常有琉球學生在中國因病死亡的事。遇到這種情況，中國政府也是極為重視，非常細緻地安排亡故的琉球學生的後事，還對他們的親屬給予最誠摯的問候。家譜資料記述了這些鮮為人知的歷史。

　　如乾隆時期來華留學的琉球學生金型不幸病故，中國政府給予厚葬，並撥銀安慰金型的父母。金型的老師潘相還作詩悼念他的學生。家譜資料記「乾隆二十三年戊寅五月十四日奉王命，為官生，隨耳目官毛世俊屋富祖親雲上，正議大夫鄭士綽親里親雲上。翌年正月十七日開洋赴閩，三月初三日到閩，安頓館驛。偕貢使等謁見總督撫院暨各官衙門。七月二十七日。賜宴於布政司衙門。八月十二日，福州起程，於觀前地方偶沾瘧疾，沿途請醫調治。及到杭州其症變成瀉肚。奈因路資匱乏，難以療痾。故請借公項銀二十兩以為醫藥之資。以十一月十四日抵京之四譯館。（每日食物與都通事同）於焉遞呈請醫。蒙撥太醫院曹老爺診脈施藥，於二十五年二月初八日奉入國子監。蒙

---

11 《久米村系家譜》，《那霸市史資料篇》第1卷6（那霸市：那霸市企畫部市史編集室，1980年），頁306。

皇恩優渥，賜春秋二季分緞綿袍褂，紡絲中衣各一件、綠纓涼帽一頂、馬皮靴、緞襪各一雙。紬被縟連枕頭各一床。其廩餼每日每人各給白米二升、雞一隻、肉二斤、茶葉五錢、豆腐一斤、花椒五分、清醬四兩、香油四錢、醬四兩、黃酒一瓶、菜一斤、鹽一兩、燈油二兩。又蒙日遣官員問病並日撥太醫王老爺、蘇老爺等看病服藥。（時祭酒全大人諱魁賜人參五錢）奈其病漸重，萬藥無效，於三月十六日申時身故。既蒙皇恩浩蕩，賜棺材圍紬並抬夫槓繩等物。復蒙特旨，賞白銀三百兩，內留一百兩為營葬修墳之資。以二百兩附賜母親以資養贍。以六月初三日祔葬於通州張家灣利禪菴塋地，朝京都通事鄭國觀宜壽次親雲上（即型之岳父也）墓後。其墓碑曰：琉球國入監官生具志堅里之子諱型金公墓。此時，國子監及禮部皆撥官員送葬焉。」

教習潘先生，諱相，字經峰，湖南澧州安鄉縣人。因型棄世，作詩文祭之。

潘相祭梁永安、金型的詩：

〈咄咄行〉
咄咄兩官生，球陽名家子。居在海天南，相隔萬餘里。
北學一何雄，見我一何喜。如何兩月餘，相繼乃至此。
金生美少年，風雅富文史。長途積瘵瘼，乍見驚難恃。
梁生敏而強，勇欲追前美。堆架洛閩書，鞭辟惟近裡。
手著已等身，咨問忘斜暮。暇時多清吟，慨忼摩盛軌。
更老顧之歡，叮嚀相磨礪。豈料命俱乖，一病長不起。
嗟嗟兩官生，雖沒邀恩旨。葬之利禪菴，厥塋亦修理。
賜之養母金，高堂供□□。
兩生素心人，泉下相依倚。遠近同一坵，於茲亦已矣。
悠悠我之思，挾冊來槐市。騎驢六七年，有如萍泛水。
值此四人來，遴師詳擇使。司成知我深，謂我老堪委。
相逢才數旬，意氣諧商徵。誰知安樂場，忽成憂患壘。

人生天地間，聚散各有以。況與異國人，結契寧漫爾。

春來夏別離，母乃太遄馳。此中天為之，我應送汝死。

一杯奠柩前，淚滴何能止[12]。


從潘相的詩句中，我們看到琉球學生在華學習的過程，看到中國教師與琉球學生的師生親情。潘相為琉球留學生英年早逝發出悲嘆，發出「悠悠我之思，淚滴何能止」的哀鳴。

當然，不僅僅是對待琉球留學生，中國政府對待在中國遇難身亡的琉球人都是十分關心的，不僅精心料理他們身後的事情，還撥出銀兩委託相關人員帶回琉球，慰問死者的親屬，這種體恤遠人，注重兩國之間的友好關係的做法使我們看到，在那個時代所遵循的宗藩制度有其和平發展積極進步的因素，是值得肯定的。

琉球閩人家譜《魏氏家譜》魏學道條記載：「道光九年己丑五月初九日在閩病故。墓契及墓園：


立賣山地契　林朝棟、林朝進今有手置山園一塊，坐落閩邑時升里，鵝頭山地方。內撥吉地壹穴，賣與魏秀才諱學道，其墳地長二丈八尺，橫闊貳丈貳尺，丈數俱載明白。托中賣與琉球國處，擇吉造墳，參面言議，本日得訖，山價番二十九元，其番即日收足，其地聽從球人造墳，高者鋤平，底者倍補。今欲有憑，立賣山地契壹紙，付執為照。

道光玖年伍月初玖日立賣山地契

林朝棟、林朝進

門使梁德魁　代筆林宗達[13]

---

12 《久米村系家譜》，《那霸市史資料篇》第1卷6（那霸市：那霸市企畫部市史編集室，1980年），頁65。

13 《久米村系家譜》，《那霸市史資料篇》第1卷6（那霸市：那霸市企畫部市史編集室，1980年），頁43。

　　如今在福州地區仍然留存有十多壙琉球人的墓塋，有康熙年至光緒年不同年代。墓碑上都記載著墓地的長寬尺寸，如同譜牒上的文字記述一樣。

　　琉球閩人家譜《金氏家譜》金進條載：

　　　嘉慶十二年十月二十七日在福建海壇地方壞船身故。
　　　嘉慶十三年戊辰七月初四日，叨蒙皇上憐其淹死，賞銀五百
　　　兩，交接封大夫蔡邦錦交領帶回[14]。

　　可以想見，當時遭風的琉球難民數量非常多，溺斃的、病亡的也時常發生，中國政府能對每一個外國人拿出這麼多的撫卹銀兩，說明中國對周邊國家的睦鄰政策是確實實行，非常有效的。對來華琉球留學生的待遇制度化、常態化，使得琉球留學生在華學習得以順利完成，為琉球社會的發展與進步培養了一大批的優秀人才。

## （三）琉球館學的課程與方法

　　琉球學生在華一般學制為四年，有時有人因故提早結業，但一般也在三年以上。學習結束前，琉球國王就先呈上請歸奏疏，其大意多為留學生之父母「奉養需人」，或留學生「俱未有室，父母之願，人皆有之」。因而按期學成回國，「與臣言忠，與子言孝，以宣布皇上一道同風之化」[15]。每當琉球留學生學成歸國後，琉球國都上謝表，感激中國政府的栽培之恩。其疏曰：「……入國學而奉典章，虎觀不遺駑駘之選。一之以聲音點畫，口誦心唯，教之以節義文章，耳提面命，

---

14　《久米村系家譜》，《那霸市史資料篇》第1卷6（那霸市：那霸市企畫部市史編集室，1980年），頁68。

15　潘相：《琉球入學見聞錄》，《臺灣文獻叢刊》第299種（臺北市：臺灣銀行經濟研究室編印，1972年），頁98。

況乎冬裘夏葛，授衣盡內府之藏，兼之朝饔夕飧，賜食悉天廚之饌。恩深似海，難忘推解之隆，澤沛如天，莫報裁成之大！……」[16]。學成回琉球的留學生，通常都得到琉球國王的重用。他們在傳播漢文化、治理國政、加強中琉友好關係方面起了極為重要的作用。

關於琉球留學生的課程設置，一般說來與國子監原設課程大致相同，只是根據琉球國的需要，以及學生的興趣有所變化。明代國子監課程有《大學》、《中庸》、《論語》、《孟子》、《詩》、《書》、《易》、《禮》、《春秋》兼及劉向的《說苑》，還有律令、書、數、御制大誥等科。清代基本上承襲明代舊制，學生所習學科仍是五經、四書、性理、習字等科。教材主要為經、史、性理書及時文等。為琉球留學生所設課程，「所欲講者『四書』、『五經』、『小學』、『近思錄』；所欲學者，詩與四六及論、序、記，而四六尤要」[17]。中國政府還根據琉球國的反饋信息，對琉球在華留學生的課程加以調整。譬如雍正二年（1724）入學的鄭秉哲等人，「初入學時不能聲明，至今舍其所學而學『制義』，三年歸國，一切惘惘，甚拂國王遣學之願」。後由乾隆二十五年（1760）入學的鄭孝德等將此信息告知中國方面，所以才重新規定了琉球留學生的課程：因「琉球不設科目，故不學制義」，「專令讀正書」，「學古律、駢、散各體」[18]。

中國方面為了確保琉球留學生有成效，對他們的課程、紀律、學風做了具體的安排和規定。如一日的課程安排，「聽講《小學》數條，《小學》完畢講《近思錄》。飯後講經數條，臨帖。燈下，講四六、古文各一篇，詩一首，次日背誦。」、「聽講之後，各歸本位肄習」，「逢

---

16 潘相：《琉球入學見聞錄》，《臺灣文獻叢刊》第299種（臺北市：臺灣銀行經濟研究室編印，1972年），頁98-99。

17 潘相：《琉球入學見聞錄》，《臺灣文獻叢刊》第299種（臺北市：臺灣銀行經濟研究室編印，1972年），頁102。

18 潘相：《琉球入學見聞錄》，《臺灣文獻叢刊》第299種（臺北市：臺灣銀行經濟研究室編印，1972年），頁128。

三日作詩一首，不拘古律，逢八日作四六一篇或論序等類一篇」[19]。

又如學風紀律方面，要求琉球留學生「每日早起，沐浴，正衣冠」後方能進講堂聽課。聽講時「諸生以齒序立，專心聽講，或有語言不通，意義未曉者，須再三問明。」、「聽講之後……衣冠必整肅，出入必恭敬，行步必端莊，不得笑語喧騷」[20]。

當然，以上所舉例子，僅是乾隆時期的課程安排及學風紀律的要求。明清各個時期必有不同，僅引此例，以觀大致。至於在教學方法方面，除了授課方式外，也常常運用問答式、討論式的教學方法。今引乾隆時期的琉球留學生的教習潘相累年所記述的「答問」內容，足以反映當時琉球留學生在華學習的一些狀況。

「潘相，湖南安鄉縣人，乾隆六年拔貢生。二十五年考充武英殿校書。二十五年，琉球官生鄭孝德等入學，經國子監奏充教習」[21]。其撰有《琉球入學見聞錄》一書，其中詳細記錄了他四年教學琉球學生的答問內容。其曰「數年『答問』，積成卷帙，於初入學數條，亦足以見其大凡」[22]。潘相所集錄的答問，大致包括了如下引導琉球留學生學習的問題。

其一，樹立明確的學習目的，運用循序漸進的學習方法。潘相認為，「夫學者之病，大半在於以取利祿為急務。」今琉球「諸生世祿、世官富貴本所自有，奔兢之習，得喪之念，既不庸縈於懷來，其於學也甚易。誠能志於正學，先取《小學》立教，明倫敬身；稽古內外之篇，講習而服行之，得其培根達支之教，有以收其放心而養其德

19 潘相：《琉球入學見聞錄》，《臺灣文獻叢刊》第299種（臺北市：臺灣銀行經濟研究室編印，1972年），頁128。

20 潘相：《琉球入學見聞錄》，《臺灣文獻叢刊》第299種（臺北市：臺灣銀行經濟研究室編印，1972年），頁116。

21 潘相：《琉球入學見聞錄》，《臺灣文獻叢刊》第299種（臺北市：臺灣銀行經濟研究室編印，1972年），頁129。

22 潘相：《琉球入學見聞錄》，《臺灣文獻叢刊》第299種（臺北市：臺灣銀行經濟研究室編印，1972年），頁130。

性。然後取《近思錄》一書而誦讀之，而踐體之，……觀聖賢之道皆
能見其梗概。由是可以進究乎《四子》、《六經》，而求聖賢之大全」。
潘相進一步指出琉球學生學習中國文化經籍的先後順序，其曰：「蓋
修身大法，備於《小學》，義理精微，詳於《近思錄》。近思錄者《四
子》之階梯，《四子》者《六經》之階梯也。仰模範之甚近，念教規
之至詳」[23]。潘相以其畢生治學的經驗——學習「莫先於定趨向」回
答了琉球留學生入國子監最初的困惑，即「學生之學，以何者為
先？」要求他們樹立正確的學習目的。「以聖賢為志，不溺於俗學、
異學，與夫權謀術數一切就功名之說」[24]。潘相的思想無疑對琉球留
學生有很大的影響。如他的得意學生鄭孝德，牢記潘相的教誨，「晝
夜刻厲，孜孜問學不怠，手抄《四書》、《五經》，儒先語，一衷於子
朱子，尤玩味《小學》、《近思錄》等書」[25]。

　　其二，摒除舊念，去故求新。潘相要求琉球留學生持之以恆，學
習新的知識。他說，「欲求其新，先去其故。故新一國之人，先新一
己之心；而新乎人，非一時一世之事；新乎己，非一朝一夕之功」。
他認為只有摒除舊念「使此方寸中，凝然湛然如山斯靜，如泉斯清，
而復徐徐以正書植之，以新義灌之。」才能有歸國移易習尚之功。他
還援引掌故以啟發學生。他說，「若康崑崙自服其琵琶之術，世莫已
敵，及遇師善本而斥其邪雜，語之以十年不近樂器，忘其本領，而後
可與學入神之曲，故蒙今亦願諸生之忘其本領也」[26]，要求琉球留學

23 潘相：《琉球入學見聞錄》，《臺灣文獻叢刊》第299種（臺北市：臺灣銀行經濟研究
　室編印，1972年），頁130。

24 潘相：《琉球入學見聞錄》，《臺灣文獻叢刊》第299種（臺北市：臺灣銀行經濟研究
　室編印，1972年），頁121。

25 潘相：《琉球入學見聞錄》，《臺灣文獻叢刊》第299種（臺北市：臺灣銀行經濟研究
　室編印，1972年），頁130。

26 潘相：《琉球入學見聞錄》，《臺灣文獻叢刊》第299種（臺北市：臺灣銀行經濟研究
　室編印，1972年），頁132。

生專心致致，從頭學起。

其三，有選擇的學習，做到一專多能。琉球留學生面對浩瀚書海，不知所措，他們向潘相提出「古今之書充棟汗牛，學生輩苦不能多讀，何如？」潘相言簡意賅地告訴他們：讀書有要，非必遍觀而盡識也。不得其要，只以誇多而斗靡。苟得其要，亦可漸積而有得[27]。應該「博觀而約取，明辨而篤志。」他還進一步告誡諸生，「專精之至，神奇自生。」他列舉了養叔治射，庖丁治牛，師曠治音聲，僚之於丸，秋之於奕的例子。這些都是中國古代歷史上有一技之長的人。潘相讚歎他們「皆終身不厭而無暇外慕，然後造其堂，嚌其哉」[28]，使自己的技術專長達到了登峰造極的境地。勉勵琉球留學生努力做到既博又專。

其四，「凡讀書，有本原，有次序，有綱領，有要法」。潘相結合前人的讀書經驗，將自己的讀書體會毫無保留地告訴琉球留學生，供他們在學習參考。他所說的讀書有本原，意指讀書窮理，不要一知半解。至於讀書的次序，在他看來《大學》一書群經之總會，其學之宜最先，次《論語》二十篇，為聖師言行之要，次《孟子》七篇，皆王道仁義之談，然後方可讀《中庸》，以求達到窮神知化的程度[29]。他還說讀罷四書，乃讀五經。通經者，還必須通史。但是二十二史浩繁難記，不如讀「涑水之《通鑑》，紫陽之《綱目》。」在完成正課的前提下，每日讀點歷史，以擴大知識面[30]。

---

27 潘相：《琉球入學見聞錄》，《臺灣文獻叢刊》第299種（臺北市：臺灣銀行經濟研究室編印，1972年），頁134。

28 潘相：《琉球入學見聞錄》，《臺灣文獻叢刊》第299種（臺北市：臺灣銀行經濟研究室編印，1972年），頁134-135。

29 潘相：《琉球入學見聞錄》，《臺灣文獻叢刊》第299種（臺北市：臺灣銀行經濟研究室編印，1972年），頁135。

30 潘相：《琉球入學見聞錄》，《臺灣文獻叢刊》第299種（臺北市：臺灣銀行經濟研究室編印，1972年），頁138。

在談到讀書的方法時，潘相提出，「以二書言，通一書然後及一書；以一書言，通一篇然後及一篇。字求其訓，句索其解，未得於前，則不敢求乎後，未明乎此，則不敢志乎彼」[31]。這樣才可能達到出神入化的地步。

潘相集錄的答問不僅從一個方面深刻地反映了當時琉球留學生在華學習的具體內容，同時也使我們看到中國教習在教學進程中，對琉球留學生諄諄誘導，並將許多寶貴的讀書方法，治學之道，毫無保留地傳播給他們，這些無疑對琉球留學生學習掌握漢文化提供了極大幫助，這充分體現了歷史上中國人民珍惜中琉友好關係，熱心傳播先進文化的可貴精神。

## （四）明清時期琉球館學官生統計表

明清時期，琉球官生的派遣一共有二十五批，實際上有的官生在赴華留學的航海中就已經遭遇海難，沉入茫茫大海，有的在求學途中已經身染重病，失去負笈求學報效祖國的宏圖大志。有的官生，在國子監學習期間，由於艱苦的學習和水土不服的原因，沒有等到學成回國的那天，就一病不起，撒手人寰。由此可見，琉球留學生的求學之路，多麼的艱辛曲折，多麼的令人感嘆。我們從文獻資料上將來華留學的琉球官生做一統計。

---

31 潘相：《琉球入學見聞錄》，《臺灣文獻叢刊》第299種（臺北市：臺灣銀行經濟研究室編印，1972年），頁138。

## 明清時期琉球館學官生統計表[32]

| 序號 | 年　代 | 王名 | 官　生　姓　名 | 人數 |
|---|---|---|---|---|
| 1 | 洪武二十五年 | 察度 | 日孜每、闊人馬、仁悅慈 | 3 |
| 2 | 洪武二十五年 | 承察度 | 三五郎尾、實他盧尾、賀段志 | 3 |
| 3 | 洪武二十六年 | 察度 | 段志每 | 1 |
| 4 | ？ | 察度 | 姑魯妹 | 1 |
| 5 | 洪武二十九年 | 武寧 | 麻奢里、誠志魯 | 2 |
| 6 | 永樂三年 | 汪應祖 | 李杰 | 1 |
| 7 | 永樂四年 | 武寧 | 石達魯等 | 6 |
| 8 | 永樂八年 | 思紹 | 模都古 | 1 |
| 9 | 永樂九年 | 思紹 | 懷德、祖魯古 | 2 |
| 10 | 永樂十一年 | 思紹 | 鄔同志久、周魯每、恰那晟 | 3 |
| 11 | 成化十八年 | 尚真 | 蔡賓等 | 5 |
| 12 | 正德五年 | 尚真 | 蔡進等 | 5 |
| 13 | 嘉靖五年 | 尚真 | 蔡廷美、蔡浩、鄭富、梁梓 | 4 |
| 14 | 嘉靖十五年 | 尚清 | 梁炫、鄭憲、蔡朝器、陳繼成 | 4 |
| 15 | 嘉靖二十九年 | 尚清 | 蔡朝用等 | 5 |
| 16 | 嘉靖四十四年 | 尚元 | 鄭迥、蔡爌、梁炤、梁焌 | 4 |
| 17 | 萬曆八年 | 尚永 | 鄭周、鄭迪、蔡常 | 3 |
| 18 | 康熙二十七年 | 尚貞 | 梁成楫、阮維新、蔡文溥 | 3 |
| 19 | 雍正二年 | 尚敬 | 鄭秉哲、蔡宏訓、鄭謙 | 3 |
| 20 | 乾隆二十五年 | 尚穆 | 梁允治、鄭孝德、蔡世昌、金型 | 4 |
| 21 | 嘉慶七年 | 尚溫 | 向尋思、向世德、鄭邦孝、周崇 | 4 |
| 22 | 嘉慶十年 | 尚溫 | 向邦正、毛邦俊、梁文翼、楊德昌 | 4 |
| 23 | 嘉慶十六年 | 尚灝 | 毛世輝、馬執宏、陳善繼、梁元樞 | 4 |
| 24 | 道光二十一年 | 尚育 | 向克秀、東國興、阮宣詔、鄭學楷 | 4 |
| 25 | 同治八年 | 尚泰 | 毛啟祥、葛兆慶、林世功、林世忠 | 4 |

---

32 謝必震：《中國與琉球》（廈門市：廈門大學出版社，1996年），頁246。

## 二　福州柔遠驛的「勤學」

琉球來華留學生除了入國子監學習外，還有一些人滯留在福州學習。這些人可分兩類：一類是「讀書習禮」的留學生，通常在福州琉球館延師受業，稱之為「勤學」。還有一類人是受琉球國派遣，來華學習專業知識和生產技術的，這方面的史實記敘頗多，但對中國師傅們如何傳授技藝幾乎沒有涉及。因此中國對這些琉球人職業技術方面的培養也就無從考究。不過我們將琉球人在華學習各方面技藝的狀況作一歸納，可以看出，明清時期琉球人在福建學習的專業技能主要有天文地理、生產技術（包括製茶、製瓷、製糖、漆器製作、煙花製作、紡織、冶金、農作物栽培、製墨、製印泥等）、醫學治病、音樂戲曲等方面。他們學成回琉球傳授的技藝，開創了琉球一些工藝的先河。諸如「琉球有煙花藥自此而始」，「琉球有浮織自此而始」、「製墨自此而始」，「絲機織法自此而始」等這樣的說法，在琉球編年史書《球陽》中比比皆是。這充分肯定了學成後回國的琉球人在傳播中國先進的科學文化，生產技術中的重要作用。

### （一）琉球「勤學」與琉球館

我們知道，在封建社會，職業教育還不具備，琉球人來華學習專業技藝，其狀況仍停留在封建行業中流行的拜師收徒的形式上。從封建行業的特點來看，專業技術的傳授是保守的，一些行業技術甚至是世襲的，不傳外人，父傳子，子傳孫，還有傳媳婦不傳女兒一類的戒條。但我們從上表反映的實際情況來看，中國師傅們並沒有因為傳統觀念的局限，對琉球學生閉門不納，或祕而不授，而是大膽地接受了外人，把精湛的技藝完整地傳授給他們，使之在推動發展琉球的科技生產方面起了巨大的作用。由此可見，中國培養來華學習專業技能的琉球學生是盡心盡力的，並且打破了封建傳統的陋習，這充分反映了

中國人民對人類社會進步所具有的無私奉獻精神，也是我們今天需要
加以光大弘揚的。

　　琉球勤學來到福建，他們學習居住的地方叫「柔遠驛」，俗稱
「琉球館」。琉球館始建於明代，並不是獨立的機構，而是附屬於福
建市舶司，主要用於招待和安排琉球貢使團住宿的地方[33]。明初，市
舶司設於泉州，明成祖永樂三年（1405），設立了附屬於市舶司的
「來遠驛」，專寓琉球人。但是，當時琉球貢船「多抵福州河口」[34]，
而後轉運泉州，多有不便。為便於管理，明憲宗成化年間，市舶司移
置福州，並在城東南水部門外的河口地區（今水部太保境地區）設立
了其附屬機構「懷遠驛」，泉州「來遠驛」遂廢。明萬曆年間，因廣
州也有一個「懷遠驛」，故更福州「懷遠驛」為「柔遠驛」。「柔遠」
一詞，語出《尚書》〈舜典〉「柔遠能邇」，意為「優待遠人，以示朝
廷懷柔之至意」。

　　「琉球館」係民間俗稱。早在「來遠驛」未遷到福州之前，因琉
球人前往泉州之前，都要在福州稍做休息，官府就在後來「柔遠驛」
的驛址附近建府舍，作為其暫時館舍。因寓宿者全是琉球人，民間俗
稱其為「琉球館」。至「柔遠驛」建成後，作為臨時居點的琉球館遂
廢，但因「柔遠驛」專為琉球國入貢而設，所以清代以來，福州民間
襲稱為「琉球館」。

　　嘉靖年間高岐《福建市舶提舉司志》中記載了「柔遠驛」的規
模：「前廳三間，兩邊臥房共六間，後廳五間，兩邊夷梢臥房共二十
七間。貳門三間，兩邊夷梢臥房共六間。守把千戶房兩邊共十間，軍
士房二間，大門一間」[35]。

　　關於明代琉球館具體的變遷情況，因史料有限，還有待於將來進

---

33　李莉：〈明清琉球館考〉，載《福建師範大學學報》2002年第4期。

34　黃仲昭《八閩通志》卷40，〈公署〉。

35　高岐：《福建市舶提舉司志》，〈署舍〉。

一步研究。清代，福州琉球館由於戰火、自然災害及建築設施的老化，曾多次進行再建或改修。根據康熙五年（1666）二月初九日，琉球國王尚質的上奏表文可略窺明末清初（順治五年以前）福州琉球館的大致狀況：「中有頭門、儀門、大堂、月臺、左右兩旁房舍二十二間，皆備整完固，使貢臣有棲止之地，方物無濕壞之虞，又於附驛曠地周圍砌牆，日夜巡邏，使臣民貢使無相混雜，嫌隙不生，和好永固，規制甚弘，體恤至悉也」[36]。

　　自清康熙至光緒年間，共進行了規模不等的十六次改修，其中較大的有七次，分別為康熙七年（1668）、十八年（1679）、三十一年（1692）、嘉慶二年（1797）、九年（1804）、道光二十二年（1842）、同治十二年（1873）。其中始於同治十一年（1872）的那次修葺，還由地方政府出示文告，由琉球貢使向德裕等勒石立碑，碑文如下：

　　　　欽加知府銜、永春直隸州正堂署、福州南臺海防分府、隨帶加五級紀錄十次翁，為出示嚴禁事：照得太保鋪設立柔遠驛，原為優待遠人，以示朝廷懷柔之至意。凡有琉球人到省安插館驛，不准閒雜人等擅進騷擾，久經示禁在案。嗣因該驛年久失修，本分府稟奉大憲籌款興修，現已修造完竣，誠恐附近居民閒雜人等擅進騷擾，除諭飭土通事地保隨時稽查外，合行出示嚴禁。為此，示仰附近居民及閒雜人等知悉：爾等毋得擅進館驛騷擾及窺伺偷竊，繼令婦女幼孩勿將糞草什物拋棄館內，並嚴禁在館聚飲、賭博、蹧躂門窗牆壁、踢球、跌錢、喧嘩吵擾等事。自出示之後，如敢故違，一經查察或被指稟，立即差拏赴府，從重究辦，罰令賠修。倘土通事、地保失於查管，一併查究。各宜凜遵毋違，特示。

---

36　《歷代寶案》第1集卷14，第10號文書（臺灣大學影印本，1972年）。

同治十一年十月初一日給。

同治十二年臘月貢使向德裕、王兼才，朝京都通事蔡大鼎、新舊存楊廷鼎、周兆麟同捐建。[37]

　　原碑已佚，僅留碑文，因其有重要史料價值，故抄錄於此。清光緒五年（1879），日本侵占琉球，廢琉球藩置沖繩縣，琉球和清朝政府間的朝貢關係從此中斷，朝貢停止，為琉球貢使進貢而設立的琉球館遂失去其存在的意義。日本藉口琉球已屬日本，琉球館當歸日本，企圖占有琉球館。儘管陰謀沒有得逞，但卻獲得了琉球人（實則日本人）長期居住琉球館的權利。嗣後，有琉球籍人來福州，就住居該館，這一狀況持續到抗戰爆發。這一期間，儘管中琉雙方的朝貢貿易已經停止，但雙方的民間貿易活動仍在進行，琉球館成為福州與沖繩貿易的據點。當時福州有丸一洋行（開設於1887，光緒十三年）、生和洋行（開設於1902，光緒二十八年）[38]，其後那霸商人胡月亭則利用琉球館開設太吉洋行。並改建天后宮為製茶工場，門額上招牌大書「太吉茶棧」四字[39]，僱傭福州工人，加工茶葉。由那霸轉口運銷日本各地。此外還兼營雜貨，出口的福州土產，除茶葉外，有線香、花紋紙、枕、傘等，進口則以海產品居多。胡以茶葉起家，並成為琉球館主人之後，娶福州女許淑英為妻，貲財富厚，儼然巨賈。但於二戰爆發前夕，撤離回國，館址另作它用。

　　據稱，「七‧七」事變之前，琉球館尚存大門及「海不揚波」匾額。琉球館大門臨街，原來還掛著「柔遠驛」三個大字楷書豎牌。至

---

37 傅衣凌：〈福州琉球商史蹟調查記〉，載《福建對外貿易史研究》，1948年。

38 安里廷：《沖繩海洋發展史》（日文），轉引朱振聲：〈從福州的幾處古蹟看古代中琉關係〉，載《海交史研究》1981年第3期。

39 米倉二郎：〈福州的琉球館〉，載日本《史林》，第22卷第1號；轉引朱振聲〈從福州的幾處古蹟看古代中琉關係〉，載《海交史研究》1981年第3期。

民國初，此牌換成「海不揚波」四個大字的楷書橫額。典出鄭虞臣（著有《執圭堂草》）贈琉球朝京都通事蔡大鼎中的詩句：「海不揚波沾帝澤，歸帆無恙返中山」[40]。門前立有同治年間的保護柔遠驛碑，天后宮左右兩側有土地祠和崇報祠，前向右側是一幢十間排木構二層樓房，天后宮面對大門，中間隔著一大塊草坪，幾株粗大濃蔭的老榕樹覆蓋著。由於戰亂，無人管理，這些建築先後遭到拆毀或倒塌。一九四八年救濟機關在這裡建了簡陋的房子，作收容孤兒的育幼所。一九五〇年在這裡辦了工讀學校，教育孤兒。一九五三年福建孤兒院工藝傳習所遷入，學習精巧木器的製作，以後便轉成木器廠，一九七〇年又發展成為開關廠。一九八一年福州市與那霸市結成友好城市，舊館也因此被列為市級文物保護單位。一九九二年在原址上重新修復的「琉球館」，面積約五百多平方米，不及過去的十分之一，並改稱「福州市對外友好關係館」，是市級文物保護單位。館內陳列了豐富的文物、史料、圖片、製表和墓碑拓片。琉球館成為宣傳福建與沖繩友好歷史交往和展現福州對外關係歷史狀況的窗口，而向民眾開放。

## （二）琉球勤學的先生們

琉球學生在福建學習各種知識，負責培養他們的教師也是各自拜師學藝，文獻中留下了諸多琉球館勤學的先生們的記述，我們略述一、二。

竺天植（1637-？），字鏡筠，儒學大師，其門下琉球弟子眾多。一六八三年程順則以勤學身分隨謝恩使王明佐來福州時，曾從其學儒家學術。竺天植曾如此描繪程順則，門下「中山從遊弟子雖多儁拔士，獨程子雪堂為尤異」，「余知其為有用之器也，倍刮目之」。程順

---

40 東恩納寬惇：《泰、緬甸、印度》（日文），轉引朱振聲：〈從福州的幾處古蹟看古代中琉關係〉，載《海交史研究》1981年第3期。

則在其門下讀書的時候，曾對老師案上的《六諭衍義》極為感興趣，「翻閱再三，以為是書詞簡義深，言近指遠，不獨可以挽頹風而歸醇厚，抑可以教子弟而通正音」，後來竺天植便將《六諭衍義》贈送給程順則。程順則將《六諭衍義》翻刻成為琉球王國的普及教材。

陳元輔，字昌其，閩中縣人，儒學大師。時人稱譽「隱遁於世，不求聞達或有口而言，言如金石，有時而策，策似龍蛇，其胸蘊酉庫之藏，經天緯地大也。」[41]。關於陳元輔現存史料寥寥無幾，但難得的是其流傳至今的著述卻有《枕山樓集》、《枕山樓課兒詩話》。《枕山樓集》為陳元輔「半生心血」，然而當時將之付諸版梓並非是普通的儒生可以負擔的。故而陳元輔的的得意門生——程順則慷慨解囊，為其解憂。不但《枕山樓集》得以付諸版梓，而程順則更攜《枕山樓課兒詩話》的原稿至京都，與《枕山樓集》合二為一，命名為《枕山樓拾玉詩話》出版。此更是傳為一段佳話。

從陳元輔流傳至今的詩文集中可以看出，跟從其學習的琉球學生之多，其與琉球友人交遊之廣，足以稱得上是當時民間中琉友好大使。僅以《枕山樓詩集》而論，詩集收錄詩共一二〇題，一七九首，其中直接涉及琉球友人的就有二十七題，四十一首，足占其詩集的四分之一，而間接與琉球相關聯的更是不少。而在與琉球相關四十一首詩歌裡頭與留學生相關的的就有三十一首，占了絕大部分，可見當時在陳元輔門下或者在其周圍學習的琉球勤學不在少數。上述三十一首詩中涉及到的當時福州的勤學人員的名字有：

1. 梁得濟，見〈贈梁得濟〉、〈秋夜望中樓懷梁得濟〉。
2. 梁得聲，見〈贈梁得聲〉、〈冬夜同王孔錫王邦庵集梁得聲山樓夜話分得溪字〉（其一、其二）。

41 《枕山樓集》楊呂任序，《琉球史料文獻彙編》（北京市：海洋出版社，2014年12月）。

3. 陳魯水，見〈上已仝梁本寧得聲得濟陳魯水金浩然遊烏石山
觀朱夫子石室清隱石刻〉。

4. 金浩然，見〈上已仝梁本寧得聲得濟陳魯水金浩然遊烏石山
觀朱夫子石室清隱石刻〉。

5. 蔡聲亭，見〈送蔡聲亭入貢〉、〈春杪瓊川阻雨因過蔡聲亭山
樓茶花〉、〈蔡聲亭詩序〉（文集）。

6. 雪堂，見〈秋江雨泛同雪堂諸子〉、〈吾兄詩酒繼陶君為中山
程寵文賦〉、杪同諸子雪堂夜飲得秋字〉、〈喜同王孔錫盧若
采夜集程寵文雪堂話月分得七陽〉、〈和程寵文壺川尋牛田休
隱居韻〉（其一其二）、〈夜宴程氏雪堂〉、〈冬杪宴集程寵文
雪堂喜同方德祖鳳泰良蔡紹齊夜話〉、〈元夕宴集程寵文立
雪堂分得歡字〉、〈元夕同程寵文盧若采留飲蔡紹齊江樓〉、
〈題程寵文立雪堂〉（其一其二）、〈弔山花〉、〈送程寵文歸
中山〉（十首）。

7. 梁本寧，見〈上已仝梁本寧得聲得濟陳魯水金浩然遊烏石山
觀朱夫子石室清隱石刻〉、〈秋夜望中樓懷梁本寧〉、〈梁本寧
詩序〉（文集）。陳元輔與琉球學生朝夕相處，建立了深厚的
情感，師生的別離留下了不少詩篇。其景其情，令人感動。
程順則在其所著的《雪堂燕遊草》中留有詩〈留別閩中諸同
遊〉，詩曰：「多謝諸公愛不才，論交時上驛亭來。□□對酒
鶯歌早，夜榻分題蝶夢催。何以職方中外隔，遂令畫舫海天
開。從今消息憑鴻雁，每至深秋便溯洄。」

陳元輔關心愛護琉球子弟，其相處其樂融通可以從詩的題目中看
出，不僅在留學生在福州期間，陳元輔組織了各種各樣的宴會（〈吾
兄詩酒繼陶君為中山程寵文賦〉、〈夜宴程氏雪堂〉等），還帶領著學
生一同出遊（〈上已仝梁本寧得聲得濟陳魯水金浩然遊烏石山觀朱夫

子石室清隱石刻〉〉、〈和程寵文壺川尋牛田休隱居韻〉等）。在學生集
詩成集時，也不吝賜序，先後見於《枕山樓文集》的有〈梁本寧詩
序〉、〈蔡聲亭詩序〉。而琉球弟子回國之後，陳元輔也懷念不已。當
然其中陳元輔最欣賞的還是程順則，在與留學生相關的三十一首詩作
當中，與程順則相關的就占去了二十二首之多，足見陳元輔對其之器
重。

　　黃會友，福建汀州府上杭縣人，住福州南臺潭尾，「有祖傳補唇
奇方，周旋四方，療治缺唇」。特別是醫治琉球水手與那嶺缺唇一
事，更是讓黃會友在琉球聲名遠播。時王世孫，即後來的尚益王，天
生兔唇。此事危及尚益王的王位繼承權。於是一六八八年，魏士哲，
字德明，號希賢。奉命到中國學習補唇術。初，黃會友以「此藥方一
世一傳，雖親友不敢傳之，是吾祖宗之遺令也」為由拒絕，後為魏士
哲的誠心所打動，與魏士哲同居別館，不辭辛勞，日夜教授之，「閱
二旬，悉受其傳方」。黃會友又傳魏士哲秘書一本，並讓魏士哲試著
治療缺唇病人。

　　鄭光策，初名天策，字憲光，一字瓊河，閩縣人。鄭光策自小失
父，家境貧寒。但讀書極為刻苦，中了進士之後仍然刻苦鑽研。熟讀
《通鑑》、《通考》，對邱瓊山、王陽明、呂新吾、馮猶龍、毛元儀、
顧亭林、魏叔子等人的著作，莫不如數家珍。其讀書注重「經世治
用」，曾因「林爽文滋擾臺陽詣軍門條上十二議，為福節相康安所採
用，即奏捷。閩撫徐嗣曾往辦善後事宜又條上八議」。鄭光策生性正
直，不願趨炎附勢，受和珅等排擠，及至中年絕意仕途，日以授徒養
母為事，遂終生不仕。

　　鄭光策「誨人宗旨以立志為主，謂志定而後，教有所施」歷主福
清書院、龍岩書院、鰲峰書院。琉球學生魏善繼，字振諸。為讀書習
禮事三赴中國。在閩共計十餘年。鄭光策即為其嘉慶三年（1798）赴
閩時的教師。

　　曹存心（1767-1833），字伯仁，號樂山，江蘇常熟縣福山人。年輕時從吳縣名醫薛性天學醫。「上自《靈》、《素》，下逮薛、喻諸家，無不研究貫串。居薛家十年乃出，應診輒奏奇效，嘗謂天下無不可治之病，其不治者，心未盡耳」[42]。道光丁亥年（1824），琉球國特遣呂鳳儀到蘇州拜曹存心為師，呂鳳儀在曹存心門下學習三年，歸國後潛心醫學懸壺濟世，並於道光十二年（1832）將在琉球行醫時所遇疑難雜症，寫信向老師曹存心求教。曹存心遂於翌年將兩人來往問答編匯成書，即《琉球百問》。

　　《琉球百問》共計一〇三問，涉及中藥共計二六四味，其往來書信中提到方劑涉及經典有《醫宗金鑑》、《傷寒論》、《黃帝三部針灸甲乙經》等六十餘種，其提問多集中於內外科、婦產科、小兒科等，說明了這些既是呂鳳儀行醫時遇到問題的重點，也是其在中國學習時的重點。呂鳳儀涉及的本草學方面的問題，多為非常見的動植物藥性，顯然呂鳳儀對中醫中常用藥的藥性有深刻的了解。呂鳳儀在曹存心門下三年中，曹存心悉心向其傳授了包括內科、外科、婦產科、兒科、眼科、針灸等各科的醫學知識，呂鳳儀通過系統的中醫學習，雖然未達到「讀十年書，天下無可視之病；視十年病，天下無可讀之書」的境界，但卻是迄今所知來華最系統地學習中醫的琉球留學生。

　　歷史上的琉球來華留學生跟隨中國教師學習了各種技藝，回國後，為琉球王國各個方面的發展做出了不可磨滅的貢獻。而為培養他們付出辛勤勞動的教師卻湮沒無聞，今據各種資料，將琉球勤學的中國教師列表如下：

---

42 張鏡寰修，丁祖蔭纂：《重修常昭合志》〈人物志〉卷20，1949年鉛印本。

### 福州館琉球勤學的中國先生一覽

| 時間 | 姓名 | 籍貫 | 學生姓名 | 備注 |
|------|------|------|----------|------|
| 康熙十七年至康熙二十一年 | 薛一白 | 閩縣 | 蔡肇功 | |
| 康熙二十二年至康熙二十五年 | 陳元輔 | 閩縣 | 程順則、梁本寧 | |
| 康熙二十二年至康熙二十七年 | 謝天游 | 閩縣 | 璩自謙、查康信 | |
| 康熙二十二年至康熙二十五年 | 竺天植 | | 程順則等 | |
| 康熙二十七年 | 黃會友 | 福建上杭 | 魏士哲 | |
| 康熙三十二年 | 李爾燦 | 閩 | 金溥 | |
| 康熙三十六年 | 何彥開 | 閩 | 金溥 | |
| 康熙四十七年 | 劉日霽 | 福建長樂 | 蔡溫 | |
| 康熙五十六年 | 林先生 | 閩 | 紅士顯 | |
| 康熙年間 | 王逸 | 閩 | 梁得聲 | |
| 康熙年間 | 孫億 | 福建龍岩 | 璩自謙、吳師虔 | |
| 康熙四年至康熙九年 | 金守約 | 閩 | 楊春支、楊春榮 | |
| 乾隆二年 | 陳垣坤 | 閩縣 | 鄭鴻口 | |
| 乾隆八年 | 陳醫生 | 浙江錢塘 | 晏孟德 | |
| 嘉慶三年 | 鄭光策 | 閩縣 | 魏善繼 | |
| 道光十二年 | 曹存心 | 江蘇常熟 | 呂鳳儀 | |
| 不詳 | 周少白 | 北京 | 毛文達 | |

## （三）明清時期琉球勤學統計表

　　數百年來，琉球勤學就是來到福州，來到琉球館，在這裡開始他們的留學生涯。現從琉球文獻《球陽》及琉球閩人家譜中記述的來福州留學的琉球勤學梳理如下，從中我們可以看到琉球勤學在福州學習的各種情況。

## 明清時期福州琉球館勤學一覽表[43]

| 時間 | 學習者姓名 | 所學技能 |
|---|---|---|
| 一四六五年 | 金鏘 | 曆法 |
| 一四九〇年 | 松氏比屋 | 煙花藥法 |
| 一五四九年 | 金升 | 曆法 |
| 一六〇五年 | 野國 | 番薯栽培 |
| 一六〇六年 | 金應斗 | 曆法 |
| 一六二三年 | 儀間村人 | 甘蔗製糖 |
| 一六五九年 | 國吉嘗 | 織緞 |
| 一六六三年 | 陸得先 | 熬白糖、冰糖、製漆器 |
| 一六六七年 | 楊春 | 曆法 |
| 一六六七年 | 周俊國 | 風水地理 |
| 一六七年 | 宿藍田 | 製瓷 |
| 一六七八年 | 蔡肇功 | 曆法 |
| 一六七九年 | 鄭明良 | 換骨相法 |
| 一六八三年 | 璩自謙、查康信 | 繪畫 |
| 一六八五年 | 魏士哲 | 醫學（兔唇縫合術） |
| 一六九三年 | 金溥 | 馴鷹法、鑑硯法 |
| 一六九五年 | 翁自道 | 番薯品種栽培 |
| 一七〇八年 | 蔡溫 | 風水地理 |
| 一七〇九年 | 大嶺 | 造墨 |
| 一七二六年 | 吳師虔 | 繪畫、製朱印色泥 |
| 一七二七年 | 勞維達 | 製朱墨（銀朱） |
| 一七三〇年 | 泊邑屋比久 | 冶銅 |

---

43 謝必震：《中國與琉球》（廈門市：廈門大學出版社，1996年），頁247-248。

| 時間 | 學習者姓名 | 所學技能 |
|---|---|---|
| 一七三四年 | 向秀實 | 製茶 |
| 一七三六年 | 向得禮 | 織綢緞紗機（機織法） |
| 一七四三年 | 晏孟德 | 醫學（口腔科） |
| 一七四九年 | 衡達勇 | 內科、外科醫法 |
| 一七五五年 | 紅秉毅 | 曆法 |
| 一七六三年 | 從安次嶺 | 內科、外科醫法 |
| 一七七七年 | 松開輝 | 醫學 |
| 一七八五年 | 梁淵 | 音樂戲曲 |
| 一八一五年 | 學源 | 律法 |
| 一八一七年 | 陳有憲 | 貯米法 |
| 一八二四年 | 呂鳳儀 | 醫學 |
| 一八二八年 | 松景林 | 醫學（內科） |
| 一八四八年 | 鄭良佐、蔡呈禎、蔡大鼎 | 地理（修茸玉陵之法） |
| 一八四八年 | 使團人員 | 防疫（天行痘痂） |

　　琉球勤學在福州讀書習禮或延師受業，學習專業知識和生產技術。根據《球陽》及《久米村系家譜》的相關記載，明清時期赴福州學習各種專業知識和生產、工藝技術的琉球「勤學」人數多達四十六人[44]，學習的專業技能主要有天文地理、製茶、製瓷、製糖、漆器製作、煙花製作、紡織、冶金、農作物栽培、製墨、製印泥、醫術、音樂戲曲、律法、馴鷹、貯米法、鑑硯等。他們學成回琉球國後，傳授技藝，開創了琉球一些工藝的先河。諸如「琉球有煙花藥自此而始」，「琉球有浮織自此而始」、「製墨自此而始」，「絲機織法自此而始」等這樣的說法，在琉球編年史書《球陽》中比比皆是。這充分肯

44 賴正維：《清代中琉關係研究》（北京市：海洋出版社，2011年5月），頁162-163。

定了學成後回國的琉球人在傳播中國先進的科學文化和生產技術中的重要作用。

## 三　琉球閩人家譜記述的赴華「讀書習禮」之人

　　在琉球閩人家譜資料中，記述最多的是閩人後裔在華讀書習禮，延師授業的事。與中國建立邦交後，琉球王府深受中國文化的影響，然彈丸小國，蠻夷之邦，無論從文明開化程度，還是社會發展水平來說都顯得十分落後。尤其是閩人三十六姓移居琉球後，帶來了先進的文化，令琉球國人耳目一新。我們從史料中發現，在與中國建立邦交僅僅二十年，一三九二年琉球王府就向中國派出了第一批留學生。因此在琉球閩人家譜中，琉球閩人來華學習的這一歷史十分突出。

　　鑒於閩人三十六姓對琉球國社會發展所作的貢獻，琉球王府對閩人三十六姓更加委以重用，其「子孫世襲通使之職，習中國之語言、文字」。[45]萬曆年間，琉球國王又以閩人三十六姓「世久代更，人湮裔盡，僅餘六姓，仍染休漓椎髻之習，天朝文字音語盡行盲昧，外島海洋針路常至舛迷，文移多至駁問，舟楫多致漂沒，甚至貢期欠誤，儀物差訛」[46]為由，向明廷請求補賜閩人三十六姓。還有，隆慶年間海禁接觸之後，民間貿易頓興，漳州月港一躍而起，成為當時的對外貿易大港。其中有不少民間船隻前往琉球進行走私貿易，而參與走私貿易的主體多數是熟諳海上航路、善於貿易的漳州人。對於這群活躍於海上走私貿易的漳州人，琉球王府給予種種優遇，令其入籍久米村，並委於重任，或充當朝貢使節或參與海外中轉貿易，充實了當時因閩

---

45 張學禮：《中山紀略》，《小方壺齋輿地叢鈔》第10帙1（臺北市：學生書局，1975年），頁140。

46 《歷代寶案》第一集抄，收錄於《那霸市史資料篇》第1集第4卷（那霸市：那霸市企畫部市史編集室，1980年），頁328。

人三十六姓子嗣不繁造成的航海貿易人才缺失。如阮國、毛國鼎等人都在這個時期為琉球王府吸收的漳州人，他們及其後世子孫為琉球的發展也作出了傑出的貢獻。[47]

琉球閩人在當時的歷史環境中能一展宏圖，有所作為，除了他們自身的優越的素質外，接受中國的留學教育，是他們迅速成長，不斷提高自身的能力，為琉球社會重用的主要因素。

在琉球閩人家譜中，不乏琉球閩人往中國讀書習禮之事。琉球閩人在琉球社會地位顯赫，他們留學的經歷幫助他們踏上輝煌的人生坦途。我們不妨列舉幾種家譜中的留學事例，以了解留學與琉球閩人發展的歷程。

## （一）《魏姓家譜》赴華讀書習禮之人

### 魏士哲

順治十年二月十五日生人。童名思五良，字德明，號希賢。魏士哲原本不是閩人後裔，其生父為佐治武親雲上，其母乃應氏真牛平敷屋親雲上之女，即應瑞麟之女。士哲外祖無嗣，即以士哲繼其後。

士哲生性聰穎，康熙二年隨紫巾大夫金正春遊閩三年，通華語，因此奉命入唐營補三十六姓之缺，賜魏姓。

魏士哲的一生變化就在於康熙二十七年。這一年魏士哲正好隨進貢使團赴閩。當時有琉球人豁唇需要醫治，聯繫治療的人叫大嶺。琉球人的豁唇經福州醫師治療後很快就癒合了。這事引起琉球使臣們的興趣。當他們詢問大嶺關於如何醫治成功的過程，大嶺語焉不詳，使臣們十分失望。遂叫來魏士哲，請他跟隨福州醫師學習補唇醫術。並囑託士哲，因為當時的琉球世孫也是豁唇，使臣們希望魏士哲能學好

---

47 上里隆史：〈毛國鼎の琉球渡來とその歷史的意義〉，《第十一屆琉中關係國際學術會議論文集》2008年8月。

醫術回國為世孫縫合豁唇。魏士哲別無選擇，只好在福州潛心拜師學醫，終於學成了豁唇縫合技術，回國後即醫治好了世孫得豁唇，從此名聲大噪。

**魏鸞**

康熙十四年七月初三生人。童名思加那，字鳴山。乃魏士哲長子。康熙四十六年赴閩學習，留學三年。魏鸞在閩學習深得王府的器重。世子尚益，即魏士哲為其治癒豁唇者，為魏鸞赴閩學習設宴餞行。世子還託人為在閩學習的魏鸞稍帶禮品，年年具有饋贈，家譜記述頗詳。反映了魏氏家族與王府之間特殊的關係。同時也反映了琉球王府對赴華學習的琉球留學生的關注與愛護。

**魏宗絢**

康熙五十三年十月初五生人。童名真蒲戶，字維彩。魏鸞之子。乾隆十七年赴閩學習，一年以後回國。主要擔任地方管理的官員和對華通事的工作。

## （二）《王姓家譜》赴華讀書習禮之人

**王三錫**

康熙五十七年三月十七日生人，童名思五良，字君榮。乾隆七年赴閩讀書習禮，為時二年。學成回國後任講解師、訓詁師。時值中國冊封琉球使團即將到來，王三錫奉命在中國使臣下榻的天使館負責住宿安排等事宜。

**王邦選**

乾隆五十六年正月二十六日生人，童名真蒲戶，字士彥。嘉慶二十二年赴閩讀書習禮，學習三年後回國。

### 王述勃

嘉慶四年四月初七日生人，童名思平藏，字珠園。道光五年奉令前往福州從師習業。

## （三）《金氏家譜》赴華讀書習禮之人

### 金升

正德五年生人，童名真樽，號一箪。嘉靖二十八年為進貢事赴閩，同時學習造曆法之術。

### 金鼎

康熙三十八年十月初五日生人，童名嘉路銘，字變臣。康熙六十一年奉命赴閩讀書習禮，恰值琉球在閩貢使團在館存留通事林宗璉病故。福建海防官員認為在館無人主事，主要是語言交流方面，遂請示督撫兩院指定金鼎代為存留通事一職，依例行事。

### 金型

乾隆二年十月十三日生人，童名思德，字友聖。乾隆二十三年作為官生赴京城國子監學習，不料在赴京途中染上瘧疾，又因路途勞累，雖延醫治療，終因病重，不治身亡，葬於通州張家灣利禪菴塋地。

## （四）《阮氏家譜》赴華讀書習禮之人

### 阮屏

乾隆十一年七月二十二日生人，童名思龜，字玉山。乾隆三十九年赴閩讀書習禮，學習三年。歸國後任琉球對中國交往的通事一職。

## 阮為棟

康熙四十二年六月二十五日生人，童名真五良，字君輔實。乾隆二年赴閩讀書習禮，乾隆七年方學成回國。翌年又奉命往福建讀書習禮，作為勤學秀才身分，同時協助存留通事處理在福州琉球館的事務。未幾病亡。

## 阮友溥

道光十二年三月二十二日生人，童名真蒲戶，字希仁。道光二十七年赴閩作為勤學讀書習禮，一年後學成回國。同治年間，中國使臣趙新冊封琉球，阮友溥為冊封事奉命為掌牲所通事。

## （五）《紅氏家譜》赴華讀書習禮之人

## 紅士顯

康熙二十二年正月初四生人，童名千松，字子忠。康熙五十年赴閩讀書習禮，一年後回國。康熙五十五年先是跟蔡溫學習地理，康熙五十六年再度入閩三年，期間跟隨林先生學習地理。歸國後任遏闥理事、都通事、中議大夫。

## 紅邦藩

嘉慶九年十二月十八日生人，童名千松，字維匡。道光十年赴閩讀書習禮，期間還往京城四譯館公幹。道光十二年學成回國，任遏闥理事、都通事。

## 紅居溫

乾隆十二年十二月二十日生人，童名真蒲戶，字易直。乾隆五十一年赴閩讀書習禮，一年後學成回國。歷任都通事、中議大夫、正議

大夫，直至擔任申口座。

## （六）《蔡氏家譜》赴華讀書習禮之人

### 蔡浩

生卒年不詳。號乾亭。嘉靖二年八月十七日奉命為官生，同蔡廷美、鄭富、梁梓一起入南京國子監讀書。

### 蔡維祥

道光元年五月初三日生人，童名小樽金，字振威。咸豐元年六月奉命赴閩讀書習禮。學成回國後，咸豐二年升黃冠。

### 蔡肇基

乾隆二十四年六月十三日生人，童名松金，字得勳，號丕亭。乾隆五十年乘接貢之際，赴閩讀書習禮。乾隆五十六年，奉命往薩摩藩進貢，不料遭風，船飄至寧波象山縣。當時地方官兵登船查驗，蔡肇基唯恐船上物品及給薩摩藩的文書洩露，惹來禍端。幸好浙江官兵草草了事，琉球人往薩摩進貢一事並沒有露陷。在中國地方政府協助下，蔡肇基等才順利返回琉球。此後，蔡肇基又奉命擔任教習，專門教中國官話，一任就是四年才退職。

## （七）《曾姓家譜》赴華讀書習禮之人

### 曾菱

順治二年十二月初六日生人。童名加路美，初名永泰，後改名為益。康熙二年赴閩讀書習禮。二年後回國。歷任通事、都通事、正議大夫，家譜中還記述其在福州居留期間與福州名儒陳元輔，陳元輔也是程順則的老師，以及其他文人唱和的詩賦、文章等。

## 曾謨

乾隆六年三月二十日生人，童名思百歲，字遠之，號其顯。乾隆三十七年赴閩讀書習禮，乾隆四十年學成回國。先後任訓詁師、正議大夫，嘉慶五年中國冊封琉球使團將至，曾謨被任命為評價司，主持與使團的貿易交涉事務。

## 曾讓

乾隆十八年四月二十七日生人。童名松金，康熙五十三年赴閩讀書習禮。康熙五十六年學成回國，專事琉球與中國交往之工作。後擢升座敷，具有相當高的社會地位。

## （八）《孫姓家譜》赴華讀書習禮之人

### 孫惟忠

雍正十一年正月二十九日生人，童名思次良，字祖訓。乾隆三十年奉命赴閩讀書習禮，未幾回國，即任讀書訓詁師。後又任通書典主之職。後升任都通事、正議大夫。

### 孫光裕

乾隆四十六年八月初七日生人，童名思平藏，字能文。嘉慶八年赴閩讀書習禮，嘉慶十一年學成回國。歷任通事、都通事、中議大夫、正議大夫，直至紫金大夫。孫光裕多次到朝廷進貢慶香事，家譜詳細記述了他在京城的活動，尤其是多次安排在紫光閣、西華門瞻仰當今聖上龍顏的榮耀事例。

關於琉球閩人家譜資料的記述甚多，不同姓氏的家譜還可舉出一些，不過記述的內容與上所舉基本相同。因此我們就不一一贅述了。

從摘錄的資料來看，琉球閩人由於他們歷史上與福建的淵源關

係，他們中間許多人都接受了王命，前往中國學習。他們的留學成
長，不僅對他們自身的發展起到十分重要的活動，對於琉球社會的發
展也起到舉足輕重的作用。從閩人家譜資料來看，留學歸來的琉球留
學生不僅擔負起琉球王國的對華交往的重任，包括進貢貿易、冊封活
動，同時他們還肩負著琉球社會的文化事業，甚至琉球社會的教育活
動。這些學有專長的琉球留學生，他們在曆法編製、文化傳承、科技
進步、制度建設、思想觀念、宗教信仰等方面都起主導作用。留學歸
來的琉球留學生，無愧是琉球社會發展進步的重要因素。

　　我們依照年代順序，也將琉球閩人家譜中的官生資料輯錄下來，
使我們對明清時期琉球閩人入國子監的學習及其影響有一個大致的
了解。

　　蔡賓，據《蔡氏家譜》記載，自成化十七年奉旨為官生入監讀書
後，主要擔任琉球對華外務諸事。譬如成化二十三年為官生謝恩事赴
閩上京，弘治二年至正德元年，先後七次作為都通事或長史到中國進
貢或慶賀，促進了琉球與中國的貿易、友好關係。

　　蔡廷美，嘉靖二年奉旨為官生偕同蔡浩、鄭富、梁梓一起入國子
監學習。嘉靖十年作為進貢都通事赴閩上京。其後多次作為長史進貢
中國。據《蔡氏家譜》蔡浩條記載：「嘉靖二年癸未八月十七日奉命
為官生，同蔡廷美、鄭富、梁梓入南京國子監讀書。此時國王給官生
四人胡椒捌百斤」[48]。

　　蔡朝用是嘉靖二十九年奉命為官生入太學讀書的，嘉靖三十四年
學成回國。這在康熙年間出使琉球副使徐葆光的《中山傳信錄》中亦
有記載，說是蔡朝用等在中國留學，琉球國王還托冊封琉球使臣回國
向中國皇帝請求讓蔡朝用等回國省親，這才使得蔡朝用等得以回到琉
球。實際上，琉球留學生到中國學習有一定的學習年限，滯留不歸的

48 《久米村系家譜》，《那霸市史資料篇》第1卷6（那霸市：那霸市企畫部市史編集室，1980年），頁254。

無非是琉球學生感到自己還有沒有學好的地方才拖延學成回國的時間。需要琉球國王親自要求讓留學生回國也是不多見的。也許是琉球國內人才匱乏，琉球國王希望來華琉球留學生盡快回國報效的心情頗為急切罷了。

在《蔡氏家譜》上有兩條記述，蔡㷣，嘉靖四十四年乙丑二月二十二日奉命為官生，同梁炤、梁焌、鄭迥入南京國子監讀書。實際上家譜資料也是不完整的。我們在《蔡氏家譜》中也沒有找到梁炤、梁焌的材料。

蔡常是萬曆七年奉命為官生與鄭週、鄭迪入南京國子監學習的，一直到萬曆十六年六月二十日才學成回國，前後足足學習十年之久。可惜除了這些記述外，學成回國後，在《蔡氏家譜》上我們就再也找不到有關蔡常的其他資料了，蔡常學成回到琉球居然悄聲無息，讓歷史湮沒了。

《梁氏家譜》上記述了康熙年間梁成楫作為官生在華留學的詳細情景。史載：「康熙二十五年丙寅二月初五日，（梁成楫）同鄭秉均大嶺秀才、阮維新天久秀才、蔡文溥高良秀才奉命入監讀書。官生各帶跟伴一名，領主從賦米銀並土產物件。隨貢使耳目官魏應伯（今更姓為向）越來親雲上，朝盛正議大夫曾益（今改名曰菱）砂邊親雲上，本年十一月十三日，那霸開洋。候風馬齒山，十七日開駕，遭大風，十八日辰時倒桅，十九日飄到麻古山。翌年丁卯遣使中山請桅修船。栽桅直駕於閩海。奈時候已過，兼之無人熟路，故四月二十日開洋，五月初四日乃回本國。本年九月十四日再開那霸港。本年十月初一日到閩，貢使參見各官。次年赴京時賜宴於布政司衙門。五月二十五日在閩啟行，一路參加各省官員，九月十七日到京寓會同館。蒙聖天子鴻恩，廩餼照朝京都通事例，一人每日賜雞一隻、肉二斤、茶五錢、豆腐一斤、花椒五分、清醬四兩、盤醬四兩、香油四錢、酒一胡（壺）、青菜一斤、鹽一兩、燈油四兩。所服衣裳每年春秋二季賜緞

綿袍褂各一件、紡絲單衫褲各一件、線纓涼帽各一頂、擦臉靴各一
雙、緞綿襪各一雙。夏季賜紗袍褂各一件、羅衫褲各一件。冬季賜緞
面羔羊皮貂鼠皮領襖各一件、緞面羔羊皮褂各一件、紡絲綿小襖褲各
一件、貂鼠皮帽各一頂、鹿皮靴各一雙、氈襪各一雙、潞綢被縟各一
床。所用紙筆墨等項，每月各給銀一兩五錢。跟人每日給口糧，每年
冬季賜布面老羊皮襖各一件、布綿衫褲各一件、牛皮靴各一雙、布綿
襪各一雙、狐狸皮帽各一頂、青布被縟各一床、春秋夏三季青布綿袍
褂各一件、單袍各一件、雨纓涼帽各一頂。賜書房五間於監左。本年
十一月初七日入國子監。於是祭酒（名曹禾）、司業（名彭定求）奉
聖旨，特設教習一人（名徐振），朝夕訓導。又著博士官一員（名陸
德元）董率其事，在監三年」[49]。

　　《鄭氏家譜》記述了鄭秉哲同鄭謙宇、蔡宏訓一統入國子監學習
的事。他們一行雍正元年十一月二十一日那霸開船，經福州，雍正二
年十月初一日抵京城，十一月二十一日入國子監。當時的教習為李
著，字闇夫，湖北公安縣拔貢。肄業且學正為顧蒙，浙江錢塘縣副榜
貢。其他配備，章京二員，披甲十名，看守衙役二人，伺候光祿寺廚
子五名。家譜還記載國子監的另外幾人，祭酒伊爾登、王傳，司業明
圖、傳禮、孫嘉淦。

　　家譜記述了鄭秉哲等人的學習課本，有《四書集注》、《四書直
解》、《易經集注》、《春秋左傳》、《禮記集注》、《近思錄》、《唐詩
選》、《小學講義》、《綱鑑》、《唐詩》、《歸字彙》、《古文折義全編》、
《性理大全》、《時文商》。

　　《梁氏家譜》上所記載的琉球閩人後人入國子監學習的課本與乾
隆年間在國子監做琉球教習潘相所記述的《琉球入學見聞錄》上的教

---

49 《久米村系家譜》，《那霸市史資料篇》第1卷6（那霸市：那霸市企畫部市史編集室，
　1980年），頁790。

材是一樣的。當時潘相記述琉球學生的學習，一日課程的安排，「聽講《小學》數條，《小學》完畢講《近思錄》，飯後講經數條，臨帖。燈下講四六、古文各一篇，詩一首，次日背誦」。「聽講之後，各歸本位肄習」，「逢三日作詩一首，不拘古律，逢八日作四六一篇，或論序等類一篇」[50]。

家譜還記述琉球官生在學期間，教習因病、因任期滿等輪流交替的事。例如，李著告病，余煉金代理琉球教習事。余煉金，江西婺源拔貢。當時的琉球教習還有姚奮翌，字扶久，陝西潼關衛拔貢。當姚奮翌任期滿後，又派教習王道。王道為福建漳浦縣拔貢。

鄭秉哲等，學習到雍正六年才結業回國。

然而家譜資料也有令人困惑的地方，譬如有文獻記載琉球閩人入國子監學習周崇繑，但在《周姓家譜》周崇繑名下卻沒有他作為官生入國子監學習的文字記載。又如陳善繼，《球陽》等文獻記述其作為官生曾與毛世輝、馬執宏、梁元樞一起於嘉慶十六年入國子監學習。但是《陳氏家譜》陳善繼條僅記述其嘉慶十一年到福州讀書習禮事，而官生留學入國子監的記述一字未見。

概而言之，琉球閩人家譜資料對赴華留學的琉球官生的歷史活動多有記述，彌足珍貴。不僅記述了琉球官生赴華學習時間，各種生活學習的待遇，還對他們學習的內容，教導他們的老師都有詳盡的描述。家譜資料還記述了琉球官生與中國老師之間的詩賦交流，並對琉球官生在學習期間的各種活動也有記載。這些琉球官生在學習期間倘若染上疾病，中國方面也會調撥太醫院的太醫為他們治療。遇到患病醫治不癒的官生，中國方面也有嚴格的規定，為在華亡故的琉球官生料理後事，並撥出一大筆銀子帶到病故官生的父母處，以示慰問。中國方面對琉球來華留學生的優惠待遇，使得明清兩朝來華留學的琉球

50 潘相：《琉球入學見聞錄》，《臺灣文獻叢刊》第299種（臺北市：臺灣銀行經濟研究室編印，1972年），頁128。

官生無憂無慮地在中國學習，這種留學制度為琉球王國輸送了一批又一批的人才。

## 四　琉球來華留學生與王府政治

派遣留學生赴中國學習，並非是簡單的留學生教育問題，而是琉球王府培養人才，加強自身的政治力量，構建王府政治集團，鞏固王權的重要手段。因此我們可以從大量的文獻資料上看到，琉球王國的統治階層為了籠絡這些菁英人才所採用的各種辦法，從中我們看到琉球留學生赴華學習與琉球王府政治集團之間的密切關係。

### （一）琉球王府厚待赴華留學生

古代琉球使者出使海外，理所當然地得到琉球王府的公費支出。這在閩人家譜中也有表述：「康熙二年癸卯六月，蔡彬喜友名、通事周國俊國吉、通事夔（時名永泰）共三人，奉王命為學文習禮事，各給主從賦銀三拾二兩、米六斛。隨謝恩使紫金大夫金正春多嘉良親方十一月十四日那霸開船赴閩讀書。翌年上京時給公銀二十兩以助衣服之資。……」[51]事實上，我們從其他的檔案文獻資料得知，琉球使者來到中國都得到優厚的待遇，可見琉球王府給出訪人員的費用並非經濟利益上的，而是體現了王府政治的用意。

據《蔡氏家譜》蔡浩條記載：「嘉靖二年癸未八月十七日奉命為官生，同蔡廷美、鄭富、梁梓入南京國子監讀書。此時國王給官生四人胡椒捌百斤」[52]。

---

51 《久米村系家譜》，《那霸市史》第1卷6（那霸市：那霸市企畫部市史編集室，1980年），頁391。

52 《久米村系家譜》，《那霸市史資料篇》第1卷6（那霸市：那霸市企畫部市史編集室，1980年），頁254。

　　上述的記載非常清楚地論述了蔡浩等人赴華留學的事。但是國王給四位入華讀書的官生八百斤的胡椒，這就令人浮想聯翩了。要知道胡椒一斤當時在中國市場是三貫，大致折成銀兩為三兩。八百斤胡椒價值不菲。但是從其他的史料也不能印證這些胡椒的用途，也沒有看到官生們拿胡椒何用？作為赴華留學的費用最為可能。實際上官生在中國留學的費用都是由中國方面負擔的。

　　我們看到，在琉球王國赴外人員的學習工作過程中，琉球王府還是十分關心他們的生活和待遇的。王子、王孫常出面為這些人餞行。在外學習工作時，還常常派人捎帶餽贈品慰問他們，顯示王府的體恤之情。譬如《魏姓家譜》魏鸞條記述：

> 康熙四十六年丁亥十一月十一日，因為讀書事赴閩，為瞻儀事，蒙王世孫尚諱益公特召賜宴。時又蒙王世曾孫尚諱敬公賜御重乙組。
>
> 康熙四十六年丁亥十一月二十五日，因為讀書事赴閩，蒙王世孫尚諱益公遣使賜扇子十五握、國分菸三十結、百田紙二束、鰹三連、燒酒乙罈。王世子妃聞得大君加那志賜御酒乙雙、紋蕉布乙端、長巾乙筋。王世孫妃野嵩按司加那志賜御酒乙雙、國分菸十結、練蕉布乙端。王世孫尚諱敬公賜御酒乙雙、百田紙二束、昆布乙盤、扇子四握、國分菸十結。
>
> 康熙四十七年戊子十一月，為讀書事留在閩時，蒙王世孫尚諱益公特賜燒酒乙罈、紋上布乙端。
>
> 康熙四十八年己丑十一月，為讀書事留在閩時，蒙聖上特賜燒酒乙罈、百田紙二束。王世子尚諱敬公賜上布乙端[53]。

---

53 《久米村系家譜》，《那霸市史》第1卷6（那霸市：那霸市企畫部市史編集室，1980年），頁31。

　　從上述的記載我們可以清楚地看到，琉球王府對琉球國派出的使者與留學生的關注。類似這樣的記述在家譜中普遍存在，並非一、二例，顯然，籠絡這些琉球留學生，使其成為琉球王府政治集團的中堅力量，成為琉球王府的國策。

## （二）琉球留學生回報王府

　　得到琉球王府優渥待遇的赴華琉球留學生，他們深知自己肩負的歷史使命，他們在華勤奮地學習，為了有朝一日能在琉球社會的大舞臺一展鴻圖。他們與琉球王府的政治聯繫密切，回國之後，在琉球社會的各個領域開天劈地，幹出一番事業來。他們雖然在中國學習，但時刻惦記著琉球王府的政治，這從他們回國後獻給國王、世子的禮物上表現出來。

　　如康熙三十一年，蔡文溥、梁成楫、阮維新等赴華留學時，他們向清廷宰相張玉書求得墨寶一幅，回國後就呈獻給琉球國王。從而加強了王臣之間的關係，這種相互餽贈的關係，使王府政治集團的力量不斷地壯大。

　　又如琉球閩人《蔡氏家譜》中記述：康熙三十七年戊寅正月十六日，文溥向琉球世子進獻在華留學時福州老師孫億贈送的畫作，花鳥畫一幅。贈送世孫卓琼蘆雁圖一幅[54]。類似這樣回贈禮品的形式，將赴華留學的琉球學生與琉球王府政治集團緊緊地聯繫在一起。

　　我們清楚地看到，與琉球王府關係密切的留學生學成回國後都成為琉球王府政治集團的新生力量。諸如尚貞王時代的留學生蔡文溥，回國後歷任座敷、正議大夫、紫金大夫。同期回國的亦有梁成楫亦委以重任，任座敷、正議大夫、紫金大夫。

---

54 《久米村系家譜》，《那霸市史》第1卷6（那霸市：那霸市企畫部市史編集室，1980年），頁304。

## （三）學成回國的留學生即時任用

　　每年幾乎都有琉球留學生派往中國學習，事實上，只要有點文化功底的赴中國公幹的琉球人都接受了到中國學習的任務，學成回國後很快就得到琉球王府的重用。這在琉球閩人家譜中多有反映。

　　如《魏姓家譜》魏善繼條記載：「乾隆五十九年甲寅九月為讀書習禮事，請王命充為勤學，隨貢使正議大夫鄭作霖伊良皆親雲上，坐駕頭號船貢船。翌年乙卯四月二十八日，那霸開洋，六月二十日到閩，從師習業。本年十月初二日，因貢使赴京，隨同鄭作霖上京。翌嘉慶元年丙辰四月初一日回國。又二年九月二十二日，隨慶賀王舅東邦鼎天願親方正方再上京。翌二月初一日回國。四年己未七月初七日，隨頭號船大通事王崇教國場里之子親雲上回國。

> 嘉慶三年戊午在閩之時，為學肄冊封禮法事，奉貢使憲令，同北京大通事鄭章觀屋部親雲上等，請閩人鄭光策，精習禮法。學成歸國，即教授御前御宮仕人等。至唱拜之法，因獨善繼。學諳，又令善繼教仮河口通事，已辦國家要用。聊有功勞。由是總理唐營司及長史等，即具日後酌功褒嘉等。詳請朝廷法司允焉[55]。

　　概而言之，中國對琉球留學生的培養制度，應該說是同時期入學人數最多，形式最多，學習範圍最廣的一個國家的留學生。這種留學生的培養制度，不僅是中國教育史研究的重要內容，也是中國教育制度向海外傳播並產生巨大影響的一個典型，值得重視與研究。

---

55　《久米村系家譜》，《那霸市史》第1卷6（那霸市：那霸市企畫部市史編集室，1980年），頁38。

# 第六章
# 中國撫卹琉球飄風難民制度

　　中國與琉球交往主要通過海路，因此飄風海難的處置成為中琉交往的一個常態化的事務。在五百多年的中琉交往中，中國政府處置琉球的飄風難民形成一整套的制度。救助、盤問、撫卹、護送至福州柔遠驛，再設法送回琉球，這每一個環節的處置都有章可循，有法可依。

## 一　中國沿海的琉球飄風船

　　明清時期，琉球船隻遭風飄流事件非常頻繁，琉球船隻遭風飄流多數發生在每年的四月至十月之間。飄風船隻主要來自那霸府、久米山島、八重山、太平山等地。而飄著地點遍布福建、臺灣、廣東、浙江、江蘇、山東各地。這些飄風的難船大多屬於奉公差之船，如有往中山王府納貢的，有往各島催運米租的，其中還有琉球國王派往中國的進貢船。也有民間的貿易船隻，即琉球各島商民販賣米豆、粟、麥等食糧及薪柴、日用品往返商船，抑或琉球各島島民出海砍柴、打魚、逃荒等船。文獻記載匯總還有身分不明的飄流船。

　　下面，我們將琉球船隻遭風飄流的狀況做一梳理。

### （一）福建地區的琉球飄風船

　　清代遭風飄流至福建的琉球船，主要有幾類：

　　一類是琉球王國官員赴各地巡視的官船，如史料記載：嘉慶十年（1805），琉球國巡見官翁世煌（佐久間親方）等赴大島巡視，次年

回返那霸途中遭風，飄至福建福寧府，經救助送往福州修船。[1]

　　一類是各島向王府運送糧米的船，如史料所載，康熙十六年（1677），琉球船民集氏等十二名，往中山解運糧草，事竣回島途中，遭颶風飄至福建福寧州，被救後送至省城安置。後交與琉球貢使帶回。[2]

　　康熙二十五年（1686），「琉球國麻姑山地方林春等船隻解運糧米至中山，回島飄風至（福建）金門鎮圍頭地方，共五十四人」，被救助後，安排在福州柔遠驛，難民在柔遠驛病故四人，其餘的五十人於康熙二十七年（1688）隨貢使吳使俊歸國。[3]

　　一類是琉球的貿易商船，如同治四年（1865）五月二十七日，琉球商船一隻，飄至福建境。船內難民七人，均係那霸府人氏，販賣茶、麻途中遭風，飄至被救，在「縣城設館安頓，按名給發衣糧，並將損壞船隻購料催匠趕修完整，護送閩省遣歸本國等情，奏報前來。[4]

　　一類是沒有注明船隻用途的琉球飄風船，諸如史料記述：乾隆三十七年（1772），琉球難夷智如沃等二十二人遭風飄到福建，所駕的船隻「風篷破損，船底略有滲漏，船頭橫板破損」，難夷願自行修理，於是清政府為難夷採買修船所需的用料，並「督令球匠平安山細加趕修」。修理完竣後，政府派兵逐程護送難夷至閩。[5]咸豐四年（1854）八月二十日閩浙總督王懿德奏琉球國遭風難船照例撫卹摺：據署福鼎縣知縣詳報，琉球國難夷蔡克讓等二十二名遭風飄收福鼎縣

1　劉序楓：〈清代琉球船的朝鮮飄流記錄〉，《第十三屆中琉歷史關係學術會議論文集》（北京市：海洋出版社，2013年11月），頁127。

2　《歷代寶案》（校訂本）第1冊，頁356。

3　《歷代寶案》（校訂本）第1冊，卷11，頁356-357。

4　同治四年七月十二日，〈浙江巡撫馬新貽為琉球遭風難船到境循例撫卹送閩事奏摺〉，見中國歷史第一檔案館藏軍機處錄副奏摺。

5　《歷代寶案》（校訂本）第6冊，頁3307。

轄海口，當經臣飭行經由沿途各營縣探護送省譯訊去後。[6]

從上述史料我們可知，琉球的飄風難船，多數是琉球島嶼之間的交通往來遭風而飄至福建沿岸的。中國針對琉球的飄風難民制度，首先是救助遇難者，將他們悉數弄到岸上。當地官府必須上奏朝廷。中國政府同意地方政府實施救援與幫助，將他們的落水貨物打撈，盡量減少琉球難民的損失。如果遇到船隻損壞的，還要動用公庫銀修繕船隻。地方官府將派員護送琉球難人抵達福州，將他們安頓在琉球館，護送途中依然發給衣糧，到了福州館也有規定的衣食待遇。再妥善安排琉球難人返回琉球。

## （二）臺灣地區的琉球飄風船

據現有文獻檔案資料統計，從康熙五十九年（1720）至光緒二十年（1894）間，琉球船隻遭風飄臺多達六十二起，琉人飄臺人數多達一三〇〇多人次。

史料記載，琉球難番同船六人，名前間、仲治、宇〔志〕、也德、真座、白間；於舊年（引者按：康熙五十九年）十月十一日在北山永郎部開船往中山採取木料，舟行半海陡遇颶風，帆舵俱失，船已破壞洋中，〔餓〕死前間一名，其餘飄流至臺灣淡水地方，又餓死真座一名，更仲治等四人淹淹待斃。幸〔遇〕淡水番社救活具報，解送來省。[7]

雍正二年（1724），有一隻琉球難船遭風飄抵八里岔，巡臺御史禪濟布聞報後，「隨捐給糧米，並飭該地方官沿途保護，毋致失所」。[8]

乾隆四年（1739），琉球永良部島人田澤實等於四年十月二十三

6 中國第一歷史檔案館編：《清代中琉關係檔案選編》（北京市：中華書局，1993年），頁950。

7 吳幅員輯：《琉球歷代寶案選錄》（臺北市：臺灣開明書店，1975年4月），頁156。

8 《雍正硃批折選輯》，頁186-187。

日駕船往山原地方運柴，遭颶風飄出大洋，至十一月十六日至臺灣三
貂灣，遇「番民施救得生」。五年七月，遣發附搭接貢船隻回國。[9]

　　乾隆十一年（1750）正月十五日，琉球麻姑山人多良間親雲上等
四十人往中山府送年貢返回，遇風浪飄至臺灣彰化縣金包里地方，經
臺灣「社丁汛兵急呼，社番下水救起」，「即捐給口糧車輛護送至
府」，鑒於琉球難民「雖有隨身衣服而被縟等項具已飄失，業經稟
明，巡臺御史酌動公項各制給鋪蓋一副並各捐俸厚加賞賚，分配商船
四只，委員護送赴省」。[10]

　　乾隆十五年（1750），琉球馬齒山人慶留間等於十五年二月十二
日共駕小舟出港捕魚；晚遭颶風，隨波飄流。至二十五日，飄至臺灣
淡水八尺門地方船撞礁破，被社丁救起。同年八月，遣發附搭琉球通
事阮超群船回國。[11]

　　乾隆十七年（1752），琉球姑米山人比屋定目指等於十六年十月
二十三日駕坐海船轉載糧米、草蓆等項赴中山王府交納，十一月初六
日遭風，至次年二月二十六日飄至雞籠山地方被礁衝破，經社丁救
獲。[12]

　　乾隆十九年（1754），琉球人豐宇望等被風飄至淡水奇直港口地
方，經當地「社番」駕船救起。二十年七月，遣發附搭進貢船隻回
國。[13]

　　乾隆三十七年，（1772）琉球國難夷當間仁也等一一七人遭風飄
到臺灣淡水，淡水地方派官員將難夷護送到臺灣府，臺灣府「分配海

9　吳幅員：《在臺叢稿》（臺北市：三民書局，1988年2月），頁231。

10　中國第一歷史檔案館編：《清代中琉關係檔案選編》（北京市：中華書局，1993年），
　　頁14-15。

11　吳幅員：《在臺叢稿》（臺北市：三民書局，1988年2月），頁231。

12　吳幅員：《在臺叢稿》（臺北市：三民書局，1988年2月），頁231。

13　吳幅員：《在臺叢稿》（臺北市：三民書局，1988年2月），頁231。

船二隻到廈」，廈門再派官員護送難夷到下一個地方，這樣「沿途各縣逐站接護」，最後護送到閩。[14]

乾隆五十年（1785），琉球人向衣富濱等於五十年正月二十日駕船一隻自太平山開行，二十一日在洋遭風，二十九日遭風飄至臺灣山後「生番」地界，船碎扶板登岸，沿途跑走八日，並有在路身死；至二月初八日，始遇捕魚「熟番」救到三貂社地方。同年十二月，遣發向衣富濱等十五人附搭進貢船隻回國。[15]

乾隆五十年（1785），琉球人平田等素置海船營生，於五十年十一月十一日領有執照裝載米、鹽、煙、酒、麻布等物資那霸港開行；在洋遭風，桅篷折斷，隨洋飄流。至十二月初八日飄至臺灣山後船破，扶板上岸；始遇捕魚「熟番」救援，給予口糧；至五十一年二月初五日，引到三貂社地方。五十年二月，遣發平田等二十二人附搭進貢船隻回國。[16]

乾隆五十三年（1788），琉球太平山人平良等駕船裝載棉布交納中山王府完畢，於五十三年十月二十二日回船遭風，斷桅失楫，任風飄蕩。至二十九日沖山擊碎，扒山逃生；十人星散，不知去向。次日尋到人居，知是飄至臺灣地方，被「生番」留住，至十二月初六日，陸續走出，遇見內地民人帶至營汛，撥船轉送鳳山縣。[17]

嘉慶十五年（1810），琉球姑麻山人等建西表公幹事畢，於十五年十月十七日開船放洋駕回；是月二十日陡遇暴風，大桅打壞，隨風飄流。二十三日飄至臺灣南路番地四浮巒洋面，又遭風船碎；即上杉板小船，經「生番」救援上岸。在番地以銀物易食度活，先後病故多人。十六年四至七月間，分批尋路前往鳳山縣途中，有為「生番」殺

14 《歷代寶案》（校訂本）第6冊，頁3317。

15 吳幅員：《在臺叢稿》（臺北市：三民書局，1988年2月），頁234。

16 吳幅員：《在臺叢稿》（臺北市：三民書局，1988年2月），頁234。

17 吳幅員：《在臺叢稿》（臺北市：三民書局，1988年2月），頁234-235。

害，有失足落溪淹斃。另有四人因病留在四浮鑾，下落不明。十七年五月，遣發建西表等十三人附搭接貢船隻回國。[18]

嘉慶十八年（1813）四月二十二日，琉球姑米山人士伊良波等三人在馬齒山放釣遇風飄至臺灣金雞貂海邊，幸遇當地居民搭救上岸，艋舺縣丞派人撈獲漁網布疋等件歸還飄風難民，並護送至淡水同知安頓撫卹，一併委員護送到省安插館驛。[19]

道光十八年（1838），琉球那霸、首里兩府暨久米島人大城筑登之等五人在洋遭風，飄至臺灣界外琅嶠大秀房莊海邊，遇內地漁人陳開蓁等獲救上岸。漁人陳開蓁給予飯食、於二十四日送到鳳山縣衙門，經該縣安頓公所、賞給飯食、衣物、訊供通詳轉送臺灣府城，六月初六日派撥員弁、兵役，配船內渡，至二十八日到廈門登岸，由陸路護送，於七月十三日到省安頓館驛。[20]

同治七年（1868）十一月二十九日，福建巡撫卞寶第奏琉球國遭風難民照例撫卹摺：琉球國那霸府人蔡克秀等在洋遭風，於本年七月二十一日飄至臺灣洋面，經該處民船救護收泊，將船略加修理，於二十七日開駛，因檣楫不濟又遇暴風，原船被風擊碎片板無存，該處民人將難夷帶至噶瑪蘭通判衙門，安頓公所給予飯食，八月初七日蒙賞給番銀二十圓，派令兵役轉護啟程，至初十日送至淡水同知衙門，又蒙安頓給食，並賞難夷等十三人每人布棉襖褲各一件、番銀各一元，難夷等並將海參就地變賣番銀十七圓，二十三日由該處配船護送來省。九月二十七日駛抵省港，十月初一日進省安插館驛。[21]

---

18 吳幅員：《在臺叢稿》（臺北市：三民書局，1988年2月），頁236。

19 中國第一歷史檔案館編：《清代中琉關係檔案選編》（北京市：中華書局，1993年），頁459-460。

20 中國第一歷史檔案館編：《清代中琉關係檔案選編》（北京市：中華書局，1993年），頁771-772。

21 中國第一歷史檔案館編：《清代中琉關係檔案選編》（北京市：中華書局，1993年），頁1062-1063。

　　同治十年（1871），琉球國太平山島人士島袋等六十九人遭風飄至臺灣，淹斃三人，餘六十六人鳧水上岸後，誤入牡丹社生番鄉內，生番將他們身上衣物剝去，琉球難人驚避躲藏，被生番圍殺五十四人，一人失蹤，餘十一人因躲在土民楊友旺家始得保全。後被送至鳳山縣衙門妥為安置，輾轉送到閩省館驛安頓，候船送回。[22]

　　同治十二年（1873）四月十一日，琉球那霸府人林廷芳等九人所駕差船陡遇颶風，飄至臺灣琅嶠海口，船隻沖礁擊破，該難夷等鳧水上岸，誤入生番鄉內，均被生番拘留，幸經過附近訊弁諭由土民楊天寶等備銀贖回，將伊等送到鳳山縣衙門，轉送臺防廳安頓。[23]

　　從以上列舉的史料可見，飄風至臺灣的琉球難船通常也是各類船隻，有貿易的商船，有島嶼之間的交通船，有執行公務的官船，有捕魚作業的漁船等。這些琉球船隻主要飄著地都在臺灣北部的雞籠、淡水一帶。從文獻記述來看，通常臺灣地區對琉球飄風船都採取積極救助的方式，給足衣食，有病治病，發給盤纏，修理船隻，護送到閩省驛館，候風候船回琉球。

　　琉球飄風船隻到臺灣，最為典型的是一八七一年琉球太平山的那次飄流，由於臺灣生番殺害了五十四位琉球難民，以致日本人找到出兵臺灣的藉口，從此中日交惡一直延續了一百多年。

## （三）浙江地區的琉球飄風船

　　琉球船飄流至浙江地區的亦不少。乾隆二年有琉球船隻遭風飄到浙省洋面，浙省「動支公項將船隻修造完固，另換篷桅，備齊器具，加厚給與口糧，交明原存貨物，各給冬衣」，「亦護送至閩，候伴開

22 中國第一歷史檔案館編：《清代中琉關係檔案選編》（北京市：中華書局，1993年），頁451-452。

23 中國第一歷史檔案館編：《清代中琉關係檔案選編》（北京市：中華書局，1993年），頁1804-1085。

行。」[24]

　　乾隆三十五年（1770），琉球一商船被風吹到浙江太平縣境內，
「蒙太平縣地方官救護、撫卹，轉送來閩」。[25]

　　乾隆四十六年飄到浙江寧海縣的琉球難夷伊波等的船隻，「在浙
省代為修理完固，又復添補桅徒篷索等項」，難夷被送到閩後，該船
「只須黏補，所費無幾」，所以由難夷「自行酌辦」。[26]

　　嘉慶元年（1796），琉球國泊村佐久川船，由習淮懷、氏仲間等
二十一人坐駕，在洋遭遇海島劫掠，飄至浙江溫州府，經清朝救助，
護送原船至福州。次年附搭通事金成德（勤學毛修仁）、貢船水手宮
平由福州出發，再遭風飄至朝鮮全羅道順天安島，經朝鮮問情救援，
提供糧食，護送至外洋返國。此船後又飄到江蘇省吳淞口的寶山縣，
原船及貨物變價發給銀兩，經由江蘇派員護送難民由陸路至福州，嘉
慶三年附搭同國的新垣（阿波根）船回國。[27]

　　嘉慶四年（1799）七月十三日，浙江巡撫玉德奏為撫卹琉球國遭
風難民折：又訊得真榮田等十人俱係琉球國久米莊人，本年二月前往
本國大島地方置買芭蕉、小麥等物合夥貿易。四月初六在大島開行，
初九日陡遇暴風桅舵損折，隨風飄流。至十八日飄至象山縣地方，蒙
本處官獲救登岸賞給衣糧等物。[28]

　　嘉慶二十年（1815），有琉球船隻遭風臺灣艋舺金包里澳口。由

24 中國第一歷史檔案館編：《清代中琉關係檔案選編》（北京市：中華書局，1993
　年），頁1。

25 中國第一歷史檔案館編：《清代中琉關係檔案選編》（北京市：中華書局，1993
　年），頁131。

26 《歷代寶案》（校訂本）第6冊，頁3551。

27 劉序楓：〈清代琉球船的朝鮮飄流記錄〉，《第十三屆中琉歷史關係學術會議論文集》
　（北京市：海洋出版社，2013年11月），頁126。

28 中國第一歷史檔案館編：《清代中琉關係檔案選編》（北京市：中華書局，1993
　年），頁305-306。

艋舺所在淡水同知進行初步的查訊後，派兵丁護送至彰化縣，再由臺灣知府等進行第二次查訊，再由臺灣知府派員送至省城。[29]

道光四年七月初八日，琉球難民知會等六人，奉差裝運糧米途中遇風，飄至浙江。經「查驗安頓公所，給與飲食、衣被，曬晾粟米，代修船隻、櫓櫂。內有難夷山城、名家二名，先後犯病，撥醫調治。名家一名於九月初六日病故，亦經浙江省地方官給發棺衾收埋標記。尚有難夷知念即知會等五名，派撥內地水梢代為駕駛，九月十三日在浙江開船，由沿海營汛護送，於九月二十七日到閩，二十九日進省安插」。[30]

道光十三年（1833），一琉船飄至浙江省定海縣，當地官員將難民「安頓公所，給發口糧」。並將「原船修整完固」，可以繼續航行。因琉人不熟悉航道，當地官員「派撥水手於十一月十二日由浙開行，沿途俱有官兵護送，至十二月十一日到閩，安頓館驛」。[31]

咸豐六年（1856）四月二十五日，福建巡撫呂佺孫奏撫卹琉球國難民照例撫卹摺：據象山縣稟報，咸豐五年七月二十六日，大目外洋飄到琉球難夷船一隻，馳往查驗該船也已損壞，送縣譯訊安插撫卹，並將船隻修整完固護送至閩附便回國等因。[32]

光緒十六年（1890）五月初四日，琉球沖繩縣安里匃等三十二人，往葵松地方銷賣菸葉、米、麻等貨途中遭風，飄至浙江省定海地方，當地官員「將難夷內間次高等撥醫調治務痊，按名給發口糧，制

29 趙曉雯：《清代臺灣海上遭風事件研究》，福建師範大學碩士學位論文，2014年，頁51。

30 道光四年十一月十四日，〈福建巡撫孫爾准為撫卹琉球飄風難民事〉，中國歷史第一檔案館藏軍機處錄副奏摺。

31 中國第一歷史檔案館編：《清代中琉關係檔案選編》（北京市：中華書局，1993年），頁721。

32 中國第一歷史檔案館編：《清代中琉關係檔案選編》（北京市：中華書局，1993年），頁985。

給衣服等項，並將該船及篷索等類購料僱匠配修完竣，護送赴閩。」[33]

　　以上史料除了記述飄風琉球船的各個類型，亦記述了琉球船往其他國家和地區貿易的船隻。浙江當地官府與百姓，也是一如既往地援救這些琉球難民，最終他們都按規定，將琉球難人護送到閩省驛館，讓他們候船回國。

## （四）廣東地區的琉球飄風船

　　琉球船飄至廣東地區的事時有發生。有史料記述，康熙十二年（1673）十月，琉球國「納波等四十五人，往麻姑山運米，在海洋遭風飄到粵省」，死七名，被救助後由粵省地方官員派人護送到福州，後難民又病故十七名，康熙十九年（1680），尚存的納波等二十一名難民與琉球貢使陸承恩、王明佐等一同返國。[34]

　　康熙十九年，琉球民人納波等四十五名，遭風飄至廣東省境，經救護後遞送到福州柔遠驛安置，交貢使陸承恩等一同發送回國。[35]

　　道光二年（1822）十一月二十五日，琉球錢化龍等六人，奉差運米，飄至廣東省陽江縣。「經營、縣查驗，恤給口糧送省。因船隻壞爛，不能回國，察蒙陽江縣估變價銀給領，委員護送至閩，轉送附搭回國。」[36]

　　這些史料記述琉球船飄風到廣東的情況。我們看到，許多的琉球難民無法經受海上的飄泊驚嚇，有的未等到營救就在惶恐中死去，有的雖然獲救，由於疾病、恐懼與飢餓也喪失了性命。能死裡逃生的難民，都在當地官府的妥善安排下護送到閩省驛館安歇，等候安排回琉

---

33　光緒十六年七月十八日，〈浙江巡撫崧駿為撫卹琉球遭風難民事〉，中國歷史第一檔案館藏軍機處錄副奏摺。

34　《歷代寶案》（校訂本）第1冊，卷11，頁356-357。

35　《歷代寶案》（校訂本）第1冊，頁356。

36　道光三年四月二日，〈兩廣總督阮元為護送飄粵琉球難民赴閩事〉，中國歷史第一檔案館藏軍機處錄副奏摺。

球。地方官府還將毀壞的琉球難船變賣,將所得銀兩如數交給琉球難民,顯見,當時中國對琉球飄風難民的處置機制十分完善。

## (五)江蘇地區的琉球飄風船

琉球難船有時也會飄流到江蘇一帶,文獻上亦有記載。如乾隆二十七年(1762),琉球中山泊村人、照屋等十一人在洋遭風,飄至江南寶山縣、蒙地方官撫卹,又念原船損壞,將二船就地變價銀八十二兩一錢五分四釐交收文員伴送來閩,求俟大灣等船隻修濬附搭同歸等供。[37]

道光二十四年(1844),琉球國那霸府東西村人袁肇聲等十八人在洋遭風,船身損漏,於六月二十一日飄收江蘇鹽城縣洋面,遇營船獲救引帶進港停泊,二十六日經該處地方官詣船查驗,隨將該難夷等安頓公所給發飯食,並沒人賞給棉襖、褲襪、錢文,其所坐原船因在洋遭風損漏難以修葺,並杉板腳船就地變價銀一二〇兩八分發給該夷收領,與八月初一日委員護送啟程,二十三日到蘇州又經安頓公所賞給飯食、棉被、九月二十八日由水路開行,十月十四日到江山縣由陸路啟程,二十一日到蒲城縣,二十三日配坐溪船,於三十日抵省,十一月初四日安插館驛。[38]

從史料上可知,飄流到江蘇的琉球難船,其所受到的待遇與其他地方一樣,也需由當地官府派員護送至閩省驛館,若有破損的船隻也只能變賣處理。

---

37 中國第一歷史檔案館編:《清代中琉關係檔案選編》(北京市:中華書局,1993年),頁91-92。

38 中國第一歷史檔案館編:《清代中琉關係檔案選編》(北京市:中華書局,1993年),頁867-870。

## （六）山東地區的琉球飄風船

　　琉球難船飄流山東的史料有，嘉慶三年（1798），一琉球船遭風飄至即墨縣燕兒島水面，船上大桅已斷而船體尚固，於是難民請求換一根大桅篷。「該府因係外夷船隻飄泊到境，隨同該道親赴該縣燕兒島查訊，與該縣驗訊情節相符。因燕兒島地方船隻難以停泊，且需用料物工匠俱多未便，當經飭委員弁將該船護送至膠州塔埠口停泊，並令膠州知州劉復善置備篷桅料物，會同即墨縣知縣劉錫信趕緊修理。「於八月十五日會修完竣。並僱覓熟悉海面路徑水手給與執照候風起程，將船送交江南劉河口轉送浙江寧波口再送至福建該國驛館。」[39]

　　嘉慶十四年（1809）六月，琉球國中山王府五品官馬文彪等五十二人，載貨到該國大鳥地方貿易糧食等，途中遭風，飄至山東省榮城縣境，由陸路送至閩省安置。其船貨均在當地售賣。[40]

　　道光十四年（1834）七月初二日，一琉船飄至山東日照縣，「該縣酌賞錢文食物」。不料，第二天琉船自行乘風南下，「駛到江南贛榆縣地方拋泊，亦經該處地方官詣驗，給發糧食，將船隻送回（山）東省」，江南贛榆縣復交琉船給山東日照縣。由於該船「遭颶風，船身損漏」，無法再航行，日照縣官員「將原船並器具及所遺米粟、菸葉雜物，共變價銀五十四兩零」交給琉人，並護送飄風難民從「陸路送至閩省，附便回國。」[41]

---

39　中國第一歷史檔案館編：《清代中琉關係檔案選編》（北京市：中華書局，1993年），頁1007。

40　嘉慶十四年八月二十五日，〈山東巡撫吉綸為查明琉球飄風難船事〉，中國歷史第一檔案館藏軍機處錄副奏摺。

41　中國第一歷史檔案館編：《清代中琉關係檔案選編》（北京市：中華書局，1993年），頁723-724。

## （七）安南、朝鮮的琉球飄風船

　　史料除了記述琉球船在中國境內，亦有記述飄流在安南、朝鮮等地，這些難船最終也是經過輾轉護送到福建福州琉球館一併妥善處置。如嘉慶六年（1801）四月初九日，廣西太平府知府王撫棠接到安南昇隆城長官阮文用的稟文，告之有一艘琉球小船飄至該國廣南鎮洋面，係琉球國中山府人，當地官員將他們救助上岸。該國國王阮光纘「遣鎮目送（廣西）南關」。廣西巡撫謝啟昆令地方官員「優給資糧，委員送至廣東，轉送閩省附伴回國。」[42]

　　乾隆五十九年（1794），朝鮮國送來飄到該國的琉球難夷米精兼個段等十一人，清政府派官員護送其至閩，但是難夷因遭海難，心有餘悸，「畏海洋路險，願從旱路抵閩」」，於是清政府派官員將難夷「由旱路送往福州」。[43]開啟了入清以後，琉球難民經由中國遣發的先例。

　　嘉慶二年（1797），琉球國那霸府東村大城筑登之等人，在洋遭風，飄至朝鮮全羅道大靜縣。後依朝鮮官員指示，原船由海陸出發回國，中途再飄到江蘇省寶山縣，原船及貨物變價發給銀兩，經由江蘇派員護送難民至福州，次年六月附搭同國的上原船回國。[44]

　　嘉慶二十五年（1820），琉球國宇金島人平久保（平屋）等五人在洋遭風，飄至朝鮮濟州旌義縣狐村浦，經朝鮮地方官救助安置，難民因船隻遭風破壞，願由陸路返國。原船燒棄，順附朝鮮使節，經北京，於次年一月送至福州，附搭貢船回國。[45]

---

42 中國第一歷史檔案館編：《清代中琉關係檔案選編》（北京市：中華書局，1993年），頁339。

43 《歷代寶案》（校訂本）第7冊，頁4093。

44 劉序楓：〈清代琉球船的朝鮮飄流記錄〉，《第十三屆中琉歷史關係學術會議論文集》（北京市：海洋出版社，2013年11月），頁126。

45 劉序楓：〈清代琉球船的朝鮮飄流記錄〉，《第十三屆中琉歷史關係學術會議論文集》（北京市：海洋出版社，2013年11月），頁127。

　　道光元年（1821），琉球國大島東間切油井村人米喜阜等六人，在洋遭風，飄至朝鮮全羅道濟州入浦，由於船隻損壞，無法航行，難民自願由陸路返國。原船燒棄，順附朝鮮使節，經北京，於次年一月送至福州，附搭琉球護送船回國。[46]

　　道光六年（1826），琉球國那霸大城筑登之等三人，在洋遭風，飄至朝鮮全羅道興陽縣羅老島。經朝鮮地方官救助，難民願由陸路返國。原船燒棄，朝鮮官府折價發給，順附朝鮮使節，經北京，於次年一月送至福州，六月附搭貢船回國。[47]

　　道光十一年（1831），琉球國宮古島前泊、多良間、永仁屋等駕駛小船，在洋遭風，飄至朝鮮濟州大靜縣屬黑山島。八月由該島開船返國，因不識海道，再度飄到江蘇寶山縣的沿海。經關於救助，貨船變價，並於十一月護送至福州，次年附搭接貢船回國。[48]

　　道光十一年（1831），琉球國那霸泊村浦嘉（渡慶次）、照屋、知念三人，在洋遭風，飄到朝鮮全羅道濟州牧大靜縣犯川浦地方。船隻破損，因畏海洋路險，願由陸路返國。原船及雜貨燒棄，朝鮮官府折價發給，順附朝鮮使節，經北京，於次年三月送至福州，同年附搭本國船回國。[49]

　　道光十二年（1832）七月初二日，有琉船一隻飄至朝鮮全羅道濟州大靜縣，船隻破損嚴重，經該國官員調查為琉球那霸府東村人。由於琉球難民「畏海洋路險」，請求「從早路旋歸故土」。朝鮮國依其要

46 劉序楓：〈清代琉球船的朝鮮飄流記錄〉，《第十三屆中琉歷史關係學術會議論文集》（北京市：海洋出版社，2013年11月），頁127。

47 劉序楓：〈清代琉球船的朝鮮飄流記錄〉，《第十三屆中琉歷史關係學術會議論文集》（北京市：海洋出版社，2013年11月），頁127。

48 劉序楓：〈清代琉球船的朝鮮飄流記錄〉，《第十三屆中琉歷史關係學術會議論文集》（北京市：海洋出版社，2013年11月），頁128。

49 劉序楓：〈清代琉球船的朝鮮飄流記錄〉，《第十三屆中琉歷史關係學術會議論文集》（北京市：海洋出版社，2013年11月），頁127。

求將難民送至中朝邊境中國口岸——鳳凰城，該城中國官員「給與飲食，安頓住宿，每人製給暖厚衣服並派員照料該夷民」，隨後派人護送到北京。禮部將琉球難民「安頓四譯館，賞給飲食衣服，交琉球使臣附帶回國。」[50]

道光二十六年（1846），琉球國那霸東村寶德、島袋等九人，在洋遭風，飄至朝鮮全羅道珍島，經朝鮮官員問情，無可疑處，依難民意願由水路歸國。按前例，修理船隻，供給衣物糧食，原船返回。後船隻再飄到江蘇省阜寧縣。經地方官救助，並派船護送，但此船又飄到鹽城縣，地方官安置難民，並將此船隻變價，由陸路護送至福州，附搭本國船隻回國。[51]

咸豐十年（1860），琉球國那霸府人寬仲地、江比嘉等六人，在洋遭風，飄至朝鮮濟州大靜縣。船隻損壞，經地方官救助問情，依願由陸路返國。原船及雜貨燒棄，折價發給。由陸路護送往福建，於次年抵達福州琉球館安置，同年附搭接貢船回國。[52]

我們摘錄了以上的史料，實際上僅僅是了解琉球難船飄風的情形，若認真梳理相關的史料，一定還有無算的事例，有學者已專門對這一史實進行考證，臺灣中研院海洋研究中心的劉序楓教授和東京大學文學綜合部的渡邊美季教授，他們都是研究琉球飄風難民的專家。他們對此已做了許多深入的研究。

---

50 中國第一歷史檔案館編：《清代中琉關係檔案選編》（北京市：中華書局，1993年），頁714-718。

51 劉序楓：〈清代琉球船的朝鮮飄流記錄〉，《第十三屆中琉歷史關係學術會議論文集》（北京市：海洋出版社，2013年11月），頁128。

52 劉序楓：〈清代琉球船的朝鮮飄流記錄〉，《第十三屆中琉歷史關係學術會議論文集》（北京市：海洋出版社，2013年11月），頁128。

## 二　琉球難民的救助與護送

大凡外國船隻飄流到中國沿海各地，發現的漁民或汛口兵役立即向所在的官府衙門報告，再由所在的州縣（或海防廳）派出官吏以筆談等調查遭難原委，並檢查船貨中有無違禁貨物，然後安插館驛，給予衣物、口糧，接著再由州縣層層上報。琉球船則先護送到福州後，再候風或隨朝貢船一起返國。[53]

從琉球船遭風飄流的史料來看，我們非常清楚地知道，中國對於救助琉球難船，護送琉球難民已形成一套完整的體系。當大量的琉球飄風船出現在中國東南沿海時，當地官府、兵役、百姓都能有條不紊，全心全意地救助和護送琉球難民。

明清時期，中國與琉球確立了穩定的朝貢關係，為懷柔遠人，十分注意對藩屬國琉球飄風難民的撫卹工作，儘管當時如何撫卹難人並無明文規定，但各地地方官遇到飄流事件發生時，常援引成例，厚給撫卹。如康熙五十九年（1720）十月十一日，琉球北山永良部仲治四人飄流臺灣府諸羅縣淡水金包里社地方一案，閩臺兩地官員都按康熙五十三年琉球船飄粵一案辦理，給予琉球難人優厚撫卹。[54]延至乾隆二年（1737），浙江布政使張若震鑒於沿海各省常有琉球難船飄至情況發生，遂在奏摺中向乾隆帝建議：「再查沿海各省外國船隻遭風飄泊，所在多有，均須撫卹，向未著有成例，可否仰邀至慈，特頒諭旨，敕下沿海督撫，嗣後外國遭風人船，一體動支公銀料理遣歸，俾無失所，則遠服臣民望風向化，永懷聖主之明德於勿替矣。」[55]張若

---

53 劉序楓：〈清末的東亞變局與中日琉關係──以飄流民的遣返問題為中心〉，《第十一屆中琉歷史關係學術會議論文集》，2008年，頁141。

54 吳幅員輯：《琉球歷代寶案選錄》，《臺灣文獻叢刊外編》第1種（臺北市：臺灣開明書店，1975年4月），頁156。

55 中國第一歷史檔案館編：《清代中琉關係檔案選編》（北京市：中華書局，1993年），頁2。

震的建議得到了乾隆帝的重視，特頒布上諭：「……朕思沿海地方，常有外國船隻遭風飄至境內者，朕胞與為懷，內外並無歧視，外邦民人既到中華，豈可令一夫之失所。嗣後如有似此被風飄泊之人船，著該督撫率有司加意撫卹，動用存公銀兩賞給衣糧，修理舟楫，並將貨物查還遣歸本國，以示朕懷柔遠人之至意。將此永著為例。」[56]乾隆帝的這道上諭，成為清代沿海各地救護安置琉球遭風難民的準則。當琉人飄臺事件發生時，臺灣各級官員對此諭旨全面認真地貫徹執行。

明清時期，中國東南沿海地區官府對琉球飄風難民上岸撫卹作了大量工作。首先，琉球難民在被救護上岸後，所在縣廳官員一面立即具文上報，一面將其安頓公所，動用公項，供給琉人衣食，賞賚錢文，並一路護送至各地府衙，再由各地官府給予賞卹、安頓。

如：乾隆五十九年十月二十九日，琉球太平山難民平良等遭風飄至臺灣鳳山境內，該縣「卹給口糧、衣物，護送臺灣府，經該府安頓撫卹，日給口糧，並賞賚銀錢，棉布，鞋襪等項。」[57]

嘉慶四年十月十四日，琉球那霸府難民兼個段等遭風飄至臺灣三貂海邊，「經該處官兵救護賞給飯食、錢文、衣服，遞送臺灣府安頓館驛，又經賞給番銀、布疋、食物等項。」[58]

其次，對於琉球飄風難民患病者，各地地方官員亦給予「撥醫調治」；對於死難者，則捐棺給予殯埋。

如：嘉慶八年九月，琉球國民人馬齒山在洋遭風飄至臺灣鳳山縣，鳧水上岸，「經該縣陳起鯤酌給衣履，銀元，護送到郡，飭發臺灣縣薛志亮驗明該難夷患病未痊，撥醫調治」，後馬齒山因醫治無效，延至嘉慶九年二月八日在臺病故，臺灣縣「親赴查看，置備棺

---

56 中國第一歷史檔案館編：《清代中琉關係檔案選編》（北京市：中華書局，1993年），頁2。

57 吳幅員輯：《琉球歷代寶案選錄》（臺北市：臺灣開明書店，1975年4月），頁224。

58 吳幅員輯：《琉球歷代寶案選錄》（臺北市：臺灣開明書店，1975年4月），頁247。

衾，妥為收殮。」[59]

中國地方各級官員還負責撈還琉人飄風難船失落物品；對於部分貨物給予就地優厚變價給領，損壞船隻撥匠維修或變賣。

如：嘉慶十五年四月，琉球國那霸李喜清等運貢米往中山王府交納，不幸遭風飄至臺灣雞籠地方，船隻損壞，經澳甲等救護上岸，安頓公所，淡防廳「將難夷破船同小杉板並丟剩粟米五十四包，落花生一包，小豆二包，紅馬一匹共變價銀八十四兩九錢四分，交給難夷李喜精等承領。」[60]

嘉慶十八年四月，琉球國那霸府樂永儀等駕船奉差往八重山載米，「在洋遭風，桅舵損壞，飄流。二十二日飄至臺灣府芝葩里海邊，船身將散，該難番凫水登岸，船隻擊碎，船照貨物沈失，該處澳甲送經淡水同知安頓撫卹，並飭役撈獲失水棉花、衣箱等物給還。」[61]嘉慶二十年四月，琉球國那霸府馬瑞慶山等駕船外出催年例，在洋遭風、飄至臺灣噶瑪蘭烏石港口，「經噶瑪蘭通判安頓撫卹，修換桅索，於八月初三日送至淡水地方，經淡水同知給發糧食。因該難夷原船窄小，不經風浪，難以行駛，代為就地變價給領」。[62]

這裡應當指出，中國地方官員給予飄風琉球難民貨船就地變價的估值是十分優惠的，往往帶有賞賜性質。這同清中央政府的既定原則是相符合的。早在乾隆五十八年就有上諭：「……外夷船隻因失風飄風至內地，所有應行估變物價，地方官必當格外體恤，於照值變價外，略與便宜，方為柔懷遠人之道。……」[63]飄風琉球難民貨船就地變價的情況，這似乎可以看成是地方政府與琉球之間一種特殊貿易形

---

59 吳幅員輯：《琉球歷代寶案選錄》（臺北市：臺灣開明書店，1975年4月），頁269。
60 吳幅員輯：《琉球歷代寶案選錄》（臺北市：臺灣開明書店，1975年4月），頁292。
61 吳幅員輯：《琉球歷代寶案選錄》（臺北市：臺灣開明書店，1975年4月），頁308。
62 吳幅員輯：《琉球歷代寶案選錄》（臺北市：臺灣開明書店，1975年4月），頁319。
63 中國第一歷史檔案館：《清代中琉關係檔案選編》（北京市：中華書局，1993年），頁248。

式。由於中國方面在變價時給予琉球人的優惠待遇，一些學者甚至認為其中存在琉人以私貿易為主的「有意飄流」。[64]

此外，中國地方官員還主動承擔了對一些失散、飄落水中下落不明的琉球難民的查尋任務以及對琉人在各地遭受不公平待遇的安撫工作。

如嘉慶十六年五月，琉球麻姑山建西表等遭風飄至臺灣南路番地四浮鑾洋面，船隻擊碎，流離失所，「先後病故十九名並被生番戕害三名、淹死三名，尚有四名病留番地，不知下落」，臺灣地方官除對病故琉人捐棺殮埋，生者給予安頓撫卹外，還遴選「妥於兵役協同屯弁、社丁在於番界留心查訪，務將正凶緝獲究辦。」並確查「其在四浮鑾患病之有宮良等四名下落。」[65]

除了臺灣地方官員給予飄臺琉人妥善安頓、優厚撫卹外，廣大的臺灣當地民人更是伸出救援之手，給予琉球難人各種無私的人道主義援助。他們積極營救琉球難民上岸，無償贈衣饋食，對其真誠款待，並一路護送到各縣廳衙門，交給官府妥為安置。此類記載在清代中琉飄風檔案中隨處可見；如乾隆四年十一月十六日，琉球永良部島民人田澤實等遭風飄至臺灣三貂灣地方，船隻打破，「幸遇臺灣番民〔施〕救得生，撈獲衣箱、行李……蒙給澤等口糧，護送〔目〕的」；[66]道光十八年二月初八日琉球那霸府大城筑登之等遭風飄至臺灣琅王喬技大秀官莊海邊，「遇有內地漁人救護上岸，……漁人陳開等給與飯食，於二十四日送到鳳山縣衙門。」[67]

對於那些誤入生番地界，處境艱難的琉球難人，一些臺灣百姓也

---

64 西里喜行：〈關於清代光緒年間的「琉球國」難民飄流事件〉，載《第二屆琉球・中國交涉史研討會論文集》（那霸市：沖繩縣立圖書館，1995年），頁256。

65 吳幅員輯：《琉球歷代寶案選錄》（臺北市：臺灣開明書店，1975年4月），頁249-250。

66 吳幅員輯：《琉球歷代寶案選錄》（臺北市：臺灣開明書店，1975年4月），頁173。

67 吳幅員輯：《琉球歷代寶案選錄》（臺北市：臺灣開明書店，1975年4月），頁373。

不怕危險，千方百計給予救贖。如同治十二年四月，琉球國那霸府難人林廷芳等九人在洋遭風，「飄至臺灣琅嶠海口，船隻沖礁擊碎，該難夷等鳧水上岸，誤入生番界內，均被生番拘留，幸經附近汛弁諭由土民楊天貴等備銀贖回，將伊等送到鳳山縣衙門安置。」[68]

　　由上可見，中國各地官員在處理琉球飄風難民的撫卹時，嚴格遵守清中央政府的規定，對飄風琉球難民給予了多方面無私幫助，琉球難民在遇災後「俾無失所」，基本得到了妥善周到的安頓。地方官員的舉措既體現了清政府懷柔遠人的上國之風，同時也向琉球人展示了中華民族樂於救患扶危的傳統優良美德。

　　在對遭風琉人進行必要的安頓撫卹後，地方政府應負責將這些琉球難民遣歸。清初對於遭風難人的遣歸，「如柔琉球難番，或即自臺竟行遣回，或送至省交入琉球館驛一同歸國。」[69]但前一種情況十分少見。臺灣地方官員往往採取「該國（琉球）飄到臺灣船隻，俱由福州回國」[70]的方案，將飄臺琉人護送到福州城外柔遠驛安頓撫卹，依次遣歸。其他各地，諸如廣東、浙江、江蘇、山東等地，亦照此辦理。

　　根據琉球《歷代寶案》及清代宮中檔案記載，我們發現，地方官員護送飄風琉球人到閩的路線通常是固定的。以臺灣為例，護送琉球難民的航海路線，實際上就是閩臺對渡的航海貿易路線。

　　周凱《廈門志》載，康熙二十四年（1685）以後，「……在內地惟廈門一口與鹿耳門一口對渡；乾隆四十九年復開鹿仔港口與蚶江對渡，五十三年復開淡水廳轄之八里坌口對渡五虎門，斜渡蚶江，自此三口通行。」[71]由此可知，在乾隆四十九年（1784）前臺灣地方官員對飄臺琉人的遣歸是從臺灣府屬鹿耳門港配船內渡，經澎湖至廈門，

68 中國第一歷史檔案館編：《清代中琉關係檔案選編》（北京市：中華書局，1993年），頁1085。

69 吳幅員輯：《琉球歷代寶案選錄》（臺北市：臺灣開明書店，1975年4月），頁155。

70 吳幅員輯：《琉球歷代寶案選錄》（臺北市：臺灣開明書店，1975年4月），頁291。

71 周凱：《廈門志》卷6，〈臺運略〉（道光十六年刻本）。

然後再由廈門起行，或走海道，或走旱路一路護送到省；如乾隆三十七年（1772）八月，琉球國多良間當間仁也等一百餘人遭風飄臺，以臺灣府縣重加賞恤後，「於十月初一日分配海船二隻到廈，⋯⋯至十一日到廈，又經廈防同知撫卹護送，沿途各縣逐站接護⋯⋯二十三日到省⋯⋯經福防同知查驗，即於是日安頓館驛。」[72]乾隆四十九年（1784）後，彰化縣屬鹿仔港口與泉州蚶江對渡，淡水廳轄八里岔口與福州五虎門對渡及當蚶江斜渡相繼開放，因此，臺灣地方遣送琉人到閩可任選以上幾條路線中一條。如嘉慶二十二年十月球國久高島內間等飄臺案，經淡水同知照例撫卹，護交彰化縣，「遴委文武員弁派撥兵役配船內渡於二十三年二月初四日由鹿港出口至蚶江登岸於二月十四日由陸路護送到省安扦館驛。」[73]鹿港即彰化鹿仔港，「在縣西十五里，潮長可納大船，海口與泉州蚶江對針，亦巡防要地。」[74]

當然也有各種的變化，自光緒十年（1885）臺灣建省後，飄風至臺的琉球人的遣閩亦可由臺北府屬基隆港附搭輪船到福州，如光緒十五年馬加衡案，光緒十七年毛德昌案。[75]

此外，在地方官員派遣員弁遣送琉球難人到福州途中，「所有沿途經由地方官，均有優恤接護」，飄風琉球難民到省後，「自安扦館驛之日起，每人日給口糧一升，鹽菜銀六釐，回國之日另給行糧一個月。」一般情況下，「又每名加賞扣蘭布疋四疋，棉花四斤，生蔴一斤，茶葉一斤，灰一斤，豬羊肉酒各四斤」等，並按常規附搭琉球貢船回國。[76]至此，各地方政府對飄風琉球難民的安頓工作也算完成。

---

72 吳幅員輯：《琉球歷代寶案選錄》（臺北市：臺灣開明書店，1975年4月），頁196。

73 吳幅員輯：《琉球歷代寶案選錄》（臺北市：臺灣開明書店，1975年4月），頁324。

74 陳壽祺纂：《重纂福建通志》卷86，〈海防〉（同治七年正誼書院重刻本）。

75 中國第一歷史檔案館編：《清代中琉關係檔案選編》（北京市：中華書局，1993年），頁1157。

76 吳幅員輯：《琉球歷代寶案選錄》（臺北市：臺灣開明書店，1975年4月），頁177-178。

　　值得注意的是，有清一代，檔案中還記載有兩次琉球來華貢船遭風飄臺事件發生，即嘉慶七年十一月琉球國二號貢船飄風臺灣大武崙外洋案，嘉慶十一年十月琉球國頭號、二號貢船飄收臺灣鳳山縣枋寮地方與臺灣澎湖外洋案。[77]對這些特殊的飄臺貢船，臺灣地方官員更是抱著謹慎態度進行處理，除了飛速奏報，妥為安置外，還選派得力官員一路護送到省，加倍賞恤。如嘉慶十一年十月琉球貢船飄臺後，臺灣鎮、道等官員對貢使楊克敦及救護得生二號貢船都通事梁躬等官伴、水梢「加意撫卹，賞給糧食、布疋等物」，「將頭號貢船損壞風帆修理，添僱熟練舵工二名幫駕內渡。」又將二號貢船遇救得生官伴派配商船二隻，派委縣丞魏堯年、署守備陳一凱管帶兵役護送內渡，與前來接應的福建迎護舟師一起將琉球貢使一行人船安全送到廈門，轉送到省撫卹，保證了琉球貢使盡早進京朝貢[78]，為中琉友好往來做出貢獻。

　　海難船隻的救助是相互的。在清代，也有中國船隻遭風飄流琉球的事件發生，琉球國王對這些飄風的中國船隻也如同所有中國各地飄流船隻一樣，優加撫卹，資給衣糧，遣人護送回華。如乾隆二十年，臺灣府北淡水[後]山熟番三人因駕舟討魚，被飄球島，「該國供給衣食」，「隨貢船附送到閩。」[79]這些互相援助事件，反映了中琉兩國人民和平往來、有難互救的高貴品德。

## 三　琉球難民的撫卹與遣返

　　在救助和護送難民抵達福州館驛的同時，中國政府對琉球難民有一套完備的撫卹制度，並對琉球難民的遣返也有相關的規定。

77　吳幅員輯：《琉球歷代寶案選錄》（臺北市：臺灣開明書店，1975年4月），頁254-267。
78　吳幅員輯：《琉球歷代寶案選錄》（臺北市：臺灣開明書店，1975年4月），頁278-276。
79　吳幅員輯：《琉球歷代寶案選錄》（臺北市：臺灣開明書店，1975年4月），頁193。

## （一）中國撫卹難民的規制

明代的難民撫卹制度，由於資料的匱乏，具體不詳。自清代諸種規定均有案可稽。如康熙朝規定，難民住柔遠驛，每名日給米一升，鹽菜銀六釐，返國啟程時另給一個月行糧。

關於琉球的撫卹，「琉球……商民遭風飄至各省，各地方官動用存公銀兩，賞給衣糧，修理舟楫，並將貨物查還，候風遣歸。」[80]

若船隻完好，依願修理後自行返國者，則由清政府代為修理破損處，給予一個月的行糧，任其自行駕返本國。琉球船則先護送到福州後，再候風或隨進貢船一起返國。至於破船或船貨的處理，依難民的意願，大抵是在現地招牙行估價變賣，一時找不到買主的，則由官府先從優折價，等難民回國時一併發給帶回。而對難民的救助費用及日常生活必需品等開銷，均由地方官庫支給。其待遇依省而不同，安置琉球難民的福州柔遠驛，是自入館日起提供米一升，鹽菜銀六釐。除此之外還有隨時的犒賞，各季節的衣物、棉被、草蓆、鞋、帽等的供給；生病者僱醫治療，死亡者官給棺木埋葬。[81]我們引用各類史料做個補充說明。

諸如康熙十三年（1674）十月，琉球人雜氏等十二名因「解運糧米至中山，事竣後回島」，忽被大風飄至福建省福寧府，被救助後送至福州柔遠驛，「每月每人各給米三斗、銀各一錢八分」，康熙十六年（1677），難民隨琉球進貢使吳美德返回。[82]

康熙二十三年（1684）八月二十三日，禮部再次明確重申了對待飄風難民及各國解送人員之規定：「海禁已開，各省民人海上貿易行走者甚多，應移文濱海外國王等，各飭該管地方，凡有船隻飄至者，

---

80 王傑等纂：《欽定禮部則例》卷186，頁1092。
81 劉序楓：〈清末的東亞變局與中日琉關係——以飄流民的遣返問題為中心〉，《第十一屆中琉歷史關係學術會議論文集》，2008年，頁141。
82 《歷代寶案》（校訂本）第1冊，卷10，頁326-331。

令收養解送。查前此朝鮮國解送飄海人口來者，官賞銀參拾兩，小通事賞銀捌兩，從人賞銀各肆兩，於戶部移取賞賜，禮部恩宴一次。嗣後外國如有解到飄失船隻人口，照此例賞賜恩宴，遣還其彼處，收養飄失船隻人口之人，應令該國王賞賜」。[83]

這裡我們看到對飄風難民的撫卹標準，即每人一日一升米，菜金六釐。並規定收養飄風船隻即難民者，都有一定的賞賜。除了錢糧之外，還有提供衣布之類。請參看康熙五十三年的材料。

康熙二十九年（1690），「琉球國被風飄來船一隻到閩安鎮怡紅院灣泊，難彝嘉賓共二十一人，止有木箱內貯粗夏布衣」，清廷照舊例將難民安排居住柔遠驛，給予口糧，該年琉球耳目官溫允傑、正議大夫金元達來華進貢，難民嘉賓等便隨他們一塊返琉。[84]

康熙三十三年（1694），「琉球國被風飄來船一隻到閩省鎮海地方灣泊，難彝西表等男婦共四十一名口，係琉球國差往麻姑山裝運糧米遠至伊國，回島陡被颶風飄流到閩」，難民照例被安插在柔遠驛，基於口糧，後隨進貢使耳目官翁敬德、正議大夫蔡應瑞一塊返琉。[85]

康熙四十年（1702）「浙江巡撫趙申題：琉球國進貢來使遭風破壞，人被溺傷，皆因修造不堅所致，嗣後，琉球國貢使回國時，該督撫撫卹驗視船隻，務令堅固，以副朕矜恤遠人之意」。[86]

康熙五十三年（1714），琉球飄風難彝鳩間輿人等男婦四十三名飄至廣東，解送來閩；至閩之日，即安插柔遠驛，每人日給米一升、鹽菜銀六釐。及該國貢船返棹之日，附搭歸國；登舟之日，仍給行糧一個月，此外，每名口另賞（葛布）一疋、棉布一疋，係蒙前憲特行額外賞給。[87]

---

83　《歷代寶案》（校訂本）第1冊，卷6，頁196。

84　《歷代寶案》（校訂本）第1冊，卷11，頁372-374。

85　《歷代寶案》（校訂本）第1冊，卷11，頁384。

86　《清聖祖實錄》卷209（崇謨閣影印本，1936年），頁16。

87　《歷代寶案》（校訂本）第3冊，卷11，頁455-457。

　　康熙五十九年（1702）十月，琉球屬島北山仲治等六人由北山永郎部開往中山採取木料，舟行半海陡遇颶風，飄至臺灣府諸羅縣淡水金包裹社地方，僅剩仲治等四人奄奄待斃，幸遇淡水番社救活具報，解送到福州，安插居住柔遠驛，除例給每日口糧及一個月行糧外，福建布政使司亦「體照舊例，行令福防廳買備葛布、棉布各四疋，賞給該難番承領」。康熙六十年（1703）五月，遣發附搭進貢船隻回國。[88]

　　雍正四年（1726）正月，琉球國難民渡久地等十人，被風飄到福建閩安怡山院地方，送到福州柔遠驛安置，「援照雍正二年琉球番民西馬不孤等之例，按口賞口糧銀米，候今冬接貢船隻來閩之日，附搭歸遣，仍各給行糧一個月。」[89]

　　從上述史料可知，對於飄風難民而言，當遣返之日，還要提供一個月的口糧供給。對於那些需要修補的海船，當地官府也是動用公庫銀予以支付。

　　雍正七年（1729），雍正帝諭：「嗣後，凡有外國船飄入內地者，皆著該地方詢明緣由，悉心照料，動公項給予口糧，修補舟楫，俾得安全回國。」[90]

　　每條史料的記述都有不同之處，對於撫卹琉球難民，下列的史料又提到提供給難民鐵鍋等生活用品。並將撫卹的要點以文書的形式規定下列，譬如「動用公銀、賞給衣糧、修理舟楫」永著為例。

　　雍正十年（1732）六月初九日，琉球國太平山民石垣等四十八人，因奉差運米去中山，事竣返回途中，被㵼風飄至臺灣淡水。其中一人死亡，其餘護送至省城柔遠釋安置。「給與口糧、銀米，飭備鐵鍋應用，照例撫卹在案」。其間又病故七名，只有四十人可以迎回。[91]

---

88　《歷代寶案》（校訂本）第3冊，卷7，頁329-333。

89　《歷代寶案》（校訂本）第4冊，頁1979。

90　崑岡：《清會典事例》卷5，〈禮部〉〈拯救〉（光緒版）。

91　《歷代寶案》第4冊，頁2133。

同年六月，經僱募林合興商船遣發石垣等四十人回國。[92]

乾隆二年（1737）琉球船隻飄至浙江，嵇曾筠上奏稱外國遭風船隻的處理並沒有例可循，因而乾隆皇帝才下諭旨，沿海地方常有外國船遭風飄至境內，朕胞與為懷，內外並無歧視，豈可令一夫失所。嗣後，如有飄泊人船，著該督撫率有司，動用存公銀，賞給衣糧，修理舟楫，並將貨物給還遣歸，將此永著為例。[93]

乾隆三年（1738）四月十五日，琉球那霸府民人新垣仁也等，「到宮古山買有大小米三千包，棉花十包」等貨，返回途中遇颶風，飄至浙江省，難人金誠病故，浙省將其船修葺後送至閩省安置。「每人日給米一升，鹽菜銀六釐，計日給領，以資日食。應於十一月二十五日進內港日起支，應聽該彝〔夷〕親自赴領。再，賞給布帛、棉花、豬羊、酒麵、茶菸等物，亦照大屋子等四十五名口，每人議給扣蘭布四疋，棉花四斤，茶葉一斤，麵、菸各一〔斤〕，者〔豬〕二口，羊二隻，酒二尺壇，於存公銀內支銷。但新垣仁也只二十八人，布帛、棉花、茶、麵、菸照按名賞給，惟豬羊酒三項應予遞減。共賞豬一大口、羊一大牽、酒一大壇。[94]

根據這一條史料我們得知，在撫卹琉球飄風難民的物品中還有豬羊、酒麵、茶菸等。

乾隆十年（1745），琉球難夷多良間親雲上等四十人被風飄抵臺灣淡水金包里，隨身所帶被縟俱已飄失，當地官員立即察明御史，「酌動公項各制給鋪蓋一副，並各捐俸厚加賞費」。[95]

乾隆十一年（1746），琉球遭風難民四十人，福建布政使司「共

---

92 吳幅員：《在臺叢稿》（臺北市：三民書局，1988年2月），頁231。

93 崑岡：《清會典事例》卷5，〈禮部〉〈拯救〉（光緒版）。

94 《歷代寶案》第4冊，頁2295-2296。

95 中國第一歷史檔案館編：《清代中琉關係檔案選編》（北京市：中華書局，1993年），頁15。

給豬二口、羊二牽、酒二埕」；十五年難民四人，則各給豬肉四斤、羊肉四斤、酒四斤。但自十一年起，布疋等項折給價值。[96]

從上述兩條史料我們可以看到，對於難民的撫卹是非常細膩的。比如鋪蓋的提供，各類物品規定也是有數的。諸如每人給豬肉一斤、羊肉一斤、酒一斤。後來規定折成銀錢發給難民。

乾隆十一年（1746）六月初四日閩浙總督馬爾泰奏稱：該年閩省驛館妥善安置琉球遭風難民四十人，「按照從前飄風難夷例，於安插日為始，每人日給米一升，鹽菜銀六釐，以資日食，俟回棹時給行糧一月，以資長途。又每人給賞布匹、棉花、茶葉、生菸、灰麵、豬、羊、酒各物件」；「茲六月初二日據藩臬二司會同驛道詳稱，遵例賞給難夷布匹、棉花、灰麵、茶、菸並豬羊酒各物件，共需銀八十二兩二錢八分，應於存公銀內動支給發備辦，該司道會同當堂按名賞給，以示恩恤外夷之意。」[97]

乾隆十一年（1746），當琉球進貢之期。琉球遣耳目官毛允仁、正議大夫梁珍等齎表入貢。十三年七月事竣回國。七月十四日，接貢船由「閩安鎮開船，……自十五日至十七日，颶風吹起，怒濤不絕，打破船隻，人各甚驚，急丟下貨物，伐桅捨楫，已及萬死，一一官伴水梢始得免溺死。」該船隨風飄至福建連江縣北菱地方，經護理閩安協副署右營游擊歐陽敏差員前往救護，僱募民船多隻牽挽至安全處所收泊。「隨經動撥公項銀兩，查照官伴、水梢人數，買備豬四口、羊四牽、酒三大壇並每員名一各頒賞扣蘭布四匹、棉花四斤、茶葉、菸、麵各一斤，當堂〔賞〕給，以為賞恤之口。至都通事鄭佑並跟伴安良垣、末吉等三名，已經病故，賞給物件仍行按名給發帶回在案。其餘官伴、水梢人等，稟蔬鹽菜口糧等項，俱係照例計日給發。所有

---

96 吳幅員：《在臺叢稿》（臺北市：三民書局，1988年2月），頁230。

97 中國第一歷史檔案館編：《清代中琉關係檔案選編》（北京市：中華書局，1993年），頁17-18。

損壞舡隻，現奉諭旨賞給工料，已經動支司庫銀一千兩，給發自行辦料興工。但修理需時，官伴人等未便久候，茲據該貢使等議將現到頭號貢舡先借駕回，甚屬妥便。相應再給一個月行糧遣發回國。」[98]

從上述史料我們得知，在飄風難民的撫卹中，因故死亡的難民也有一定份額的撫卹，並交人帶回琉球。有時動用修船的公銀達一千兩之多，有時還將貢船臨時調遣，運送難民回國。

乾隆十一年（1746），琉球國難夷多良間親雲上等四十人安插到閩，「每人賞給扣蘭布四正、棉花四斤、茶葉、生菸、麵各一斤，並給豬二口、羊二牽、酒二埕」。[99]

乾隆十三年（1748）九月，琉球接貢使毛允仁等的船隻遇風飄到福建連江縣境內，經查驗安插館驛，照例給予撫卹，除此之外，另賞給每人賞給扣蘭布四疋、棉花四斤、茶葉、生菸、麵各一斤。其中「都通事鄭佑並跟伴安良垣未吉等三名已經病故，賞給物件仍行按名賞給並帶回。」[100]

乾隆十四年（1749），琉球進貢船隻回國遭風損壞，由閩浙總督略爾吉上奏，撥款一千餘兩用於修理船隻。自此凡貢船遭風破損，均由布政使動用存公銀，估價修理；若船隻沉沒破碎，則給價銀一千兩，任其自僱商船或拆造新船回國。即便後來船隻又再度遭風，不僅免其賠償船隻，同樣得以代償船價。[101]

中國政府對琉球的撫卹制度應該說是極其寬宏大量的，比如說，琉球難民回國可支用公庫銀建造新船回國，若新船在海上出事，不僅難民們無需賠償，而且還可以得到補償的船價，動用公銀繼續造船。

98　乾隆十四年五月一日，福建等處承宣布政使司為接貢船遭風遇救遣回事給琉球國王的咨文，《歷代寶案》第4冊，頁2523-2515。

99　《歷代寶案》（校訂本）第5冊，頁2585。

100　《歷代寶案》（校訂本）第5冊，頁2514。

101　劉序楓：〈清代中國對外國遭風難民的救助及遣返制度——以朝鮮、琉球、日本難民為例〉，《第八屆中琉歷史關係國際學術會議論文集》，2001年3月，頁10。

　　乾隆十五年（1750），飄到臺灣的慶留間等四名琉球難夷，「每人賞給扣蘭布四正、棉花四斤、茶葉，生菸，麵各一斤，豬肉，羊肉，酒各四斤。」[102]

　　乾隆二十四年（1759）七月，琉球難夷照屋飄風飄到溫州坎門地方，時值夏季溫州地方「各賞藍短襖褂一件，氈帽一項」'，隨後又到玉環廳，時值秋季，玉環廳「又各賞棉襖一件」[103]。從這一史料得知，對於難民的撫卹，還根據不同的季節發放不同的衣物。譬如夏季和秋季的衣物還是有區別的，入秋後，衣物提供方面就出現了棉襖這一物品。

　　乾隆二十六年（1761），琉球難夷等九名，遭風飄到浙江定海縣，經地方救助上岸後，「安插公府，給發口糧，每人各賞給短衫棉襖布褲各一件，鞋襪各一雙，棉被棉褥各一床」。[104]

　　乾隆二十七年（1762）七月十三日，福建巡撫定長報稱：琉球國那霸難民仲家根等遭風飄至福建霞浦縣境內，該縣恤給口糧、衣物、護送至省，安頓館驛撫卹。[105]

　　乾隆三十五年（1770），琉球難夷仲宗根、俞崇道等十九人飄到浙江太平縣，經查驗後，「賞給食柴米鹽菜，修整船舵篷索，又蒙給賞道等五人棉被五床、綢棉襖五件、鞋襪五雙。仲宗根等十四人給賞棉被十四床、布棉襖十四件外，又蒙給賞道等十九人每人路費銀二兩，另給行糧米六擔，雞鴨魚肉等物。」[106]這一史料的描述使我們對中國難民撫卹制度又多了具體的了解，主要是提供的食品中出現了雞鴨魚之類。史料中還提到路費一事，每個難民都可得到二兩銀兩的路

---

102　《歷代寶案》（校訂本）第5冊，頁3886。

103　《歷代寶案》（校訂本）第7冊，頁3989。

104　《歷代寶案》（校訂本）第5冊，頁3031。

105　中國第一歷史檔案館編：《清代中琉關係檔案選編》（北京市：中華書局，1993年），頁507。

106　《歷代寶案》（校訂本）第6冊，頁3282。

費補貼，不能不說，中國的難民撫卹制度是非常優待琉球難民的。

　　乾隆三十七年（1772），琉球難夷當間仁也等一百十七人飄到臺灣淡水，其中包括番童、番女和乳子，在給予的賞賜上，前例賞賜皆無大小之分，但是「此次人數眾多，且回國之期尚遠」，如果再賞賜不分大小的話，「不無靡費」。於是政府就對番童、番女、乳子折半給賞。[107]

　　因為是突發事件的飄風事件，因此琉球難船上出現了番童、番女、嬰兒等現象，中國的難民撫卹制度對這些特殊的難民給予折半的賞賜。

　　乾隆三十七年（1772），琉球多良間地方難民一一〇多人，因本地兩年連續歉收，去宮古島就食返回途中，遭風飄至臺灣淡水，船被擊碎，死二人，經淡水同知給棺安葬，其餘獲救人員轉送福州柔遠驛安置。「俱以安插之日為始，每人每日給米一升，鹽菜銀六釐，回國之日另給行糧一個月。又，每人應賞扣蘭布四匹，棉花四斤，茶葉、菸、麵各一斤，豬羊肉、酒各四斤。茲該同知以內有番童、番女、乳子，應折半給賞，等由。……今該難夷等飄風臺灣，僅存船底，且遠在淡水，勢難修葺，應照例留養館驛，遇有便船陸續配搭。查接貢船隻現在急欲駕回，經傳諭夷官，堅稱該船之內只可附搭一十六名，……尚有九十八名仍於館驛留養，照例撫卹，俟來年进貢船隻到閩，回日再令附帶。」[108]

　　乾隆四十四年（1779）十月六日，琉球石原等二十五人自久米島往中山王府交納糧米，遇風飄至臺灣阿里滂山汕，當地漁民救助並撈起濕米衣物，地方官不僅賞給棉衣口糧，並捐錢按市價買下濕米分發給赴救漁民以示獎賞。[109]

---

107 《歷代寶案》（校訂本）第5冊，頁3318。

108 《歷代寶案》（校訂本）第5冊，頁3318。

109 中國第一歷史檔案館編：《清代中琉關係檔案選編》（北京市：中華書局，1993年），頁195-196。

這一條史料比較有趣，說的是琉球船隻運載的米穀浸濕難以出售。中國政府就按市價買下全部濕米，作為獎賞給那些協助救助琉球難民的漁民。

乾隆四十七年（1782），琉球飄風難夷即將回國，清政府派撥接貢船內熟識海道水梢啓顯功、石川兩名，代為引導駕歸。但是「難番船內原載布匹、米粟等物，除去丟棄外所剩輕微，難以涉海，必須重貨壓載，方敢衝風敵浪。」於是清政府批准「將啓顯功等二人在館內貿易所賣貨物體照前屆所派引導水梢之例，先撥裝帶回，以資壓載」，並且「於接貢船返國時，冊內照數聲明扣除」。[110]

乾隆四十八年（1783）七月，救助琉球飄風難夷大成等十七人，福建地方政府「將撫卹過銀米造冊清銷到司。查冊開撫卹鹽菜等價折實銀三百二十兩四錢五分五釐，又修船工料折實銀二百七十五兩五錢一分七釐，共實銀五百九十五兩九錢七分二釐，口糧米三十三石八斗三升，核與定例相符，所用銀兩應照例在於司庫乾隆四十八分耗羨款內動支，給發該縣領回還款。」[111]從這一史料我們清楚地看到，撫卹制度是完整的。地方政府對琉球難民的處置，都要造冊做好預算，由福建官府審批核准後，提供費用，以備核銷。

在撫卹制度具體的內容中，我們看到這些撫卹標準都是有依據的，根據琉球遭風難民不同的身分，供給不同的物品。譬如難民若是官員，通事、使者等，每日供給的米糧，就是普通難民的三倍。

乾隆五十三年（1788），琉球接貢船來閩途中沖礁擊碎，護送到閩安置。「經查照十三、十八等年夷船遭風例案，撫卹口糧鹽菜，並另賞購造船隻價銀一千兩，⋯⋯遵即僱匠李向東擇於（五十四年——筆者）正月初十日在灰爐頭地方設廠興工。⋯⋯本司查乾隆十三年

---

110 《歷代寶案》（校訂本）第6冊，頁3552。

111 中國第一歷史檔案館編：《清代中琉關係檔案選編》（北京市：中華書局，1993年），頁846。

間，琉球國使臣毛允仁等接貢船駕駛回國，在洋遭風飄至連江縣東洛奇達地方沖礁擊破，經連江縣送省安頓館驛。日食口糧照進貢官伴之例，通事使者每員均日給米三升，每升折價銀八釐七毫，蔬菜銀五分一釐，跟伴水梢每名日給米一升，鹽菜銀一分。又歷屆飄風難番到閩，例有恤賞物件，每名給予扣蘭布四四，棉花四斤，灰麵一斤、茶葉、生菸〔各〕一斤，豬羊肉、酒各四斤，均經辦理在案。茲該國接貢船隻在洋遭風，情同一律，應請照前屆毛允仁等船隻遭風擊破之例，一體給予口糧，蔬薪鹽菜銀兩，以資日食。即自本年八月二十二日到館安插為始，分別起支。其犒賞物件，亦應請照飄風難夷之例。」[112]

乾隆五十三年（1788），平良等人遭風飄抵臺灣後山，十二月從「生番地方」陸續走出，遇見內地民人帶往營汛轉送鳳山縣，「恤給口糧、衣物」。又護送到臺灣府安頓撫卹，「日給口糧，並賞賚銀錢、棉布、鞋襪等項」。[113]

有時中國政府還會對琉球難民的額外請求予以滿足，譬如乾隆五十五年（1790）飄到山東的安仁屋一案，官府不僅按照琉球難民的請求，為他們買了一艘小腳船，賞給代造大船桅一根，幫助他們修好船隻，還賞給大米五石作為口糧。[114]這些雖不是常例，但反映了中國官府對琉球難民的無微不至的關愛。

中國撫卹琉球難民的制度也是極具靈活性，我們從下則史料看到，琉球難船回國缺少壓艙貨物，官府竟然撥出銀兩，讓難民置辦貨物壓艙，順利返回。史料記載，乾隆五十六年（1791），琉球飄風難

---

112 乾隆五十四年，琉球國王為接貢船飄風事給福建等處承宣布政使司的咨文，《歷代寶案》第7冊，頁3801-3803。

113 吳幅員輯：《琉球歷代寶案選錄》（臺北市：臺灣開明書店，1975年4月），頁244。

114 中國第一歷史檔案館編：《清代中琉關係檔案選編》（北京市：中華書局，1993年），頁215。

夷安仁屋等回國之時，「空船輕浮難以渡海衝風敵浪」，於是清政府批准「將進貢原報冊內帶來銀兩撥出，體照歷屆難夷船隻內隨帶貨物壓載之例，置買粗重貨物裝載難夷安仁屋船內帶回，繳還王府以資壓載」。[115]

對於琉球難民，中國政府還調撥醫生醫治患病的難民，及時醫治難民也是撫卹制度中的重要部分。

乾隆五十六年（1791）十一月十二日，琉球那霸府村安仁屋等十六人，被風飄至浙江臨海縣，內有二人患病臥艙，地方官立即撥醫調治，照例設館安置，加意撫卹，併購桅木修整船後，護送至閩，待機附伴回國。[116]

為了防止地方政府破壞對琉球難民的撫卹制度，乾隆皇帝還專門下詔，杜絕官府侵漁刁難難民。乾隆五十八年（1793），皇帝諭：外夷船隻遭風，飄至內地，自當格外矜恤，於照值變價外，再與便宜，方為懷柔遠人之道，豈可轉有短少？若地方官漫無查察，復任吏香人等從中剋扣侵漁，日引月長，尤屬不成事體。著傳諭沿海各省份督撫，嗣後遇有此等遭風難夷船隻，應行估變物件，務訪屬寬為給價，不可復有短估克減等弊，以副膚施恩遠夷，體恤周詳至意。[117]

為了保護琉球難民的利益不受損害，中國政府都規定了琉球難船的貨物和損壞船隻折價賠付的問題，這樣使得遭風的琉球難民將損失減少到最小、最小。如乾隆五十八年（1793），琉球飄風難夷比嘉船上「原帶箱內牛角貳個，計重一角」，牛角屬於違禁物品，令在開館之日，進行變賣，「變價錢壹百貳拾文，交付難夷比嘉收回」[118]又如乾隆五十九年（1794），琉球飄風難夷系數等九人，飄到浙江樂清縣

---

115 《歷代寶案》（校訂本）第7冊，頁3846。

116 《歷代寶案》（校訂本）第7冊，頁3844-3849。

117 《大清高宗純皇帝實錄》卷1430，頁21284。

118 《歷代寶案》（校訂本）第4冊，頁4003。

地方，船隻損壞，難以修整，「傳牙〔商〕確估共值庫銀平紋銀二十四兩四錢三分，恐故短少，於正價之外，又復加倍給領」。[119]

　　從以下各條史料來看，歷朝對這一撫卹制度都沒有多大的改變，祖宗之制，後來的統治者都爭相效仿，以彰顯自己的德政寬厚仁義。

　　乾隆五十九年（1794），清廷規定貢船損壞賞給工料銀一千兩。[120]

　　嘉慶四年（1799）十月，兼段介等人遭風飄抵三貂角海邊，「經該處官兵救護，賞給飯食、錢文、衣服，遞送臺灣府安頓館驛；又經賞給番銀、布疋、食物等項」，委派員役配船內渡等。[121]

　　嘉慶七年（1802）琉球兩艘貢船「在洋遭風，各船分散隨風飄流，二號船隻於十一月十二日飄至臺灣大武崙外洋沖礁擊碎，貢品貨物行李等項盡行沉失，官伴水梢共八十人亦俱落水」。閩浙總督「照例在於存公銀內動支銀一千兩賞給夷使人等承領，俾得僱船回國，以仰副聖主加惠遠人、優恤難番之至意。[122]

　　嘉慶七年（1802）十一月十二日，琉球兩艘貢船「在洋遭風，各船分散隨風飄流」，閩浙總督玉德等奉旨即繕寫照會行知琉球國王，琉球沉失的貢品「遠道申虔，即與齎呈賞收無異，諭令不必另行備進」，此外，「於存公銀內動文銀一千兩並又加備口糧布疋等項」，對失蹤的頭號船則「飛咨沿海各省一體確查，如有飄收到境迅速護送來閩，另行辦理」。[123]

　　嘉慶八年（1803）琉球國二號貢船在洋遭風，飄至臺灣地方沖礁

---

119 《歷代寶案》（校訂本）第7冊，頁4095。

120 中國第一歷史檔案館編：《清代中琉關係檔案選編》（北京市：中華書局，1993年），頁343-346。

121 吳幅員輯：《琉球歷代寶案選錄》（臺北市：臺灣開明書店，1975年4月），頁247。

122 中國第一歷史檔案館編：《清代中琉關係檔案選編》（北京市：中華書局，1993年），頁343-344。

123 中國第一歷史檔案館編：《清代中琉關係檔案選編》（北京市：中華書局，1993年），頁343-346。

擊碎，清帝諭：「外藩尋常貿易船隻遭風飄至內洋，尚當量加撫卹，此次琉球國在洋沖礁擊碎船隻，係屬遣使入貢裝載貢品之船，尤應加意優恤，其撈救得生之官伴水梢人等，著照常加倍賞給。嗣後遇有外藩貢船遭風飄失之事，均著照此辦理。」清帝並諭「諭令不必另行備進。所有此次齎貢使臣等回國，該國王毋庸加以罪責，以副天朝柔懷遠人至意。」[124]

嘉慶八年（1803），琉球二號貢船在洋遭風，飄至臺灣地方後沖礁擊碎。被救上岸後送至福州柔遠驛，「自安插日為始，正副使每員日給廩銀二錢；夷官每員日給蔬菜薪銀五分一釐，口糧米三升；[125]跟伴水梢每名日給鹽菜銀一分，口糧米一升。回國之日另給行糧一個月。

嘉慶八年（1803）六月十七日，琉球國護送船被送到福州後，處理方式為「現在安頓館駐，照例給及鹽菜口糧，並加賞通事等紗緞布疋，回國之日另給一個月行糧。一面飭將該夷船所帶土產魚貨等物聽其就地發賣，俟完竣後遣發回國」。[126]

嘉慶八年（1803）九月，琉球國民人馬齒山在洋被風飄至臺灣鳳山縣，鳬水上岸，「經該縣陳起鯤酌給衣履、銀元，飭護送到郡，發臺灣縣薛志亮驗明該難夷患病未痊，撥醫調治」，終因醫治無效，嘉慶九年（1804）二月八日，馬齒山在臺病故。臺灣縣官員「親赴查看，置備棺衾，妥為收殮。」[127]

嘉慶十二年（1807），琉球差令迎接冊使船在洋遭風被擊碎，據閩浙總督阿林保等奏稱：「經臣等奏蒙聖恩加倍撫卹，並照例賞給船

124 中國第一歷史檔案館編：《清代中琉關係檔案選編》（北京市：中華書局，1993年），頁429。

125 陳雲林編：《明清宮藏臺灣檔案彙編》閩浙總督汪志伊奏琉球國貢船遭風加意優恤折，嘉慶十六年正月二十六日。

126 《歷代寶案》（臺灣大學本）第8冊，頁4663。

127 吳幅員輯：《琉球歷代寶案選錄》（臺北市：臺灣開明書店，1975年4月），頁269-271。

價銀一千兩。該夷人等因造船需時，本年（十三年——筆者）閏五月間，即在閩租用陳瑞春商船一隻，隨同使臣回國。茲該國王遣令夷使麻允榮等六十四人，駕送原船來閩交還船戶，十月十七日晚駛至竿塘洋面，遇風沖礁擊碎，淹斃通事一名，跟伴一名，其餘夷眾六十二人，經漁船戶撈救得生，護送進省，行李執照等項盡行沉失，船隻寸板無存。查陳瑞春商船一隻，前經該國貢使梁邦弼等於租用之時，不願內地舵水同往，倘遇風濤不測，願甘賠償，具有甘結存案。但此次遭風擊碎，實係人力難施，應請免其賠還船隻，以示體恤。並將該夷使麻允榮等照遭風之例，分別賞給衣履口糧，安頓館驛，另行照例具題，並俟該國謝恩夷使李事竣旋閩一同回國。至商船主陳瑞春前已得過夷人租價番銀一千元，今船隻擊碎，臣等自當酌量捎給銀兩，以償船價。」[128]

　　嘉慶十五年（1810）四月，琉球那霸李喜清等駕一艘運貢米的官船不幸遭風飄至臺灣雞籠地方，船隻損壞，經澳甲等護送上岸，安頓公所，淡防廳「將難夷破船同小杉板並丟剩粟米五十四包、落花生一包、小豆二包、紅馬一匹共變價銀八十四兩九錢四分，交給難夷李喜清等承領。」[129]

　　嘉慶十五年（1810）九月，琉球頭、二號貢船在途遭風，先後飄至廣東惠來縣和香山縣海域。二十三日，頭號貢船飄至「惠來縣香黃澳洋面，起頓公館，……該正使等恐二號貢船已到福建，情願速赴閩省。隨於十二月初五日先將貢使、官生、跟伴人等五十一員名，同貢物由陸起運，至二十五日到閩省安插館驛。……旋准兩廣督臣百齡、廣東撫臣韓崶咨稱：琉球二號貢船亦已據報飄收該省香山縣屬澳門娘

128 嘉慶十三年十一月八日，〈閩浙總督阿林保等為琉球送還所租商船沖礁擊碎免其賠還事奏摺〉。

129 中國第一歷史檔案館編：《清代中琉關係檔案選編》（北京市：中華書局，1993年），頁415-416。

媽閣海面，……先將該二號船內貢物、使臣，一併由陸送到閩省，歸起護送北上。仍趕緊修整篷索，將二號船派令舟師帶赴惠來縣洋面，俟頭號船桅木換竣，即交南澳鎮胡于能師船護送至閩。倘頭船所需桅木潮州一時難購，必須仍赴泉州、廈門修整，亦即將所留頭號船內梢水貨物分載師船，將該空船帶交閩省修整，等情前來。臣隨飛飭沿途各文武員弁，將二號船內貢物、官伴人等妥為接護來省。並飭據藩司景敏詳稱：嘉慶八年，琉球國二號貢船在洋遭風，飄至臺灣地方沖礁擊碎，救護人口上岸撫卹一案。欽奉上諭：外藩尋常貿易船隻遭風飄至內洋，尚當量加撫卹，此次琉球國在洋沖礁擊碎船隻，係屬遣使入貢裝載貢品之船，尤應加意優恤，其撈救得生之官伴、水梢人等，著照常加倍賞給，嗣後遇有外藩貢船遭風飄失之事，均著照此辦理。等因。欽此欽遵在案。今琉球進貢頭號舡遭風飄收廣東惠來縣，雖經砍斷大桅，應由粵省購料修葺，其二號船飄至廣東香山縣收泊，篷索損壞，亦經粵省傷修並優加撫卹。與前次舡隻飄沒沉失貢物者有間，應請自安插日為始，正副使每員日給稟給銀二錢，夷官每員日給蔬薪銀五分一釐，口糧米三升，跟伴水梢每名日給鹽菜銀一分，口糧米一升，回國之日另給行糧一個月。於存公項下動給。……臣仍候二號船內貢物官伴人等由陸到日循照舊章筵宴，加意優恤。」[130]

道光十三年（1833）七月二十三日，一琉船遭風飄至浙江省定海縣，被當地兵船救護進港，當地官員將難民「安頓公所，給發口糧，加賞單棉襖褲、被縟、鞋襪等項」。[131]

咸豐四年（1854）八月二十日，閩浙總督王懿德奏琉球國遭風難船照例撫卹摺：琉球國難夷在安插館驛後，臣查該難夷等在洋遭風情殊可憫，應自安插館驛之日起每人日給口糧米一升，鹽菜銀六釐，回

---

130 嘉慶十六年一月二十六日，〈閩浙總督汪志伊為琉球貢船飄惠事奏摺〉。

131 中國第一歷史檔案館編：《清代中琉關係檔案選編》（北京市：中華書局，1993年），頁721。

國之日各給行糧一個月，並照例加賞布棉、酒肉等件折價給領，統於存公銀內動支，事竣造冊報銷以仰副聖主懷柔遠人之至意。[132]

咸豐六年（1856）四月二十五日，福建巡撫呂佺孫奏撫卹琉球國難民照例撫卹摺：現到閩難夷實共三十三人，已蒙安撫等供，據此由司造冊請奏前來。臣查該難夷等在洋遭風情殊可憫，應請自安插館驛之日起每人日給口糧米一升，鹽菜銀六釐，回國之日各給行糧一個月件折價給領，統於存公銀內動支，事竣造冊報銷以仰副聖主懷柔遠人之至意。其船隻已在浙省修葺堅固堪以駕駛，照例選拔熟諳海道水梢二名引導放洋回國。[133]

同治七年（1868）十一月二十九日，福建巡撫卞寶第奏琉球國遭風難民照例撫卹摺：臣查琉球國世守外藩甚為恭順，該難夷等在洋遭風，情殊可憫，應請安插館驛之日起，每人日給口糧米一升，鹽菜銀六釐，回國之日各給行糧一個月，並照例加賞物件，折價給領，統於存公銀內動支，造冊報銷。至該難夷等原船業已擊碎應俟有琉球便船即令搭載回國。[134]

光緒元年（1875）六月，飄到浙江溫州府的琉球難民慎氏謝花等十一人，經浙江巡撫奏報，派員護送到福建。八月抵達福州後，福建官方的處理方式為：查該難民慎氏謝花等在洋遭風，情殊可憫，應請自本年八月十四日安插館驛之日起，每人日給米一升，鹽菜銀六釐，回國之日各給行糧一個月，並加賞物件，折價給領，統於存公銀內動支，事竣造冊報銷。至原船堪否乘駕回國，飭查分別辦理。仍選派熟諳閩洋情形之人為之導引，舵水二名幫同駕駛，以仰副聖主懷柔遠人

132 中國第一歷史檔案館編：《清代中琉關係檔案選編》（北京市：中華書局，1993年），頁952。

133 中國第一歷史檔案館編：《清代中琉關係檔案選編》（北京市：中華書局，1993年），頁956。

134 中國第一歷史檔案館編：《清代中琉關係檔案選編》（北京市：中華書局，1993年），頁1162-1163。

之意。[135]

　　我們摘錄了篇幅相當的史料，讓我們看清了中國對琉球難民的撫卹制度，從提供難民的錢糧、衣物、被褥、生活用品、豬羊雞鴨、菜蔬、油鹽醬醋、酒水，以及修補舟船的費用，各類物品的變賣，破損船隻的折價，都具體地體現在繁雜的史料之中。這些規則的制定，天長日久，遂成定制，歷朝遵守沿用，為中琉友好關係奠定了堅實的基礎。

## （二）琉球飄風船的遣返規制

　　據康熙朝史料記載，琉球飄風難民大多搭進貢船或接貢船返回。如康熙六十年（1721），「臺灣府諸羅縣淡水金包里社地方飄到難番四名」，地方政府確認其是否為琉球難夷，「如係琉球難番，或即自臺灣竟行遣回，或送至省交入琉球館驛一同歸國」。[136]這裡指入住琉球館驛一同回國就是指與往來中國進貢的琉球使團人員一起回國。

　　由於琉球飄風難船的不確定性，因此難民返回琉球國並不能長久等待往來的琉球貢船，僱傭商船、租借民船遣送琉球難民回國是常有的事。

　　其一，乘坐原有的船隻，或修葺後的船隻回國，此乃難民遣返最為便捷的措施。此類的文獻記述頗多，例如雍正十年（1732）六月初九日，琉球國太平山民石垣等四十八人，因奉差運米去中山，事竣返回途中，被濃風飄至臺灣淡水。送至省城柔遠驛安置，同年六月，經僱募林合興商船遣發石垣等四十人回國[137]。

　　乾隆五十五年（1790），琉球國那霸府西村船主查比嘉、國吉等

---

135 中國第一歷史檔案館編：《清代中琉關係檔案選編》（北京市：中華書局，1993年），頁1103-1104。
136 《歷代寶案》（校訂本）第3冊，頁1841。
137 《歷代寶案》第4冊，頁133。

十四人在洋遭風，飄至濟州島貴日浦，經濟州牧使救助，並筆談問訊，確認為琉球船隻後，依難民意願，修理船隻、器具，並提供衣物、糧食，原船由水路歸國。但在歸國途中，又飄到江蘇通州沿海，由於船隻完好，江蘇省詢問後，修理船隻，派員護送至福州，次年九月安置於琉球館。再由琉球進貢船內撥派熟悉水道的水手，代為駕駛護送回國。[138]

　　嘉慶二十年（1815），琉球芭蕉島人安里等經地方官給照差往八重山裝載糧米，坐駕海船於二十年四月二十一日放洋遭風，至五月初三日飄收臺灣鳳山縣打鼓洋面，二十二年五月，遣發搭乘原船（經修理完固）回國。[139]

　　嘉慶二十四年（1819），琉球姑米山人志理真等坐駕海船（並無軍器、牌照）奉差裝載小米七十五包，於二十四年八月初二日開赴那霸府交納；洋中遭風，船隻損壞，丟棄小米五十四包，隨風飄收臺灣雞籠澳，經淡水同知查驗撫卹，因船隻損壞，同尚剩小米並棕索等自願就地變賣給領。二十五年四月、五月間遣發附搭另案遭風難民古波藏等修固船隻回國。[140]

　　道光十八年（1838），琉球那霸人鄭氏山口等坐駕小海船（並無軍器、牌照）於十八年三月初五日奉差往八重山島催運糧米，順帶食鹽、茶葉等物售賣；十四日在洋遭風，十八日飄到臺灣東港遇兵船獲救。十九年五月，遣發搭乘原船回國。[141]

　　道光二十年（1840），琉球那霸府人平氏友寄等坐駕小海船（並無軍器、牌照）於二十年四月初八日奉差開往宮古島催運糧米，隨置

138 劉序楓：〈清代琉球船的朝鮮飄流記錄〉，《第十三屆中琉歷史關係學術會議論文集》（北京市：海洋出版社，2013年11月），頁126。

139 吳幅員：《在臺叢稿》（臺北市：三民書局，1988年2月），頁238。

140 吳幅員：《在臺叢稿》（臺北市：三民書局，1988年2月），頁239。

141 吳幅員：《在臺叢稿》（臺北市：三民書局，1988年2月），頁242。

食鹽、茶葉、掛麵等往售賣；不意當夜在洋陡遇狂風，船身損漏，丟棄食鹽、掛麵等物，船隻任風飄流。至十九日飄收臺灣鳳山縣打鼓汛岐洋面，遇兵船接護進港。二十一年四月，遣發搭乘原船回國。[142]

咸豐六年（1856）四月二十五日福建巡撫呂佺孫奏撫卹琉球國難民照例撫卹摺：現到閩難夷實共三十三人，已蒙安撫等供，據此由司造冊請奏前來。臣查該難夷等在洋遭風情殊可憫，應請自安插館驛之日起每人日給口糧米一升，鹽菜銀六釐，回國之日各給行糧一個月件折價給領，統於存公銀內動支，事竣造冊報銷以仰副聖主懷柔遠人之至意。其船隻已在浙省修葺堅固堪以駕駛，照例選拔熟諳海道水梢二名引導放洋回國。[143]

上述史料表明，絕大多數琉球飄風難船經過修葺，即遣送琉球難民原船返回，當然，若原船已破損不堪，或沉沒大海，當地中國官員就選擇最為便捷的方式安排琉球難民返回。

其二，難民們乘坐琉球國的公務船，譬如謝恩船、進貢船、接貢船等船隻回國。譬如，嘉慶十三年（1808），琉球人金城等平日釣魚為生，十三年三月初一日在系滿地方開船，在洋遭風；四月十五日飄至臺灣北路不識名洋面，船壞不堪駕駛遇救。十四年五月，遣發附搭謝恩船隻回國。[144]

嘉慶十六年（1811），琉球泊村人具志堅等坐駕海船，領照差往八重山催納貢米，於十六年閏三月十六日開船，在洋遭風飄流。四月初四日遭風飄至臺灣淡水洋面，船隻沖礁擊碎，經淡水同知查驗撫卹。十七年五月，與另案遭風難民建西表等一同遣發附搭接貢船隻回國。[145]

142 吳幅員：《在臺叢稿》（臺北市：三民書局，1988年2月），頁243。

143 中國第一歷史檔案館編：《清代中琉關係檔案選編》（北京市：中華書局，1993年），頁956。

144 吳幅員：《在臺叢稿》（臺北市：三民書局，1988年2月），頁236。

145 吳幅員：《在臺叢稿》（臺北市：三民書局，1988年2月），頁237。

嘉慶十八年（1813），琉球那霸府人樂永儀等坐駕領照差往八重山載米，隨帶棉花、黑糖、布疋等物於十八年四月初十日開船，在洋遭風，桅舵損壞，隨風飄流。二十二日遭風飄至臺灣府芝䔉海邊，梟水登岸；船碎，貨物沈失，後經淡水同知飭役撈獲失水棉花等物給還。十九年四月，與同案遭風難民伊良波等一同遣發附搭接貢船隻回國。[146]

嘉慶二十年（1815），琉球人馬瑞慶山等經國王差委，於二十年三月十三日在那霸駕船開往宮古島催收年例粟、麥，於四月初八日放洋回國，初九日在洋遭風，將船桅、肚索砍斷，粟、麥丟棄，隨風飄流；至四月二十四日，飄至臺灣噶瑪蘭烏石港口，二十一年，分批遣發附搭另案遭風難民葉福原等船隻（均搭十人）及接貢船隻（九人）回國。[147]

道光二十九年（1849），琉球八重山島人山長元等坐駕差船（並無軍器、牌照）於二十九年五月間載運布疋前往中山王府交納完畢，附載那霸府客人置買茶葉三十包、食鹽一百包、燒酒四十壇、麻片一百斤帶往八重山售賣；九月十一日駕至八重山外山平久保村內洋，因風寄泊，忽吹斷棕索，飄出深水大洋，船幾沈覆，急將所載各物盡棄，任風飄流。至二十四日，飄收不知名洋面，各自扶板登岸，五人淹斃。二十七日遇內地民人救援收留。三十年五月，分批遣發均搭接貢船隻及另案遭風難民津嘉山等船隻回國。[148]

咸豐元年（1851），琉球久米山人永束齊等坐駕小海船於元年十月初七日奉差裝載糧米運往那霸府交納（附搭由那霸府商人）開至慶間良地方候風；二十七日放洋，夜遇狂風折斷桅舵，將糧米盡棄，隨風飄流。至十一月初七日飄收臺灣馬煉洋面，沖礁擊破；各下水扶板

146 吳幅員：《在臺叢稿》（臺北市：三民書局，1988年2月），頁237。

147 吳幅員：《在臺叢稿》（臺北市：三民書局，1988年2月），頁238。

148 吳幅員：《在臺叢稿》（臺北市：三民書局，1988年2月），頁243-244。

飄流，一人淹斃，餘遇漁船救獲得生。二年四月，分批遣發均搭接貢船隻及另案遭風難民村濱筑登之船隻回國。[149]

咸豐七年（1857），琉球那霸府人新垣等坐駕小海船（並無軍器、牌照）於七年六月是日奉差往八重山島催運糧米，次日在洋遭風，沖壞船身；至十八日飄收淡水三貂保洋面，經民人獲救進港（原船破壞，後由淡水廳變賣洋銀六十元，發交給領）。八月五日，遣發附搭接貢船隻回國。[150]

以上史料多是難民乘接貢船返回琉球王國，下面主要列舉難民乘進貢船隻返回。諸如，康熙十三年（1674）十月，琉球人雜氏等十二名因「解運糧米至中山，事竣後回島」，忽被大風飄至福建省福寧府，被救助後送至福州柔遠驛，「每月每人各給米三斗、銀各一錢八分」，康熙十六年（1677），難民隨琉球進貢使吳美德返回。[151]

康熙二十九年（1690），「琉球國被風飄來船一隻到閩安鎮怡紅院灣泊，難彝嘉賓共二十一人，止有木箱內貯粗夏布衣」，清廷照舊例將難民安排居住柔遠驛，給予口糧，該年琉球耳目官溫允傑、正議大夫金元達來華進貢，難民嘉賓等便隨他們一塊返琉。[152]

康熙三十三年（1694），「琉球國被風飄來船一隻到閩省鎮海地方灣泊，難彝西表等男婦共四十一名口，係琉球國差往麻姑山裝運糧米遠至伊國，回島陡被颶風飄流到閩」，難民照例被安插在柔遠驛，基於口糧，後隨進貢使耳目官翁敬德、正議大夫蔡應瑞一塊返琉。[153]

康熙五十九年（1702）十月，琉球屬島北山仲治等六人由北山永郎部開往中山採取木料，舟行半海陡遇颶風，飄至臺灣府諸羅縣淡水

---

149 吳幅員：《在臺叢稿》（臺北市：三民書局，1988年2月），頁244。
150 吳幅員：《在臺叢稿》（臺北市：三民書局，1988年2月），頁245。
151 《歷代寶案》（校訂本）第1冊，卷10，頁326-331。
152 《歷代寶案》（校訂本）第1冊，卷11，頁372-374。
153 《歷代寶案》（校訂本）第1冊，卷11，頁384。

金包里社地方，僅剩仲治等四人奄奄待斃，幸遇淡水番社救活具報，解送到福州，安插居住柔遠驛，除例給每日口糧及一個月行糧外，福建布政使司亦「體照舊例，行令福防廳買備葛布、棉布各四疋，賞給該難番承領」。[154]康熙六十年（1703）五月，遣發附搭進貢船隻回國。[155]

雍正二年（1724）閏四月，琉球人下里輿等遭風飄至澎湖西嶼獲救，雍正三年（1725）五月，遣發下里輿等十四人附搭進貢船隻回國。[156]

雍正二年（1724）五月，琉球人宮目指等遭風飄至淡水地方獲救，雍正三年（1725）五月，與另案遭風難民下里輿等一同遣發附搭進貢船隻回國。[157]

乾隆十九年（1754），琉球人豐宇望等被風飄至淡水奇直港口地方，經當地「社番」駕船救起。二十年七月，遣發附搭進貢船隻回國。[158]

乾隆二十四年（1759）八月二十四日，琉球貢船「開駕出口並附載本年五月遭風飄收江南崇明縣該國難番知太峰等五名一同回國。[159]

乾隆四十二年（1777），琉球遭風飄浙難民向宣烈等於四十一年十一月由閩遣發原船回國途中，又於四十二年四月初四日在洋遭風失去桅舵，初八日飄至臺灣鳳鼻尾海邊，船隻擱破，所帶貨物丟棄過半，餘搬運上岸。同年十二月，與另案遭風難民民田福等三十九人一

---

154　《歷代寶案》（校訂本）第3冊，卷7，頁329-333。

155　吳幅員：《在臺叢稿》（臺北市：三民書局，1988年2月），頁231。

156　吳幅員：《在臺叢稿》（臺北市：三民書局，1988年2月），頁231。

157　吳幅員：《在臺叢稿》（臺北市：三民書局，1988年2月），頁231。

158　吳幅員：《在臺叢稿》（臺北市：三民書局，1988年2月），頁231。

159　中國第一歷史檔案館編：《清代中琉關係檔案選編》（北京市：中華書局，1993年），頁69。

併遣發均搭進貢兩船回國。[160]

　　乾隆四十二年（1777），琉球姑米山人田福等於四十一年十一月奉差駕船裝載米石、草蓆往中山交納，遭風飄收東洋山島整修；四十二年四月二十五日復行駕駛，又遇狂風飄至臺灣三貂洋面，船隻沖礁，通船十人落水，淹沒四人。餘飄至海邊，上岸得生。同年十二月，田福等五人與另案遭風難民向宣烈等一併發均搭進貢兩船回國。[161]

　　乾隆五十五年（1790），琉球那霸府人古波津等奉差駕船往那姑呢地方裝運貢米，於五十五年一月初八日開船，遭風砍棄桅篷，隨風飄流。十一月二十七日飄至臺灣海邊，沖礁擊破，人俱下水；古波津等四人奔岸逃生，十二人不知下落。後又有一人病故。五十七年閏四月，遣發古波津等三人附搭進貢船隻回國。[162]

　　道光八年（1825），琉球泊村、那霸府暨首里府人葉渡山等十四人配駕小海船一隻，於八年九月二十四日在那霸港開往名護郡裝載薪、米，二十六日遭風，桅舵折斷；至十月初七日飄至臺灣琅嶠山後，沖礁擊碎，遇粵人帶赴鳳山縣。九年五月，遣發大夫進貢船隻回國。[163]

　　道光十四年（1834），琉球八重山島人石戶等坐駕小船（並無軍器、牌照）於十三年十二月十三日差運黑繩等往那霸府交卸，十八日空船駕回遭風，飄至二十三日沖礁擊碎，一人淹斃，餘扶板飄流。至噶瑪蘭觸奇犛地方，遇救上岸。十五年五月，遣發石戶附搭進貢船隻回國。[164]

　　道光十六年（1836），琉球久米島人玉城仁屋等十四人駕坐差船（並無軍器、牌照），於十六年九月初十日載運糧米四十包、火柴四千捆往中山府交納，又附搭回籍或探親客人男婦二十二日，即日放

160 吳幅員：《在臺叢稿》（臺北市：三民書局，1988年2月），頁233。
161 吳幅員：《在臺叢稿》（臺北市：三民書局，1988年2月），頁233。
162 吳幅員：《在臺叢稿》（臺北市：三民書局，1988年2月），頁235。
163 吳幅員：《在臺叢稿》（臺北市：三民書局，1988年2月），頁240。
164 吳幅員：《在臺叢稿》（臺北市：三民書局，1988年2月），頁241。

洋；十一日遭風勢危，丟棄糧米、火柴，任風飄流，十九日飄至不識
地名外洋，沖礁擊碎，各扶板登岸得生，沿山尋救。二十三日，越過
大山，在蘇澳、東澳山間遇莊民王丕獲救。十七年五月，遣發附搭進
貢船隻回國。[165]

　　道光二十年（1840），琉球那霸府人平姓大城筑登之親雲上等坐
駕小海船（並無軍器、牌照）於二十年六月間奉差開往喜界島催運糧
米，裝載糧米一千一百包並茶油、棉花、茶葉等物，候風至十一月十
四日開船；十七日陡遇暴風折桅，丟棄米、油等物，隨風飄流。至二
十四日飄收不識名洋面，初六日船隻沖礁擊碎，急落杉板駕駛至傀儡
番界，遇民人獲救，杉板隨即飄沒。二十一年四月，分批遣發均搭另
案遭風難民平氏友寄船隻及進貢船隻回國。[166]

　　道光二十四年（1844）四月十五日，琉球國具志堅筑登之親雲上
等七人自宮古島運小麥返回那霸村，途中遇風飄至臺灣葛瑪蘭洋面，
遇漁船救護送廳安頓，公所賞給飯食衣服銀錢茶葉等物，所坐原船遭
風損壞難以修茸駕駛，情願就地變價，由臺灣地方官召集匠人勘估變
價番銀六十四元，發給難夷以領。二十五年五月，分批均搭另案遭風
難民平安名等船隻及進貢船隻回國。[167]

　　其三，有時琉球飄風難民也拼船回國，如嘉慶十九年（1814），琉
球那霸府人宮城等坐駕海船，領照差往八重山催奈米石，於十九年三
月十五日開船，在洋遭風。四月初一日遭風飄至臺灣鳳山縣番社，船
隻沖礁擊碎，扶板上岸；潮退，撈獲鐵錠等件，後經變賣番銀三十圓
給領。二十年五月，遣發附搭另案遭風難民天願親雲上等船隻回國。[168]

---

165 吳幅員：《在臺叢稿》（臺北市：三民書局，1988年2月），頁241-242。

166 吳幅員：《在臺叢稿》（臺北市：三民書局，1988年2月），頁243。

167 中國第一歷史檔案館編：《清代中琉關係檔案選編》（北京市：中華書局，1993年），
　　頁862-863。

168 吳幅員：《在臺叢稿》（臺北市：三民書局，1988年2月），頁238。

　　嘉慶二十二年（1817），琉球久高島人內間等及尿道人國吉等共七人，分坐小船三隻裝載米、豆往外道變賣，於二十二年十月十八日開船放洋；十九日忽遇風浪大作，丟棄米、豆落海，隨風飄流。至二十三夜飄至臺灣艋舺金包里澳口；經淡水同知送至彰化縣（小船三隻變賣番銀八元，由內間等承領）。二十三年五月，遣發內間等三人均搭琉球國護送直隸天津縣難商朱沛三等來閩船隻回國。[169]

　　道光五年（1825），琉球人上江洲筑登之（經管米糧頭目之一）等十六人駕船（並無軍器、牌照）於五年七月初十日空船開往那霸遭風，飄收姑米山；隨奉差在米二百報赴那霸府交納，附搭由客名十四人，於九月二十四日自姑米山開船，在洋忽遇颶風，急將糧米丟棄，船隻損壞，隨風飄流。至十月初七日飄至臺灣噶瑪蘭蘇澳馬賽地方，沖礁擊碎，隨帶衣包、箱匣登岸。六年五月，分別遣發附搭琉球都通事孫光裕護送福建飄風難民洪振利船隻（上江洲筑登之等十四人）及紅泰熙護送福建飄風難民呂正等船隻（餘十六人回國）。[170]

　　道光十二年（1832），琉球山北府人比嘉等四人於十二年十月二十三日，駕船裝載薪木開往那霸府變賣，十一月初四日回船在洋遭風；二十四日飄至噶瑪蘭龜山外洋，船身破損丟棄，僅剩杉板小船飄流，得遇救獲。十三年五月，遣發附搭另案遭風難民與儀等船隻回國。[171]

　　道光十三年（1833），琉球渡名喜島人知念等十人坐駕小船一隻（並無軍器、牌照），因販豬隻往那霸府售賣，於十三年正月初五日開回，初九日遭風，折斷桅篷；二十三日飄至不識名洋面，沖礁擊碎，淹斃一人，餘鳧水上岸；猝遇赤身散髮數十人，手持刀鏢，殺死六人；知念等三人逃走五日，在南風澳山南觸奇犁地方遇見噶瑪蘭廳差往採製船工木料匠役王養獲救。十四年五月，遣發知念等三人附搭

169 吳幅員：《在臺叢稿》（臺北市：三民書局，1988年2月），頁239。

170 吳幅員：《在臺叢稿》（臺北市：三民書局，1988年2月），頁239-240。

171 吳幅員：《在臺叢稿》（臺北市：三民書局，1988年2月），頁240。

另案遭風難民向宏謨等船隻回國。[172]

　　道光十六年（1836），琉球姑米山暨那把人嘉手苅史地頭等於十六年正月十三日由姑米山坐駕差船（並無軍器、牌照），裝載柴木五百把、草蓆九百一十領送往中山府交納；即日在洋遭風，砍斷大桅，丟棄草蓆、柴木，任風飄流。至十九日飄到不識名洋面（看見有山），船隻沖礁擊碎，扶板上岸，登山尋救。二十日，遇見「生番」十餘人，先後驚散十一；嘉手苅史地頭等六人至二月初一日始從山裡逃出，遇社丁陳光斷，被送至鳳山縣衙門。同年五月遣發嘉手苅史地頭等六人附搭另案遭風難民大城參良等船隻回國。[173]

　　道光十八年（1838），琉球那霸、首里兩府暨久米島人大城筑登之等五人在洋遭風，船隻沖礁擊碎，飄至臺灣界外琅嶠大秀房莊海邊，遇內地漁人陳開蕁等獲救上岸。十九年八月，分批遣發附搭另案遭風難民若文子玉城仁也等船隻及知花親雲上等船隻回國。[174]

　　咸豐元年（1851），琉球久米山人喜久里等坐駕小海船於元年閏八月間開往那霸府納貢事竣，附搭那霸府商人隨帶米、布、菸葉等物於十二月初六日駕回；初七日在洋陡遇狂風折斷桅索，將米、布、菸葉等物盡投落海，並將在船病故一人屍身丟棄，任風飄流。十三日飄收臺灣淡水八尺門外洋面，沖礁擊破，遇漁船救獲得生。二年四月，分批遣發均搭另案遭風難民莊克達、宮城等船隻、村濱筑登之船隻及新垣船隻回國。[175]

　　咸豐元年（1851），琉球渡名喜島人宮平等坐駕小海船於元年八月開往久米山販運米、菸葉、草蓆等物；十二月初六日回船，夜遇颶

172 吳幅員：《在臺叢稿》（臺北市：三民書局，1988年2月），頁240。

173 吳幅員：《在臺叢稿》（臺北市：三民書局，1988年2月），頁241。

174 中國第一歷史檔案館編：《清代中琉關係檔案選編》（北京市：中華書局，1993年），頁771-772。

175 吳幅員：《在臺叢稿》（臺北市：三民書局，1988年2月），頁244-245。

風，吹斷桅舵，丟棄米、菸葉下海，隨風飄流。至十七日飄收噶瑪蘭洋面，遇漁船救獲，原船破壞，旋飄沒不見。二年四月，分批遣發難民莊克達、宮城等船隻、村濱筑登之船隻及新垣船隻回國。[176]

咸豐十年（1860），琉球太平山人空沒伬哪（即譜久村）等遭風飄入臺灣淡水廳轄境。十年五月，遣發附搭另案遭風難民嘉手川等船隻回國。[177]

同治十年（1871），琉球八重島人松大著等四十六人等坐駕小海船裝載方物往中山交納事竣，於十年十月二十九日回船，夜遇颶風，飄出大洋，折斷帆桅，任風飄流。十一月十二日飄至臺灣洋面，原船沖礁擊碎，遇船救獲四十四人，並同伴二人均赴鳳山縣衙門。後經照例遣發回國。[178]

## （三）關於琉球難船貨物、船隻變賣慣例

關於琉球飄風難船，常常遇到難民的貨物受損、船隻毀壞。為了減少難民的物資損失，地方官府常常幫助他們變賣貨物和毀壞的船隻，變賣所得，原封不少地交給琉球難民。如乾隆四年（1739）九月，琉球飄風難民毛元等船上傳有鐵鍋、鐵條等違禁貨物，令於開館貿易之日變賣兌換，將價歸還毛元等帶回。計變賣價銀共二十七兩六錢九分六釐。[179]

嘉慶十四年（1809）十月間，琉球五品官馬文彪押運裝載黑糖、藥材等物的貨船去琉球所屬大島貿易糧食，途中遭風，飄至山東省榮城縣境。當即優給口糧，妥為安頓，並酌議由內地送至閩省，轉行遣

---

176 吳幅員：《在臺叢稿》（臺北市：三民書局，1988年2月），頁245。

177 吳幅員：《在臺叢稿》（臺北市：三民書局，1988年2月），頁245。

178 吳幅員：《在臺叢稿》（臺北市：三民書局，1988年2月），頁246。

179 乾隆五年七月十四日，福建等處承宣布政使司為琉球飄風難船載有違禁物品事致琉國王咨文，《歷代寶案》第4冊，頁2323。

回。其船內所載黑糖,「經登萊青道陳文駿眼同夷人用官秤較收,共二三四〇二五九斤,每斤時值估價銀四分,共估銀九三七〇兩。夷船一隻,估價銀一三〇〇餘兩。統共該銀一〇六七〇兩。查司庫報部充公項下現在存款,足敷動用。即經飭司照數借支給領,伸免守候。……其藥材一項,該夷等因與內地價值低昂不一,恐虧原本,情願隨人帶回,毋庸在東變價」。[180]

嘉慶十九年(1814)三月初七日,琉球那霸縣西村人久場島等八人,裝載貢米後,在「中山王府買得鹽、鐵等貨要到八重縣售賣」,開行途中遇咫風飄至浙江臨海縣境。因「船身老舊,遇颶損壞,情願連船、貨就地變賣,由陸路赴閩回至本國。」[181]

道光元年(1821)六月,琉球那霸府西村人知念等因公差「往八重山島裝載大小米共七二〇包,樟木六塊,於本年六月初十日由八重山開船,欲回本處交卸,大洋風浪大作,急將米石丟棄四二〇餘包,船隻隨風飄流,至二十六日,飄收山東文登縣地方。經該縣到船查驗,賞給難夷飯食衣被,並將破船及所剩大小米、樟木等項變價銀二七二兩零給領,由陸護送來閩。」[182]

道光五年(1825),琉球人上江洲筑登之(經管米糧頭目之一)等十六人駕船(並無軍器、牌照)於五年七月初十日空船開往那霸遭風,飄收姑米山;隨奉差在米二百報赴那霸府交納,附搭由客名十四人,於九月二十四日自姑米山開船,在洋忽遇颶風,急將糧米丟棄,船隻損壞,隨風飄流。至十月初七日飄至臺灣噶瑪蘭蘇澳馬賽地方,沖礁擊碎,隨帶衣包、箱匣登岸。六年五月,分別遣發附搭琉球都通

180 嘉慶十四年十一月一日,〈山東巡撫吉綸為琉球遭風難民護送至閩事〉,中國第一歷史檔案館藏軍機處錄副奏摺。

181 嘉慶十九年五月二十四日,〈浙江巡撫李奕疇為報遭風琉球難船事〉,中國第一歷史檔案館藏軍機處錄副奏摺。

182 道光二年十二月三十日,〈福建巡撫葉世悼為安置琉球難民事奏摺〉,中國第一歷史檔案館藏軍機處錄副奏摺。

事孫光裕護送福建飄風難民洪振利船隻（上江洲筑登之等十四人）及紅泰熙護送福建飄風難民呂正等船隻（餘十六人回國）。[183]

　　道光十七年（1837）七月二十三日，琉球八重山人當山等六人，裝運粟米往那霸售賣，途中陡遇暴風，飄至江蘇省寶山縣地方，「原船損壞，不能修固，優給船價銀兩，所帶粟米亦已變價給領」。[184]

　　咸豐元年（1851）七月二十二日，琉球那霸府長嶺等販運柴炭在本國售賣，途中遭風飄至江蘇鹽城縣境，「並無銀錢貨物，船已打損，不能駕駛。願由陸路附便回國，等語。」、「惟船隻破損，同錨纜一併估計變價」。[185]

## （四）琉球難船的貿易

　　檔案中有不少記載琉球飄風難船進入福州柔遠驛安插之前，在南臺稅關隨帶貨物的免稅清單。例如：

　　道光二年十月初七日，琉球難民比嘉等所坐船隻隨風飄至閩頭外洋，被救護進港。其隨船所帶貨物稅清單為：「茶油五千四百斤，稅銀四兩三錢二分；土菸葉一百七十斤，稅銀一錢三分六釐；線香一千二百五十斤，銀一兩；烏糖一百七十五斤，稅銀五分三釐；大酒四十壜，稅銀三錢六分。以上共免過稅銀五兩八錢六分九釐」。[186]

　　道光十年（1830）九月初三日，浙江省護送到閩琉球飄風難船一隻，其隨船所帶貨物免稅清單為：「淨棉花七百斤，稅銀一兩一錢二分；細茶葉四百斤，稅銀二兩四錢；青靛八百斤，稅銀二錢八分；油

183 吳幅員：《在臺叢稿》（臺北市：三民書局，1988年2月），頁239-240。

184 道光十七年十月七日，〈江蘇巡撫陳鑾為報遭風琉球難船事奏摺〉，中國第一歷史檔案館藏軍機處錄副奏摺。

185 咸豐元年九月十六日，〈江蘇巡撫楊文定為報琉球飄風難民事奏摺〉，中國第一歷史檔案館藏軍機處錄副奏摺。

186 道光二年十一月十七日，〈福州將軍和世泰為琉球難船回貨免稅事奏摺〉，中國第一歷史檔案館藏軍機處錄副奏摺。

傘五十把，稅銀五分。以上共免過稅銀三兩九錢三分」。[187]

　　道光十八年（1838）十月初七日，琉球飄風難船一隻，由浙江護送至閩。隨船所帶貨物免稅清單為：「土菸葉一千五百八十斤，稅銀一兩二錢六分；粗藥材四百三十七斤，稅銀四錢三分七釐；海參一百五十斤，稅銀四錢五分；目魚乾一千六十五斤，稅銀一兩六分五釐；粗夏布百五十匹，稅銀四錢五分。以上共免過稅銀四兩一錢六釐。」[188]

　　據記載，琉球飄風難船原帶貨物，是否帶回，聽其自便。願帶回者帶回，不願帶回者可以售賣。一船說來，除生活用品外，其所帶土產，貨主均變價兌買中國貨物帶回。

　　例如：從乾隆二十六年（1761）七月至次年二月內，有琉球飄風難民仲家根等四批，先後由福建、浙江、江蘇等地護送至福州柔遠驛安頓。「該番等原船不堪駕駛，除變價外，惟大灣一船，荷蒙動帑修葺遣歸。合將難番原帶貨物、行李並變賣船價、恤賞銀兩續置貨物搬運入舟，造冊呈驗。等情。隨將繳到貨冊按則核計，應稅銀二十四兩九錢五分五毫，應否照例免徵等情到奴才。據此，奴才伏查琉球遭風來閩難番回國，所帶貨物，歷屆俱免徵輸，今仲家根等一船隨帶貨物，自應仰體皇上柔遠深仁，一例免其徵收，批行遵照去後。」其續置貨物主要有紙扇、線香、茶葉、粗碗、冰糖、桔餅、白糖、雨傘、雜藥、蜜浸等十六種。[189]

　　又如：乾隆三十九年（1774），琉球飄風難民須樣智等三船，先後被救送閩安置。「所帶回貨物，共計應徵稅銀一百一十四兩二錢

<hr>

187 道光十年十月二十五日，〈福州將軍兼管閩海關事務薩秉阿為琉球飄風船進口隨帶貨免稅事奏摺〉，中國第一歷史檔案館藏軍機處錄副奏摺。

188 道光十九年四月八日，〈福州將軍兼管閩海關事務嵩傳為琉球難船隨貨免稅事奏摺〉，中國第一歷史檔案館藏軍機處錄副奏摺。

189 乾隆二十七年閏五月二十七日，〈福州將軍社圖肯為琉球難船回貨免稅事奏摺〉，中國第一歷史檔案館藏軍機處錄副奏摺。

零。……照例免徵」[190]。

　　中國對琉球國飄風難民的制度，全身心的救助，非常體貼的護送，優厚的撫卹和精心安排的送回琉球，體現了中國對周邊小國的睦鄰友好政策，同時也體現了東亞宗藩制度的歷史作用。

---

190 乾隆三十九年十二月二十二日，〈署福州將軍鐘音為琉球難船回貨免稅事奏摺〉，中國第一歷史檔案館藏軍機處錄副奏摺。

# 結語

　　千百年來，中國封建王朝的對外思想是對外制度、政策和交往的價值依據。源於先秦儒家理論的「天下觀」，將中國置於中心的地位，四方則為「四夷」，中國的文明至高無上，「用夏變夷」成了歷史賦予中國歷代封建統治者的使命，許多的涉外制度和關係就是圍繞著「用夏變夷」、「懷柔遠人」演繹出來的。

　　中琉冊封體制和朝貢關係是亞洲宗藩體制的重要組成部分，中琉冊封體制的建立、發展及其變化，朝貢貿易的發展過程，關於貢期、路線、人數、貢物的規定變化，關於接貢制度的變化，關於護送貢使制度的變化、關於貢使覲見制度的變化，以及琉球貢使在華活動與待遇的規定等，都是朝貢制度的重要內容。

　　曾經一個時期，宗藩體制是國與國之間最完美的制度，在宗藩體制下，各國和平相處，相安無事。中國文化代表著人類社會最完美的文化，深深地影響著各國社會文化的發展。甚至連歐洲各國，也莫名其妙地颳起了中國風，中國文化對歐洲的社會文明也起到了積極的作用。當然文化的先進與多處的地域都有其特定的含義，一旦文化沒有與時俱進，一旦在一個地域形成變異，原先進步的文化也就成為時代進步的羈絆。如同中琉歷史關係的演繹一樣，先前我們看到的賞心悅目的冊封隊列、生生不息的進貢使團，到了一個歷史階段都成為時代潮流的殉葬品，隨著宗藩體制的崩潰，中琉的冊封與進貢也就煙消雲散，退出了歷史舞臺。

　　我們梳理歷史上的中琉關係，我們清楚地看到體制完善，井井有序的中國使臣出訪制度，不言而喻，這是中國涉外制度的重要內容。

我們從使者選派的種種變化、使者外訪的待遇、使團組建與配備、使者在海外的活動、對使者出訪的種種限制、規定和獎懲、使者回國的述職報告要求等方面，探究明清時期的中國使者出訪制度。

我們也驚奇地看到，這一制度的完美再現，是古代中國使者本著奉獻犧牲的精神，風塵僕僕，身體力行，為中琉關係的發展做出的偉大貢獻。他們親身經歷，不僅讓我們看到完整的中國使臣出訪制度，對於琉球國的歷史文化、對於中國人的造船航海的歷史、對於今日釣魚島屬於中國的歷史依據和法理證據，都在他們遠渡重洋，不辱使命的使琉球過程中完成，他們貢獻卓絕、彪炳史冊、功不可沒。

明清時期，中國培養來華的琉球留學生亦有制度。琉球國向中國派遣留學生的選拔、明清兩朝對琉球留學生教習的選派、學制的規定、待遇的規定、所學內容的規定，琉球官生和「勤學」（官派自費）的不同培養方法等，都是中琉關係發展中突出的內容。

中國的教育制度很大方面影響著琉球社會，琉球社會的菁英階層的成長，有賴於中國的教育制度。在研究分析中國對琉球留學生培養制度的同時，我們也清楚地看到，中國對琉球留學生的培養，催生了琉球王府政治的強化，許多來中國留學的琉球學生，後來都成為琉球王府政治集團的中堅力量，成為琉球歷史前進的原動力，成為琉球歷史上的偉人。

移居琉球的閩人三十六姓，成為中國官方向海外派遣移民的典型代表，這種移民制度的緣起、形成、發展，中國歷史上由政府合法派遣海外移民的事件發生在中國與琉球國的交往中，其中的緣由和過程值得研究。今天，我們仍然看到六百多年前移居琉球的閩人在琉球故土上矯健的身影，他們心繫中華，不忘故土，這種割不斷的血脈，使得我們崇敬之情油然而生。

在中琉交往的歷史中，妥善處置飄風難民事件貫穿始終，遂形成規章制度，探討這一制度的形成和發展，有利於我們了解中國傳統的

儒家思想在對外交往中所起的主導作用。中國對琉球遭風難船的撫卹制度，充分體現了中國人與生俱來的善良品德，正是這一寬宏感人的撫卹制度，使中琉友好交往的步子從過去走到現在，儘管琉球王國已經不復存在，但是鄉土之戀牢牢地拴住海外赤子的心。

　　毋庸置疑，明清兩朝中琉交往過程中的中國涉外制度對中琉關係發展的影響十分重要，比較這一制度的特殊性與普遍性，探討這一制度對孤懸海外的彈丸小國琉球國崛起的意義，以及這一制度影響下的中琉文化互動，漢文化圈的演進，世界格局的變化等等，都是極其重要的課題。

　　我們希望本書關係中琉交往中的中國傳統涉外制度的探討，能對中國對外關係歷史研究，對中國與琉球關係的歷史研究有所幫助。

# 後記

　　承蒙福建師範大學文學院的美意，將拙稿《明清中琉交往中的中國傳統涉外制度研究》列入「福建師範大學文學院百年學術論叢」出版計畫。同時感謝「開明慈善基金會」的資助，更要感謝萬卷樓圖書股份有限公司諸位編審、編輯審視書稿內容、編排文稿、校核文字，乃有今日之成果。

　　拙著是二○一○年國家課題的研究成果，參加課題的亦有福建師範大學的賴正維教授、徐斌博士、楊邦勇博士、陳碩炫博士、連晨曦博士，以及李鳴鳴、謝忱等。本書的撰寫部分吸納了徐斌的博士論文《明清士大夫與琉球》的有關章節、李鳴鳴的碩士論文《明代使臣出使制度考述》的有關章節，在此特表謝意。

　　限於學識與水準，本書的撰寫疏漏舛誤在所難免，祈請方家學者批評指正。

謝必震

二○二○年二月二十日福州

# 作者簡介

## 謝必震

　　廈門大學歷史系畢業，歷史學博士。現為福建師範大學閩臺區域研究中心教授、博士生導師。二〇一三年至二〇一七年任中國海外交通史研究會會長，現為《海交史研究》主編。主要研究方向：中日關係史。已出版《圖說福建海上絲綢之路》（六卷本，主編）、《中國與琉球》等。在《中國史研究動態》、《近代史研究》、《世界宗教研究》、《海交史研究》等學術刊物上發表論文逾百篇。兼任日本法政大學、琉球大學、沖繩國際大學客座教授。

# 本書簡介

　　誠如許多學者所言：在中國古代對外關係史的具體研究中，學術界通常所關注的是歷代對外關係中的重大事件，極大地忽略了中國封建王朝的對外思想、政策和行為模式之間的關係，忽略了中國古代對外體制、制度形成的環境因素的探究。明清時期的琉球國與中國交往的歷史具有典型性，本書選擇中琉交往中相關的中國涉外制度，諸如中國冊封琉球的制度、琉球向中國朝貢的制度、中國使臣出訪琉球的制度、中國向琉球派遣移民的制度、中國對琉球留學生的培養制度、中琉雙方對飄風難民的撫卹制度等進行梳理，做一個縱橫的比較，從而使我們對中國封建王朝的對外思想、對外政策和對外體制模式的形

成有一個深刻的認識，並且進一步探究這些制度對世界格局的影響和
作用。

福建師範大學文學院百年學術論叢·第六輯 1702F07

# 明清中琉交往中的中國傳統涉外制度研究

| 作　　者 | 謝必震 |
|---|---|
| 總 策 畫 | 鄭家建　李建華 |
| 發 行 人 | 林慶彰 |
| 總 經 理 | 梁錦興 |
| 總 編 輯 | 張晏瑞 |
| 編 輯 所 | 萬卷樓圖書股份有限公司 |
| | 臺北市羅斯福路二段 41 號 6 樓之 3 |
| | 電話 (02)23216565 |
| | 傳真 (02)23218698 |

發　　行　萬卷樓圖書股份有限公司
　　　　　臺北市羅斯福路二段 41 號 6 樓之 3
　　　　　電話 (02)23216565
　　　　　傳真 (02)23218698
　　　　　電郵 SERVICE@WANJUAN.COM.TW
香港經銷　香港聯合書刊物流有限公司
　　　　　電話 (852)21502100
　　　　　傳真 (852)23560735

**ISBN 978-986-478-398-4**
2020 年 6 月初版
定價：新臺幣 520 元

如何購買本書：
1. 劃撥購書，請透過以下郵政劃撥帳號：
　　帳號：15624015
　　戶名：萬卷樓圖書股份有限公司
2. 轉帳購書，請透過以下帳戶
　　合作金庫銀行　古亭分行
　　戶名：萬卷樓圖書股份有限公司
　　帳號：0877717092596
3. 網路購書，請透過萬卷樓網站
　　網址 WWW.WANJUAN.COM.TW

大量購書，請直接聯繫我們，將有專人為
您服務。客服：(02)23216565 分機 610

如有缺頁、破損或裝訂錯誤，請寄回更換
版權所有·翻印必究
Copyright©2021 by WanJuanLou Books CO., Ltd.
All Rights Reserved　　　　**Printed in Taiwan**

國家圖書館出版品預行編目資料

明清中琉交往中的中國傳統涉外制度研究 ／
謝必震著. -- 初版. -- 臺北市：萬卷樓,
2020.06
　　面；　　公分. -- (福建師範大學文學院百年學
術論叢. 第六輯 ；1702F07)
ISBN 978-986-478-398-4(平裝). --
1.中國外交 2.中日關係 3.外交史 4.日本沖繩
縣
　　　　643.1　　　　　109015589